Histoire des peurs alimentaires

Du même auteur

Le Bien des pauvres
La consommation populaire en Avignon (1600-1800)
Seyssel, Champ Vallon, 2004

Nourritures canailles
Seuil, 2007 et « Points Histoire » n° 420, 2010

Histoires de cuisines et trésors des fourneaux
À l'usage de tous les amateurs
200 curiosités culinaires et plats familiaux de 1530 à 1870
tours de main des cuisinières d'autrefois
Larousse, 2008

Madeleine Ferrières

Histoire des peurs alimentaires

Du Moyen Âge à l'aube du XXe siècle

Éditions du Seuil

ISBN 978-2-02-078851-9
(ISBN 2-02-047661-4, 1re publication)

Introduction

La notion de risque alimentaire couvre un champ d'enquête vaste et largement pluridisciplinaire. Elle est du domaine des sciences « dures » : à elles, le calcul, l'évaluation scientifique des risques et les préconisations pour les maîtriser. Elle est du domaine du droit : à lui, le travail de réflexion normative et les règles pour garantir le maximum de sécurité. Elle est aussi du domaine de l'historien.

Qu'a l'Histoire à voir dans cette affaire ? Rien, si l'on prend la notion de risque au sens le plus strict et le plus objectif. Beaucoup, si l'on étudie non le risque lui-même, mais la *perception du risque.* C'est de ce concept récent, forgé pour l'étude du comportement du consommateur, que l'historien peut et doit partir. Le risque perçu « consiste en la perception d'une incertitude relative aux conséquences négatives potentiellement associées à une alternative de choix [1] ». Du côté des historiens, ce thème se rattache plutôt à l'histoire des émotions, telle que Lucien Febvre la prônait – en soulignant que les sentiments ne sont pas des invariants, qu'ils entrent en jeu à telle ou telle époque, qu'ils ont des traductions, des modes d'expression différents. L'histoire du risque alimentaire pourrait donc suivre deux versants, l'un positif (le besoin de sécurité), l'autre négatif (la peur ou les peurs alimentaires [2]).

Un premier obstacle épistémologique doit être levé : de quelle utilité peut être une telle étude si l'on considère que la peur, la

1. P. Volle, « Le concept de risque perçu en psychologie du consommateur : antécédents et statut théorique », *Recherche et Applications en marketing*, vol. 10, n° 1, 1995.
2. Febvre 1956, 244-246.

perception du risque est avant tout une affaire d'individus ? Et effectivement elle l'est : on ne peut nier que la peur et son double – le besoin de sécurité qu'elle engendre – soient différemment appréciés d'un individu à l'autre. Un des derniers jours de mars 1996, alors que les journaux faisaient leurs gros titres sur ce qui allait devenir « la crise de la vache folle » – *Libération* titrait « Albion malade du prion » et *Le Figaro* « Quand les herbivores deviennent cannibales » –, je déjeunais dans un restaurant du boulevard Raspail, en face de l'ex-faculté des lettres, en compagnie d'un collègue. J'étais devenue végétarienne par précaution ; lui mangeait un bifteck épais et saignant. Était-il anglais ? (je parle du bifteck). Toujours est-il que mon collègue mangeait d'un bel appétit de carnivore, tandis que j'imaginais avec consternation le prion infectieux s'attaquant à son cerveau, s'insinuant dans chacun de ses neurones pour un jour les faire éclater et donner à son cerveau un aspect spongiforme...

Si on ne peut nier la dimension individuelle de la peur, on ne peut pas plus lui dénier une dimension collective, si bien que la crise de la vache folle ou les épidémies de listériose sont au cœur de nos préoccupations et de nos comportements alimentaires, elles sont devenues un « problème de société ». Or c'est là, dès qu'il y a comportement collectif, que l'historien a son mot à dire. D'ailleurs, l'actualité apporte de l'eau à son moulin. Albion était malade du prion, comme titrait *Libération*, mais c'était le consommateur français qui avait le plus peur. Attitude paradoxale, si l'on songe que le Français est réputé pour entretenir avec l'aliment une relation de type plus affectif et hédoniste. On aurait attendu plus d'acuité dans la réaction du côté des Anglo-Saxons qui cultivent fortement le lien entre aliment et santé. L'analyse courante que l'on fait de la différence de l'impact psychologique entre Français et Anglais face au problème du prion, de l'hypersensibilité des uns, comparée à la moindre psychose des autres, renvoie à un passé récent : notre « malaise de masse d'origine psychogène » serait exacerbé par des affaires comme celle du sang contaminé. Les Anglais, qui n'ont pas connu semblable expérience, restent plus confiants envers leur propre système de sécurité. Or cette analyse, qui montre comment un comportement collectif s'inscrit dans une culture donnée, est une explication de type historien.

Nous avons, dans la compréhension vis-à-vis des gens et des choses du passé, une attitude souvent contradictoire, antinomique même. Les peurs collectives en sont un bon exemple ; nous sommes prêts à attribuer aux gens d'autrefois des peurs qui, en fait, n'ont pas existé. Tout le monde connaît, par exemple, ce thème rabâché depuis les Romantiques des « terreurs de l'an mil ». Tout le monde ne sait pas, en revanche, que les historiens lui ont tordu le cou, en analysant cette terreur comme un mythe, fruit de nos propres angoisses à l'approche de l'an 2000. « A l'an mil, sa peur de la fin du monde, de la venue de l'Antéchrist, du Jugement dernier. A l'an 2000, pour faire bonne mesure, le fameux "bug" informatique, la catastrophe écologique, et on ne sait quel nouveau "péril jaune", avatar moderne de Gog et Magog. Le jeu de miroirs est plaisant, mais il n'a, pour l'historien, pas la moindre justification scientifique [3]. » Les peurs apocalyptiques de l'an mil n'ont sans doute existé que dans l'imagination des historiens romantiques. Les famines, les guerres, les épidémies n'étaient alors en rien tenues pour des manifestations annonçant le règne du Malin. D'ailleurs, qui savait qu'on était en l'an mil ? Qui, en dehors des clercs et des chancelleries, mesurait le temps en appliquant le calcul introduit par Denys le Petit au VIe siècle ? On datait généralement les événements d'après les années d'un règne, d'un pontificat ... ou l'entrée en fonctions du curé de la paroisse [4]. Si on invente des peurs qui n'ont jamais existé, en revanche on a tendance à passer sous silence, et même à nier, des angoisses bien réelles : ainsi la peur du risque alimentaire. La plupart d'entre nous sommes prêts à parier que si le phénomène existe aujourd'hui, où il se développe avec une ampleur inconnue, il n'existait pas auparavant. Notre préjugé de départ est celui-ci : nous sommes des consommateurs avertis, exigeants, connaisseurs... ; eux étaient de simples mangeurs. Nous

3. J.-C. Schmitt, *Magazine littéraire*, n° 382, décembre 1999, 27.

4. La question de savoir qui, en l'an mil, connaissait la date de l'année en cours a été soulevée d'abord par Marc Bloch. Voir P. Riché, *Revue française d'histoire des idées politiques*, n° 10, 1999.

demandons à notre nourriture un certain nombre de qualités : équilibre, légèreté, et surtout sécurité. Ils demandaient à leur nourriture d'être... nourrissante, consistante, et surtout abondante. Bref, le besoin de sécurité était tout aussi connu, éprouvé, mais il résidait ailleurs : le nôtre se porte sur la qualité, le leur sur la quantité. Ils vivaient dans un stress alimentaire permanent, dans la peur de manquer, à la suite d'une mauvaise récolte ou des ravages de la guerre. Notre inquiétude est d'une autre nature. Nous avons peur de manger de la vache folle, eux craignaient de devoir manger de la vache enragée... Si l'on partage ces prémisses, alors une seule histoire peut être écrite, celle de la faim. « L'histoire des hommes n'a jamais été que l'histoire de leur faim », estimait l'essayiste Jean Guéhenno. Et cette histoire-là est largement connue...

Loin de moi, bien sûr, l'idée de nier ce qui est une vérité d'évidence. La peur de manquer est au cœur de toutes les conduites alimentaires d'autrefois. Elle marque les cultures au plus profond. C'est le « Donnez-nous notre pain de demain » des prières du soir. C'est la mentalité de l'homme immergé, que Taine a décrit d'une façon si juste : « Le peuple ressemble à un homme qui marcherait dans un étang, ayant de l'eau jusqu'à la bouche : à la moindre dépression du sol, au moindre flot, il perd pied, enfonce et suffoque. »

Jean Delumeau naguère a dressé un catalogue impressionnant des peurs occidentales entre XIVe et XVIIIe siècles[5]. La peur de l'aliment nocif n'y figure pas. Toute la question est de savoir si, dans ce magasin abondamment pourvu des peurs d'ancien type, il est légitime d'ajouter un nouveau rayon.

L'actualité fin-de-siècle est un appel à la réflexion, une invite, et en même temps elle oppose à la réflexion historienne deux puissantes objections. La première peut se formuler ainsi : puisque la peur de la pénurie est au cœur des comportements anciens, puisque le risque alimentaire le plus grave s'appelle la disette ou, pis, la famine, comment imaginer qu'il y ait eu une place pour une autre peur alimentaire ? D'emblée, on est tenté de penser que les peurs doivent s'exclure l'une l'autre. Est-ce qu'il n'y a pas là aussi comme une projection de notre propre vécu ? Depuis 1955, les Français ne

5. Delumeau 1978.

connaissent plus le danger de sous-alimentation et de rationnement, et cette réalité est si bien intégrée que la peur de manquer n'existe plus dans nos sociétés « de consommation ». Par un phénomène quasi compensatoire, à la peur de la pénurie s'est substituée celle de l'aliment malsain. Dans notre société il n'y a place que pour une peur alimentaire, de plus en plus envahissante. N'est-ce pas ce qui nous fait considérer qu'il devait en être de même dans les temps passés ? Une peur, soit, mais pas deux, tel serait le raisonnement courant...

Un autre entraînement de l'air du temps porterait à refuser la réflexion. Il est de bon ton aujourd'hui de traiter de « malbouffe » ou de « l'horreur alimentaire ». Il n'est pas interdit de voir dans ce thème rabâché, par certains aspects, un avatar du mythe du bon vieux temps. L'« aporie verte » en honneur développe une vision du passé à peu près symétrique et inverse du vieux positivisme, celui qui enseignait que l'histoire des hommes, même en suivant des chemins sinueux, se déroule d'une seule coulée qui va d'un hier obscur à des lendemains lumineux. Les bucoliques acharnés d'aujourd'hui disent la même chose, mais en sens inverse : nous courons au précipice, le paradis alimentaire est derrière nous. A suivre une telle pétition de principe, par avance et sans examen la question serait tranchée : peurs et risques alimentaires ne peuvent se décliner au passé.

On peut tomber de Charybde en Scylla, et ne pas résister à une autre tentation. Le piège serait alors pour l'historien de transcrire dans le passé – un passé aux allures prophétiques – les crises et les angoisses du présent. Il se contenterait de dégager comme un fil rouge qui court au long du tissu la permanence d'une peur sanitaire toujours présente, toujours recommencée, sans tenir compte de ce que cette peur s'enracine à chaque fois dans la singularité de chaque constellation historique. Considérer que le risque n'existait pas, ou bien qu'il existait « de tout temps », c'est tout comme : dans les deux cas, on nie la perspective historique.

Je pose cette thèse que la perception du risque alimentaire (au sens actuel du mot : la peur de l'aliment nocif) existait aussi dans les périodes révolues. La sécurité – ou la sûreté comme on disait – avait deux versants. L'un, essentiel, connu – un adret bien éclairé par la recherche historienne –, portait sur la quantité et la régularité de l'approvisionnement ; l'autre versant – un ubac encore – concernait la salubrité des aliments. Ces deux regards sur l'aliment pouvaient se croiser, comme l'indiquent les sources : c'est dans les règlements édictés pour s'assurer de la régularité du ravitaillement que s'introduit un droit sanitaire. Il y a comme une conaturalité entre la législation prise pour garantir la régularité et l'abondance du ravitaillement (en termes quantitatifs) et celle qui garantit la salubrité des aliments. Le droit construit autour du problème de la quantité contient aussi les premières règles concernant la qualité.

Les hommes ont peu laissé de témoignages écrits sur l'acte de manger – une activité aussi essentielle que triviale. Il est rare d'appréhender directement par l'archive leurs anxiétés et leurs appréhensions en matière alimentaire. Les angoisses sont « sourdes » et les peurs « muettes ». Mais on sait qu'elles existent quand surgit une réglementation en matière de sécurité alimentaire. Par réfraction, la norme dévoile le souci. Les lois alimentaires globales, à l'échelle d'une nation, sont une création très contemporaine. Elles datent du XIXe siècle, pour les plus précoces d'entre elles (Belgique, 1830, Allemagne, 1870, Grande-Bretagne, 1875). Le célèbre *Food and Drugs Act* qui régit le commerce et la distribution des aliments et des médicaments aux États-Unis date de 1906. La vulgate des historiens du droit, qui prend en compte seulement les lois d'État ou les codes unifiés, oublie ou passe sous silence que ces lois d'État ont été précédées de règlements ou de régulations pris par des instances variées – les villes, les corps de métier – qui constituent un premier corpus, certes infiniment dispersé et jamais rassemblé, sur la sécurité alimentaire.

Si les peurs alimentaires sont bien une « maladie de civilisation », pour reprendre l'expression de Jean Delumeau, alors c'est toute la civilisation occidentale qui doit être appréhendée dans le cadre de cet essai. Le champ géographique doit se mesurer à l'aune de la culture : il s'étend à tous ceux qui partagent les mêmes bases alimentaires en termes objectifs (la civilisation du pain et du vin) et en termes culturels : les valeurs hippocrato-galéniques qui fondent la confiance ou la défiance envers un aliment.

Puisque nous sommes l'otage du provisoire de nos sources, les bornes chronologiques à l'amont correspondent aux premières réglementations sanitaires du Moyen Age central. Le *terminus ad quem* est aussi flou à définir. Les valeurs médicales fondatrices s'effacent progressivement au cours du XIXe siècle, avant que Pasteur ne leur assène un coup définitif. On ira légèrement au-delà de la « domestication du microbe », jusqu'à l'aube du siècle dernier, quand se diffuse un nouveau discours alimentaire, où les mots et les notions de microbes (1877), de salmonelles (1888), de vitamines (1911) deviennent d'un emploi courant ; quand se met en place une politique alimentaire inédite, avec pour nouveaux acteurs la presse et l'État-providence et qu'un nouvel ordre de la sécurité alimentaire, qui est le nôtre, se dessine.

Le cadre ainsi défini est large, trop large. Et lourd de risques. Un premier serait de prendre le consommateur comme un idéal-type, alors que rien n'est plus faux que d'imaginer la société des consommateurs comme un ensemble lisse et monolithique. Un autre risque procède d'une illusion archivistique. Nos sources, en l'état, sont plus nombreuses dans le monde méditerranéen où un « socialisme municipal » tôt construit offre au chercheur une densité législative inégalée, au péril de réduire les peurs occidentales à des peurs latino-centrées.

Il y a, il doit y avoir, en histoire comme ailleurs, des « risques acceptables ». Nous les assumerons.

Il faut se défier des mots. On a distingué peur et angoisse. La peur se porte sur un objet connu et clairement identifié. L'angoisse, l'anxiété, plus diffuse et plus difficile à supporter, est suscitée par un aléa potentiel, par l'inconnu. Si on adoptait cette terminologie, alors l'énorme majorité des peurs alimentaires seraient des angoisses. A commencer par la peur de la pénurie, car on sait que la peur de manquer est permanente, alors même que l'éventualité de la disette ou de la famine ne s'est pas révélée. C'est la leçon des émeutes de la faim. L'année 1709 en France est une année de grande famine, mais elle est plus marquée par la mort de plus d'un million d'affamés que par des protestations collectives. A l'inverse, l'année 1775 est une année d'émeutes, et pourtant ceux qui déclenchent la « guerre des farines » ne sont pas rongés par la faim. C'est la peur de la faim qui les pousse. Et l'historien de s'interroger très légitimement sur les rapports entre émeute et faim[6]. L'homme avant Pasteur est bien en peine d'identifier les risques qu'il entrevoit dans sa nourriture. En fait, pour lui presque tout est risque, et très peu danger avéré. Toute peur est un mélange sans dosage de crainte bien ciblée et d'anxiété diffuse, et il n'est point besoin de relire Montaigne pour savoir que l'imagination déborde de toutes parts son objet, que la raison et l'irrationnel sont inextricablement mêlés.

On parle aussi couramment de peurs réelles ou de peurs imaginaires. Cette dichotomie est encore moins fondée que la précédente. Toute peur est réelle, à partir du moment où elle est authentiquement vécue, où elle taraude l'imagination et excite l'émotion. L'inverse de la vraie peur n'est pas la fausse alerte, mais la sérénité ou la tranquillité d'esprit. En revanche, le risque perçu peut être un vrai danger, ou bien un danger illusoire. La question est alors de savoir si les peurs d'autrefois étaient fondées ou ne l'étaient pas. Pratiquement, et malgré les difficultés du rétrodiagnostic bien connues des historiens de la médecine, il n'est pas impossible à l'historien d'aujourd'hui de répondre à une telle interrogation, de confirmer ou d'infirmer le soupçon et de dire si ce que l'on redoutait était une menace vraie. Mais est-ce bien de sa compétence ?

Une histoire de la peur ressortit à l'histoire des représentations. Dans cette perspective, ce qui intéresse l'historien est bien moins la réalité des choses que l'attention qu'on leur portait, et l'effort doit consister à comprendre pourquoi ces peurs surgissaient. Les peurs passées ne peuvent se juger à l'aune de nos connaissances actuelles. Collectives, elles s'enracinent dans l'idéologie de l'époque – je veux dire l'ensemble des croyances, le cadre mental et intellectuel qui permet de penser la peur et de canaliser l'imaginaire. Elles s'inscrivent dans des structures mentales données, elles entretiennent des liens avec les croyances de toutes sortes, religieuses, médicales, scientifiques (certains disent pré-scientifiques). Quant à savoir si elles étaient fondées ou pas, ceci n'est pas une préoccupation de la recherche et se situe en dehors du champ de l'histoire culturelle. Voilà la première conception que l'on peut avoir de l'histoire des

6. Aron 1965, 5-6.

représentations. Elle est légitime. Elle n'est pas, à mes yeux, totalement satisfaisante.

D'abord, elle conduit à ne pas répondre à une curiosité du lecteur – or il existe des curiosités qui sont aussi *légitimes*. Ensuite, s'il peut y avoir un mauvais usage de l'utilisation du savoir actuel sur des représentations révolues, un usage qui conduirait à la sévérité rétrospective ou, pis, au mépris condescendant, il peut aussi y avoir un bon usage. Après tout, s'il est admis qu'un archéologue d'aujourd'hui intègre des techniques de pointe dans sa recherche, pourquoi interdire à l'historien même dénué d'un solide bagage microbiologique d'avancer un rétrodiagnostic ? S'en priver serait faire de l'histoire des représentations une histoire holiste, refermée sur elle-même, une histoire sur coussins d'air pour reprendre une expression de Michel Vovelle. Campant trop haut, trop loin des *realia*, sans prise avec elles. Ce n'est pas la posture intellectuelle de prise de hauteur qu'il faut regretter, ce sont ses incidences sur la notion même de représentation. Ne pas examiner le rapport de la représentation à la réalité – une réalité rétrospective en quelque sorte –, c'est se priver d'un moyen de définir son statut.

Les écrivains de la période classique ont foison d'expressions pour désigner les peurs déconnectées du réel : *chimère*, *viande creuse*, *phantasme*, *fantôme*, *coquecigrues*... Ce faisant, ils désignaient ainsi des peurs passées, car, pour celles qu'ils vivaient, faute du recul nécessaire, ils auraient été bien en peine de les évaluer correctement, de dire si telle *chaude alarme* n'était pas une *fausse alarme*, et si elle n'avait *pas fait plus de bruit que de besogne*.

Il me semble qu'on peut affirmer que la peur ne peut se comprendre qu'en cohérence avec la société qui l'éprouve. On peut affirmer aussi sans déroger au principe de précaution que toute peur peut être définie et classée par son rapport au danger. Si ce rapport est étroit, on ne s'émerveillera pas outre mesure de la prétendue « sagesse » ou « pré-science » des contemporains. Si l'écart est maximal, on s'abstiendra de disserter sur la puissance d'une émotion à se développer quand elle est bâtie sur rien. L'essentiel est d'entrevoir que les risques, aussi, ont une histoire. Beaucoup de risques connus ont commencé par être potentiels, mais beaucoup de risques potentiels ne se sont jamais confirmés. Reste une troisième configuration possible : beaucoup de dangers réels et sérieux autrefois n'ont jamais été perçus comme des risques. Ceux-là échappent à cet essai, qui dans cette histoire pleine de bruits et de silences a guetté les bruits, en a saisi certains, et a ignoré les silences.

CHAPITRE 1

Viandes interdites

1303, le dix-sept de juillet, le samedi après la fête de saint Barnabé. Philippe le Bel est roi de France, et Jean de Lévis seigneur de Mirepoix, une petite ville du Haut-Languedoc. Jean de Lévis est le successeur de Gui de Lévis, ce petit seigneur francilien devenu le principal lieutenant de Simon de Montfort dans la croisade contre les Albigeois, et qui a obtenu en fief le château de Montségur et l'apanage de Mirepoix comme récompense à ses bons et loyaux services. Le seigneur de Mirepoix relève directement du roi, ce qui fait de lui le plus puissant vassal de Philippe le Bel en Languedoc. Ce jour-là, il a réuni dans la grande salle du château tout un aréopage. Il y a là le *baile*, qui est son principal représentant dans la ville, quatre notaires, deux professeurs de droit, Philippe de Ripparia et André Deulesal, les quatre consuls de Mirepoix, plus l'ensemble des bouchers de la ville, soit deux douzaines de personnes assemblées pour une circonstance solennelle, l'octroi d'une charte.

On est en pays occitan, dans une terre qui fut cathare et qui est toujours suspecte de catharisme. L'hérésie subsiste au tournant des XIIIe et XIVe siècles, et la chasse aux hérétiques est encore ouverte, menée en deux offensives inquisitoriales, plus à l'ouest, en pays de Foix [1]. Mirepoix est relativement à l'écart de cette traque, sans qu'on puisse affirmer qu'il n'y ait plus dans la bastide des « croyants » ou des « parfaits », ouverts ou clandestins, repérables à leurs habitudes alimentaires : ils ne mangent ni viande, ni fro-

1. Le Roy Ladurie 1975, 33.

mages, ni œufs. Les cathares sont végétariens par conviction religieuse. Ils ne sauraient manger la chair des animaux puisqu'ils la considèrent comme impure, pervertie par la sexualité. Ce qui renforce l'interdit et conduit à une abstinence plus ou moins radicale, c'est leur croyance en la métempsycose : comment imaginer manger une chair dans laquelle un croyant aurait pu se réincarner ? Dans l'échelle des valeurs alimentaires cathares, le poisson, animal prétendument asexué, est au sommet, la viande occupe le bas de l'échelle, tellement dépréciée qu'ils affichent leur répugnance en l'appelant du nom péjoratif de *carnasse* ou de *fereza* (« barbaque »)[2].

Y a-t-il en 1303 un cathare ou un catharisant dans la salle du château seigneurial ? il est impossible de le savoir. Ce qui est sûr, c'est que la question à l'ordre du jour est précisément ce qui pour un cathare est un tabou : la viande. En effet, ces hommes sont assemblés pour édicter un règlement concernant la vente de la viande dans leur ville. La boucherie est libre à Mirepoix. Le commerce de la viande ne dépend ni de la ville ni du seigneur, et les bouchers n'ont besoin d'aucune autorisation pour ouvrir un étal, ce qui explique sans doute le nombre de *mazelliers* qui exercent à plein temps ou à temps partiel : ils sont une bonne douzaine. Mais qu'on ait toute liberté pour exercer la boucherie ne signifie pas qu'on puisse vendre n'importe quelle viande, et à n'importe quel prix. C'est ce que le texte négocié entre les consuls et Jean Ier prévoit nettement, en 18 articles. L'acte est solennel, la réunion aussi, et ces hommes sont présents soit comme parties prenantes du contrat, soit à titre d'experts. Parties prenantes, les consuls élus chaque année à la Toussaint, représentants de la communauté, et les gens de métier intéressés au premier chef par le contrat mis au point. Experts, les hommes du droit et les notaires, passés maîtres dans l'art de conseiller et de couler les actes dans les formes légales[3].

2. Ces mots se retrouvent dans les interrogatoires de l'inquisiteur Fournier à Pamiers. Fossat 1971, 98.

3. Pasquier 1921. La charte de Mirepoix est reproduite au t. II, 43-46.

La charte de Mirepoix

Dans le préambule de la charte, Jean Ier de Lévis exprime ses préoccupations : il importe d'éviter les périls qui peuvent survenir de la consommation de viande. Ces périls (*pericula)* sont des risques plus que des dangers. On ne les connaît pas, ils sont incertains, potentiels, ils pourraient arriver dans le futur (*pericula que possent in futurum evenire*), et le devoir du seigneur est de faire son possible pour les éviter (*pro nostro posse evitare*). Le premier objectif est clair. Il relève de ce que les historiens d'hier appelaient l'hygiène publique, et que nous appelons la sécurité alimentaire. Si la rédaction de la charte obéit à une logique – ce qui n'est pas sûr à une époque où la recherche d'un ordre cohérent n'est pas un souci du législateur – et si le classement en tête du document a un sens, on pourrait dire que ce souci de la santé publique est prioritaire, il passe avant le second objectif invoqué qui est de permettre aux bouchers de retirer un gain légitime de leur commerce. Entre l'impératif de sécurité et l'impératif commercial, il n'y a nulle contradiction : on est dans la même sphère de la justice et de la recherche du « commun profit » telle qu'un seigneur chrétien doit la pratiquer. La charte tend à garantir la paix et l'ordre dans la ville. Or la notion de tranquillité publique est incompatible avec celle de concurrence. La concurrence commerciale est conçue comme une source de division, un ferment de discorde. Mieux vaut l'abolir, en faisant en sorte que tous ceux qui vendent la même chose la vendent au même endroit, et au même prix. Taxer la viande est un droit du seigneur, c'est aussi son devoir. Le prix de la viande sera fixé par le baile et les consuls d'après le prix de revient de l'animal. A Toulouse, la grande ville la plus proche, le bénéfice est limité à un denier sur douze, soit 8 %[4]. Mais le commun profit exige aussi que la santé du public ne soit pas mise en danger par des « fausses denrées », par des viandes malsaines, aussi prohiber certaines

4. Wolff 1953, 383.

viandes est-il du devoir du seigneur. Les interdictions que ces hommes vont décider relèvent d'une sphère de pensée radicalement différente des interdits cathares. Pour tout chrétien orthodoxe, la distinction entre viandes pures et impures a été abrogée par la venue du Christ qui libère l'homme de tout tabou alimentaire. Jésus, congédiant la loi juive, institue le laisser-faire alimentaire : à l'homme pur, tout est pur[5]. Dans la perspective chrétienne, la chair des animaux n'est pas ontologiquement impure, seulement elle peut, en certaines occasions, être malsaine. On est dans l'ordre profane de la santé, pas dans celui du salut.

Les directives sur la boucherie ne sont pas de simples recommandations ou un code de bons usages, c'est une ordonnance négociée entre les Mirapiciens et leur seigneur ; elle est longue de 24 articles, précise, prévoyant une inspection des marchés, un contrôle de toutes les bêtes (pas seulement d'un « échantillon »), des amendes en cas d'infraction. Demandé par la bourgeoisie de la ville, octroyé par les seigneurs, le règlement a la force d'une loi, il a la force d'une obligation morale.

Les bouchers de la ville sont convoqués, ils sont tous là : Laurence André, Thomas Auriol, Guilhem Auriol, Bernard Aybrand, Pierre Bonaud, Bernard Terren, Pierre Vigoris, Bernard Scobilon, Hugo Scobilon, Arnaud et Guilhem Vigoris. Leur nombre, comparé à la population d'une si petite ville, dit bien l'importance de la consommation carnée en ce début de XIVe siècle. La réunion prend alors un caractère quasi cérémoniel, le notaire public fait lecture des dispositions prises à leur égard, il traduit en fait le texte à ces *illiterati* qui ignorent l'alphabet et *a fortiori* le latin, et il leur demande d'observer fidèlement les prescriptions du règlement. Tous s'y engagent par un jurement ou serment promissoire, en prenant Dieu à témoin par l'intermédiaire des Évangiles, et ils jurent, oralement et tactilement, de s'y conformer « complètement et inviolablement ».

Le texte est rédigé en latin, et conjugué aux deux temps, le présent et le futur. C'est marquer clairement la dimension temporelle dans laquelle se situe le législateur. En fixant des règles pour

5. Mt, 15,10-11.

le présent et l'avenir, il définit un horizon d'attente, fait d'anticipation, d'espoir et de crainte. La loi pour garantir la santé des hommes n'est qu'un fragile échafaudage, c'est une construction probabiliste par laquelle Jean de Lévis se projette à la fois dans le futur et dans son passé.

A quels présupposés, à quels éléments de culture consciente ou inconsciente se rattachent ces règles ? Projeté dans un futur bien incertain, le législateur se sert du passé comme instrument de connaissances. Il part de l'expérience, de ce qu'il sait ou de ce qu'il ignore. Le passé, sur lequel Lévis appuie ses décisions, c'est le troisième temps de la charte, caché, implicite. Puisque ce texte, comme tous les textes normatifs, ne dit rien sur les raisons qui ont poussé à adopter de telles mesures, il faut essayer de le replacer dans l'idéologie des XIIIe et XIVe siècles. Mais comment présumer reconstruire tout le système de valeurs qui préside à l'élaboration de ces normes ? C'est là où l'historien, à coup sûr, prend des risques. L'opinion commune de ce temps lui est inaccessible, faute de traces écrites. Il dispose d'un discours vétérinaire au demeurant fort maigre et uniquement préoccupé de chevaux, et d'un discours médical beaucoup plus nourri. Sa chance, sa seule chance, c'est qu'en matière de santé et de maladie on se situe dans un paradigme, un horizon scientifique hérité des Grecs et des Romains qui encadre solidement les façons de penser et qui est bien connu.

On se réfère constamment aux autorités, Hippocrate le Grec (mort en 377 A.C.) et Galien le citoyen romain (mort en 210). On répète leur discours et on le ressassera pendant longtemps. Il y a entre Galien et Harvey – l'inventeur de la circulation du sang, remettant en cause la théorie des humeurs de Galien – quinze siècles d'écart. En quinze siècles, certes, les connaissances ont bougé sur certains points, mais sans remettre en cause le noyau dur de la physiologie de Galien. Galien et ses épigones arabes ont appris aux hommes d'Occident que l'Hygiène est un domaine très vaste qui englobe tout ce qui touche à la santé. La santé de chacun est déterminée par sa constitution, sa nature – ce sont les « choses naturelles », prédéterminées sur lesquelles l'homme a peu de prise –, et par des « choses non naturelles ». Ces choses « non naturelles » qui permettent au corps d'entretenir ses fonctions vitales dépendent plus ou moins de nous, nous pouvons dans une certaine mesure les maîtriser. Parmi les six choses non naturelles, les deux premières sont essentielles, ce sont celles que nous absorbons et qui nous maintiennent en vie : l'air que nous respirons, les nourritures que nous mangeons, l'eau que nous buvons. Air, eau, nourritures solides appartiennent tous trois à la catégorie fondamentale des aliments que nous incorporons.

A l'époque où Jean de Lévis légifère, un médecin catalan renommé, Arnaud de Villeneuve, met la dernière main à un livre *Sur l'usage des viandes*, et à une *Introduction à la médecine.* On y lit que les facteurs de santé se divisent en trois catégories : les facteurs naturels (*causae naturales*), les facteurs non naturels (*causae non naturales*), et les choses extra-naturelles ou contre nature ; cette terminologie scolastique est difficilement compréhensible aujourd'hui, parce que le terme « naturel » a une signification très différente et bien plus large. La division entre les causes naturelles et non naturelles de la maladie recouvre à peu près la division moderne entre facteurs endogènes et exogènes. Ils peuvent amener la maladie, chose contre nature. On est donc dans un schéma de pensée de très longue durée – un horizon bloqué de l'Antiquité au XVIIe – si bien qu'en termes d'explication de santé il n'est pas interdit de se référer aux Anciens, puisque c'est précisément ce que font jusqu'à plus soif les auteurs médiévaux, ni même de se priver des écrits postérieurs, comme ceux de la Renaissance. Enjamber la chronologie sans risquer le grand écart culturel est un exercice obligé, car les témoignages ne sont pas si fréquents ; le problème, c'est que les expériences qui dictent les précautions peuvent être fondées, mais elles peuvent être aussi imaginaires ; le problème, c'est que nous ignorons à quel point le discours médical a pénétré la société languedocienne de ce temps, et qui, dans le petit aréopage du château, est capable de savoir et de faire « *ut dicunt medici* ». Aussi mal armés, essayons de pénétrer l'esprit de la charte de Mirepoix.

La viande de boucherie

Le document traite de viande de boucherie, ou, comme disent en occitan d'autres textes de même nature, de *carnis de mazello*, le *mazel* étant le lieu de vente, le banc ou l'étal où la viande s'expose, et le *mazellier* le boucher. En énumérant les types de chairs offertes à la consommation, le document rend visible une distinction fondamentale entre ce que l'on considère comme viandes de boucherie, et ce qui ne l'est pas. Que désigne en effet le syntagme « viande de boucherie » ? Ce n'est pas un donné naturel, allant de soi, mais une catégorie construite, et chacun peut en donner une définition personnelle, en incluant – par exemple – ou en excluant la viande de cheval.

La charte de Mirepoix définit par l'exclusion : elle ne fait aucune mention de viande de cheval. Il n'est nul besoin sans doute de l'interdire, puisque personne n'en mange. Hippophagie : le mot est inconnu, la pratique infamante. L'Église y est pour quelque chose, qui a condamné cette consommation comme barbare, comme un résidu de paganisme, à la suite de la campagne de prohibition de saint Boniface, en mission chez les Germains païens et mangeurs de viande chevaline. Il serait excessif de parler d'un véritable interdit d'origine religieuse. Les pénitentiels, ces manuels de pénitence à l'usage des confesseurs qui mentionnent cette pratique déclarent en général que cette viande peut être mangée, bien que « ce ne soit pas la coutume », ou bien « que la plupart des hommes n'en mangent pas[6] ». La coutume, les habitudes alimentaires ont été renforcées par l'extension d'une agriculture qui pratique de plus en plus le labour avec le cheval. Le cheval devient le compagnon du travail de l'homme, doué d'une espérance de vie aussi longue que la sienne. Comment consommer la viande de son meilleur compagnon ? Nous avons appris des anthropologues qu'entre le mangeur et le mangé il faut une distance. Un lien affectif, une familiarité,

6. Bonnassie 2001, 146.

une trop grande proximité bloque l'acte phagique. Dans la société languedocienne du XIVe, le cheval est plus qu'un compagnon : c'est un confident ; le laboureur lui parle dans les champs, le guerrier au moment de la charge, le marchand à l'écurie, la dame en voyage [7].

Les livres vétérinaires de l'époque sont des ouvrages de maréchalerie, traitant tout à la fois de médecine, de chirurgie et de ferrure des chevaux. L'entretien en bon état de ces animaux de travail, de parade ou de luxe, revêt une importance égale à ce que peut avoir, de nos jours, l'entretien de l'automobile. Aussi ces traités vétérinaires sont-ils de bon débit : on y apprend comment dresser son cheval, identifier ses maladies, les soigner, espérer sa guérison avec l'aide de la nature – *cooperante natura* –, comme pour la médecine humaine [8]. La science vétérinaire de ce temps est une hippiatrie, elle se détourne des autres animaux, en particulier de ceux qui sont destinés à la boucherie. L'interférence entre les préventions des clercs face à la chair de cheval et l'aversion naturelle est si fortement nouée et si bien intégrée que les hommes de ce temps sont finalement bien en peine de dire pourquoi il est interdit de vendre du cheval en boucherie. C'est d'ailleurs pourquoi ils ne le font pas. L'hippophagie n'est même pas mentionnée dans le document mirapicien tout simplement parce qu'elle n'est pas de l'ordre du pensable [9].

Si l'exclusion est implicite pour la viande de cheval, elle est en revanche tout à fait explicite pour la viande de chèvre, et seule la vente des chevreaux d'un an est autorisée. A la différence du cheval, la chèvre en Languedoc est beaucoup plus présente, et il n'y a jamais eu de troupeau caprin plus nombreux qu'au temps de Jean de Lévis [10]. La finalité essentielle de cet élevage est l'alimentation humaine, sous forme de lait, de fromage ou de viande. Qu'on puisse manger le fils mais pas le père ou la mère dénote que l'aversion n'est pas absolue comme pour la viande équine. Dans les campagnes autour de Mirepoix, on juge la chair de la chèvre acceptable, de même que celle du mâle. Pour certains bergers de Montaillou,

7. R. Fossier, *Le Travail au Moyen Age*, Paris, Hachette littératures, 2000, 169.
8. Beaujouan 1966.
9. On trouve cependant l'interdiction d'abattre des chevaux dans des règlements de boucheries septentrionales : Amiens (1317), Troyes (1374). Monner 1941, 27.
10. Aymard 1997, 100.

le foie de bouc est une nourriture festive, et supérieure au poisson tant apprécié des cathares [11]. Mais les standards de consommation de la campagne ne sont plus ceux des villes, et, en milieu urbain, la chèvre est une viande dépréciée. Son statut, son prix sont inférieurs, soit. Mais est-ce une raison suffisante pour que l'autorité seigneuriale la prohibe, ou bien ne soupçonne-t-on pas la viande de chèvre de recéler des dangers pour la santé ? Les traités vétérinaires qui font du cheval le seul animal digne de soins ne s'abaissent pas à détailler les maladies du petit bétail. Il faut aller plus avant, au XVIe siècle, pour trouver deux médecins qui témoignent des peurs relatives à la viande de chèvre. Pour Estienne, « jamais la chèvre n'est sans fièvre en ce pays ». C'est la fièvre de Malte, ou brucellose, qui est ici dénoncée, fièvre qu'Estienne attribue à la niche écologique qu'on réserve à l'élevage caprin : « On ne fait point de litière à ce bétail ; souvent il dort sur la pointe d'un roc, exposé au soleil ardent plutôt qu'il ne le ferait à l'ombre [12]. »

Climat et soleil, voilà deux choses « non naturelles » qui prédisposent la chèvre à la maladie chronique. Et Champier, autre médecin, abonde dans ce sens, dit que « la chèvre ne manque jamais d'avoir la fièvre, de sorte que personne n'en met en vente qui soient saines ». Il ajoute que les Romains refusaient d'en manger « soit qu'ils aient détesté cet animal [le bouc] luxurieux et puant, soit qu'ils aient craint sa maladie. En effet, selon Plutarque, il paraît que la chèvre souffrait, entre autres, d'épilepsie, et que ceux qui en goûtaient ou qui la touchaient, contractaient cette maladie ». Et plus loin, citant une autre Autorité, Champier affirme que la viande de chèvre « est de suc assez mauvais, âcre, outre qu'elle se digère difficilement, donne des renvois et provoque le choléra morbus, selon le très célèbre médecin Hippocrate [13] ». Entre la fièvre et le choléra, c'est plutôt la fièvre (de Malte) et sa possible transmission à l'homme que redouteraient les législateurs mirapiciens. L'animal est réputé chaud, et ils se méfient de cette « chaleur », répugnante dans sa version mâle (1a propension au rut), pernicieuse dans sa

11. Le Roy Ladurie 1975, 380.
12. Estienne, *L'Agriculture*, cité par Vialles 1987, 118.
13. Champier 1560, 412.

version femelle (la fièvre). Pourquoi la voix de la chèvre est-elle tremblante ? Parbleu, parce qu'elle a la fièvre. Et puisque qu'elle chevrote sans cesse, c'est qu'elle est constamment fiévreuse [14]. La chèvre ne paraît pas sur les « bancs » des boucheries officielles parce qu'on la suspecte d'être le vecteur du mal caduc, la fièvre de Malte [15].

Il subsiste pourtant un doute : pourquoi interdire la chèvre, mais pas le chevreau ? Cette prohibition à géométrie variable peut apparaître comme une victoire provisoire du goût sur le souci sanitaire. C'est, tout aussi bien, la conviction qu'une chair de lait ne peut être nocive, le lait tempérant par sa fraîcheur et son humidité une chair par nature dure et sèche. Toute une tradition qui remonte à l'Antiquité [16], véhicule des doutes sur la salubrité de la chair caprine et, s'ils sont frottés de droit romain, André Deulesal et Philippe de Ripparia, présents à titre d'experts juridiques, s'inspirent dans l'article 4 qui concerne la chèvre d'un édit de Dioclétien interdisant la viande de chèvre dans l'Empire. La charte permet quand même la vente de cette viande à risque, pas en boucherie publique, mais sur ces étaux de second rang appelés *bocaria*. Que le mot boucherie ait un fort lien étymologique avec la viande de bouc et de chèvre montre bien que le statut de cette viande est flou, et que sa consommation doit faire l'objet de précautions.

Comme le classement des viandes de boucherie répond à des critères jamais explicités, on peut simplement conjecturer que les uns tiennent à des repères anthropologiques profondément ancrés, comme le dégoût du cheval, et d'autres à des raisons de sécurité sanitaire. Finalement, à Mirepoix, trois catégories sont retenues pour la consommation, les viandes ovine, bovine, et porcine.

14. Rozier 1783, II, art. « Bouc », 388-393.

15. La fièvre de Malte ou brucellose se transmet à l'homme ; en revanche, la viande d'un animal atteint de brucellose ne présente aucun risque pour le consommateur.

16. J. André, *L'Alimentation et la Cuisine à Rome*, Paris, Klincksieck, 1980, 142.

Qu'ils n'osent vendre des viandes malsaines

On vendra donc du mouton, du bœuf et du porc, mais à une condition : que leurs chairs soient *bonnes*, *utiles*, *non malades* (art. 8). Les viandes malades qui sont interdites sont énumérées en tête de la charte, d'abord le mouton, puis le bœuf et le porc. A condition, une fois encore, que l'ordre d'énumération ne soit pas gratuit, on a là le tiercé de la consommation de viande fraîche dans les villes méridionales de l'époque [17]. Le règlement est rédigé en latin, langue des juristes, mais aussi langage scientifique universel, et langage des médecins en particulier. Aussi est-il étonnant de voir les légistes de Mirepoix abandonner le latin chaque fois qu'ils évoquent une maladie, ils ont alors recours à la langue vernaculaire, un dialecte qui relève de l'occitan moyen.

On pourrait mettre ce bilinguisme sur le compte d'une pénurie terminologique. Pour dire la maladie animale, le latin est pauvre et imprécis. Dans les textes contemporains de la charte de Mirepoix qui restent fidèles au latin, on emploie les deux substantifs collectifs de *peste* (ou *pestilence*) et *morie* (ou *morine*, *murie*, *murrain*). Ces termes très globaux sont comme des manteaux de Noé jetés sur les maladics des bestiaux qui dissimulent plus qu'ils ne désignent et qui peuvent s'appliquer à des dizaines d'entités pathologiques plus ou moins graves [18]. Les mots rustiques sont plus précis, et plus conformes à l'esprit des lois des XIIIe et XIVe siècles, comme d'ailleurs ceux des siècles suivants : l'objectif de celui qui rédige ces lois de proximité n'est pas d'élaborer une belle loi, dans une langue élégante et fleurie, il est de faire une bonne loi. Une bonne loi, c'est celle qui, demandée à la base et recevant l'onction de l'autorité supérieure, résulte d'un consensus – et ce point, nous l'avons vu,

17. Exemples probants à Carpentras et à Pont-Saint-Esprit. Stouff 1996, 130. D. Le Blévec, *La Part du pauvre*, Rome, École française de Rome, 2000, II, 790-791.

18. Bodson 1991.

est déjà acquis. Une bonne loi est aussi formulée en règles courtes, simples et utiles, en un mot : elle est applicable. Voilà pourquoi, quand il s'agit de viandes malades, on ne parle pas latin aux bergers ni aux bouchers, mais on emploie la langue et les mots qui sont les leurs.

Parmi les brebis et les moutons sont interdits ceux qui sont *marranos*, *galamutos*, *capmartinos*, ou malades de *picota*. On emploie des termes locaux, comme si les maladies qui sévissaient en Haut-Languedoc ne sévissaient pas ailleurs. La richesse de la taxinomie populaire concernant les maladies des animaux rend le rétrodiagnostic bien difficile. Une seule maladie est clairement identifiable, c'est la picote des ovins si répandue dans tout le Languedoc. Joubert, le célèbre médecin de Montpellier, dans son traité de la peste en 1567, parle de la « peste des animaux qui sévit aux environs de Montpellier et qu'on appelle familièrement la "picote" ». A chaque région sa picote. Ailleurs, la picote se nomme familièrement *clou*, *claveau*, *clavin*, *clavelle*, *clavellière*, *glave*, *clousiau*, *vérole*, *petite vérole*, *variole*, *vérolin*, *vérette*, *picotin*, *rougeole*, *caraque*, *rache*, *bourgeon*, *pustule*, *gamise*, *gamadure*, *liare*, *peste*, *bête*, mais aussi : *marandra*, *magagna*, *malandra*, *chas*[19]. Cette terminologie fort diverse a cette unité de base qu'elle confond la maladie avec son principal symptôme : la picote est une maladie éruptive, caractérisée par l'apparition de pustules qu'on appelle piqûre (*picouta*) dans la France d'oc et clou dans la France d'oïl. Cette confusion entre le mal et ses symptômes est reproduite dans le discours savant, où toute la nosologie se fonde sur le principal symptôme ou sur le syndrome pour nommer la maladie. Ainsi, la chèvre peut transmette la « fièvre », la fièvre étant la maladie elle-même, caractérisée par ces poussées de température ondulante. Cette construction linguistique par métonymie témoigne d'une démarche de la pensée très courante, qui prend l'effet pour la cause. Aujourd'hui, on désigne cette variole ovine, reconnue non transmissible à l'homme, sous le terme unifié de clavelée. Elle est endémique dans la région méditerranéenne, plus rare ailleurs, et les trou-

19. F. Brunot, *Histoire de langue française des origines à 1900*, 1912, rééd. Paris, Armand Colin, 1966, t. VI, 296.

peaux anglais en ont été longtemps exempts. Mais, au XIIIe siècle, la picote aborde en Angleterre par le Northumberland, et l'île entre dans le système microbien européen, les moutons anglais ne gardant plus qu'un privilège sur leurs congénères du continent : ils peuvent paître en toute quiétude sans risquer de rencontrer le loup [20].

La seconde maladie ovine dénoncée par le texte suscite la perplexité : le mouton *marrane* ne figure dans aucune nosologie officielle. L'adjectif *marrane* en revanche est connu, c'est un emprunt d'outre-Pyrénées, en langue castillane il désigne un porc. Pour comprendre ce franchissement d'espèce, il faut sans doute se souvenir que le mot a effectué certains glissements sémantiques, passant d'abord de l'animal à l'homme. Première dérive : il désigne aussi un juif ou un musulman. Dis-moi ce que tu ne manges pas, je te dirai qui tu es. Qualifier le juif ou le musulman par ce qu'ils s'interdisent fait la force de l'injure. L'antijudaïsme a souvent recours à ce procédé, le langage se trouvant ici sur la même ligne que l'iconographie. Les artistes font de l'animal honni des juifs une des figures symboliques servant à les désigner [21].

Seconde dérive : dans la bouche d'un Gascon de 1300, *marrane* est le mot par lequel il désigne inamicalement celui qui habite de l'autre côté des Pyrénées. « Dans le temps que nous autres François étions ennemis des Espagnols, nous les traitions de *marranes*, comme ils nous traitoient de *gavaches* », dira Marot. Entre le cochon, l'homme sans foi et maudit, et le mouton malade, la sémantique établit des liens qui nous renseignent plus sur la mauvaise réputation du cochon – qui est transmissible – que sur la maladie des moutons. Les dictionnaires étymologiques qui ont pour but d'aider l'historien à comprendre les textes anciens ne sont guère secourables. D'après Mistral, ces moutons sont languissants, étiolés, étiques. Comme *marraner*, c'est travailler avec difficulté, ou rechigner au travail, il est certain que ce mouton-là a du mal à se tenir sur ses pattes, marche avec difficulté, mais à quoi attribuer sa maigreur et sa langueur ? S'il faut prendre le risque d'un rétrodiagnostic – un risque certain, puisque nous savons que les maladies

20. Leclainche 1936, 123.
21. Pastoureau 1987, 52.

des animaux, comme celles des hommes, peuvent apparaître, disparaître, ou muter, et que ces animaux de 1300 sont peut-être atteints d'une peste qui n'existe plus –, on peut penser que ces moutons interdits sont atteints de tuberculose (*marranes*), que les béliers ont le charbon (*galamutos*) et que les moutons qui ont la tête pourrie (*capmortinos*) sont affligés de tournis, à moins qu'ils ne soient atteints de tremblante ? On ne verra pas, à Mirepoix, sur l'étal, aux crochets des bouchers, des brebis galeuses, et des moutons fous.

La vache interdite à la consommation n'a ni maladie clairement nommée ni signes cliniques extérieurs – du moins on ne les décrit pas, on ne repère sa maladie qu'à l'inspection *post mortem*. A l'examen de la carcasse, on observe que « les moelles sont fluentes et non coagulées dans les os » (art. 3). On ne sait si le cerveau est aussi liquéfié et quasi spongieux. Suivant une structure mentale très archaïque, le signifiant *medulla* recouvre trois signifiés : la moelle épinière, la moelle des os, la moelle du cerveau, que l'on pense en étroite relation et de même nature. A Toulouse, on se méfie tout autant de ces carcasses de vache sans « moelle bonne et suffisante [22] ». La maladie bovine n'a pas de nom. Elle reste mystérieuse.

Dernier dans la liste noire, le cochon que le texte appelle lépreux. Ladre ou lépreux, que les mêmes mots puissent s'appliquer à l'homme ou au cochon dit d'emblée quel halo flou et menaçant auréole l'animal. « La lèpre est par excellence la maladie du Moyen Age en France [23]. » La lèpre fait peur. Est-ce d'ailleurs seulement la lèpre « lépromateuse », la vraie lèpre ? Il est difficile de démêler la bacillose de Hansen dans la clinique monstrueuse que lui fait le Moyen Age. Alors que toutes les maladies ovines susceptibles de détruire la santé des hommes sont regroupées en un article, la lèpre porcine, à elle seule, fait l'objet de trois règlements : trois précautions valent mieux qu'une. Pour dépister la maladie, tous les cochons seront examinés. Tandis que les ovins ne doivent subir qu'une inspection, avant l'abattage, et les bovins aussi une seule,

22. Wolff 1953, 399.

23. J. Caille, *Hôpitaux et Charités publics au Moyen Age à Narbonne, de la fin du IXe à celle du XIVe siècle*, Toulouse, Privat, 1978, 33.

après l'abattage, les porcs seront soumis à un double examen, *ante mortem* et *post mortem*. Pour le premier, on renverse et on retourne la bête sur le côté – c'est proprement *l'abattre* –, on l'immobilise et on tient son museau bien ouvert par un bâton de bois pour examiner sa langue par la vue et le toucher. En regardant, en passant le doigt sous la langue, on verra ou on sentira s'il est porteur de ces pustules sublinguales qui signalent la ladrerie de façon *évidente et manifeste*. La tâche est confiée à des spécialistes appelés langueyeurs.

Mais la charte ne s'en tient pas à ces signes cliniques extérieurs, elle impose de vérifier si un animal apparemment sain n'est pas infecté ; d'où un second contrôle au moment du dépeçage. L'examen est attentif, car, *a priori*, une viande infestée a aussi belle apparence qu'une viande saine, si ce n'est la présence de « grains » dans la chair, c'est-à-dire des larves enkystées dans la masse musculaire. Il faut un œil exercé et une attention aiguë pour reconnaître entre les faisceaux de fibres musculaires les cysticerques sous forme de kystes blancs et minuscules, du volume d'un *grain* de mil.

Les mesures sont rigoureuses. Au total, 6 types de viandes réputées malsaines sont écartées de la consommation. Les risques sont-ils exagérés ? Le risque mesure une incertitude. En 1303, les certitudes sont minimes, les incertitudes sont un océan.

Le porc lépreux

On ne peut attendre d'un texte normatif qu'il abonde en considérations à l'appui des règles qu'il proclame. On sait quelles sont les viandes interdites, on ne sait pas à quel titre elles le sont. Les statuts de la boucherie de Florence sont à peine plus explicites que la charte de Mirepoix quand ils annoncent que toute viande animale est susceptible de transmettre la maladie[24]. Oui, mais laquelle ? Théoriquement, on peut écarter la viande de la consommation humaine parce qu'on pense qu'elle peut transmettre la même mala-

24. Nicoud 1998, II, 533.

die de la bête à l'homme. On peut l'interdire aussi parce qu'on pense que la chair d'une bête malade est de mauvaise qualité et nuisible à l'homme. Dans cet échange si subtil qu'il échappe à la compréhension des hommes de ce temps, notre chair ne peut-elle pas devenir semblable à la chair absorbée si celle-ci est malsaine ? En incorporant une chair fraîche, nous risquons d'ingérer la maladie qu'elle transporte, ou une autre. Comment savoir si ce que l'on redoute, ce sont les zoonoses, maladies communes à l'homme et à l'animal, ou bien tout simplement les effets digestifs, diarrhée ou empoisonnement que pourrait occasionner une viande réputée insalubre ?

La lèpre du cochon n'existe pas. L'expression de lèpre porcine ou de ladrerie désigne une maladie dont on sait depuis 1760 qu'elle est en fait une parasitose, et depuis 1865 qu'elle se communique de l'animal à l'homme, et réciproquement. Le parasite existe dans le porc à l'état de larves, enkystées dans la masse musculaire ; en pénétrant dans les voies digestives de l'homme, il se développe et devient ténia. Au total, une affection sans rapport ni commune mesure avec la peur qu'elle suscite.

Pour comprendre l'environnement culturel et mental où surgit la peur de la lèpre porcine, il faut se référer d'abord au discours médical. Sur la maladie de l'animal, il ne dit rien. Sur l'affection des hommes, comme elle domine tout le paysage pathologique jusqu'au XVIe siècle, il est infiniment plus prolixe. La faculté, la prestigieuse et proche faculté de Montpellier, a alors un maître, Arnaud de Villeneuve, qui y enseigne en 1300, et deux autorités, Galien et le médecin arabe Avicenne.

Vers 1303, Arnaud de Villeneuve, le Catalan, a soixante ans, une carrière bien remplie, une clientèle de prestige puisqu'il est sollicité par le pape comme par les rois. Cet éternel voyageur navigue alors entre Catalogne, Marseille et Nice, une instabilité qui favorise la circulation des idées médicales. Il met la dernière main à un livre sur le *régime de santé*, un de plus dans une œuvre féconde, qui compte aussi un traité sur la lèpre et une nosologie où il s'est intéressé aux vers de l'homme. S'agissant des vers intestinaux, Villeneuve est le premier à classer ces étranges animaux – tout en doutant de leur nature animale – et il décrit le ténia qu'un de ses patients a rejeté, d'une longueur d'un bras ou deux. Comme c'est le plus long qu'il lui a été donné d'observer, il lui donne le qualificatif de *solium*, non pas solitaire comme on le traduit trop souvent, et à tort, mais souverain. Ce ver énorme, ce ver roi vient-il de l'ingestion de viande porcine ? Ni Villeneuve ni ses émules n'en parlent jamais. Comment pourrait-on imaginer un quelconque rapport entre le « grain » du porc et le « ver » de l'homme ? Il n'est nul besoin d'ailleurs d'imaginer, puisqu'on « sait » l'origine des vers intestinaux. Puisqu'on ne connaît pas de congénères vivants au grand air, on en déduit qu'ils s'engendrent d'eux-mêmes. Comme tous les vers de cette immonde micro-faune, du serpent à la grenouille, ils naissent par génération spontanée. Il suffit d'une corruption des humeurs dans l'estomac pour qu'apparaisse ce ver souverain, qui est trop familier pour être vraiment redoutable [25]. Ce ver est un vieil habitué des intestins humains, on vit avec, en société, selon des cycles de cohabitation de longue durée, cinq ou huit ans, renouvelables. On tâche de les éviter, au moyen d'une cure annuelle chaque année en mai, d'ail et de beurre nouveau [26]. On s'efforce de s'en débarrasser par des moyens empiriques, comme celui que conseille à la Renaissance le chirurgien Ambroise Paré :

« Et pour les faire encore plustost débusquer et sortir hors, faut oindre le siège du malade de miel et de sucre, parce qu'ils fuient l'amertume et courent à la douceur ; et partant, sortent plustost du ventre [27]. »

L'origine de la ladrerie du cochon, en revanche, est ignorée, le mal est tellement répandu qu'on le croit héréditaire ; on soupçonne quand même quelque chose qui tient à son intimité avec les hommes, car on a observé que le sanglier sauvage n'est jamais ladre. On ignore que la sale réputation du cochon, la réputation du cochon sale est fondamentalement à l'origine de cette infestation permanente, de ce cycle malsain, continûment renouvelé. La niche écologique que l'homme assigne à l'animal est la saleté, il s'y vautre, absorbe les déchets humains, ténia compris, le restitue aux hommes.

25. Penso 1981, 91.
26. Champier 1560, 322.
27. Ambroise Paré, cité par Wickersheimer 1905, 138.

A la campagne, le cochon est associé au tas de fumier. A la ville, il se nourrit de tous les déchets urbains. Le vrai danger est là : attraper des parasites, mais on le méconnaît. Pourtant, le cochon est bien perçu dans les règlements de boucherie comme l'animal à risque par excellence. Mais quel risque au juste ? La lèpre, bien sûr.

Revenons à Arnaud de Villeneuve, le guide contemporain le plus sûr en matière de santé. Sur la lèpre, il a produit un court traité où il passe en revue tous les facteurs, « les causes secondes », qui peuvent provoquer l'irruption d'une maladie si contagieuse :

« Or on devient lépreux lorsqu'on couche avec une femme avec laquelle un lépreux vient de s'accoupler. Aussi dès la conception elle-même, comme quand on est nourri d'un sang impur ou conçu d'un sperme corrompu, ou comme quand on est conçu pendant les menstrues. On le devient aussi de par la mauvaise disposition et qualité de l'air, par l'usage immodéré d'aliments mélancoliques ou flegmatiques, et de viande d'âne, de bœuf ou de vache, de viandes de porc malsaines et autres semblables viandes impures. On devient lépreux par un abus de mets aillés et poivrés, un usage immodéré du vin pur, comme les habitants de la Gaule en abusent, et aussi les Burgondes, à cause de cela, beaucoup sont lépreux. De même on devient lépreux en fréquentant trop les lépreux [28]... »

Faisant le point des méconnaissances de son temps, Villeneuve laisse le choix très ouvert. Certes, la consommation de viande de porc peut amener la lèpre, mais ce n'est qu'un facteur, noyé parmi d'autres dans cette incroyable étiologie où la variété des paramètres répond à la diversité des formes de lèpre qu'on croit observer, cette lèpre polymorphe et variable d'un individu à l'autre. Le texte de Villeneuve, en faisant allusion au cochon malsain, est assez discordant par rapport à la tradition médicale : il ne reprend pas le discours de son maître à diagnostiquer, Galien. Si l'on veut savoir les raisons de cette infidélité, peut-être faut-il les chercher du côté de l'École de Salerne et du canal italien de Platearius qui enseigne la méfiance à l'égard du cochon ladre, ou bien dans la médecine juive. Villeneuve lit l'arabe, et son neveu Armangaud Blaise lit l'hébreu, il a traduit le *Régime de santé de* Maïmonide. Maïmonide, le rabbin

28. Arnaud de Villeneuve, *Compendium médicinae*, cité par Bériac 1988, 22.

espagnol, justifie les interdictions du Talmud par le danger qu'il y a à consommer un animal nourri d'ordures. Que le cochon soit une bête immonde, il en trouve la preuve dans les villes françaises de son époque dont les maisons, dit-il, ressemblent à des latrines : « S'il était permis de manger du porc, toutes les rues et les maisons seraient encore plus sales que des fumiers et des latrines, comme on le voit en Gaule aujourd'hui [29]. »

Disputant des causes de la lèpre, chaque médecin propose une longue liste des causes prédisposantes, qui intègre toutes la pollution alimentaire, mais pas forcément la peur de la chair porcine. Bernard de Gourdon, autre sommité montpelliéraine, incrimine d'autres aliments à risque, par exemple l'abus de lentilles, mais pas la chair porcine.

C'est, semble-t-il, la version de Villeneuve qui devient la vulgate. Son texte est repris, presque mot pour mot, dans l'encyclopédie de Barthélemi l'Anglais :

« ...Elle [la lèpre] peut être causée par un air corrompu ou par la consommation de nourriture mauvaises et mélancoliques, trop froides et sèches, comme la viande de bœuf, d'âne et d'ours. Elle peut parfois venir d'aliments trop chauds : si l'on consomme par exemple des oignons en permanence ou du poivre et des substances analogues. Elle est causée aussi par l'ingestion d'aliments corrompus, comme la viande de porc lépreux ou malade ou bien comme le vin altéré [30]. »

Les docteurs sont pris entre deux traditions : l'une, espagnole et hébraïque (marrane, pour parler comme nos Gascons), suspecte le porc de transmettre la lèpre. L'autre, issue du rationalisme grec, ne suspecte rien. On peut en manger, Aristote l'a dit [31]. Entre ces deux traditions, l'une alarmiste, l'autre plus rassurante pour la santé de l'homme, les médecins hésitent. Le débat est ouvert pour longtemps, et au siècle des Lumières deux éminents spécialistes comme

29. « *Quod si permissum esset porcos comedere, platae et domus omnes longe sordidiores forent, quam sterlionia et latrina, sicut in Galiis hodie videre licet.* » Cité par Delamare 1729, II, 103, qui déplore « le portrait affreux que fait ce docteur juif des villes de France ».

30. Barthélemi l'Anglais 1999, 157-158.

31. Aristote, I, VIII, 21.

Paulet et l'abbé Rozier s'opposeront sur les dangers présumés de la viande ladre.

Ce lien potentiel entre laderie porcine et ladrerie humaine, on peut en trouver la trace dans les procédures diagnostiques. Le dépistage de la lèpre humaine est chose très délicate. Dérouté par des symptômes polymorphes, confondant sous le nom de lèpre des dermatoses plus ou moins spectaculaires, le chirurgien est chargé d'envoyer en léproserie, c'est-à-dire de condamner à la mort civile ceux qui sont déclarés lépreux ; pour assurer son diagnostic, il dispose d'une batterie de symptômes ou signes, qu'il range en signes *équivoques*, qui induisent une présomption de lèpre, sans plus, et signes *univoques* – ce sont ceux qui condamnent sans appel à la maladrerie perpétuelle. En 1275, le chirurgien Guillaume de Salicet évoque dans sa procédure de dépistage un signe univoque :

« Un signe très certain, lorsqu'il y a un doute sur un cas de lèpre, ...est que si le médecin tient la langue du patient serrée entre ses doigts, il voit à la base de la langue, ou à la luette et au palais, de petites pustules, blanches, rouges, ou jaunes puantes [32]. »

Pour Gui de Chauliac, autre chirurgien prestigieux, il y a 6 signes univoques de lèpre et 16 signes équivoques. Parmi les 16 signes équivoques « le septiesme est grains sous la langue, sous les paupières et derrière les oreilles [33] ». La confusion entre les vésicules de la ladrerie porcine et les dermatoses de l'homme est tout à fait explicite avec ce rapport d'Ambroise Paré, qui déclare lépreux un homme dont « la langue [est] enflée et noire et au-dessus et au-dessous avons trouvé petits grains, comme on voit aux pourceaux ladres [34] ».

L'examen médical pour dépister la lèpre a quelque chose à voir avec le langueyage du cochon. Qu'il soit pratiqué par des chirurgiens, et non par des médecins, n'est pas indifférent. Les chirurgiens, ces paramédicaux méprisés par les médecins, inférieurs à eux, et dotés d'un savoir-faire plus que d'un savoir, risquent d'être

32. Guillaume de Salicet, *Chirurgie*, 1275, cité par Bériac 1988, 32.
33. G. de Chauliac, *Grande Chirurgie*, 1383, cité par Cougoul 1943, 57.
34. Paré, cité par Brabant 1966, 54.

plus proches des représentations populaires. Ils sont de possibles passeurs entre le monde savant et l'opinion vulgaire.

Dans ce cadre de pensée, on invente une transmission d'une maladie animale qui n'existe pas à une maladie humaine monstrueuse mais mal définie. On observe l'inobservable, et, plus encore, on voit l'invisible. L'invisible, c'est la chair intérieure du lépreux qui doit présenter des « grains » semblables à ceux du cochon ladre. Là encore, nul discours, mais, par exemple, cette insulte échangée en 1410, que rapporte Françoise Bériac. Une querelle, une mort d'homme, un procès où l'assassin raconte les échange d'injures, dont celle-ci, la plus horrible : il s'est fait traiter de lépreux, de *mezel.* Son agresseur l'a menacé :

« Il lui donneroit si grand esgarrade par le visage, qui vault autant à dire comme lui faire une très grande plaie que les granes de la mezellerie en cherroient à terre telement que chacun pourroit veoir et congnoistre qu'il estoit mezel[35]. »

L'allusion est claire aux grains de ladrerie qui parsèment la chair lépreuse. On déduit de ce qu'on voit dans le cochon à ce qu'on doit voir dans le corps du ladre. Le corps et sa représentation sont bien, pour reprendre le mot de Jacques Le Goff, pétris d'imaginaire.

Le porc focalise toutes les peurs. Est-ce parce que c'est le seul animal élevé exclusivement pour nourrir les hommes ? Est-ce parce que l'homme est fait comme le cochon ? C'est une opinion partagée par tous, gens du commun et savants, tel Henri de Mondeville, « le ventre dessous d'omme, ce sont les boiaux, est semblable au ventre du porcel ». L'homme par ses viscères se rattache très étroitement aux mammifères en général, et au porc en particulier[36].

Avec la maladie du mouton ou de la vache, on observe, on compare, on extrapole. Avec le porc, on fantasme... L'opinion commune n'a produit aucun discours. Elle agit, se protège, et s'exprime

35. Bériac 1990, 247. La maladie est-elle imaginaire ? Selon certains médecins, il existerait des cas de ladrerie humaine, l'homme alors héberge des cysticerques à la manière du porc, dans ses muscles, sous la peau, dans l'œil.

36. H. de Mondeville, *La Chirurgie de maître H. de Mondeville*, Paris, Didot, 1897, 2 vol., 357.

par le truchement des textes normatifs. Les règlements urbains sont assez suggestifs à ce sujet, par exemple quand ils interdisent de manger du cochon élevé en maladrerie, qui est l'asile de lépreux, ou qu'ils ordonnent de donner de la chair de cochon reconnu lépreux à ces mêmes maladreries [37]. Au Mas d'Agenais, les lépreux sont condamnés à l'autoconsommation, et on menace d'abattre sans forme de procès leurs moutons et leurs porcs si d'aventure on les surprend à vagabonder [38].

Par les règlements, le fantasme de la lèpre prend corps et, s'inscrivant dans la loi, il se normalise.

La science et le savoir

Il est impossible de savoir si l'enseignement universitaire montpelliérain a eu un quelconque écho à Mirepoix. Les législateurs de la ville se réclament pourtant d'un savoir, quand ils affirment qu'on éliminera les animaux dont on sait par l'évidence ou par le savoir (*evidenter seu scienter*) qu'ils sont malades. L'évidence est offerte à tous : c'est elle qui donne à voir tous les signes extérieurs et visibles de la maladie, selon une topologie qui permet de repérer la maladie en un lieu précis. Comme on reconnaît le porc ladre d'abord à la langue, on reconnaît la brebis atteinte de picote à ses pustules sous le ventre, le mouton *galamuto* à ses tumeurs charbonneuses. La loi distingue implicitement deux stades de la maladie, déclarée ou pas. Si les signes extérieurs ne se manifestent pas, on « saura » pourtant que la bête est suspecte ; à quel savoir fait ici allusion Jean de Lévis ? Peut être sent-on que la bête est malade, car ce savoir a d'intimes connexions avec les sens, l'odorat en particulier. D'ailleurs, l'occitan dit couramment « savoir à » au sens de : avoir un goût, une odeur, un air de, c'est dire une trace qui rappelle quelque chose de connu [39].

37. Saint-Sever, 1480 : « *Que la carne sie dade aus gafets* » ; à Condom, en 1312, la viande saisie au marché sera distribuée aux lépreux.
38. Bériac 1990, 84.
39. Vialles 1987, 97.

Cette « science » n'emprunte rien sans doute au savoir académique mais beaucoup à l'empirisme et au savoir-faire professionnel. Dans les abattoirs de Paris réagencés en 1810, on faisait attention à « l'odeur de fièvre » des viandes « qui sentaient le chaud[40] ».

L'article 5 de la charte introduit directement dans cette sphère d'un savoir empirique, avec cette injonction : « Que nul boucher n'ose souffler. » Cette interdiction se retrouve dans bien d'autres règlements de boucherie. Ceux du Comtat pontifical, à la même époque, sont particulièrement formels à ce sujets. A Carpentras, on précise bien que le but visé en soufflant est d'écorcher la bête, et qu'il faut éviter l'haleine des hommes. A Bédarrides, en 1413, les statuts de la ville interdisent de souffler « *cum ore nec canono* ». Au Barroux, en revanche, il est permis d'enfler au canon – c'est-à-dire avec un roseau[41]... Dans les villes italiennes, toute une législation attachée à la vente de chairs « *bona et pulchra* » condamne le veau gonflé à l'haleine[42].

Cette pratique du soufflage, si unanime et si unanimement condamnée, en quoi consiste-t-elle ? On peut penser à un procédé technique qui concerne la préparation des ovins abattus. Pour les écorcher, on pratique une incision à la base d'une patte, et on insuffle de l'air : la bête se gonfle comme une outre, et la peau, détachée de la carcasse, est plus facile à enlever ; certains spécialistes, comme Louis Stouff, penchent pour un autre objectif : enfler la viande serait une façon de la déguiser, de la rendre apparemment plus belle en augmentant son volume ou son poids. Entre ces deux interprétations, les statuts ne permettent guère de trancher. Certains relient le soufflage à la viande ovine exclusivement, d'autres à toutes sortes de chairs ; dans les uns, l'action de dépouiller et de souffler se trouve en grande proximité sémantique ; dans les autres, souffler et frauder sont quasi synonymes. Laissons la question provisoirement sans réponse. Ce qui importe, ce sont les risques présumés. Un tel procédé est dénoncé parce qu'on le juge nocif. En enflant et en soufflant dans les chairs, les bouchers « les

40. Léonard 1986, 170.
41. Stouff 1970, 133.
42. Castellazi 1995, 884.

remplissent de mauvais air et de vents pernicieux[43] ». Plus positifs, des règlements du XVIe siècle préconisent l'utilisation d'un soufflet, pour « obvier aux dangers que ce que peuvent ensuyvre » en injectant de l'haleine humaine[44].

La situation potentiellement dangereuse évoquée ici serait une communication d'une affection de l'homme à l'homme, par l'intermédiaire de la chair de l'animal. On peut penser à la tuberculose – ce que nous appelons depuis Koch la tuberculose –, qui est attestée dès le haut Moyen Age, où elle se serait communiquée des troupeaux de bovins à l'homme. Mais rien ne permet de dire que les Mirapiciens, qui cherchent à éviter des zoonoses imaginaires, aient pu songer à cette maladie bien réelle. Le savoir académique et la médecine universitaire enseignent que seuls les miasmes de l'air sont responsables de la propagation des épidémies. Toutefois, la notion de contagion n'est pas étrangère aux hommes de ce temps, et elle paraît plus pensable quand il s'agit de maladies animales[45].

Un ouvrage anonyme du XIVe siècle, *La Chirurgie des chevaux*, montre comment on imagine la contagion et ses mécanismes,

« 7. Quer ly uns chevaux prent à la fois roigne de l'autre et a la fois farsins et a la fois tortes, si comme il se demanjent des dens et si comme il se defrotent, et corrompent ainxi l'air de leurs alaines. Quer li air est mout fort chose quant il est corrompus, a muer légieremnt le corps d'ommes et de bestes.

8. Pourquoy le philosophe deffendent qu'enfant n'aprecent [n'approche] a homme qui gist en chaut mal, quer enfans sont si tendre et si sont corrompus tantost. [...] Li enfant atraient l'air a eulz qui est corrompuz de l'alaine du malade[46]. »

Ces deux articles : une belle occasion de pénétrer dans les conceptions de la contagion, dans toutes ses configurations. Le premier (art. 7) traite de maladies des chevaux, dont l'une la morve, ici appelée farcin, inquiète le plus parce qu'elle est mortelle. La

43. Ordonnance de Charles V. Deramaix 1932, 3.
44. Règlement de police de Carpentras, 1561. Pleindoux 1925, 34.
45. Beaujouan 1966. Bodson 1991, 235.
46. Beaujouan 1966, appendice II.

seconde recommandation concerne la contagion interhumaine. On remarquera que le mécanisme de la contagion n'est pas différent pour l'homme et pour l'animal, et que dans les deux cas le vecteur privilégié est l'haleine du malade. La puanteur de l'haleine signale la maladie, et c'est par l'odorat qu'on dépiste le risque pour la santé. Que la contamination puisse se faire par voie aérienne est un fait reconnu, mais il n'est pas besoin de la théorie microbienne pour la penser. La théorie des humeurs est tout aussi efficace : on attribue la maladie, dans sa cause profonde, à un dérangement des humeurs, le sang en particulier « qui a plus signourie en la beste ». La contagion se produit quand un produit volatil issu du sang et transporté par l'haleine se transmet du sujet malade au sujet sain. L'anonyme chirurgien du cheval est un bon galéniste.

On ne parlera donc pas de pré-science. Interdire le soufflage est une précaution qui s'inscrit dans un horizon intellectuel proche de la très officielle théorie des miasmes. On ne parlera pas de précurseurs. L'erreur serait de considérer cette mesure comme une préfiguration de la découverte des contages qui est à l'origine de l'épidémiologie moderne. Les législateurs de Mirepoix ne sont pas « en avance » sur leur temps. Ils sont de leur temps.

Finalement, s'ils entourent de tant de précautions la consommation de viande, c'est qu'ils sont convaincus, pis, obsédés par le danger pour l'homme de contracter les maladies animales. Certes, le « chirurgien des chevaux » ne parle pas de circulation d'un agent pathogène d'une espèce à l'autre, mais, posant en principe une homologie entre les complexions animales et humaines, il en facilite la pensée. Puisque le corps de l'homme et celui de l'animal fonctionnent de façon comparable, ils peuvent dysfonctionner de la même façon et se communiquer leur désordre. La rage n'est-elle pas l'exemple de transmission le plus ancien et le plus cruellement connu ? L'expérience peut conforter l'idée que la barrière des espèces peut se franchir facilement. La frénésie associative fait le reste. Beaucoup de maladies humaines et animales offrent des affinités symptomatologiques. Le vocabulaire le montre bien : *galeux*, *marrane*, *capmartino* (fou), les mêmes adjectifs qui s'appliquent à des moutons peuvent s'appliquer à des hommes. La clavelée, cette maladie éruptive ressemble à la rougeole, tant et si bien qu'on l'appelle parfois la petite vérole des brebis ! En 1411, Pasquier signale la présence dans toute l'Europe d'une épidémie de tac, maladie éruptive commune à l'homme et à la brebis. Les descriptions cliniques font penser aux vétérinaires d'aujourd'hui qu'il s'agissait d'une épidémie de clavelée, concomitante à une épidémie de rougeole. Mais les hommes du XIVe siècle ont une conviction fonctionnaliste et un diagnostic chronologique. Ils pensent que la similitude des symptômes n'est pas fortuite, qu'il y a des correspondances secrètes et internes entre maladies humaines et animales. Que deux maladies surviennent ensemble introduit pour eux une forte présomption de communication. La concordance des temps est interprétée comme relation de cause à effet. « *Post hoc, ergo propter hoc* », telle est la maxime décisive qui tient lieu de raisonnement et emporte la conviction. Les zoonoses existent, les hommes le savent et les croient plus nombreuses qu'elles ne sont en réalité.

La charte de Mirepoix se situe au point de rencontre entre deux ou trois sphères de connaissances : une médecine rationaliste et individualiste, une médecine vétérinaire de terrain et des représentations populaires ; elle croise deux expériences, une vraie et une imaginaire. Quand l'une ou l'autre ne sont pas compatibles et divergent sur l'appréciation du danger, le législateur parie sur le pire : il prend le maximum de précautions.

CHAPITRE 2

La viande politique

La boucherie sous surveillance

Entre 1200 et 1500, les textes normalisant la vente de la viande sont nombreux. La charte de Mirepoix n'est qu'un exemple parmi d'autres des réglementations dont se dotent beaucoup de villes de cette époque. Loin d'être pionnière, elle clôt un cycle de législation économique qui court dans les villes méridionales du royaume tout au long du XIIIe siècle. Ce sont les villes les plus importantes et dotées d'une municipalité précoce qui ouvrent le ban. En 1184, à Toulouse, les *capitouls* élus à la tête de la ville prennent trois mesures archétypales concernant la boucherie : le bénéfice des bouchers, ici appelés *macelliers*, doit être limité à un denier sur douze (soit 8 %) ; l'association entre deux macelliers est interdite ; il est interdit aussi de vendre de la viande de bêtes malades, à moins d'en prévenir l'acheteur. Contrôle des bénéfices, respect de la salubrité, limitation des ententes : ces trois principes ne cesseront de s'affirmer par la suite, ils seront repris et développés dans des textes ultérieurs. La charte de la boucherie toulousaine, renouvelée en 1394, est un document fort long, en 60 articles ; 19 sont consacrés à la sécurité sanitaire [1].

Franchissons le Rhône, frontière entre le royaume et la Provence. A suivre la démonstration de Louis Stouff, c'est avec la période du

1. Wolff 1953, 383.

consulat et l'émergence d'une certaine autonomie des communautés qu'apparaissent les premiers règlements de boucherie[2].

La « république d'Arles », se dotant de statuts au tournant du XIIIe-XIVe, y inclut 4 articles qui traitent de la boucherie. Tous les statuts urbains du XIIIe siècle, ceux de Montpellier (1204), d'Avignon (1246), de Marseille (1253), de Salon (1293), renferment des prescriptions sur la boucherie. Au siècle suivant, dans les villages de la vallée du Rhône où s'établit une boucherie municipale, on imite le modèle urbain, et les statuts des communautés contiennent aussi des dispositions concernant la vente de viande au village. Dans le Comtat pontifical, les statuts de Sarrians de 1400 interdisent de vendre de la viande malade ou simplement suspecte, on interdit de souffler dans les statuts de Pernes de 1468, à Châteauneuf les viandes doivent être vendues « sans aucun soupçon de maladie ».

La mise sous surveillance de la viande ne constitue pas un trait spécifique au Languedoc ou en Provence. Dans tous les pays où s'affirment l'urbanisation et le mouvement communal, une telle législation émerge entre XIIe et XIIIe, particulièrement dense autour de l'arc méditerranéen au temps des premières libertés municipales. Ce serait une erreur cependant que d'introduire un lien absolu entre l'émancipation urbaine et le souci de la salubrité carnée. L'exemple de Mirepoix est là pour nous rappeler que le seigneur, quand il a autorité sur le marché, prend les mesures dans ce domaine. Dans le Languedoc, la naissance de la réglementation est contemporaine de la féodalité méridionale, des Lévis à Mirepoix, du dernier des Guilhem à Montpellier, de Gaston VII en Béarn. En matière de police économique, plusieurs pouvoirs prétendent avoir compétence, et l'exercent concurremment ou successivement. A côté de lois émanant du seigneur et des magistrats municipaux, il faut compter aussi avec une réglementation professionnelle, celle dont se dotent les bouchers et les métiers de l'alimentation regroupés en corps, improprement appelés corporations.

Pour y voir un peu plus clair dans ce maquis normatif, on peut dessiner à gros traits deux modèles : le modèle municipal des villes méditerranéennes, le modèle professionnel du Nord.

2. Stouff 1970, 126.

Dans le Midi français et en Italie, les règles sanitaires sont votées par le corps de ville et enregistrées dans les statuts. Le pouvoir consulaire en matière de police s'exerce soit directement, par voie d'ordonnance, soit de manière oblique, en contrôlant l'élaboration des statuts des corps de métier touchant à l'alimentation[3]. Les métiers de bouche sont des métiers réglés, et la tutelle s'exerce particulièrement sur les macelliers, les poissonniers, les boulangers. Ce modèle méridional – faut-il le préciser – est un modèle méditerranéen, et on le retrouve en Italie comme en Espagne où la magistrature municipale joue un rôle prépondérant en matière de contrôle de la salubrité. Les magistrats municipaux se considèrent, et ils sont effectivement considérés par le sentiment public, comme les gardiens naturels de la santé publique. Les consuls d'Avignon gardent dans le coffre de leurs archives deux collections précieuses : celle des statuts de la ville, et la série des registres où sont recopiées les ordonnances municipales et où figurent toutes les procédures de police des marchés. Ils les appellent, ces gros registres, les *livres de la politique*. A consulter les livres des délibérations, on se rend compte que nombre de séances sont consacrées au problème de ravitaillement, en viande en particulier. La « politique » n'est pas une affaire marginale dans la vie de la cité.

Si, dans le Midi, les métiers sont sous tutelle, ceux du Nord sont organisés de façon autonome, ce sont des métiers jurés. Les statuts de ces jurandes sont d'abord préoccupés des intérêts du métier, ils visent à limiter la concurrence déloyale ou à l'éviter, puisqu'un métier est le partage d'un monopole. Ils ont pour but aussi d'établir des règles de bonne conduite vis-à-vis de l'acheteur, et la qualité des biens et des services qui lui sont offerts doit répondre à des normes précises et uniformes. Les dispositions corporatives énumèrent donc – largement – les droits et les privilèges des producteurs, mais aussi les normes de fabrication, et, partant, les devoirs vis-à-vis du consommateur. Quelque chose qui touche à la notion de service public s'impose aux artisans, aux métiers de bouche *a fortiori*. Quelque métier que l'homme fasse,

3. Gouron 1958, 59. Rigaudière 1993, 133.

il doit servir la ville [4]. Les bouchers du Nord jurent obéissance aux règlements corporatifs comme ceux de Mirepoix prêtent serment à la charte.

Ces deux types de réglementation ne sont pas homologues. Le droit municipal génère des normes plus denses et plus strictes. Les statuts professionnels s'interdisent la vente de viandes malsaines ou de *fausses denrées*, sans plus de précision. Les bouchers de Paris consacrent un seul article à la question dans leurs statuts de 1381, en établissant qu'un des leurs « qui vendra mauvaise char » sera passible de 60 sous d'amende, payable à la corporation qui assure elle-même la police professionnelle. Le laconisme ne signifie pas à coup sûr moindre protection du consommateur, il exprime cette évidence que les gens de métier savent ce qu'ils ont à faire, et que le monopole leur a été octroyé en échange d'obligations envers l'acheteur. Le droit municipal est aussi plus précoce : Jean de Lévis octroie la charte aux Mirapiciens à peu près au moment où le prévôt de Paris, Guillaume Thiboust, prend, pour la première fois, une mesure sur le commerce de la viande. Elle est unique : « Pour le commun profict des bonnes gens, que toute char qui meurt sanz main de boucher soit arse [brûlée] » : on brûlera toute chair non abattue dans la ville [5]. Pour que les Parisiens disposent d'un règlement aussi détaillé que celui des bourgades languedociennes, il faut attendre 1462 et l'ordonnance de Tours.

Et le roi dans tout cela ? Il intervient certes, mais ici, comme dans le domaine de la santé publique en général, son engagement est tardif et limité ; s'en étonner constitue au demeurant un anachronisme, car on n'aurait guère songé à lui demander alors ce qu'il n'aurait su donner. Pour un contrôle et une police de proximité, qui aurait pu faire plus et mieux que les autorités locales, et les métiers intéressés [6] ? Le Prince est préoccupé par la santé, mais d'abord par la sienne, d'où la présence d'archiatres de Cour, chargés de goûter les mets et de veiller à la royale constitution, et à l'occasion, en

4. F.-O. Martin, *Histoire du droit français des origines à la Révolution*, Paris, Domat-Montchrestien, 1948, 171.

5. Lespinasse 1879, 299. Delamare 1729, II, 215, 252.

6. F. Hildesheimer, *La Terreur et la Pitié : l'Ancien Régime à l'épreuve de la peste*, Aix-en-Provence, Publisud, 1990, 11.

temps d'urgence épidémique, consultés à titre d'experts. Mais il n'a pas les moyens d'une prophylaxie applicable à l'ensemble de son royaume. Les Capétiens se sont surtout intéressés à Paris, mais sans réussir à se faire obéir des bouchers de la capitale. La Grande Boucherie parisienne constitue le plus puissant corps de métier, et les statuts dont elle se dote en 1381 établissent que la propriété des étals et le droit d'être reçu maître boucher appartiennent exclusivement au rejeton mâle – le métier se transmet aux aînés, comme pour la couronne de France. La grande bourgeoisie bouchère parisienne est riche d'argent, d'hommes, d'ambitions aussi. Face à elle, le roi oscille entre protection et exploitation, plus intéressé par sa richesse et sa capacité éventuelle à renflouer le Trésor que par la qualité des marchandises étalées. La Grande Peste, celle de 1348, changera un peu le sens de l'attention royale. En 1351, le roi Jean II le Bon intervient pour limiter les bénéfices à 10 % ; en 1363, l'édit est complété par de vraies dispositions sanitaires.

Le droit alimentaire d'Ancien Régime n'est pas né d'un coup de baguette législative. Il n'y a pas alors une source unique pour dire la loi, et la législation est fragmentée, éparpillée ; en fait, il y a autant de réglementations qu'il y a de marchés. Des textes aux noms divers : statuts, établissement, coutumes, chartes, ordonnances, capitulations, composent ce qu'ils appelaient la loi – nous dirions plus volontiers des règlements. Ils enserrent le commerce alimentaire et mettent en place une économie *du* marché, qui est très éloignée de l'économie de marché telle que nous l'entendons aujourd'hui. D'abord, le marché lui-même est un privilège. Le marché urbain est un lieu officiel et obligatoire, réglementé et contrôlé. Il faut qu'il soit autorisé, ce qui ne va pas de soi. Dans les années 80 du XVIIIe, le pouvoir royal n'autorise que 40 % des demandes pour la tenue de foires, et 35 % pour les marchés. Le marché n'est pas un espace de liberté, c'est un lieu très surveillé par celui qui détient la police économique, le seigneur ou la ville.

Il n'existe donc pas de loi unique sur l'hygiène alimentaire, mais des règles éparses, dispersées dans les textes qui organisent l'approvisionnement de la ville. C'est dans le droit construit autour du problème de la quantité et de la régularité du ravitaillement qu'apparaissent des règles concernant la qualité.

Qu'ils soient tués dans la ville

L'activité normative sur les métiers de l'alimentation, intense et multiforme, a produit un droit urbain pluriel mais assez uniforme, au sens où les dispositions prises pour garantir l'innocuité des denrées comestibles se retrouvent d'un texte à l'autre, à tel point qu'on a l'impression qu'inspirés par les mêmes soucis ils se recopient les uns les autres. Les statuts organisant la boucherie à Carpentras se retrouvent, peu ou prou, dans les règlements des villages du plat pays. La législation parisienne sur les métiers, mise en forme par le prévôt Boileau au temps de Saint Louis, est reprise ailleurs, on la retrouve à Rouen comme dans les villes du Nord-Ouest [7]. Solidement assise sur ce fonds commun, la législation moderne innove peu, reprend l'ancien, parfois de façon allusive : il faut, disent les Capitouls de Toulouse, vendre les viandes conformément aux anciens statuts (ordonnance des capitouls de Toulouse, 1422 [8]). Et les consuls avignonnais les imitent, en se référant à l'antique sagesse (*Antiquitas sagax*).

N'exagérons pas le respect des législateurs pour les anciennes règles ou leur facilité à imiter un modèle normatif. Au vrai, pour garantir la salubrité des aliments, ils n'ont que peu de solutions. Qu'un nouveau risque apparaisse, qu'une nouvelle précaution, surtout, soit envisageable, et on les voit tout disposés à retoucher et à compléter leur maigre arsenal juridique. Entre 1200 et 1400 s'élabore une sorte de *Codex alimentarius* qui constitue le tronc commun d'une législation multiple et de longue durée. Avec le pain, deux denrées sont particulièrement encadrées : la viande et le poisson. Les étaux de boucherie fournissent de la chair fraîche les seuls jours ouvrables qui sont les jours gras, environ 215 dans l'année, et les poissonniers travaillent surtout en Carême et les jours maigres, soit 150 jours l'an. La viande, avec le pain, est soumise à une surveil-

7. Leguay 1999, 24.
8. Wolff 1953, 389.

lance qui en fait une « denrée politique[9] ». De cet encadrement juridique, on peut dégager à gros traits les normes communes et obligatoires, celles qui se répètent comme un leitmotiv d'un texte à l'autre et d'un marché à l'autre.

Les normes les plus insistantes concernent l'abattage. Le sacrifice des animaux engageait la cité antique tout entière, l'abattage engage de même la ville d'Ancien Régime. Les deux injonctions primordiales sont que les animaux doivent entrer à pied en ville, et être abattus après avoir subi un contrôle sanitaire.

Ce que spécifiait la charte de Mirepoix : avant d'être abattues, les bêtes doivent venir sur pied chez le boucher ou à la boucherie commune, les statuts méridionaux, quel que soit le lieu ou l'époque, le répètent à l'envi : les animaux doivent entrer en ville sur leurs propres pieds (*eorum propriis pedibus*)[10]. La variante septentrionale et professionnelle se formule ainsi :

« Que nul boucher ne soit si hardy de vendre chair à la porte, se elle n'a esté veue estre vive de deux ou trois homes qui le tesmoigneront par un serment convenable et suffisant, et non pourtant ne la povant-ils vendre tant que les jurez l'aient veue et institué à bonne[11]. »

On ne parle pas d'abattoirs, mais de *tuadou*, d'*affachoirs*, en langue française de tueries et d'écorchoirs. Il est difficile de savoir où ils se situent précisément en ville[12]. A Sisteron, en 1401, il est interdit d'abattre et de vendre en dehors du mazel. A Vérone, les statuts de 1450 obligent les bouchers à abattre dans leur propre boutique de vente[13]. Un indice supplémentaire de la confusion boucherie-tuerie nous est fourni dans les statuts quand ils donnent le nom de celui qui abat : c'est le boucher lui-même. Pour dire l'action d'abattre la bête, il existe plusieurs mots, qui tous se rattachent au type lexical *macellare*, d'où dérivent aussi *mazel* et

9. Vialles 1987, 14.

10. Statuts de Grasse, 1262, Mirepoix, 1303, Carpentras, 1455, art. 1 : *« Eorum propriis pedibus ad ipsum macellum venerint »* ; Toulouse, 1394.

11. Statuts des bouchers du Mans, 1317. Cités par J. Roussy, *Hygiène de la bourgeoisie au Moyen Age*, thèse de doctorat en médecine, Paris, 1939.

12. Stouff 1996, 94.

13. Castellazi 1995, 882.

mazellier. Autant dire que l'abattage et la vente sont deux activités étroitement connectées, exercées par le même homme au même endroit. Certaines ordonnances interdisent aux bouchers d'abattre dans leur propre maison. Elles prévoient alors un système plus évolué, où l'ensemble « tuerie-étal » est remplacé par la séparation physique entre l'abattage et la vente. Des tueries publiques, municipales, sont créées, où les bouchers sont tenus de mener leurs bestiaux. Elles se situent à proximité de commodités, de la rivière ou du fleuve souvent, chargés d'évacuer le sang et tous les déchets d'équarrissage. Si les cités italiennes éloignent volontiers leurs tueries à la périphérie de l'agglomération, voire au-delà de l'enceinte, les villes françaises les gardent au contraire en leur centre, près du grand marché [14]. A Paris, malgré la tentative de réforme de Charles VII, les tueries restent des annexes des boucheries, créant au cœur de Paris une large tache rouge, dominée par le clocher de Saint-Jacques la Boucherie. Voilà le complexe abattage-boucherie solidement installé au cœur de la ville, en rupture avec la tradition antique ou haut-médiévale qui repoussait au loin ces activités viles et souillées par le sang des bêtes.

La raison de cette norme et de cette localisation est très nettement sanitaire, même si l'anthropologie historique permet de rapprocher cette obsession de la viande sur pied de l'horreur de la viande *morticine*, c'est-à-dire de toute viande morte sans avoir été abattue par l'homme. Les Pénitentiels nous apprennent que les clercs rangent les viandes morticines parmi les viandes immondes, et que leur consommation est passible de 40 à 100 jours de pénitence [15]. Que les animaux arrivent sur pied au cœur de la ville représente une garantie essentielle pour le consommateur, elle lui donne l'occasion de vérifier que la bête est saine, sans signe visible de maladie ; que le mouton ne tourne pas en rond, que le veau est « gai, solide sur ses jambes », qu'il n'est pas nouveau-né et encore moins mort-né, car on redoute la viande d'un animal extrait du ventre de la mère. En outre, la viande sur pied a une peau et des viscères, toutes choses nécessaires pour que le double examen sanitaire,

14. Desportes, cité dans Flandrin 1996, 444.
15. Bonnassie 2001, 149.

externe et interne, soit efficace. A Alès, une ordonnance de la cour seigneuriale rendue au début du XIVe siècle à la requête des consuls règle le sort d'une vache suspecte. Comme l'animal a été tué après avoir été amené dans la ville sur une charrette, ce qui semble indiquer qu'il ne pouvait se déplacer par ses propres moyens, on décide que les bouchers ne pourront vendre cette viande au mazel [16]. A partir du XIVe siècle, un autre souci préoccupe les édiles et va jouer dans le sens du maintien de l'abattage *intra muros* : c'est la nécessité pour les villes d'augmenter leurs impôts. La fiscalité urbaine prend assez uniformément la forme de taxes qui pèsent sur les produits de consommation, la viande en particulier ; désormais, chaque bête est taxée dès qu'elle franchit une des portes de la ville, ce qui facilite la perception et évite les fraudes. Aussi, le système fiscal est-il un adjuvant puissant pour maintenir cet ancien régime des abattoirs, prolongé sept siècles durant.

Les normes proclament aussi à l'unisson qu'il faut vendre promptement toute denrée périssable. Pour la viande, l'injonction semble aller de soi puisque le stockage est impossible, on travaille à flux tendus, en abattant les bêtes au fur et à mesure des besoins. Avant d'être envoyés à la tuerie, les troupeaux séjournent dans des prés périurbains que la ville met à la disposition de ses bouchers.

Le plus ancien règlement provençal connu, celui de Grasse – il date de 1262 –, prévoit que les porcs ne seront vendus comme viande fraîche que le jour de l'abattage et le suivant ; passé ce délai, la viande devra être salée et convertie en « bacon » qui n'est pas une spécialité anglaise, mais une salaison très généralement répandue. A Auch, qui se dote d'un règlement en même temps que Mirepoix, on devra vendre la viande « d'un jour sur l'autre ». Selon Louis Stouff, le meilleur connaisseur du corpus réglementaire provençal, les délais de vente après l'abattage sont, selon les endroits, de 2 ou 3 jours. On est parfois plus sévère, surtout pendant l'été : les statuts de Mazan de 1381 prévoient que les viandes fraîches de la Pentecôte à la Saint-Michel doivent être vendues le jour de

16. Gouron 1958, 120.

l'abattage et le lendemain jusqu'à l'heure de tierce, sauf les jours fériés où la vente est autorisée la journée du lendemain [17].

N'invoquons pas trop vite les contraintes du climat méditerranéen. Les bouchers parisiens ne connaissent pas non plus de viande de garde : « nul boucher ...ne gardera chair tuée plus de deux jours en hyver, et en esté jour et demi au plus » spécifient les statuts du XIVe siècle. Partout, la mise en vente est très rapide.

La lecture des statuts et des ordonnances suffit à démolir cette vieille fable qui attribue le goût des médiévaux pour les épices à l'habitude de consommer une viande bien rassise et presque corrompue. Or manger viande putride, corrompue, est totalement contraire à l'idée que l'on se fait de la maladie, cette chose contre nature qui résulte d'une corruption interne. Manger une chair corrompue entraînerait inévitablement le même phénomène dans le corps, « incrassant » la machine. Il se peut toutefois que la fable contienne une part de vérité, car les viandes vendues dans les boucheries publiques sont fraîches, trop fraîches – trop chaudes, comme on dit alors, au regard de nos propres normes et de nos exigences gustatives. La viande du jour est une viande molle et insipide, celle tuée la veille est beaucoup plus tendre à la dent après cuisson. Peut-on former l'hypothèse qu'on préférait la viande « chaude » et pantelante d'une bête de réforme, qui va à la boucherie seulement quand elle ne peut plus servir aux champs ? Même si la bête a été préalablement mise au repos et à l'engrais, elle est dans un âge mûr. Le consommateur est gérontophile par goût ou par nécessité, il mange du bœuf qui n'a jamais moins de trente mois, et plutôt cinq ou dix ans, du mouton de trois ans. La chair n'est pas vraiment vieille, d'ailleurs les règlements s'y opposent, surtout pour la vieille truie et la vieille vache, affublées de noms horribles. Mais on mange le bœuf mûr. Ce qui présente cette garantie supplémentaire qu'il a tout le temps de développer les symptômes d'une maladie, peut-être indécelable chez un animal plus jeune. Reste qu'il ne faut pas prendre les délais de vente pour des dates limites de consommation.

Les modernes, qui par ailleurs, nous l'avons dit, inventent peu de nouvelles normes, en fabriquent cependant sur les délais, mais

17. Stouff 1970, 133.

il s'agit de date minimale de mise en vente. A Avignon, au XVIe, on abat tous les jours à la tuerie municipale de la Calade, et on vend à la proche boucherie, place du Palais, *au minimum* quatre heures après abattage ; à Valréas, à Bédarrides, les animaux sacrifiés le matin doivent être mis en vente le soir, ceux abattus à l'heure de vêpres doivent être vendus le matin, de façon que la chair soit toujours froide au moment de la livraison [18]. Les baux de boucherie modernes répètent la formule invariable : il faut tuer le soir pour le matin et le matin pour le soir « pour que la viande ait le temps de se sécher ». Comment interpréter cet assouplissement législatif qui se rapproche de nos normes actuelles : moindre crainte de la pourriture, qui obsédait les médiévaux ? Revanche du goût ? Il semble bien qu'on reste dans l'ordre des précautions sanitaires et toujours dans le registre de la pourriture, mais en percevant le risque d'accident alimentaire non seulement dans les viandes trop vieilles, mais aussi dans les viandes trop fraîches, trop humides, et risquant de provoquer des « fermentations dangereuses ». En 1559, trois bouchers parisiens sont condamnés pour avoir vendu « des chairs toutes chaudes, ce qui est contraire à la santé [19] ».

La fraîcheur du poisson, des fruits de mer ainsi que des tripes, préoccupe les édiles. A Genève, en été, les poissons doivent être vendus dans la journée, en hiver, les délais sont de deux jours, trois pour les grosses truites, les brochets et les perches. A Ornans ou à Dole, les tripiers « ny garderont ny souffriront garder icelles trippes plus de vingt-quatre heures après qu'elles seront cuites [20] ». Dans toutes les halles, les huîtres sont vendues de mai à septembre, à Paris, ou uniquement pendant les mois en R. Quant au lait, il est vendu « au sortir du pis de l'animal », et en tout cas à la pointe du jour [21].

18. A.C. Bédarrides, AA1, statuts de 1543.
19. Delamare 1729, II, 506.
20. Delsalle 2001,14.
21. Delamarc 1729, I, 223.

Chairs indignes d'entrer à corps humain

Les viandes malsaines sont à l'honneur dans nos textes. Les plus anciens utilisent l'appellation globale de *morie*. La morie a donné lieu à un petit débat lexicographique : désigne-t-elle toute viande infectée [22] ? une maladie épizootique [23] ? La plupart des ordonnances précisent quelle catégorie est à écarter de la consommation. Selon les lieux, la qualification est en latin : *caro infirma*, *morbosa*, *morbifera*, en occitan : *ni carn estissada ni pudenta ni crabot ni anhet* (Lectoure, 1280), *ni auze vendre en lo dich mazel comun carns de moria o feldas o botadas o remolhadas* (Montpellier, 1368) ; ou dans la langue du roi qui dénonce des viandes qui seraient : gravides, morbifères, glaireuses ou morveuses, mélancoliques, chaudes, infirmes. Dans ce bel éventail d'une nosologie flottante et variable, tâchons d'isoler deux catégories : les viandes parasitées et les viandes microbiennes.

La méfiance est particulièrement grande à l'égard des porcs ladres ; en 1437, à Carpentras, il est ordonné que les macelliers n'osent pas vendre de chair de porc sans l'avoir fait examiner pour savoir si les porcs sont lépreux [24]. Précaution à peu près générale. On reconnaît la lèpre aux vésicules ladriques, qu'on appelle grains. Aussi les chairs *grenées*, *sursemées*, *lépreuses*, sont une et même catégorie, à proscrire de la consommation. La « visite » du pourceau par un langueyeur est obligatoire. On ne s'improvise pas langueyeur, et une ordonnance du prévôt de Paris fixe les conditions pour être nommé expert : « Que nul ne s'entremette de langueyer pourceaulx jusques à ce qu'il aura esté témoigné estre expert et congnoissant en ce par le maistre des bouschers [25]. » Une fois l'exa-

22. Statuts d'Avignon, 1246, animaux morts de morie, terme général qui désigne toute viande infecte, selon Pleindoux 1924.

23. On peut conférer *morie* et l'anglais *murrain* : peste, maladie pestilentielle. Fossat 1971, 102.

24. Stouff 1996, 133.

25. Monner 1941, 18.

men de dépistage terminé, le langueyeur décide si le porc est ladre au premier degré, auquel cas il le marque à l'oreille, ou, s'il est carrément ladre, alors il lui coupe l'oreille. Le marquage auriculaire facilite la « traçabilité [26] ». Que la provenance des pourceaux soit proche, qu'ils soient issus de l'élevage urbain florissant, nourris de déchets et des sous-produits de l'artisanat urbain, ne rassure pas le législateur. Bien au contraire.

Une mesure est prise dans certaines villes comme Marseille ou Arles dans le premier XIIIe siècle, elle se généralise à peu près partout au lendemain de la Grande Peste : celle d'interdire la divagation des porcs dans les rues. On l'interprète généralement comme un souci sanitaire d'un autre ordre, un souci d'hygiène aériste. C'est réduire le cochon de ville à sa seule fonction organique, de laisser des ordures dans la rue ou, à l'inverse, de servir d'éboueur. Les législateurs pouvaient être sensibles à un autre aspect du cochon divaguant, et considérer comment le cochon se nourrit. Et s'il se nourrit mal, de nourritures immondes, n'y a-t-il pas là un danger pour la consommation humaine ? Une ordonnance de Jean le Bon est assez suggestive. En 1363, elle interdit « ne tuer chars quelles que elles soient, qui aient été nourries en maison de huillier, de barbier, ne de maladrerie ».

Il y a là comme un condensé de peurs : le tabou du sang – du sang humain et malade que les barbiers qui sont chirurgiens et saigneurs rejettent hors de leurs boutiques ; le soupçon de lèpre pour qui vit en maladrerie ; et, par-dessus tout, la question de la qualité de la nourriture du bétail, elle-même garante de la qualité de l'alimentation humaine. Il est indécent, par exemple, que les omnivores se nourrissent de chair animale. Pas question d'élever des porcs dans le voisinage de la tuerie, où ils pourraient ingérer des restes de l'équarrissage [27]. Porté par cette peur de la nourriture animale, le législateur va loin, quand il interdit l'élevage urbain non seulement aux lépreux, ces éternels ostracisés, mais aussi à certains métiers : les barbiers partout, les chirurgiens et les apothicaires à

26. *Ibid.*, 40.

27. Toulouse, *Statuts*, 1394, art. 7. Paris, *Statuts des chaircuitiers*, 1475 : il interdit de « mettre en saulcisse chars de porc sursemées, char de porc noury en maladrerie ».

Troyes, les maréchaux-ferrants à Angers, Saumur, Pontoise ; les poissonniers et les huiliers [28]. C'est dresser la liste négative des nourritures animales dangereuses : le sang de l'homme, la chair, les tourteaux et les résidus d'huileries, les farines de poisson. Tout n'est pas permis à l'omnivore, même pas des plantes cultivées comme le chènevis, une variété de chanvre [29]. Lépreux ou drogué, le porc risque de transmettre cela à l'homme par le boudin ou la saucisse.

Finalement, les seuls dérivés de l'industrie urbaine considérés comme sans danger pour la volaille ou les cochons sont les sous-produits du blutage. Les boulangers en profitent, nourrissant de farine et de son pléthore de suidés dans leurs arrière-cours. C'est un appoint essentiel de leur activité. « Le métier, dit le bailli de Langres, se pourrait délaisser et dépérir si les talemetiers ne pouvaient garder et engraisser des porcs pour utiliser leurs brans [son] et autres déchets [30]. » Ainsi gavés, les cochons sont si gros qu'ils arrivent à peine à se déplacer, effectuent souvent leur dernier trajet en chariot – au mépris donc de la fameuse règle de la venue à pied [31]. Certains boulangers donnent à cet élevage d'arrière-boutique des dimensions quasi industrielles, comme ce Jean Griffon, qui élève 60 porcs en plein centre d'Amiens en 1475. Mais, une fois sur le marché ou le foirail, ces porcs de ville ne sont pas mis sur un pied d'égalité avec les porcs des bois. Les porcs non ladres sont distingués en deux bandes : dans l'une, sont regroupés les cochons nourris de faines, de glands ou de châtaignes, bref, de ces fruits sauvages et naturels qui font le prix de la chair cochonne ; dans l'autre, les autres porcs, tout aussi sains mais nourris de grain ou de son. Cette double sélection, entre sain ou ladre, entre issu de l'élevage extensif ou du productivisme urbain, montre combien on redouble de précautions.

La pathologie animale est-elle différente au-delà de la Loire ? en tout cas, on voit apparaître dans les règlements septentrionaux une maladie rarement mentionnée ailleurs (Narbonne constitue une exception) et qui concerne les « grosses bêtes ». C'est le *fil* ou *fy*,

28. Monner 1941, 61 *sq*.
29. Mandement d'Henri II, art. 17.
30. Desportes 1987, 186.
31. Champier 1560, 402. Champier estime la graisse des cochons élevés en ville de qualité inférieure et se liquéfiant facilement.

ou encore la *pommeliere*. Du Cange, qui est censé aider les historiens à lire les chartes, interprète *fy* : « boum lepra vel elephantiasis, maladie des bœufs, espèce de ladrerie ». Du Cange est sans doute victime de cette obsession de la lèpre. Contre lui, la plupart des chercheurs vétérinaires ont traduit *fy* par tuberculose... Jean le Bon interdit les bœufs et vaches atteints de fy dans la capitale en 1363. En Normandie, on est sensible aussi à ces viandes de vaches qui ne caillent pas, comme disent les bouchers, sans doute tuberculeuses, sous une forme ou une autre. Les bouchers de Rouen en 1487 s'interdisent de mettre en vente de la chair de « vache entichée de fy ». *Entichée*, comprendre : intoxiquée. Même prohibition à Évreux, à Caen. La viande tuberculeuse doit être saisie, brûlée ou jetée à la rivière. La Seine, le Rhin ou le Rhône ont longtemps charrié de ces viandes infectes. Le feu est plus sûr : à Avignon, les maîtres des victuailles repèrent sur les bancs des boucheries des viandes avariées repêchées en aval du Rhône, lavées, offertes à nouveau au consommateur. Découvrant cette législation antituberculeuse, un vétérinaire des années 30 du siècle passé s'étonne :

« En matière de tuberculose, la législation [médiévale] se montre véritablement féroce : saisie totale dans tous les cas... Comparée aux différents cas prévus par le décret du 24 janvier 1934, la saisie totale nous paraît draconienne. Mais peut-on blâmer le législateur pour sa prudence extrême dictée par un sentiment philanthropique [32] ? »

L'incertitude sur les dangers de la viande tuberculeuse, pas encore totalement tranchée en 1934, a conduit le législateur médiéval à la précaution extrême, et le vétérinaire républicain à l'agnosticisme.

Dernière composante de ce noyau dur réglementaire : l'interdiction faite aux bouchers de vendre de la viande cuite. C'est ici défendre le monopole des « chaircuitiers », seuls autorisés à vendre de la chair cuite. Corollairement, seuls les bouchers ont le droit de vendre de la viande crue, et c'est auprès d'eux que les charcutiers et autres « saulcissiers » doivent s'approvisionner. La loi trace donc

32. Monner 1941, 36-37.

dans les métiers de l'alimentation des frontières complexes, fragiles et mouvantes, avec parmi les raisons avancées la santé du consommateur. On justifie ainsi le monopole par un souci d'éviter le recyclage d'une viande malsaine.

« Un boucher ne peut pas vendre de la viande cuite, car il aurait alors trop de facilité pour débiter des viandes de mauvaise qualité ; pour la même raison, les aubergistes, cabaretiers, pâtissiers, rôtisseurs, traiteurs, ne doivent pas exercer le métier de boucher, car on n'a alors aucune certitude de la bonté de la viande qu'ils débitent [33]. »

La vente de viandes salées foraines est interdite dans certains lieux « parce qu'il est impossible de reconnaître la maladie quand la peau est ôtée [34] ». Sans peau ni viscères, impossible de détecter une possible maladie. Manifestement, c'est bien la bête entière, vivante et marchante qui peut rassurer le consommateur.

Les statuts de 1475 des charcutiers de Paris recommandent de couvrir « lesdites chairs cuites de nappes et de linges propres et blancs [35] ». Les tripières de Besançon doivent présenter leurs produits dans des paniers recouverts « de beaux drappeaux bien blancz et bien netz... pour le protéger des mouches et de toutes aultres ordures [36] ». C'est un des rares signes d'attention aux mouches. On peut lire des centaines de statuts méridionaux, on ne rencontre jamais de mouches. La mouche est tellement présente qu'elle est invisible. Car elle est présente, omniprésente et lancinante, comme on le sait par d'autres sources. Dans les cuisines par exemple, d'où elles ne sortent pas « tant qu'il y a grain ou sucre [37] ». Mais, tout obsédante qu'elle soit, elle ne représente pas un danger. On pense que les asticots sont le fruit d'une génération spontanée. Pourquoi se protéger des mouches, puisqu'on « sait » qu'elles ne sont pas les mères des asticots ? Les charcutiers parisiens prennent des précautions superflues.

33. Fodéré 1813. Hallé 1835, 87.
34. Ordonnance de 1462 à Paris. Monner 1941, 37.
35. Lespinasse 1879, 299.
36. Delsalle 2001, 14.
37. Michel de L'Hôpital, cité par H. Baudrillart, *Histoire du luxe public et privé depuis l'Antiquité jusqu'à nos jours*, Paris, Hachette, 1880-1881, IV, 680.

L'attention à la propreté et à l'hygiène du métier apparaît après 1350, avec la vague pesteuse, et uniquement dans des ordonnances septentrionales. Les bouchers de Besançon doivent être « sains et netz de leur corps ayant les mains belles et nettes », leurs tabliers sont bien propres aussi, et raclés chaque jour[38]. Les clients, eux, n'ont pas de mains, il leur est interdit « de toucher ny manier des mains lesdites chairs, ains seulement avec une belle vergette [bâton] bien blanche et bien nette que lesdictz bouchiers devront avoir devant eulx sus leurs tabliers ». Les boulangers de Rennes sont tenus depuis 1450 de se faire couper les cheveux et la barbe une fois toutes les trois semaines, de porter des chemises propres et d'éviter de pétrir la pâte si leurs mains sont « infectées d'ulcères[39] ». A Chartres, pour être reçu boucher il faut attester qu'on est exempt de maladie d'écrouelles, ou sujet au mal caduc, et donc susceptible de transmettre la tuberculose ou la fièvre de Malte par l'intermédiaire des viandes manipulées[40]. C'est reconnaître, implicitement, le risque de contamination sous toutes ses formes.

Cette lutte contre les nuisance alimentaires d'un autre type est inconnue des règlements urbains méridionaux : on ne peut plus parler ici d'un fonds normatif commun, ni d'une culture hygiénique généralement partagée. Bien sûr, l'absence de normes ne signifie pas l'absence de propreté dans la pratique, et on chasse peut-être les mouches sur la viande, comme le fait Jean Tronne, l'ami boucher que François Villon couche sur la liste de ses légataires :

Item à Jehan Tronne, bouchier
Laisse le mouton franc et tendre
Et un tachon pour esmoucher
Le bœuf couronné qu'il veult vendre
Ou la vache qu'on ne peult prendre[41].

38. Delsalle 2001, 14.
39. Leguay 1999, 56.
40. Monner 1941, 54.
41. François Villon, *Le Petit Testament* ; le bœuf couronné fait allusion aux couronnes de feuillage dont les bouchers garnissaient les viandes fraîches.

Les nourritures intouchables

Dans le *Codex alimentarius* urbain, on a sélectionné les mesures préventives qui relèvent de la sphère santé – sécurité, rassurante, familière, rationnelle. Mais tout n'est pas de la même eau, et parfois les normes basculent. C'est le cas dans certaines villes méditerranéennes où cohabitent juifs et chrétiens.

L'obligation pour les juifs de manger une viande particulière pose des problèmes qui transparaissent à la fois dans les lois urbaines et dans les statuts dont se dotent les communautés juives, soucieuses d'observer cette distinction entre la viande permise – *kasher* – et la viande impure, dite *tareph*.

Dans toutes les villes où une communauté juive existe, il est prévu deux boucheries séparées. « Que le mazel des juifs soit séparé du mazel des chrétiens » est règle habituelle[42]. La ségrégation est consommée à Arles vers 1200, à Montpellier au XIVe :

« Que dorénavant aucun mazelier ni autre n'ait l'audace de vendre ou faire vendre dans la boucherie publique de Montpellier aucune viande sagatée, mais en un lieu séparée[43]. »

La viande sagatée, c'est celle d'animaux égorgés de façon rituelle, « *more judaïco* », par un *sagataïre*. Comme la technique de l'abattage rituel demande tout un apprentissage et ne peut être exercée par le premier venu, dans les communautés comtadines c'est rarement le rabbin qui abat, mais un spécialiste des règles de la bonne mort venu de l'extérieur, parfois de fort loin, d'Italie ou de Pologne. Ainsi, le rabbin, le sagataïre et le boucher sont trois personnages distincts[44]. Mais sagater, qui existe toujours dans la langue vulgaire, se charge de lourdes connotations. Dans un sens plus général et très péjoratif, *sagater*, c'est gâcher, dégrader, un peu

42. Stouff 1996, 106.

43. « *Item que daqui avant negun mazelier ni autre non auze vendre ni far vendre en lo comun mazel de Montpellier neguna carns sagatadas, mays en autre luoc separat.* » Statut des bouchers montpelliérains du 6 mai 1368, *Petit Thalamus*, 316.

44. R. Moulinas, *Les Juifs du pape en France*, Toulouse, Privat, 1981, 141-142.

l'équivalent du français *bousiller*. C'est toute l'ambiguïté de cette règle de la ségrégation bouchère qui souffre si peu d'exception : d'un côté, la séparation étant demandée et acceptée par les deux communautés qui y voient une affirmation nécessaire de leur identité, elle semble aller de soi. De l'autre, *sagater* introduit à une représentation de la viande et de la nourriture juives porteuse de tensions. Les viandes « selon la loi » sont qualifiées par certains textes d'« immondes » ou de « sordides ». Ceux qui les vendent sont des juifs perfides[45].

Deux facteurs aiguisent le conflit, auxquels l'exposé des motifs d'un texte de loi important fait clairement allusion :

« Pour qu'entre les chrétiens et les juifs il n'y ait aucune communion, que le mazel des juifs soit séparé du mazel des fidèles [du Christ], afin que les viandes préparées suivant l'usage judaïque – étant entendu que cela leur est nécessaire – qui dépassent leur propre besoins et qui sont mises en vente, ne soient pas achetées par des chrétiens[46]. »

La première difficulté soulevée est d'ordre pratique : quand la communauté juive est trop petite, il lui est difficile d'entretenir une boucherie, et, puisqu'il y en a une, difficile d'écouler toute la viande égorgée, sans parler du problème que pose la partie arrière des bêtes abattues, considérée comme impropre à la consommation, et qui devait cependant trouver un débouché. D'où des échanges possibles entre boucherie juive et chrétienne ou des mélanges de clientèle, au grand dam des conseils de ville : « On dit qu'ils [les bouchers juifs] vendent dans le mazel des chrétiens[47]. » La rumeur rapportée ici est arlésienne, on la rencontre ailleurs.

La seconde difficulté découle de la précédente. Si la ségrégation des consommations n'est pas systématique, alors il y a un risque de commensalité qui menace l'une et l'autre communauté. Le texte utilise le mot de communion, qui a une évidente connotation religieuse. Noël Coulet a montré comment cette obligation chrétienne

45. Toulouse, articles 21 et 22 des statuts des mazelliers de 1394. Wolff 1953, 308.
46. Statuts du roi Robert, 1306, traduits par Stouff 1996, 107.
47. Stouff 1996, 109.

de ne pas mêler deux boucheries et deux consommations se réfère à des recommandations de l'Église. La politique ecclésiastique a été explicitement établie par le concile d'Albi en 1254, par celui de Nîmes en 1286 : puisque les juifs, disent les évêques du Midi, refusent certains de nos aliments et de nos boissons, nous interdisons formellement qu'aucun chrétien n'use des leurs [48]. L'interdit chrétien se veut une réponse à un autre interdit. Les statuts de Pernes le manifestent explicitement :

« Comme il est prescrit à chacun de se tenir éloigné du contact [*contagio*] du juif et de participer à leurs repas, [...] comme à ces juifs de se tenir éloignés de nous, nous statuons que nul marchand juif n'ose tuer en les sagatant des animaux tant gros que menus à l'intérieur des murs du lieu de Pernes [49]. »

On est alors dans un contexte culturel ambigu, où chaque communauté semble chercher à protéger son identité à travers les principaux « marqueurs » que sont l'aliment et le vêtement. Les rabbins se montrent soucieux de distinguer leur coreligionnaires de la société environnante au moment où le concile de Latran cherche à imposer aux juifs le port de la rouelle. Tout se passe comme si une acculturation était en cours, mais qu'elle provoque réaction et refus du côté de l'Église comme de celui des rabbins [50]. Dire que les statuts urbains du XIIe siècle intègrent ce souci de discrimination, la réglementation civile dès lors distillant dans ses normes les recommandations de l'Église, est un anachronisme. Les premières règles sur les nourritures intouchables précèdent les exigences du clergé. Avec de lourdes conséquences dans l'esprit même des lois.

Pour faire respecter la séparation des boucheries, les lois créent une frontière alimentaire. Premier glissement : on assimile viande avariée et viande « de la loi ». En 1243, les statuts d'Avignon mettent sur un même plan les chairs des bêtes malades et celles des animaux abattus par les juifs. Dans ce jeu du contre-séparatisme chrétien opposé au séparatisme juif, le chrétien oublie qu'il est un

48. Coulet 1978, 215.

49. A.C. Pernes, FF 1, *Statuts et Règlements de police*, 1470.

50. J. Shatzmiller, « Soins de beauté, image et image de soi : le cas des juifs du Moyen Age », in *Les Soins de beauté au Moyen Age*, D. Menjot dir., Université de Nice, 1987, 51-52.

mangeur sans tabou, que la viande ne relève que du profane, et il invente des catégories de viande convenable et immonde qui sont comme la réplique du doublon viandes *kasher/tareph*. Mais le glissement va plus loin, et de la viande intouchable on passe au juif intouchable. Les Narbonnais, en 1221, interdisent tout uniment aux juifs le commerce des filles perdues et de la viande, en particulier de la viande avariée[51]. C'est par la nourriture, pas seulement par la viande, que l'image du juif bouc émissaire se construit. A Avignon, les statuts rédigés au milieu du XIIIe et repris en 1441 ordonnent « que les Juifs et les prostituées n'aient pas l'audace de toucher de leurs mains le pain ni les fruits qui sont exposés en vente ». Plus exactement ces impurs sont tenus d'acheter ce qu'ils ont touché.

S'exprime ici la conscience diffuse que le juif transmet par son contact une souillure malsaine. Conviction partagée dans bien des villes méditerranéennes où on retrouve la même injonction, dans les mêmes termes, ou quelquefois enrichie. A Salon, le duo contaminant juif-femme publique cède la place à un redoutable trio : femme publique-juif-lépreux, parachevant la confusion entre souillure morale et souillure hygiénique. A Gérone, en Catalogne, la liste des nourritures susceptibles d'être souillées par la main du juif s'allonge : elle comprend le pain, les gâteaux, la viande, les fromages frais, le poisson frais ou salé, les fruits verts, les raisins et les figues, les oignons, les choux et les épinards. Cette confusion se manifestant dans les règlements catalans de façon systématique, dans les règlements provençaux, plus sporadiquement, on a l'impression d'un « trait de psychologie sociale » largement répandu dans les mentalités populaires[52].

Comparons les jeux de mains sales des boucheries de la Maison de Bourgogne et ceux du Midi. On y décèle semblable intuition du rôle de l'attouchement dans la contamination, certes, mais dans un cadre moral proprement incomparable. La loi bourguignonne, précédemment citée, se situe dans une sphère de précautions rationnelles, l'autre dans le fantasme.

51. Monner 1941, 21.
52. Kriegel 1976, 340.

On n'aperçoit jamais dans ces règles antijudaïques en quoi le contact serait néfaste à l'aliment. En touchant le produit, le juif l'empoisonne-t-il à la manière dont, plus tard, on l'accusera d'empoisonner l'eau des puits ? Le rapprochement textuel du juif et du lépreux ferait penser à la contagion de la souillure. Mais les affinités entre juif et prostituée suggèrent une autre piste. La prostituée est femme impure, comme le sont, selon la croyance bien enracinée, toutes les femmes certains jours du mois. Ces jours-là, leur présence, leur contact ou leur souffle dans la cave ou au saloir peuvent provoquer des catastrophes alimentaires : « Si on voulait tuer le cochon, on ne le tuait pas ce jour-là, parce que toute la viande aurait tourné. » La liste des maléfices féminins est assez longue. En voici un : « La femme estant en ses mois, se pourmenant par les planches de popons, courges et concombres, les fait seichier et mourir ; le fruit qui en réchappe sera amer[53]. » Le pouvoir mystérieux de la femme s'exerce contre les denrées fraîches, aqueuses, corruptibles, comme la viande de cochon, le melon (popon) ou le concombre. Il est de nature putréfiante. En faisant « tourner » ce qu'elle touche ou même ce qu'elle frôle, elle accélère un processus naturel de décomposition. Il n'est peut-être pas trop aventuré de rapprocher les interdits alimentaires concernant la femme indisposée de ceux touchant le juif « impur ». La femelle en chaleur est très légalement redoutée dans les règlements de boucherie. Il est interdit d'abattre et de mettre en vente des vaches ou des truies en chaleur, ou bien qui viennent de mettre bas. Il faut respecter un délai légal afin « que les bestes échauffées se refroidissent », et fournissent en boucherie une viande plus saine. Le délai est variable suivant les espèces et les lieux : il va de neuf jours à six semaines. Si le juif a le même pouvoir que la femme impure, il est toutefois plus virulent, puisque à Gérone il infecte les produits frais, mais aussi les raisins et les figues sèches.

Une contamination en cache une autre. Derrière le danger imaginaire de pollution de la nourriture par une main impure se profile une autre contamination, celle d'une législation chrétienne qui, au contact d'une communauté juive, oublie sa perspective propre et

53. Verdier 1979, 20-21.

invente des tabous. Chassez le surnaturel, il revient au galop. Est-il si difficile pour une culture alimentaire profane d'évacuer totalement le sacré, de reléguer la notion de propreté à la cuisine ou dans l'arrière-boutique des bouchers ? Le sacré semble contagieux, certaines croyances populaires en font foi. La femme chrétienne est impure certains jours, elle doit alors redoubler de précautions dans ses contacts alimentaires, voire les éviter. Certaines plantes sont bonnes pour la santé, regardons ce qu'on dit de la sauge, la plante qui « sauve ». Mais une nourriture « salutaire », paradoxalement, ne garantit pas le salut éternel, mais une bonne santé. Revanche du sacré, qu'illustre en négatif le retour en force de la notion de souillure dans les textes réglementaires.

En matière de nourriture, il n'existe pas une culture judéo-chrétienne, mais deux cultures. Au XIIIe siècle, elles se confrontent visiblement, s'affrontent peut-être, sans qu'on puisse dire si le droit municipal suit l'opinion, ou si au contraire il cherche à créer « une phobie de la pollution » qui prépare ou accompagne l'accusation d'empoisonnement contre les juifs au temps de la peste Noire et des premiers pogroms.

Nous ne savons pas non plus si les citadins « croyaient » à leur règles, surtout quand la rigueur de la loi était destinée à pallier les difficultés à faire appliquer la séparation des boucheries. Les documents de la pratique montrent que ces mesures sont bien peu respectées, et que la transgression est courante. On y voit bouchers des deux confessions coopérer sans complexe, et les prostituées nîmoises pétrir de leurs blanches mains, pour la fête de l'Ascension, des fougasses que les consuls recevaient publiquement afin de les offrir aux pauvres. Ni les juifs ni les filles publiques n'ont rendu les nourritures qu'ils touchent intouchables, et la marginalité du statut et la marginalité de la condition ne se recouvrent pas [54]. En réalité, sur le marché la proximité l'emporte sur la ségrégation malgré les efforts de mise à distance sociale. On touche là aux limites de nos sources : les normes ne sont pas la simple traduction d'usages communs. Entre le droit et la pratique,

54. Stouff 1996, 108-110. J. Rossiaud, *La Prostitution médiévale*, Paris, Flammarion, 1988, 75.

il peut y avoir harmonieuse coïncidence, ou grand écart, ou toute sorte de situation intermédiaire. Dans le cas des règles concernant la boucherie juive, il y a transgression parce que la loi n'est pas crédible. Pour les autres précautions sanitaires, la loi relève du *normal*, c'est-à-dire de normes respectables même si elles ne sont pas toujours respectées.

CHAPITRE 3

Naissance du consommateur

Le mot consommateur apparaît dans la langue française au XIIe siècle. Il est alors d'emploi rare et non réglé, s'appliquant essentiellement à de gros mangeurs : « C'est ung dévoureur et consumeur a oultrage de viandes [1]. » Est-ce risquer l'anachronisme que de l'étendre à ce nouveau type de mangeur en voie d'émergence, et qui a pour caractéristiques principales d'être citadin, carnivore, et plus ou moins protégé par les lois de sa ville ?

Le nouveau consommateur se situe au bout d'un long processus qu'il se raconte ainsi à lui-même : aux origines de l'homme et de son histoire alimentaire, on ne trouve pas l'obscure nuit des temps, mais un âge d'or lumineux. Les hommes autrefois – un autrefois d'avant le Déluge – vivaient proches de la nature, consommant ce que la terre-mère leur fournissait. Ils se nourrissaient sainement, équipés d'un estomac primitif et solide qui leur permettait de digérer une nourriture sauvage et grossière de lait, de glands et de baies. Ils n'étaient pas sujets à la maladie et ils mouraient très vieux. Cette conviction est puisée à bonne source, dans l'Ancien Testament rempli de vieillards de 900 ans et plus [2]. Mais, plus tard, quand « la vie de l'homme commença à décliner, le Seigneur s'adressant à Noé fixa le nouveau terme de la vie à cent vingt ans [3] ». Le médecin Joubert fixe les bornes naturelles de la vie des hommes d'aujour-

1. *De vita Christi*, cité par Richelet, *Dictionnaire françois*, 1680, art. « Consummeur ».

2. On retrouve le même mythe dans la tradition « païenne ». Lucrèce, *De natura rerum*.

3. Gen., 6,4. Paravicini 1997, 223.

d'hui à « six vingts ans » et les gens de son temps considèrent qu'une vie accomplie ressemble à celle du Christ, mort à trente-trois ans [4]. Par la force des choses et la succession des temps, l'homme vit un déclin, perceptible dans sa longévité, sa stature, ses possibilités stomacales [5]. Et, ressassant sa triste condition humaine, celle d'une vie en sursis, il cherche les moyens de prolonger son existence.

Le consommateur d'Ancien Régime sait qu'il est plus petit que ses ancêtres, plus fragile, avec un estomac exténué. De plus, il va chercher sa nourriture de plus en plus loin, et voilà que, devenu urbain, *il ne sait plus ce qu'il mange*. C'est cette angoisse qui taraude le consommateur moderne, et nourrit ses peurs.

Le circuit long

Il y a, il y aura pendant longtemps, deux filières du manger. Pour ceux qui vivent à la campagne, le circuit est court : ces consommateurs sont aussi producteurs, ils savent ce qu'ils mangent, que leur nourriture vienne de leur propre production ou bien d'un circuit de proximité, familial ou villageois. Le paysan est presque toujours un éleveur, parfois un berger, à l'occasion boucher quand il sacrifie cochon ou mouton, seul ou en groupe. Dès que le marché urbain se constitue, les données de l'approvisionnement sont fondamentalement bouleversées. Il arrive que le citadin reste un producteur, la ville étant un lieu où poussent les fruits et les légumes à l'intérieur de jardins clos et où on élève de très gras cochons. Mais, le plus souvent, il est réduit au statut de consommateur passif. La ville, elle, n'attend pas passivement qu'on la ravitaille, elle organise à son profit le prélèvement sur les campagnes environnantes et se taille dans le plat pays « un bassin alimentaire ». Les denrées ne viennent pas seulement des campagnes proches, mais d'une aire d'approvisionnement qui se dilate quand la population croît ou qu'on est en temps de pénurie. En période de disette, Toulouse

4. Joubert 1579, 76.
5. Jacquart 1998, 399.

importe du blé de Sicile, d'Angleterre, de Limagne et de Bourgogne. Pour la viande, le circuit s'allonge aussi. Des petites villes comme Carpentras ou Grasse, quoique capitales régionales et pourvues de foires, ont du mal à se suffire. L'appel à la Haute-Provence met en place tout un circuit d'échanges entre la montagne, vrai réservoir à viande, et la plaine, un circuit renforcé par la mise en place de la transhumance. Marseille s'adresse à des éleveurs de Marvejols et du Vivarais [6]. Le Haut-Dauphiné se spécialise dans l'élevage ovin, et de Briançon part tout un trafic de bestiaux à destination du Piémont, de la plaine du Pô, de Turin ou de Gênes [7]. Les villes s'approvisionnent parfois fort loin, comme Venise qui, forte de plus de 100 000 bouches à nourrir, va chercher des bœufs jusqu'en Hongrie. Les régions pastorales de la plaine pannonienne pourvoient l'Autriche, la Pologne, mais surtout les grands ports italiens. Un marché international se met donc en place pour le bétail, et ceci, sans parler d'autres courants d'importation à longue distance, qu'il s'agisse de la morue salée, du sucre et des autres épices comme cette graine de paradis qui fait rêver, tellement sa provenance est lointaine et quasi légendaire. La ville fabrique un nouveau mangeur, réduit au statut de consommateur très éloigné de ses sources d'approvisionnement. Le consommateur citadin déstabilisé, coupé de la campagne, ne sait plus ce qu'il mange et ne mange plus la même chose : l'économie urbaine crée un nouveau modèle de consommation.

Le transfert de la campagne à la ville provoque, entre autres ruptures, un bouleversement dans les façons de manger [8]. En 1837, l'Académie de médecine lance une grande enquête en France sur l'hygiène des campagnes, questionnaire à l'appui. Tous les maires sont conviés à répondre à un certain nombre de questions, dont celle-ci : préciser si le lieu a suffisamment d'habitants pour consommer la viande fraîche [9]. C'est la question primordiale : impossible d'avoir une boucherie, un abattage quoti-

6. Stouff 1970, 172.

7. R. Chanaud, « La foire aux ovins de Briançon : deux siècles d'échanges avec le Piémont (XIVe-XVe siècle) », *Cahiers d'Histoire*, nos 3-4, 1980.

8. Duby 1973, 10-14.

9. *Bulletin de l'Académie royale de médecine*, Paris, Baillière, 1865, 625.

dien de grosses bêtes bovines sans le rassemblement d'un nombre assez grand de consommateurs. Le mangeur rustique est condamné à la viande de porc salée, au mouton. Consommer de la viande fraîche « verte » est une exception, qui suppose une fête collective ou bien un malheur individuel, comme l'accident d'une bête. Un document béarnais du XVᵉ siècle montre qu'on tue une vache et deux chevreaux pour un repas d'enterrement [10]. Là où existe le droit de carnelage, qui consiste à confisquer et à abattre une bête « étrangère » venue pâturer par mégarde ou malveillance dans les pâturages de la communauté, on partage la bête sacrifiée entre tous les paroissiens, le dimanche après l'office. Avec 10 000 bouches – chiffre atteint par bien des cités du XIIIᵉ siècle –, le privilège citadin d'abattre régulièrement des grosses bêtes se met en place.

On est frappé des hauts niveaux atteints par la consommation urbaine dès l'aube du XIVᵉ, le siècle des troupeaux nombreux et de l'homme rare, décimé par les pestes récurrentes. On a pu parler d'une Europe carnivore à la suite des chiffres donnés par Abel, qui estime la ration dans l'Allemagne du XVᵉ siècle à 100 kilos par an et par habitant, époque heureuse où on atteint une sorte d'optimum physiologique. Depuis, on en a rabattu sur « l'Europe carnivore », et on a nuancé suivant les lieux et les milieux, faisant et refaisant des calculs que la tenue des boucheries municipales permet de faire. La ration ne serait-elle pas plus proche des 26 kilos par an du Carpentrassien de 1472, des 20 à 40 kilos du Tourangeau [11] ? Ne chipotons pas sur la ration. Ce qui compte, c'est que les bouchers sont nombreux, ils sont 177 à Toulouse en 1322, une bonne douzaine dans le petit bourg de Mirepoix. Ce qui compte, c'est que l'abondance règne sur les marchés, que les prix soient bas, si bien que la pitance des jours gras revient un tiers moins cher que celle des jours maigres, si bien que même les pauvres, ou les moins pauvres, peuvent prendre part au festin carné. En Sicile, en 1348, un travailleur des abattoirs perçoit en plus de son salaire mensuel

10. Fossat 1971, 94. C'est la façon béarnaise et landaise de « prendre part au malheur ».

11. Chevalier 1982, 197. Stouff 1996, 125.

un « panier » de trois pains par jour et de deux à quatre kilos de viande par semaine [12].

Un modèle de consommation urbaine se met en place, dans lequel la viande constitue la valeur essentielle. Le citadin consomme de moins en moins de salaisons qui étaient la viande par excellence pour tous dans les siècles précédents, il mange de la viande fraîche, les riches préférant le bœuf et le veau, les moins riches se contentant du mouton ou du porc, mais frais, ce qui les distingue des campagnards. C'est la qualité de cette viande, autant que la quantité consommée, qui est un privilège urbain. Autre privilège : on consomme du pain, et non plus des bouillies de céréales secondaires qui restent la base habituelle de la nourriture rustique. Le régime urbain est incontestablement supérieur au régime traditionnel, il fait du citadin un mangeur de viande quotidien, parfois biquotidien pour les milieux les plus riches ou les périodes les plus fastes, un buveur régulier de vin, un mangeur de poisson et de pain frais.

En voyage dans ses Cévennes natales, un citadin entend les paysans cévenols lui répéter : « *N'aime pa lou frescun*, je n'aime pas la viande fraîche », plus précisément « je n'aime pas l'odeur de la viande fraîche ». Il constate que l'habitude s'est fait goût : « Les habitans de nos montagnes ont une aversion naturelle pour cette sorte de viande [13]... » C'est décidé : la chair fraîche ne plaît qu'à l'ogre et au citadin. Comme symbole social, elle est parfaite. Comme nourriture, elle est ambivalente : bonne pour manger, certes, mais de nature humide, corruptible, sa fermentation putride pouvant rapidement entraîner celle de tout le corps humain. La chair est un aliment à hauts risques.

L'émergence des règles sur la qualité alimentaire et la première urbanisation en Occident sont en contexte étroit. Le rapport n'est pas à chercher dans l'autonomie des villes et l'apparition de magistratures élues qui ne sont ni une condition nécessaire – le seigneur peut faire tout aussi bien – ni une condition suffisante : l'autonomie donne des outils législatifs, rien de plus. Les moyens sont au service

12. Montanari 1995, 105.

13. Boissier de Sauvages, *Dictionnaire languedocien-françois*, Nîmes, 1756, art. « Frescun ».

d'une volonté politique, celle de l'oligarchie qui dirige les villes, représentant le « peuple gras », donc carnivore, bien nourri, et inquiet sur le contenu de son écuelle. La raison des lois gît dans cette inquiétude et dans le désir de se prémunir contre les risques alimentaires.

Un système à deux vitesses

Peuple gras, petit peuple. Il y a deux catégories de citadins, et les lois domestiques non seulement tiennent compte de ce partage social fondamental, mais elles le renforcent et le solidifient en organisant deux types de boucheries et plus, en discriminant deux types de consommateurs.

Nous parlons de boucherie au singulier, alors que tout un ancien régime de la boucherie a soigneusement distingué la boucherie publique d'un côté, et de l'autre la basse boucherie, les transactions étant interdites entre les unes et les autres. En pays méridionaux, *mazel* et *bocaria* ne sont pas équivalents. A Carpentras, de part et d'autre du chevet de la cathédrale se trouvaient le mazel et la boucherie. Le règlement de 1455 dit de façon très explicite que ces deux dénominations correspondaient à des catégories et à des qualités de viandes différentes. A la bocaria ne peuvent s'acheter que des viandes inférieures, comme celles de chèvre et de bouc. Cette distinction entre boucherie municipale et petite boucherie est très répandue, quoique non généralisée [14]. Tantôt il y a séparation entre deux locaux ou deux marchés, tantôt sur un même emplacement il peut y avoir coexistence : à Marseille, sur le grand marché, 40 tables sont attribuées au mazel, 7 à la bocaria, et au Tholonet 29 et 12 [15]. Petite boucherie, *banca parva*, *petit reng* en Normandie, étal libre (*Freibank*) en pays d'Empire... L'institution

14. A Avignon, le « grand mazel » de la place de l'Horloge et les petits mazels ne vendent pas des viandes de qualité différente. (Renseignement aimablement communiqué par M. Hayez.)

15. Stouff 1996, 95.

de la petite boucherie a connu une diffusion européenne, et même au-delà, quand les Espagnols exporteront la formule en Amérique latine. La *carne de rafali* des ordonnances municipales espagnoles est transposée à Santiago du Chili en *olla del pobre*.

Le boucher de petite boucherie est inférieur au macellier, puisqu'il vend des viandes à prix plus bas, non pas les bas morceaux qui sont le monopole des tripières, mais des chairs moins nobles que le bœuf, le mouton et le porc frais. Il propose de la chèvre, de la truie, du taureau et du bélier [16] et, selon le lieu et le moment, d'autres viandes. A Auch, les banques de la petite boucherie sont « garnies dans les saisons requises de pourceau, agneau, mouton salé et non à haute gresse, chevreaux et oisons » [17]. Ici comme dans toute la Gascogne, les grandes boucheries sont équipées d'étaux ou de « bancs » fixes, tandis que les petites boucheries ont des installations plus précaires et mobiles, appelées « banques » – le passage du masculin au féminin prenant ici comme ailleurs une valeur péjorative.

Pour les gens de peu, la viande de seconde qualité est moins chère, moins abondante – les bancs de la petite boucherie sont moins nombreux, pour une clientèle de *popolo minuto* théoriquement plus nombreuse. Mais ils ont accès à un troisième marché, que les statuts évoquent, sans les organiser, un marché libre où on peut se procurer de la viande avariée. Quand les consuls disent : nous décidons qu'une viande malsaine ou lépreuse ne sera pas vendue dans le mazel, ils ajoutent : nous voulons qu'elle puisse être vendue dans un lieu éloigné de la boucherie publique. A Alès, la vache malade, arrivée en charrette, est solennellement interdite à la vente en mazel, et non moins officiellement débitée sur une autre place de la ville. La sévérité des règles touchant aux boucheries se double d'un libéralisme presque absolu à propos de ce qui se passe en dehors de ces dernières. La vente des viandes des bêtes malades, blessées, n'est pas formellement prohibée : elle peut se faire dans certains endroits, avec cette seule obligation pour la police et le

16. Monner 1941, 28.
17. Règlement de la boucherie d'Auch, 1702. Fossat 1971, 89.

vendeur de faire en sorte que l'acheteur soit prévenu [18]. Les statuts d'Avignon de 1243, ceux de Grasse de 1262, ceux de Mazan de 1381 prévoient un lieu où ces chairs seront débitées. Les délibérations communales de Barjols, pendant tout le XVe siècle, répètent que les viandes des bêtes malades devront se vendre sur une place de la localité.

Le destin du porc illustre ce système à deux ou trois vitesses. Déclaré sain, le porc se retrouve sur l'étal de la boucherie publique, ou, après cuisson, sur celui du charcutier. Déclaré ladre au premier degré, il est vendu aux halles de Paris après une préparation idoine :

« Les porcs dont les chairs ne sont encore que sursemées de quelques grains de ladrerie peuvent être ramendez... ; si les chairs ne sont pas encore corrompues, le sel peut en corriger la malignité, on peut ensuite en user sans péril... ; la chair de porc sursemée sera mise au sel pendant quarante jours..., puis vendue dans un coin particulier des halles, [signalé] par un poteau et un drapeau blanc [19]. »

S'il est reconnu par le langueyeur comme ladre au dernier degré, « à vingt-quatre carats », donc absolument nocif, le porc est donné aux prisonniers du roi, sous Louis XI, ou jeté à la Seine, sous Louis XIV [20]. Ailleurs, on le donne aux lépreux ou bien il fait l'objet de charitables distributions de la part des consuls. Cette bienveillance consulaire s'étend à toutes les viandes confisquées, quand elles ne sont jetées ni à l'eau ni au feu : « Si les viandes sont ni bonnes ni saines, qu'elles soient saisies et distribuées aux pauvres [21]. » Ces rebuts saisis par la police constituent en Gascogne la catégorie des *escarpits* [22]. Les escarpits sont généreusement distribués « pour l'amour de Dieu aux pauvres et misérables personnes », et il est rare, dans cette économie de pénurie, qu'on les jette dans l'Adour ou à la Garonne. A partir du moment où on tentera d'enfermer les pauvres, les distributions publiques seront rempla-

18. Wolff 1953, 383. A.C. Barroux, AA1. Statuts du Barroux, 1543.

19. Delamare 1729, II, 137-138.

20. Monner 1941, 56.

21. A Court Saint-Gemme, 1275 ; à Angeville, 1270. Monner 1941, 273. A Toulouse, 1394, Gouron 1958, 399-400.

22. Fossat 1971, 94.

cées par des dons aux établissements d'assistance. Charités et maladreries recyclent donc les viandes avariées ou parasitées, et bénéficient du privilège du sang des tueries.

Alors qu'une partie du commerce de la viande est en liberté très surveillée, pris dans un réseau serré d'interdits et de contrôle, une autre partie fait l'objet d'un commerce totalement libre, en vertu d'un droit sanitaire qui n'est pas le même pour tous.

Le mythe de la digestion

Il faut replacer la législation municipale dans son climat culturel. Il n'est pas indifférent que la mise en place de la législation urbaine s'effectue en un temps où la médecine fait son entrée dans les universités. Et c'est dans l'espace des grandes villes universitaires, Montpellier et Bologne, d'où les facultés de droit et de médecine rayonnent, que fleurissent les législations municipales les plus précoces, ou encore à l'ombre portée de Rome, dans la cour pontificale du XIIIe siècle si extraordinairement intéressée par la médecine et récrivant volontiers le mythe de la prolongation de la vie et du rajeunissement [23]. Il y a certes un décalage entre le discours savant et ce que les savants appellent les propos vulgaires, et on pourrait s'efforcer de voir jusqu'à quel point les idées scolastiques nourrissent, ou ne nourrissent pas, les représentations populaires. Tel n'est pas notre propos. Il nous suffit de voir quelle est la conception généralement partagée que l'on a de la santé, pour ensuite la confronter aux mesures sanitaires mises en œuvre dans les villes.

Que sait-il, ce magistrat urbain faiseur de lois, de l'humaine physiologie ? Son corps est une boîte noire, opaque à lui-même. La « fabrique » elle-même du corps, sa charpente, la disposition des organes, est mal connue, et il faudra aux hommes de science plus de temps pour achever d'explorer l'anatomie qu'il n'en faudra pour reconnaître les vastes océans. Quant au fonctionnement même du corps, ce qu'on appellera au XVIe avec Fernel la physiologie, il ne

23. Paravicini 1997.

peut le comprendre qu'à travers une construction de l'esprit qui permet de recevoir et d'interpréter les théories médicales en vigueur. La connaissance se fait par la méthode analogique. On reconstruit l'invisible à partir du visible, du connu. Deux images en particulier structurent la représentation du corps.

La première métaphore est celle de la machine. Donc, le corps est une machine, où le cœur et le cerveau, le foie et les testicules se disputent la primauté, mais sans qu'il y ait une hiérarchie des organes bien définie. Un autre organe, directement branché sur le foie, est considéré comme le roi des viscères, c'est l'estomac, un des trois moteurs de cette machine corporelle, puisque avec le cœur et le cerveau il est un des foyers de chaleur vitale. Ainsi chauffé, il transmue ce que nous mangeons en quatre humeurs, liquides ou humides, qui imprègnent le corps et l'entretiennent en santé. L'estomac est d'abord figuré comme une marmite où s'effectue la coction, c'est-à-dire la cuisson des aliments. A la Renaissance, une autre image prend le relais, *via* la mode alchimique et les succès de la distillation. C'est la cucurbite, équipée de tubulures et d'un bec verseur, qui donne le mieux l'idée de cette alchimie stomacale, cette distillation qui transforme des aliments en chyle, puis en humeurs [24]. La machine imaginée prend aussi la forme d'un moulin, dont la meule broie et triture, ou bien d'un four :

« Nous voyons aussi comme ce très excellent alchymiste notre bon Dieu a bâti son four (qui est le corps de l'homme), d'une si belle et si propre structure qu'il n'y a rien à redessiner : avec ses soupiraux et registres nécessaires comme sont la bouche, le nez, les oreilles, les yeux ; afin de conserver en ce four une chaleur tempérée et son feu continuel, aéré, clair et bien réglé, pour y faire toutes ses opérations alchimistiques [25]. »

La seconde image, étroitement associée à la première, est celle de la cuisine comme modèle explicatif de la digestion. Au bout de cette transformation mystérieuse qui s'opère par coctions successives, c'est-à-dire par des cuissons répétées, les aliments ingérés deviennent des humeurs. Le phlegme, humeur de nature froide et

24. Vigarello 1993, 83-85.
25. Alexandre de La Tourette, cité par Bachelard 1996, 173.

humide, localisé dans le cerveau, est une humeur mal cuite, le sang un modèle de cuisson à point, la bile et la mélancolie sont trop cuites.

Ainsi pourvu de cette imagerie médicale, l'homme peut comprendre bien des choses sur son fonctionnement interne : comment les humeurs montent ou descendent au rythme des saisons et de l'âge, comment dans le corps de chaque individu une humeur prédomine, déterminant son tempérament ou complexion, phegmatique, sanguin, bilieux (ou atrabilaire) ou mélancolique ; comment toutes sortes de récipients, ou « vaisseaux » (encore un emprunt terminologique à la cuisine), contiennent et transportent dans le corps les quatre précieux liquides. Que tellc ou telle humeur devienne trop abondante ou trop épaisse, qu'elle se corrompe, alors les conduits se bouchent, les tubes digestifs s'engorgent, les résidus ne s'éliminent plus et pourrissent. De cette putréfaction se dégagent des vapeurs nocives qui empoisonnent le cerveau et le cœur, alors la machine tombe en panne et la maladie surgit.

Le succès de la théorie humorale tient à ce qu'elle vaut pour le corps en santé comme pour la maladie. La santé est conditionnée par l'*eucrasie*, ou équilibre des humeurs, leur déséquilibre, ou *dyscrasie*, provoque la maladie. Pendant deux mille ans, on sait que la maladie est une perturbation des humeurs, venue d'une interaction entre la constitution de chacun et un facteur extérieur, le climat, l'alimentation ou l'exercice. Dans la pire des configurations, l'interaction entre une « chose non naturelle » et la « nature » de l'homme aboutit à cette « chose contre nature » qu'est la maladie.

Telle est la représentation commune, puissamment accrochée au paradigme galénique [26]. On saisit ce qui fait sa force, et sa capacité à résister pendant 2 000 ans à toute découverte contraire : c'est un système d'une parfaite clarté pour rendre compte d'un monde intérieur parfaitement obscur. Le secret de sa longue durée réside dans cette disposition intellectuelle des hommes qui, devant l'incertitude scientifique et l'inconnu, entre deux théories proposées, choisissent

26. Selon D. Jacquart, cette représentation diffère des conceptions de la médecine savante qui n'est pas à proprement parler une médecine humorale. D. Jacquart in Grmek 1997, 186.

toujours la plus intelligible, la plus visuellement représentable, et rejettent un système plus compliqué ou moins lisible qui, pourtant, aurait plus de chance de coller à la complexité du vivant.

Les hommes des XIIIe et XIVe siècles focalisent leur attention dans cette machinerie humaine sur les phénomènes de digestion et de nutrition. Du même coup, ils attachent beaucoup d'importance à l'aliment. Certes, l'air que l'on absorbe est le plus nécessaire à la vie et le plus dangereux, car il pénètre le corps sans médiation, mais comment maîtriser sa salubrité ? Les nourritures suscitent plus d'interrogations parce qu'on a prise sur elles. Entre 1250 et 1300, la médecine qui prend style et commence à s'enseigner dans les universités, à Paris, à Montpellier, à Bologne, s'empare de la question. Loin de se confiner dans des disputations médicales, le thème déborde largement le cadre de la faculté, il investit un vaste champ interdisciplinaire (ou plutôt non spécialisé) où la physique et la métaphysique se mêlent. Les physiciens en traitent, les théologiens aussi, les prédicateurs, et tous les grands noms savants de l'époque ont évoqué les problèmes de l'alimentation, peu ou prou : les franciscains anglais, Roger Bacon, Ockham et le cercle d'Oxford, Arnaud de Villeneuve et Bernard de Gourdon de l'université de Montpellier. La nutrition nourrit des débats philosophiques qui butent sur la question de l'assimilation : *ad-similare*, c'est assimiler l'aliment, mais en même temps il devient notre corps, et semblable à lui. « Que si l'aliment est en son commencement diffèrent de son alimenté, il faut qu'il se dépouille de cette différence, et par diverses altérations qu'il se rende semblable à son alimenté, avant qu'il puisse être son dernier aliment [27]. »

Phénomène mystérieux, bien digne de concentrer l'attention et de susciter la réflexion des penseurs, physiciens ou métaphysiciens, car, entre cette transsubstantiation triviale et l'eucharistie, on peut imaginer des points de rencontre, voire de comparaison impie.

L'autre débat qui agite la recherche de ce temps porte sur la transmission du péché originel. Se peut-il que ce gène nous soit transmis du père Adam par la nutrition ? C'est poser la question de la nature de la chair humaine. La proposition la plus reçue fait de

27. Dr Fabre, Montpellier, cité par Bachelard 1996, 172.

la nature humaine le mixte de deux chairs, une chair essentielle où la nourriture n'a aucune part, et une chair matérielle qui entretient la chaleur innée. Seule la chair essentielle ressuscitera [28]. Certes, on est là dans des débats scolastiques et sophistiqués : ils ont ce mérite de montrer à quel point d'incandescence intellectuelle ont été portées les questions soulevées par le « petit incendie » de l'estomac. Le mythe de la digestion, pour Gaston Bachelard, est un trait majeur de ce qu'il appelle la pensée préscientifique [29].

« On est ce que l'on mange », ce simple énoncé, admis de tous, se décline en d'autres termes, plus triviaux, directement connectés au problème de santé. L'inquiétante relation entre la chose digérée et le corps digérant conduit à une orientation particulière de l'art médical dans toutes ses branches. La clinique est alors centrée sur les troubles digestifs. La presque totalité de la riche thérapeutique d'Arnaud de Villeneuve est consacrée aux maux d'estomac [30]. Dans la stratégie sanitaire la diététique occupe la place d'honneur. Elle compose avec la chirurgie et la pharmacopée une des trois branches de la médecine préventive – au vrai, la branche la plus importante, puisque mieux vaut prévenir que guérir en un temps où les compétences médicales sont brèves et la panoplie thérapeutique peu efficace. Cette médecine préventive appelée régime ou diète comprend bon nombre de prescriptions alimentaires. Le médecin conseille les puissants, le Prince ou le pape. Il est archiatre à la Cour, médecin dégustateur. A la ville il est sollicité, sur les mêmes questions d'alimentation, et il écrit des livres de diététique :

« Afin de contenter plusieurs qui ne cessent d'interroger les Médecins quand ils sont à table, Ceci est-il bon, cela est-il mauvais, ou mal sain ? Que fait ceci, que fait cela ? de sorte que le pauvre Médecin, qui souvent a bon appétit, est tout à coup interrompu et destourné pour satisfaire à ces demandes, et se lève de table à demy repeu [31]. »

28. Ziegler 1999, 220.
29. Bachelard 1996, 170-181.
30. Lalande 1896, 105.
31. Joubert, cité par Céard 1982, 21.

Pour répondre à cette demande sociale, le médecin, de théoricien se fait pédagogue et éducateur de santé. Il écrit des *régimes de santé* ou de *conservation de la santé* ou des dictionnaires d'aliments. Au tournant des années 1270 à 1320, on assiste à la floraison d'une abondante littérature diététique, sur le modèle du régime du corps composé par Aldebrandin de Sienne en 1256[32]. Ces régimes sont composés par des médecins de renom pour des médecins en formation ou pour de puissants personnages, mais on les trouve aussi dans les bibliothèques des marchands[33]. Après 1350, il n'est pas un médecin qui, dans un traité sur la peste, dans une *Practica*, dans un *Antidotarium*, n'ait donné des conseils d'hygiène alimentaire[34]. Fidèles aux enseignements des vieux maîtres, tout en omettant de les citer, les médecins de la Renaissance poursuivent la tradition[35]. L'entrée dans la galaxie Gutenberg prolonge le succès des livres de santé. Écrits dans une langue claire, vernaculaire, accessible à tous les lisants, parfois rimés en vers pour mieux retenir les préceptes, ces régimes sont des livres pédagogiques. Ils enseignent des règles simples et pratiques :

– nous sommes notre corps, notre tempérament, mais il ne nous détermine pas fatalement, nous pouvons augmenter nos chances de santé en gouvernant notre corps ;

– nous devons être attentifs à la digestion, ce merveilleux et délicat processus qui permet de vivre, mais tout aussi attentifs à son contraire, l'indigestion, source de bien des maladies. Si la digestion, activée par la chaleur stomacale, est « un petit incendie », il y a lieu de bien le contrôler, les aliments devant être « autant proportionnés à la capacité de l'estomac que le fagot à la disposition du foyer[36] » ;

– nous devons exercer notre vigilance sur la nourriture. Dans les livres d'hygiène, c'est toujours le chapitre *De cibo et potu*, sur le

32. Jacquart 1998, 744. Nicoud 1995 et 1998. Gil-Sotres 1995, 203. Oldoni 1995.

33. Nicoud 1998, II, 404, 564.

34. Nicoud 1995, I, 203.

35. Dupèbe 1982, 46 ; parmi ces écrivains prolongeant la tradition diététicienne : Ambroise Paré, Gui Patin...

36. Deroux 1991, 41.

boire et le manger, qui est le plus copieux. Se nourrir, c'est se soigner. On cite les aphorismes hippocratiques, on en invente d'autres au besoin : « on abrège sa vie par le contenu de son écuelle, on creuse sa tombe avec ses dents », on peut l'allonger en se surveillant. On répète l'adage de saint Clément d'Alexandrie : Il ne faut pas vivre pour manger, mais manger pour vivre...

– la chair est la meilleure des viandes, au sens large d'aliment. Selon l'auteur anonyme du *Régime de vivre* : « Entre toutes autres viandes, la chair est de très bon nourrissemment : car elle corrobore, conforte, alimente et engrossist le corps, et est de prochaine conversion au sang. Parquoy ceux qui mangent grande quantité de chair avec breuvage de vin sont moult replets et sanguins [37]. »

L'assimilation est plus rapide d'une chair à l'autre, elle fait de la chair la meilleure des viandes. Le langage souligne cette supériorité. Le mot viande a longtemps un sens large extensif, qui s'applique à tout ce qui sert à vivre (*vivenda*). L'usage urbain rétrécit le mot, le réduit à la seule chair des animaux. Au XVIIe siècle, les premiers dictionnaires entérinent la pratique langagière. En passant du pluriel au singulier, la viande confirme sa précellence [38]. Finalement, rien n'est plus raisonné que l'alimentation du bourgeois.

Les prédicateurs – derniers dans cette convergence d'intérêts autour de la nutrition – dénoncent l'horreur alimentaire, ils désignent volontiers le responsable : le boucher, voué aux gémonies. Dans les *exempla* de Jacques de Vitry, plusieurs de ces anecdotes morales se rapportent aux dangers de la viande de boucherie. Ainsi celle du boucher de Saint-Jean-d'Acre fait prisonnier par les Sarrasins et qui obtient la vie sauve, au motif qu'il avait tué plus de pèlerins que les infidèles en leur vendant de la viande avariée et du poisson pourri.

Prédicateurs, médecins et théologiens témoignent d'une hypersensibilité à l'accident alimentaire, contemporaine de la floraison des normes urbaines sur la salubrité des aliments. Le très puissant, le Prince, peut s'assurer les services d'un médecin de cour qui est aussi dégustateur et procède à l'essai des viandes servies à la table

37. Cité par Céard 1982, 32.
38. Delamare 1729, II, 979.

princière. *Facere periculum* : dans le latin médical, c'est très exactement détecter le danger. Ce n'est pas un rôle subalterne, Jérôme de Monteux s'en vante, rappelant à son royal patient que, lorsqu'il était petit, il faisait l'essai du lait dont on le nourrissait et que, plus tard, il avait l'habitude de lui glisser dans la bouche des substances salubres (*aliquid salubrium*)[39]. Le riche ou le moins riche, membre du peuple gras et carnivore, lit les conseils des régimes de santé, les suit éventuellement, et s'en remet à la législation municipale qu'il conçoit comme une partie de la médecine préventive.

L'estomac du riche, l'estomac du pauvre

La peur exprimée par le truchement des lois est à géométrie variable. Le même magistrat qui interdit la vente de viande avariée en boucherie publique et qui se garderait bien d'en manger va la distribuer charitablement aux pauvres de la cité. Pourtant, on ne peut mettre sa bonne foi et son souci du bien du public en cause. Il pense que ce qui n'est pas bon pour lui est bon pour les pauvres. La science de la nutrition le conforte dans cette conviction.

Théoriquement, les régimes s'inscrivent dans la médecine individuelle, ils prescrivent des diètes *ad personam*, adaptée au tempérament de chacun. Théoriquement donc, il devrait y avoir la même proportion de complexions flegmatiques ou sanguines dans la bourgeoisie et dans le peuple, et les risques seraient les mêmes pour tous. Certes. Mais là-dessus se broche un raisonnement qui part d'une vieille tradition pour finalement la détourner. La construction est la suivante : on met en exergue, dans ces cofacteurs qui influent sur la santé, l'exercice physique et le repos, *motus et quies*, choses non naturelles indispensables, et qui commandent l'élimination de ce qui a été ingéré. On relie l'exercice physique au métier, et le métier à la qualité de l'individu, à sa position sociale et à son pouvoir. En décrétant la nécessité physiologique de manger suivant

39. Monteux 1559.

sa qualité, on fait du statut social de l'individu un critère majeur [40]. La cause est alors entendue : il y a deux types d'estomac, auxquels conviennent deux régimes différents. La diététique divise l'humanité en deux catégories, les gens d'étude ou de loisirs d'un côté – « tertiaire » où se retrouvent le Prince, le marchand, le clerc – et de l'autre la masse de ceux qui ont une activité physique pénible. La société des mangeurs se structure autour de deux pôles : à une extrémité se tient la figure du lettré, de l'intellectuel ; à l'autre celle du rustique – mais le pauvre des villes lui ressemble beaucoup.

Dans cette pyramide rêvée, la figure de l'intellectuel occupe le sommet. L'homme qui pense le plus est celui qui digère le plus mal. Menacé par l'intempérancc littéraire et la sédentarité, le savant doit absorber du pain de froment, du vin blanc et des blancs de poulet et de volailles, toutes choses subtiles et légères qui faciliteront le travail de digestion. L'activité du cerveau, ce refroidisseur directement branché sur l'estomac, menaçant de pomper toute la chaleur vitale, il lui faut ménager son estomac, diminuer le travail de la digestion et, de manière générale, économiser toutes les activités annexes consommatrices d'énergie, comme les activités physiques ou sexuelles. Les muscles mous conviennent à l'intellectuel, dit Arnaud de Villeneuve. Et Marsile Ficin énumère les ennemis de l'homme d'étude : les veilles trop longues, une nourriture trop abondante et trop lourde, l'exercice sexuel, une copulation affaiblissant autant que quarante saignées [41]. Ce thème de la fragilité de l'homme de lettres est un des *topoï* favoris d'une littérature médicale narcissique, où l'auteur et le sujet sont confondus. Mais c'est plus qu'un lieu commun : c'est une catégorie de la pensée. Au XIXe encore, les encyclopédies médicales traitent à part des maladies des lettrés. Il existe donc, spécifiquement, au regard de la sécurité alimentaire, une catégorie sociale à risque.

A l'autre extrémité de cette diététique de classe se situe la figure de l'homme de peine. Il est absent des livres de santé qui s'adressent à une tout autre clientèle, celle qui a le choix de son régime. D'ail-

40. Montanari 1995, 117-118.
41. Ficin 1541, fol. 19.

leurs, seuls les oisifs peuvent être vigilants quant à leur santé, « nul ne peut suivre un régime de santé comme il convient, si ce n'est celui qui n'est pas absorbé dans une occupation de nécessité. Il convient en effet qu'il dispose des choses nécessaires de la vie, sans travail corporel et qu'il soit de libre condition en tout[42] ». Mais on connaît toutefois la nourriture convenable aux hommes de peine grâce aux *trésors du pauvre*, ces manuels qui leur sont plus spécialement dédiés par des médecins compatissants. Le premier *Thesaurus pauperum* a été rédigé par Pierre d'Espagne – le futur Jean XXI –, à l'attention des maîtres et des étudiants pauvres. Du *popolo minuto*, de ses besoins, de ses risques, on peut faire le portrait à partir de ces livrets. C'est un portrait de groupe avec estomac solide :

« Les viandes incrassantes [les nourritures grossières] sont seulement convenables à ceux qui travaillent tout le jour, depuis le matin jusques au soir, comme aux moissonneurs, fossoyeurs et luyteurs, lesquels par grand exercice augmentent leur chaleur naturelle. Car la grande vaineté, et l'évacuation de tout le corps procédant de ce labeur, et pareillement le profond sommeil qui s'ensuit, sont cause que tels gros aliments sont digérez. Joint aussi que quand on y est accoustumé, et qu'ils sont prins en petite quantité, ils en sont plus familiers à nature, et plus tost digérés. Telles grosses viandes conviennent aussi à ceux qui ont enduré faim par nécessité, et faultes de vivres, moyennant qu'elles soient prinses en petite quantité. Pour les personnes de bonne complexion [...] seront toutefois beaucoup mieux et pour leur santé s'ils s'abstiennent de telles viandes[43]. »

Le raisonnement médical est dans le droit fil de Galien : la chose non naturelle – ici l'activité professionnelle – génère une plus grande chaleur vitale. Endurci par le travail, l'estomac n'est pas plus solide mécaniquement, mais il « brûle » mieux des ingrédients difficiles à digérer. De plus, ces nourritures sont plus facilement assimilables puisqu'elles sont plus familières. Chaque catégorie sociale s'enferme dans un modèle alimentaire. D'un côté,

42. Jen de Mirfeld, *Brevarium.* Cité par Nicoud 1998, II, 514.
43. Monteux 1559, 46-47.

des nourritures lourdes, terrestres, peu coûteuses. De l'autre, des gens lourds, effectuant des travaux pénibles, habitués à de telles nourritures. La grille médicale s'ajuste parfaitement à la réalité sociale, à une exception près : les étudiants, ces intellectuels mais pauvres, difficiles à caser dans le lit de Procuste des catégories diététiques [44].

On pourrait multiplier les exemples de ces coïncidences providentielles entre les habitudes alimentaires et leurs effets sur la santé : le gros rouge est la boisson des hommes de la campagne ou des hommes de peine ? Tant mieux, il profite aux vignerons et aux laboureurs, « car estant une fois digéré par la force de l'estomac et du travail, il donne plus ferme et plus copieux aliment et rend l'homme plus vigoureux à la besogne [45] ». Le pain blanc n'apparaît pas sur la table du pauvre ? Peu importe, puisque le pain de seigle « est plus propre aux rustics qu'aux citadins qui sont plus délicats [46] ». Les médecins justifient impeccablement la ségrégation des normes alimentaires. Certes, ils ne disent pas vraiment que des produits avariés ou infects puissent transiter sans effet nocif dans les estomacs populaires, mais, à homologuer une longue liste de nourritures immondes, bonnes à manger pour les gens de labeur, comme les couleuvres, « bien vuydées et escorchées, ...bien lavées, nettoyées en lexive » ; les abats, la tripaille, même les tendons, les nerfs ou les os, les chiens, petits et jeunes de préférence, les chats et les rats, il donne au législateur une belle latitude et une bonne conscience [47]. Les gens de peu se contenteront de déchets, écrit Massimo Montanari, citant à l'appui les *Ordinacions* de Pierre IV d'Aragon qui stipulent que le vin qui a tourné, le pain moisi, les fruits pourris, les fromages rances et toutes sortes de denrées similaires doivent être mises de côté pour les aumônes rituelles aux pauvres. C'est là une pratique fort proche des *escarpits* gascons [48].

44. Dupèbe 1982, 52-53.
45. J. Liébault, *Le Trésor de la santé*, cité par Flandrin 1982, 90.
46. Ambroise Paré, *Le Régime de vivre*, cité par Céard 1982, 31.
47. Vigarello 1993, 74-75.
48. Montanari 1995, 120.

Partant de Galien et des choses non naturelles, les médecins ont détourné Galien et Avicenne, qui faisaient de la complexion de chacun l'axe central de leur étude. Il n'y a plus seulement à leurs yeux de cas particulier, mais aussi des catégories à risque et d'autres qui ne risquent presque rien. En rationalisant l'inégalité alimentaire, la diététique légitime parfaitement un système de protection du consommateur à deux vitesses.

CHAPITRE 4

Le consommateur vigilant

Dans un palais vénitien de la Renaissance sont réunies sept dames de qualité, Leonora, Cornelia, Elena, Adriana, Corinna, Virginia et Lucrezia. Les sept amies forment une sorte de tribunal féministe, bien décidées à démontrer « *il merito delle donne* », leurs capacités face aux hommes. Le terrain de compétition choisi est difficile, rien de moins que le grand livre de la nature sur lequel, en faisant assaut d'érudition et de savoir, ces dames veulent prouver leur égale compétence. Or, en engageant leur conversation sur les sciences naturelles, elles réservent une place de choix à l'alimentation, qui devient le thème fondamental de leur dialogue. Il ne s'agit pas de cuisine, basse besogne que ces dames délèguent à une cuisinière ; il s'agit de l'observation de la nature, de l'abondance des choses qu'elle offre aux hommes, dans les trois règnes. Et les Vénitiennes d'énumérer les animaux, les poissons, les fruits, les céréales et les laitages connus à leur époque, dans un catalogue très informé et qui serait exhaustif s'il ne manquait au tableau les racines, les bulbes, le mouton et le cochon, toutes nourritures qu'elles omettent de prendre en considération pour des raisons sociales faciles à deviner... A chaque produit offert par la nature la question est posée de leur comestibilité, de leurs vertus ou, au contraire, de leurs vices qui sont autant de risques alimentaires. Le dialogue se coule alors dans l'approche classique des naturalistes sur les propriétés des aliments. Leur science naturelle est donc très marquée, comme tout le savoir naturaliste de cette époque, par l'anthropocentrisme et l'utilitarisme. Et leur science alimentaire, quasi encyclopédique, est entièrement préoccupée par les problèmes de santé [1].

Le savoir alimentaire qu'elles déploient n'est pas un thème pour femmes savantes ou un ornement pour salon vénitien, tels le miroir à glace ou la tapisserie de Bergame. C'est une culture qui n'est pas réservée aux femmes. Sans parler des cuisiniers professionnels, les hommes ne sont pas exclus de tout ce qui touche au ravitaillement et à la nourriture. Un traité célèbre rappelle cette longue participation des hommes à l'économie domestique. Dans *Le Mesnagier de Paris*, rédigé vers 1390, un bourgeois d'une certaine expérience et d'un âge certain s'adresse à sa jeune épouse parfaitement ignorante des choses du ménage pour lui prodiguer conseils moraux et pratiques. Hommes ou femmes, on reste, certes, entre bourgeois et dans un contexte urbain. Faut-il pour autant penser que cette culture alimentaire centrée sur la santé était la chose au monde la plus mal partagée socialement, et que ceux qui l'ignoraient représentaient « la quasi-totalité des habitants de la vieille Europe, les multitudes infinies des *pauperes* et des *rustici* [2] » ? Le jugement est excessif et il fait bon marché de cette tradition orale bien en place au tournant des XVᵉ et XVIᵉ siècles et qui fait circuler par le biais des proverbes alimentaires comme une petite monnaie des aphorismes diététiques à la mode [3].

Face aux risques, face aux peurs, ni les patriciens ni sans doute les gens de peu ne sont désarmés. La loi les protège inégalement, surtout elle leur fait obligation de se protéger. Ils en avaient les moyens culturels.

Le contrat sanitaire d'Ancien Régime

Le droit alimentaire en vigueur jusqu'à l'aube du XIXᵉ siècle a pour but explicite de protéger la tranquillité publique, et pour but implicite de veiller à la santé publique. Les lois sont édictées,

1. Lesage 1999.
2. Camporesi 1995, 75-76.
3. Flandrin 1996, 507-508.

comme à Lucques « au nom du bien public et de la santé de la population[4] ». Il n'est nullement question des droits du consommateur. La santé publique est fondée non sur un droit du citoyen et un corrélatif devoir de l'État, mais sur l'intérêt général et primaire de l'État qui assure sa propre existence en imposant des règles de vie commune[5]. Dans cette logique législative, l'acheteur n'est pas une personne protégée et passive : il doit savoir se protéger. Il n'a aucune raison d'ailleurs de s'en remettre aveuglément à la force de la loi et à la vigilance des autorités de sa ville. Les inspecteurs du marché ne disposent pas de moyens d'investigation et de dépistage plus performants que ceux du simple particulier, et il en sera ainsi jusqu'à l'affirmation de la chimie. La seule supériorité des experts consiste en leur expérience d'hommes de métier. La police professionnelle est confiée à des maîtres jurés choisis dans les corps des métiers de l'alimentation. La police municipale est peu différente dans son recrutement dans la mesure où on choisit les experts parmi les hommes de l'art, anciens bouchers ou pâtissiers. On peut avoir des doutes sur l'efficacité d'une police exercée par des hommes qui sont à la fois juges et parties. Les hommes de ce temps en ont eu, des accusations de laxisme se sont élevées. Les Avignonnais au XVe siècle pensent contourner le problème en élisant et en rémunérant leurs deux maîtres des victuailles parmi des hommes qui ne sont pas issus du milieu professionnel. Mais prendre pour principal critère de recrutement l'incompétence reconnue n'est pas la meilleure solution, le circuit de la « visite » se complique et s'allonge parce que chaque denrée suspectée mais non vérifiée par le maître des victuailles doit être amenée dans la salle basse de la maison de ville et inspectée par des experts choisis par la ville. Ainsi M. Bonnet, maître pâtissier et expert juré de la ville, requis d'examiner deux gigots et deux longes saisis chez la Clop, bouchère, se prononçant « selon Dieu et la conscience et l'expérience de son asge », déclare dans son rapport que, compte tenu de la couleur rouge et verte

4. Nicoud 1998, II, 533.
5. Maragi 1982, 81. Dans la pratique, on aboutit cependant à « un système de protection du consommateur ». La Roncière 1983, 45.

desdits gigots, il lui semble que les manger serait « risquer de prendre quelque maladie[6] ».

Le consommateur doit être en mesure de se protéger. La loi lui en donne les moyens, en établissant deux principes majeurs.

D'abord, le produit « bon et loyal » doit être à la vue du consommateur. La surveillance du public caractérise d'ailleurs tout le secteur du commerce et de l'artisanat, et c'est un contrôle escompté par tous que celui des passants devant la « fenêtre » d'un artisan ou l'étal d'un boucher. L'application de ce principe entraîne une topographie particulière du commerce de l'alimentation. De même que les tueries doivent se situer en ville, de même les boucheries sont regroupées dans un endroit central : le point de vente est unique ou dédoublé en grande et petite boucherie, sous le contrôle du public et des surveillants municipaux[7]. Dans les villes peuplées, le commerce du poisson dispose aussi de locaux réservés à la vente. Toulouse construit en 1351 une halle aux poissons, Montpellier fait de même en 1212. Le poisson salé, en revanche, peut se vendre n'importe où, comme les chairs cuites (charcuterie)[8]. La concentration du marché n'est pas dictée par le seul souci de protection du consommateur, elle offre d'autres avantages comme de « faire apparaître l'abondance » – qui est aussi une façon de rassurer le citadin, de permettre le contrôle des prix et la perception des taxes[9].

La visibilité des produits est l'autre grand principe qui régit les rapports entre commerçants et consommateurs. Toutes les viandes sont exposées à la vue, en carcasses entières ou en moitiés accrochées à des clous, des araignes ou des chevilles – une mise en visibilité facilitée par le faible poids des bêtes, moutons et brebis de 35 livres (environ 14 kilos), agneaux de 8 kilos, quartiers de bœuf de 60 kilos. L'acheteur doit pouvoir les examiner à la lumière du jour. Ce dernier point n'est pas mince, si on en juge par la lutte permanente des autorités contre cet usage si répandu d'éclairer les étaux de chandelles en plein jour, ce qui change l'aspect des chairs

6. Pleindoux 1925, 171.
7. Wolff 1953, 387.
8. Gouron 1958, 121.
9. Delamare 1729, I, 137.

et constitue une tromperie sur la marchandise [10]. Dans le même esprit, la loi accorde le droit de descendre dans la cave du tavernier pour vérifier si le vin vendu provient bien du tonneau.

En cas d'infraction à la sécurité, que se passe-t-il ? Dans les statuts, chaque règle est accompagnée de la sanction prévue en cas de transgression, sanctions qui varient d'un lieu à l'autre. L'imagination pénale est au pouvoir. La réglementation narbonnaise se contente d'un châtiment corporel, une bonne fouettée « à tripes de mouton » devant l'étal [11]. Les statuts italiens prévoient une gradation des peines, du fouet au pilori puis au bannissement, mais l'amende est la punition de loin la plus fréquente. La sanction financière prend parfois une autre tournure : à Arles, si le boucher « ne dit pas la vérité », s'il vend une chair pour une autre, il doit rembourser l'acheteur. A Montpellier, la coutume de 1204 l'oblige en tel cas à rembourser le double [12].

Ce type de sanction pose la question de la qualification du délit. La notion de tromperie est large, ambiguë, elle englobe deux exigences éthiques qui sont la santé du public et l'honnêteté des transactions. La rédaction des règles aligne, aplanit des infractions aussi différentes que tricher sur le poids, vendre de la viande femelle pour de la viande mâle, ou vendre de la viande infectée pour saine. On ne distingue pas dans les falsifications celles qui sont banales adultérations et celles qui peuvent mettre en danger la santé d'autrui. Quand on prévoit de réparer en remboursant, on considère qu'un seul individu a été lésé, quand bien même c'est la santé de tous qui est menacée. La notion référée est celle de dol ou même de vol. La coutume anglaise assimile ainsi la tromperie sur la viande malade à un vol, elle a « la saveur du vol » (*saporem furti*) [13]. Dans d'autres dispositifs en revanche, loin d'être entièrement diluée dans la tromperie, l'atteinte à la santé publique est une notion qui transparaît plus clairement. On ne risque pas la même sanction à accrocher des testicules à une truie pour la faire passer pour un cochon ou à vendre une

10. Monner 1941, 17.
11. *Ibid.*, 22.
12. Gouron 1958, 165.
13. Fourgoux 1968, 65.

truie ladre ou infectée. Les statuts du Comtat, riches en amendes tarifées, montrent qu'un simple vol est passible de quelques sous au XVe siècle. Quand il s'agit de la vente de viande impropre à la consommation, l'amende est multipliée par dix : on atteint alors le maximum théorique prévu par la loi [14]. Plus qu'un saut quantitatif, c'est un changement de nature du délit qui est ici marqué : on touche au délit d'empoisonnement. La loi suit la morale courante. Berthold de Ratisbonne, le prédicateur franciscain, affirme que la fraude du cordonnier, du tailleur d'habits, du forgeron ou du marchand « ne touche que les biens » ; en revanche, le boucher qui souffle avec sa bouche, le tavernier qui ajoute certaines substances aux boissons « portent atteinte à la vie » et risquent de perdre leur âme [15].

Des consommateurs zoophages

La meilleure garantie pour le consommateur, celle qui peut calmer les angoisses nées de l'allongement de la filière de la viande, c'est la proximité et la visibilité de la tuerie. A ceux qui réclament l'éloignement des tueries hors des remparts, le magistrat répond : dans ce cas, les viandes risquent d'arriver en ville déjà corrompues, et vous ne saurez pas, vous ne verrez pas si elles sont malsaines [16]. L'abattage *intra muros* est le pendant urbain du tuage du cochon familial. Ainsi, le mangeur est dans une situation particulière. Il voit, chaque jour, il entend des troupeaux entiers traverser sa ville. Un Avignonnais domicilié près de la porte Saint-Michel peut compter les moutons : en 1772, il voit défiler 606 ovins et 23 bœufs en moyenne chaque semaine. Un Parisien peut assister du côté du Châtelet à des embouteillages bovins permanents ; à l'occasion, il se plaint « d'être molesté tous les jours des mugissements et des bêlements ». Il déplore les nuisances et les agressions qu'il subit,

14. Statuts de Bédarrides, 1412, A.C. Bédarrides, AA 1. Statuts de Pernes, 1470, A.C. Pernes, FF 1.

15. Desportes in Flandrin 1996, 449.

16. Delamare 1729, I, 78.

les pollutions sonores et olfactives. Mais jamais l'agression visuelle que pourrait représenter le sacrifice visible des animaux ne figure dans les doléances adressées aux conseils de ville, du moins jusqu'au XVIIIe siècle. Dans l'ordre des priorités, il importe de pouvoir vérifier *de visu* que les bêtes traversant la ville ne souffrent pas. Qu'une bête souffre signifie strictement ceci : que sa viande risque d'être moins fraîche et donc malsaine à consommer. Quant à la mise à mort, pour violente et spectaculaire qu'elle soit, elle reste chose banale et acceptable. La tuerie est dans la rue : « Depuis toujours la rue était un lieu où on pouvait voir égorger les bêtes [17]. » Le spectacle public du massacre est violent, il amène à considérer le métier de boucher, puisque le boucher est aussi équarrisseur, comme une condition peu digne. Le mangeur français réclame que, dans la procession, les bouchers défilent derrière son propre corps, le mangeur anglais qu'il ne soit pas membre d'un jury d'assises où on décide ou non de faire couler le sang de l'assassin. Mais aucun ne remet en cause la publicité de l'abattage.

Le rapport à l'animal n'est pas le même qu'aujourd'hui. Plus exactement, le consommateur d'hier avait un rapport direct à l'animal, que nous avons perdu, et qui s'exprime par une certaine image de l'animal domestique. Les animaux herbivores et domestiques n'ont-ils pas été créés par Dieu pour sustenter les hommes ? Ovins, bovins et porcins n'ont d'autres droits que ceux de nous nourrir, ils ont vécu une vie de ruminants en plein air assez longue et féconde. Il n'y a aucune sorte d'attention ou de pitié pour « nos frères les animaux ». Précurseur par l'attention qu'il portait aux animaux, François d'Assise n'a acquis que depuis peu, en 1966, sous le pontificat de Paul VI, son rôle de saint patron de la nature et des bêtes. Sur un point seulement, la sensibilité ancienne peut dépasser la nôtre : on ne supporterait pas de voir un cheval abattu pour être mangé.

Ces mêmes bêtes que le citadin voit abattre, il les retrouve le jour même sur les étals de la boucherie. Pour lui, la viande a une histoire. Elle a un âge. Elle a un sexe : il achète du mouton, ou de la brebis ; du mouton surtout, car la viande mâle est réputée meil-

17. Agulhon 1981, 85.

leure que la viande femelle. Pour lui, la viande n'est pas une chair anonyme et anodine, elle garde un lien très fort avec l'animal vivant. Il mange du mouton ou du porc, le même mot désignant l'animal vivant et l'animal ingéré. Seule la langue anglaise introduit une distance entre le mangeur et le mangé en distinguant l'animal et la viande par les doublons *ox/beef*, *sheep/mutton*, *pig/pork*. Ailleurs, le vocabulaire, n'opère pas cette disjonction entre l'animal vivant et la substance carnée que nous, consommateurs urbains du XXIe siècle, nous opérons généralement. Pour reprendre les néologismes forgés par Noélie Vialles, ils étaient *zoophages*, alors que nous sommes *sarcophages*[18]. Il existe deux logiques à l'égard de la nourriture carnée. Le sarcophage ingère une viande désanimalisée, anonyme. Pendant longtemps, un autre comportement a prévalu, celui du zoophage qui aime à reconnaître le vivant dans ce qu'il consomme.

Pour le mangeur zoophage il n'y a pas de bas morceaux. Tout est bon dans le cochon ou le mouton : les pieds, les tripes, le foie, la cervelle. Le *Mesnagier* est capable d'énumérer tous les morceaux que l'on rassemble sous le nom générique de fressure : le foie, le mou et le cœur pour le porc, soit 3 morceaux, mais 4 pour le mouton ou le veau, 7 pour le bœuf[19]. Si le circuit vif est l'apanage des hommes, la vente des tripes est un quasi-monopole féminin. A chaque carrefour des villes se tiennent les tripières qui proposent dans des récipients de lessive des entrailles déjà cuites et qui en « vendent au bas peuple comme petit déjeuner ». Constatant ce goût pour les tripailles, le médecin Champier voudrait en limiter l'usage : « Ceux qui sont nés avec un ventre solide ou qui exercent des travaux de force peuvent en manger sans trop de risque[20]. » Le goût des abats est tout aussi prononcé :

« Presque tous les Français aiment les pieds de mouton et les mangent cuits à l'eau, avec du vinaigre et parsemés de persil bien vert. Certains les font frire, et parfois les font griller sur des charbons. Ils font frire à point les pieds de bœufs bouillis, qui sont assez

18. Vialles 1987, 28.
19. *Mesnagier*, 599.
20. Champier 1560, 398, 392-393. Voir aussi Monteux 1559, 43-44.

durs. Quant aux pieds de veau, ils les mangent bouillis et ajoutent du poivre et du safran. Ils font aussi rôtir sur le gril les pieds de cochon cuits dans l'eau, et les mangent avec du vinaigre, saupoudrés d'oignons et hachés[21]. »

« Ceux qui mènent une vie brillante » apprécient la tête de veau, les ris, les mamelles de vache ou de truie, ils se régalent à rompre l'os et à en sucer la substantifique moelle ou à l'étaler en tartines. En revanche, ils dédaignent les testicules de taureau, de bélier ou de bouc, la rate et le foie, et ils laissent les rognons et leur « affreuse odeur d'intestin » aux portefaix et aux compagnons. Ceux-là achètent frais, quasi palpitants, des cœurs, des testicules, des rognons. Le zoophage ne recule pas devant des morceaux si proches du vivant. Même le poumon, réputé léger, est consommé. Il faudra attendre un siècle avant qu'il ne devienne nourriture pour les chats, eux-mêmes recyclés de façon occulte dans la nourriture humaine.

La vigilance au marché

Les plus anciens livres de cuisine anglais s'ouvrent sur un chapitre obligé : comment savoir acheter ? La réponse est simple : il suffit de se servir des cinq sens, ces forces cognitives – comme disent les scolastiques – qui sont présentes dans le cerveau de chaque homme[22].

Le marché livre une ambiance sensorielle, un monde d'odeurs et de couleurs, dans lequel l'acheteur ne va pas à l'aveuglette, mais en mettant ses cinq sens à l'épreuve, dans un ordre qui semble être le suivant :

– l'odorat effectue un premier repérage. L'acheteur hume les fumets, mais détecte aussi les infections. L'odorat, ce sens que nous avons presque perdu, au regard de l'extrême sensibilité olfactive des siècles précédents, est sollicité en premier[23]. Il est,

21. Champier 1560, 391.
22. Ducreux 1999, 72.
23. Mandrou 1974, 82. Corbin 1986, Avant-propos, v.

dans ce lieu précis, aiguisé par le fonds médical hippocratique qui relie étroitement mauvaise odeur et infection. « Tout ce qui pue tue » dira-t-on avant Pasteur. Ce qui pue est corruption, et source de corruption pour l'estomac, capable de créer des catastrophes digestives. Aussi le marché est un de ces lieux où s'exerce la vigilance olfactive, l'attention à ce qui est fétide et putride. Le nez signale la corruption, commande la nécessaire répulsion à l'égard du périssable et du pourri. A Châtillon-en-Bourgogne, en 1784, la clameur publique fait retirer du marché deux paniers de harengs puants ; saisis, les paniers sont examinés par l'expert de la ville, un chirurgien juré qui « a procédé à la visite desdits harengs et a rapporté que l'odeur de ces harengs provient de ce qu'ils sont vieux, qu'il ne croit pas qu'ils soient gâtés et qu'il ne pense pas qu'ils puissent être nuisible à la santé de ceux qui pourroient en faire usage [24] » ;

– la vue est décisive : les bouchers achètent la bête sur pied, à l'œil, et ne se trompent jamais, à 5 kilos près [25]. Ils vendent la viande non au poids, mais à l'estime. Partout, les pouvoirs publics, chargés de vérifier les poids et mesures, s'efforcent d'imposer la vente au crochet de la romaine. C'est chose faite à Paris quand, après 1540, s'impose le système de la balance, mais la pratique de l'estime subsiste ailleurs, notamment pour les basses boucheries et la viande de mouton. Vendeurs et clients s'accordent à préférer la vente à l'œil, puisque le prix fixé par les autorités est uniforme, quel que soit le morceau. Comme on ne peut marchander sur le prix, on négocie le type de morceau, le gigot ou le collier n'étant pas équivalents.

La vue est le moyen de dépistage pour les inspecteurs, à qui les autorités recommandent de « tenir l'œil de plus près » sur le marché. Ils portent souvent, ces inspecteurs, les noms suggestifs de *regardaïre*, *regardator*, « regardeurs des choses qui se vendent [26] ». Si l'œil intervient en second, il confirme ou infirme le risque que le nez a cru déceler ;

24. Garnot 1996, 220.
25. Fossat 1971, 103.
26. Stouff 1996, 92.

– le toucher donne à la main un rôle éminent dans l'acte d'acheter. Tous les produits de bouche sont tangibles, à tous les acheteurs – à l'exception notable des juifs et des prostituées. La vente à la vue est tout autant une vente « à la main ». On ne pèse pas, mais on soupèse. A la poissonnerie, tout acheteur a le droit de « visiter » les paniers de poissons de mer « dessus, dessous et au milieu si bon leur semble[27] ». Au chapitre des poissons, les traités domestiques ne sont pas avares de conseils pour bien choisir le poisson en général, et chaque espèce en particulier. On vérifie la fraîcheur « sous la pression du pouce, et si les ouïes sont rouges »... Pour la morue sèche, il est recommandé de « l'essayer à la dent[28] ». De la même façon, on essaie le poulet en tâtant le bréchet, le lapin en lui rompant une patte arrière. Il est très rare que le geste n'accompagne pas la vue, à l'exception, déjà signalée des règlements francs-comtois où le choix se fait à la baguette, sur ce soupçon que les bouchers et les acheteurs « n'ont pas toujours les mains nettes[29] » ;

– le goût achève de déterminer la qualité loyale et marchande, il est prévu que le consommateur a le droit de toucher, mais aussi de goûter, en particulier l'huile ou le vin selon un usage que le Code civil pérennisera en instituant la vente à la dégustation : « A l'égard des choses dont il est d'usage de goûter avant d'en faire l'achat, il n'y a point de vente tant que l'acheteur ne les a pas goûtées » (art. 1587).

Façons de vendre et façons d'acheter bien banales, dira-t-on, et attendues, puisque l'équipement sensoriel des hommes n'a pas changé. Oui, sauf que le consommateur d'hier manifeste dans ces procédures de choix une sensibilité plus aiguë et somme toute différente de la nôtre. Plus aiguë, comme l'a noté Maurice Aymard en lisant les relations de voyage.

Suivons les voyageurs : ils ne manquent pas de comparer les qualités du pain, du vin et de la viande et des fruits comme nous comparons aujourd'hui celles de nos cuisines. Mais lequel d'entre

27. Delamare 1729, I, 338.
28. *Mesnagier*, 685-689 *sq.*
29. Delsalle 2001, 14.

nous serait capable de goûter le sel, en établissant des distinctions fines selon l'origine, la saveur, la couleur, le pouvoir salant[30] ?

Dans l'acte du choix alimentaire, les cinq sens se mettent en branle, mais dans un ordre, selon une hiérarchie qui n'est plus la nôtre. C'est le nez qui alerte et rejette. Dans un monde d'odeurs, le dépistage se fait à vue de nez, mais la décision se prend en demandant confirmation à la vue et aux autres sens. Le consommateur est cet homme psychique que Robert Mandrou a décrit, avec une hiérarchie sensorielle différente de la nôtre, où l'œil se trouve au troisième rang après l'ouïe et le toucher[31]. L'ouïe joue aussi son rôle actif dans le choix. A lire les textes normatifs, on aperçoit clairement que les achats ne sont jamais muets ou furtifs, ils donnent lieu à des marchandages serrés. Le législateur intervient pour contenir les échanges verbaux dans des bornes civiques, avec dans le collimateur deux professions : les poissonnières et les garçons bouchers. Ces derniers, en 1570, se voient rappeler à l'ordre : « Ne mefaire ni mesdire aux Damoiselles et Bourgeoises..., ne uzer contre elles d'aucune parolle de rizée et de mocquerie, et de recevoir doulcement les offres qu'elles feront de leurs marchandises[32]. »

Les lois à l'unisson véhiculent toute une défiance vis-à-vis des professionnels du ravitaillement, et en parallèle elles poussent à ce que l'acte d'acheter ne soit pas passif. Le marchandage est généralisé et obligatoire. Les règles limitent la réclame orale, mais rendent obligatoires les échanges verbaux. Elles soumettent les marchands à l'obligation négative de ne pas tromper, mais aussi à l'obligation positive d'informer sur la qualité ou la provenance. Veulent-ils vendre de la chair infecte, c'est possible, mais « les bouchers ne vendront aucune chair morte de morie et suspecte sans premièrement l'aye notiffié à celluy qui les voudra achepter et les ayans à tenir hors la table de la boucherie dudit lieu[33] ».

La notification passe par le canal de l'oral. Sous Louis XVI, un règlement parisien ajoute à l'obligation pour le boucher de ne pas

30. Aymard 1983, 183.
31. Mandrou 1974, 14.
32. Ordonnance du prévôt de Paris, juin 1570. Delamare 1729, II, 86.
33. A.C. Le Barroux, FF 1, statuts de 1543.

injurier le client celle « de faire peindre en gros caractères son nom au-devant et dans le lieu le plus apparent de son étal ». On est alors en 1782, la proportion de ceux qui savent lire dans le peuple a considérablement augmenté, du moins ceux qui, ayant une ou deux années de scolarité, sont capables de déchiffrer les gros caractères. On s'achemine avec lenteur vers un autre système de communication, où l'étiquetage et donc la vue vont jouer un rôle prévalent.

Le système des couleurs

La dimension visuelle dans la cuisine n'est pas l'apanage des cultures culinaires orientales. On sait, à lire leurs livres de cuisine, que les médiévaux sont passionnés par les couleurs et sensibles à l'esthétisme du plat[34]. Sur la table médiévale comme aux halles, tous les sens sont convoqués. Les épices, tel le safran, servent de colorant autant que d'exhausteurs du goût. *Le Mesnagier de Paris* enseigne qu'une bonne maîtresse de maison doit savoir préparer une gelée bleue à partir de tournesol, cuire des poires d'angoisse avec une infusion de foin pour les colorer en rouge, transformer un vin blanc en vin rouge avec des fleurs des champs[35]. Les sauces qui accompagnent les plats doivent réjouir l'œil.

Certaines couleurs prédominent, celles qui sont techniquement faisables et en accord avec les préférences chromatiques du moment. Dans la cuisine anglaise, on utilise comme adjuvants le safran pour obtenir le jaune, le jus de persil pour le vert, le tournesol pour le violet. La couleur la plus estimée est le rouge pour laquelle on n'hésite pas à acheter chez l'apothicaire ce produit exotique et cher qu'est le bois de santal[36]. Le *Mesnagier* aime le jaune, qui permet de teinter les plats en doré et nappe ses plats volontiers de *jaunet*, qui est une sauce safranée, raffole de *genesté*, un ragoût qui

34. Laurioux 1996, 470-472. Redon 1995, 42-43.
35. *Mesnagier*, 733, 789.
36. Brears 1993, 240.

a la couleur du genêt[37]. En cuisine, le jaune est valorisé. En revanche, le *Mesnagier* conseille de se servir de beau lard blanc plutôt que d'un lard jaune, couleur qu'il juge repoussante : « vilain comme lard jaune », dit-on proverbialement[38]. Une stratégie de vente des bouchers joue sur les couleurs. Sur leurs étaux ils allument moult chandelles en plein jour, l'éclairage « fait prendre pour chairs très blanches et très fraîches des chairs jaunes, corrompues et flétries[39] ». Le jaune est valorisé dans un cas, dévalorisé dans l'autre. A la cuisine, le jaune safran est un faire-valoir apprécié, une alternative gastronomique à l'or. Dans le garde-manger et sur le marché des salaisons, le jaune est répulsif, signe de ranci, voire de pourriture. Ainsi, une même couleur a un statut culturel différent, selon qu'elle s'attache à un plat, ou à un produit brut.

On est en présence de deux systèmes chromatiques. L'un est proprement culinaire. Il permet de juger « au premier coup d'œil » de l'art et de la réussite du cuisinier. Il peut mettre en jeu plusieurs couleurs pour un même repas, selon une hiérarchie de préférences qui varie suivant les régions. Les Anglais portent le rouge au pinacle, les Continentaux le dédaignent et préfèrent le blanc. L'autre système est proprement alimentaire. Il concerne les produits bruts, dont il permet d'apprécier, « au premier coup d'œil » aussi, la fraîcheur et l'authenticité. Il vaut garantie sanitaire. Théoriquement, les deux systèmes sont antithétiques : alors que la recherche esthétique et la créativité des maîtres queux osent des sauces et des nappages qui composent des chromatismes complètement artificiels, au marché, c'est le souci du naturel qui préside. On peut en matière de préparation gastronomique disputer des goûts et des couleurs ; en matière de produits du marché on ne dispute pas, on s'accorde.

Le langage chromatique de la fraîcheur est accessible par certains textes réglementaires. Ceux d'Avignon par exemple interdisent de « faire trempis dans les rues », c'est-à-dire de mettre à tremper la morue sèche dans les rigoles-égouts qui traversent les rues mar-

37. *Mesnagier*, 651, 614.
38. *Ibid.*, 594.
39. Delamare 1729, I, 505.

chandes. A Paris, un règlement concerne aussi cette denrée si importante en temps de maigre, il interdit de la gâcher et de la brouiller, c'est-à-dire de la blanchir artificiellement avec de la chaux. En 1396, le prévôt de Paris interdit de mixtionner les beurres pour leur donner une couleur plus jaune en y mêlant des fleurs de souci, « soit d'autres fleurs, herbages ou drogues[40] ». Beurre jaune vaut bon beurre : l'adage vaut pour toute l'Europe du beurre. A Amsterdam, en 1641, la municipalité prend des dispositions contre l'adjonction de rocou au beurre, qui fait passer du bon beurre d'étable bien pâle en beurre de mai, plus apprécié et de couleur plus prononcée[41]. Le colorant utilisé ici est la graine de rocou, importée des Antilles. Sur les marchés français, la formule la plus employée est celle-ci : du rocou, du curcuma et des graines d'Avignon, donc un mélange d'épices américaines et de plante tinctoriale indigène que l'on broie avec de l'huile ou de la graisse et que l'on ajoute au beurre à colorer. Comme le safran est trop onéreux, il est remplacé par des succédanés ou bien du faux safran. Le faux safran est fait d'herbes de même couleur ou de filaments de viande recuite et colorée, imitant les stigmates de la fleur desséchée. Les autorités parisiennes s'en alarment : elles veulent qu'on puisse acheter les denrées « en leur propre bonté et valeur naturelle ». Mais les goûts du consommateur les attirent parfois vers des couleurs qui ne sont pas celles de « la vraie, propre et naturelle bonté » des aliments.

Le langage des couleurs alimentaire est incohérent : que les herbes ou légumes soient verts, le jambon rose, le lard blanc, soit. Mais pourquoi le pain, la morue doivent-ils être blancs ? Le beurre jaune ? On cherchait un autre système chromatique, plus naturel que celui des préparations culinaires, et on s'aperçoit qu'il n'est pas fondé sur la seule perception objective. Il semble bien que pour certains produits la couleur de la nature soit bien revue et corrigée par la culture. Les historiens, qui ont étudié le symbolisme chromatique attaché à bien des objets, n'expliquent pas pourquoi, en cuisine,

40. *Ibid.*, I, 512.
41. Fourgoux 1968, 66.

mais surtout dans les produits du marché, le blanc est valorisé[42]. Or il n'y a aucune correspondance objective entre la couleur blanche et la valeur nutritive, loin de là. Un pain très blanc, sans gluten, un vin blanc, sans les polyphénols du vin rouge, sont moins salutaires qu'un pain ou un vin coloré.

Le médecin et humaniste Marsile Ficin nous introduit à une possible compréhension de cette valorisation du blanc. En 1489, Ficin dédie à Laurent de Médicis trois livres *De la vie* – inutile de préciser à quelle filière ils se rattachent. Dans le premier ouvrage de ce triptyque, Ficin traite longuement d'une des humeurs, la bile noire, encore appelée mélancolie ou atrabile, avec d'autant plus d'attention qu'il est préoccupé de la santé des gens d'étude et que l'excès de travail intellectuel conduit à un excès de bile noire. La bile noire n'est pas une humeur comme les autres : froide, sèche, de la nature de la terre, elle est comme un dépôt du sang qui se purifie en l'abandonnant. Arnaud de Villeneuve la dit « ennemie de la joie et de la franche expansion, parente de la vieillesse et de la mort » – autant dire qu'elle est la plus mauvaise des quatre humeurs[43]. Il y a unanimité sur sa nature carrément pathogène, et on s'accorde à dire, dans les milieux savants, qu'il n'est pire ennemi de l'équilibre vital. Pour contrecarrer les effets néfastes de la mélancolie, Marsile Ficin propose la médecine des contraires. L'allopathie est en médecine le traitement le plus classique qui soit, mais les scolastiques en font un dogme, tant ils sont intellectuellement attachés à la résolution des contradictions, eux dont l'effort de réflexion tend à concilier à tout prix les contraires. Ficin proscrit tout ce qui est noir et sec, tout aliment dur, âcre, brûlé « et tout ce qui est noir ». A l'inverse : « Tous laitaiges sont bons comme lait, frommaige nouveau faict et des amandes douces ; et pareillement la chair des oiseaux, poulles, chappons, chevreaux et aultres petites bestes qui se nourrissent encore du lait de leurs mères, œufs frais pour humer et les cerveaulx a moylles de jeunes bestes... bon vin légier cler et de bonne et doulce odeur[44]. »

42. Pastoureau 1992, 29.
43. Lalande 1896, 89.
44. Ficin 1541, fol. 29.

La lutte contre la mortelle mélancolie conduit à un éloge des produits blancs. On ne sait quelle portée accorder à Marsile Ficin et à son néoplatonisme un peu fumeux, mais il faut bien reconnaître que sa théorie des universelles correspondances peut fournir une justification au système des couleurs en vigueur. C'est sans doute dans cette même intention allopathique qu'Arnaud de Villeneuve, dans les 18 recettes de cuisine qui figurent dans son *Régime*, fait une place d'honneur à l'amande. Il la recommande sous trois formes, le fruit, le lait, l'huile, et lui attribue deux vertus : elle est détersive et atténuante, elle rend la peau blanche en faisant disparaître les taches de rousseur – et elle éclaircit les humeurs. La cuisine des malades et des convalescents renchérit sur la couleur et propose des mets qui « éclaircissent » les humeurs noires comme le chapon « au blanc », qui est servi avec une sauce aux amandes, ou encore la merluche en sauce blanche[45]. La recette phare de la cuisine gothique internationale, celle qui a connu le plus long et le plus large succès, c'est le blanc-manger. Arnaud de Villeneuve le mentionne, le *Mesnagier* aussi, un réceptaire italien anonyme du XVe siècle donne cette version de l'*albus cibus* :

« Faites ainsi : prenez du riz et réduisez-le en farine au mortier. Ensuite, prenez de la chair bien cuite de jeunes animaux, et finement coupée, faites cuire dans du lait ; après, ajoutez la farine de riz et faites bouillir. On appelle ce plat en Gaule le blanc mangier[46]. »

Le destin du blanc-manger est incroyable. Toutes les cuisines européennes le proposent en le déclinant en deux versions, tantôt grasse avec du blanc de poulet, tantôt maigre avec de la pulpe de poisson, mais toujours composé exclusivement d'ingrédients blancs. Il traverse les âges et les modes culinaires, et le grand cuisinier Beauvillers en 1816 en sert un à sa façon, à base de veau et de poulet, en ayant pris la précaution que ces deux viandes « ne prennent pas de couleur[47] ».

Dans le passage cité, Ficin fait allusion à une catégorie inconnue de la boucherie : celle des viandes blanches. La viande blanche est

45. Champier 1560, 370 et 374.
46. Bouchon 1952, 64.
47. Aron 1973, 157-158.

un mixte qui franchit allègrement la barrière des espèces et rassemble quadrupèdes et volatiles au titre d'une seule affinité : leur couleur. Ainsi sont réhabilités certains animaux terrestres comme le chevreau, dont on sait combien, adultes, leur consommation est redoutée. Ils sont jeunes, non sevrés, ce sont des viandes « de lait ». La référence au lait, à sa blancheur, est une des clés pour comprendre pourquoi un aliment blanc est forcément du côté du sain, du pur et de l'innocent.

Revenons un instant sur le cas des chèvres fiévreuses et soupçonnées, à juste titre, de transmettre la brucellose aux hommes. Deux voies de transmission par ingestion peuvent être envisagées : le lait et la viande. Il est constant que toute la peur des hommes de ce temps se concentre sur la chair, en particulier sur la chair adulte. C'est cette méfiance profonde qui, jointe à d'autres raisons, pousse à une rude limitation de l'élevage caprin dans les régions pastorales du Midi. Chaque communauté prend dès le XVIe siècle des mesures draconiennes contre « la vache du pauvre » devenue indésirable. Les statuts de Pernes par exemple établissent des quotas laitiers stricts, en n'acceptant sur le terroir que le nombre de chèvres suffisant pour fournir du lait « aux enfants et aux malades ». Quelques décennies après, la messe est dite : l'élevage caprin n'occupe plus qu'une place très réduite dans le patrimoine zootechnique, la viande de chèvre ne figure plus à l'étal des petites boucheries, les salaisons de chèvres, largement pratiquées deux ou trois siècles en arrière dans les Pyrénées ou les Alpes de Provence, disparaissent des usages alimentaires. En revanche, le succès des fromages de chèvre ne se dément pas, du Piémont à l'Espagne du Nord [48]. Dans le procès intenté à la brucellose, la viande est chargée de tous les péchés, à l'exception notable de la chair « de lait », et le lait complètement innocenté. Or, au regard de nos connaissances actuelles sur la brucellose, c'est l'inverse qui est vrai. Avec la chèvre émissaire de la peur alimentaire, on se trompe de cible.

Le lait, dit Champier, est « du sang digéré, non corrompu, d'un blanc resplendissant et admirable [49] ». Comment dire mieux cette

48. Rebora 1998, 39.
49. Champier 1560, 433.

surdétermination du blanc ? Derrière la survalorisation de la blancheur se cachent la confiance dans le sein maternel et comme un obscur désir d'enfance. On attache toutes sortes de valeurs au blanc, y compris une valeur hygiénique, plus présente aujourd'hui dans nos salles de bains que dans nos cuisines. Mais le blanc, signe de pureté et d'innocence, le blanc, signe de propreté et de stérilité, règne sur la nourriture. Il fonctionne comme un gage de sécurité et de santé.

La cuisine galénique

Toute la politique de précautions familiales consiste à bien choisir les produits et à bien les apprêter. Mais « bien » cuisiner, n'est-ce pas d'abord satisfaire aux exigences du goût ? On touche là à un point épineux, au croisement dangereux entre l'écriture médicale et le discours gourmand. Car le goût n'est pas ignoré du discours sur la santé. Au contraire, on juge le goût du mangeur indispensable pour préserver sa santé. De même que chacun doit pouvoir évaluer à l'aide des cinq sens l'innocuité des produits frais, chacun peut apprécier à leur saveur si des mets cuisinés sont bons ou non pour sa santé. Le goût, « sens des sens », a pour première fonction d'élire des nourritures répondant aux besoins spécifiques de chacun et adaptées à son estomac. En second lieu, il permet par les saveurs de détecter les toxiques. Les puissants bénéficient des services de goûteurs patentés pour éviter l'empoisonnement. Les autres disposent de leurs propres capacités dégustatives. Le goût est donc un grand outil de vigilance alimentaire, l'ultime donneur d'alerte.

Tout cela relève d'un contrôle théorique, individuel et effectué après que le plat est servi. Plus intéressant est ce qui se passe en amont, dans la chaude et mystérieuse intimité de la cuisine, où les gestes de la préparation culinaire intègrent des normes hygiéniques. Quand, par exemple, on pratique la « double cuisson », en faisant bouillir avant de rôtir, est-ce qu'on dira qu'il s'agit là d'une sage précaution d'hygiène, ou bien d'une élaboration savante destinée à fabriquer une nouvelle saveur qui rende méconnaissable le produit de base ? Quand chaque potage doit recevoir ce bouton floral de girofle qu'on « cloue » dans l'oignon ou la chair, est-ce pour les vertus désinfectantes dudit clou ou bien pour son puissant arôme ? Aucun livre de ce temps ne répond à ces questions de fond, tout simplement parce qu'il ne les pose pas. L'aimable diététique qu'ils véhiculent considère que Sanitas et Voluptas ne sont pas des valeurs concurrentes, et, si elles le sont, qu'il y a moyen de les réconcilier. Ils postulent la synthèse, la combinaison, qui est l'essence même de l'art culinaire. Ils proposent pour tout aliment foncièrement dangereux un accommodement, une recette pratique qui permettra « d'en user sans en être offensé ». On est dans un système codifié, complexe, dont toutes les clés ne sont pas repérables. Il faut renoncer à connaître la raison des gestes culinaires. Se contenter de repérer, parmi ces gestes, ceux qui peuvent apparaître aussi comme des précautions sanitaires.

Les précautions essentielles ne sont ni un secret, ni une recette. Elles sont pratiques courantes : on sait qu'il faut manger le plus frais possible, et toujours cuit. Le souci de consommer très frais, le plus proche du vivant, introduit une certaine barbarie en cuisine. Les historiens anglais, avec quelque mauvaise conscience, rapportent la cruauté dont témoignent les premières recettes anglaises : battez le poisson vivant pour détendre la chair, arrachez les yeux de la seiche vivante, rôtissez vive la langouste, suspendez la poule et saignez-la, prenez un coq qui ne soit pas trop vieux et battez-le à mort[50]... Ces manières de faire ne sont pas un monopole anglais, elles se retrouvent dans toute la cuisine européenne de style gothique international qui compte parmi ses plats favoris des recettes à base d'anguille et de lamproie dont le traitement préalable exige une solide zoophilie. Les préparatifs de la lamproie démontrent un souci sanitaire tout à fait explicite chez le *Mesnagier* :

« Il faut savoir que les uns font saigner la lamproye avant de la dépouiller, et que les autres la dépouillent avant de la saigner et de l'ébouillanter. Avant de la saigner, lavez-vous très bien les mains

50. Brears 1993, 240.

[...] Si vos doigts ou vos mains sont souillés de sang, lavez-les ; lavez aussi la plaie avec du vinaigre[51]. »

Les effets toxiques du sérum sanguin sont connus, et les antidotes aussi. Pour la lamproie, c'est le passage à l'eau bouillante ; pour le cuisinier, le lavage de la plaie avec du vinaigre, le désinfectant le plus en honneur dans l'ancienne cuisine. Fabriquer du vinaigre est le seul métier accessible aux lépreux : c'est dire la confiance que l'on a dans son pouvoir prophylactique.

La règle de consommer les denrées dans leur fraîcheur pristine vaut-elle aussi pour la viande de boucherie ? La viande vendue est fraîche – trop fraîche avant le tournant gustatif de 1550 qui impose une viande plus rassise. Seulement, si les dates limites de commercialisation sont impératives, les dates pratiques de consommation nous sont inconnues. On a longtemps soupçonné des délais assez longs. Certaines sources peuvent plaider pour une consommation différée, avec des pratiques de salage ou de faisandage au garde-manger[52]. Bartolomeo Scappi, cuisinier vénitien, recommande de faisander tout animal d'un certain âge quelques jours, pour le rendre plus savoureux, mais de cuisiner sans délai un animal jeune[53]. Le faisandage a excité certaines imaginations d'historiens, et fait accroire que les épices à la mode servaient à masquer le goût et à dissimuler la viande avariée. On a fait justice de cette interprétation, du moins pour ce qui concerne la cuisine des puissants. Qu'on songe seulement à ceci : les épices ne sont pas des aromates indigènes, mais des produits exotiques venus par bateaux de très loin – et une part du rêve d'Orient entre dans l'attirance extraordinaire qu'ils ont exercée sur les mangeurs. Elles sont chères, réservées aux élites urbaines, qui en font d'ailleurs un élément de distinction sociale. Si seule l'élite l'utilise jusqu'aux Grandes Découvertes, faut-il supposer que, seule aussi, elle consomme de la viande avariée ? On mesure l'inanité d'une telle proposition. L'usage des épices nous renvoie, une fois encore, à la diététique humorale, qui conseille d'absorber des aliments modérément chauds et humides. Or la

51. *Mesnagier*, 693-695. Laurioux 1997, 153.
52. Chevalier 1982, 197.
53. Capatti, Montanari, 2002, 104.

viande de bœuf par exemple est froide et sèche : mieux vaut la rééquilibrer en la faisant bouillir et en la consommant assaisonnée d'épices chaudes, poivre, gingembre, accessibles aux riches, ou moutarde pour les autres. Dans la mesure du possible, on mange frais, et dans la mesure de ses moyens, on mange aussi épicé.

La nécessité de cuire est le fondement même de l'art de cuisiner. A la suite des anthropologues, nous lisons dans le cuit une des catégories mentales fondamentales qui, opposée au cru dans les consciences occidentales, ont structuré notre inconscient collectif. Comme cru et cuit sont dans le même rapport que sauvage et civilisé, on aboutit à une vision mythique et linéaire de l'histoire, dans laquelle on passe de la sauvagerie du cru à la barbarie du grillé ou du rôti pour accéder enfin à la civilisation, celle du bouilli, de l'étuvé, du mijoté[54]. Il n'est pas sûr toutefois que les hommes aient eu cette seule vision progressiste et réconfortante de l'évolution de l'Humanité, et nous avons dit qu'ils racontent leur histoire alimentaire sur un autre mode, celui d'un paradis perdu et de la Chute. Il ne relève dans ce schéma pessimiste nul sentiment de supériorité face à des ancêtres aux estomacs solides. Bref, dans le discours qu'ils se tiennent à eux-mêmes pour expliquer leur dégoût du cru, les hommes se donnent d'autres explications :

« Quasi tout ce qui donne nourrissement à l'homme, hormis le laict, est nuisible, inepte, et mal propre à nourrir, si premièrement il n'est assaisonné par art, comme de bolengerie, de pastisserie, ou bien de cuisine, à fin de lui donner saveur, pour autant que l'estomac ne peult bien cuire les viandes mal apprestées. Parquoy (comme dit Platon), les flateries surviennent aux arts comme la cuisine, laquelle est sujette comme servante à la Médecine[55]. »

Mettons de côté la dernière affirmation, qui tient de la pétition de principe et du vœu pieux, l'impérialisme affiché et réitéré des médecins face aux cuisiniers étant en discordance avec leur intru-

54. Méchin 1992, 194.
55. Monteux 1559, 27.

sion réelle dans les cuisines [56]. Reste l'essentiel, que la médecine et la cuisine parlent la même langue, sont habitées par cette idée pivot autour de laquelle tourne toute la question alimentaire : la digestion est une cuisson douce et lente. Le postulat a une réciproque tout aussi importante : toute cuisson prolongée est une prédigestion. La digestion commence à la cuisine, qui assure une cuisson préparatoire à la merveilleuse coction que réalisera l'estomac. Rien de pis que la crudité, la crudité étant entendue ici comme ces humeurs crues et nocives que produisent des aliments non cuits ou mal cuits.

« Broyez et passez à l'étamine, mélangez le tout et faites bouillir. » Cette instruction du *Mesnagier* est réitérée. Les livres de cuisine, qui pendant longtemps ne précisent ni les doses ni les temps, laissent apparaître trois faits massifs : toutes les recettes exigent cuisson ; le mode de cuisson privilégié est le bouilli ; ces cuissons sont longues, et souvent associées.

Les temps de cuisson, quand par bonheur ils sont connus, sont particulièrement longs. Anna Wecker, une Bâloise qui nous a laissé son livre de recettes, fait bouillir la cervelle de veau ou de mouton entre une et trois heures, avant de lui faire subir une seconde cuisson au four, accompagnée de beurre [57]. Une étude minutieuse des verbes désignant l'action de cuire dans des réceptaires médiévaux a montré que l'on distingue par des mots différents toutes sortes de précuissons qui concerne surtout les viandes, dans le but de les attendrir ou/et de les nettoyer [58]. Plonger la viande dans l'eau bouillante avant de la rôtir ou de la *parbouillir* serait moins une première cuisson qu'un premier bouillon pour *blanchir*, mais peut-on contester la nécessité symbolique de cette précaution ? Avec le blanchiment on est dans une sphère trouble où se mélangent les notions de purification et de protection contre les maladies. On fait bouillir des aliments pernicieux comme les huîtres dans leur coquille, puis on les ôte et on les frit, on fait de même pour les champignons [59].

56. Laurioux 1993, 143.
57. Baillet 1982, 48-49.
58. Sabban 1984.
59. *Mesnagier*, 601, 682. Cette façon est recommandée aussi par le *Thrésor de santé*, Flandrin 1996, 498.

Les cuissons attestées sont longues, et on aime que la chair finisse par se détacher de l'os. Le rouge si apprécié sur les étals de boucherie comme signe de fraîcheur est détesté sur la table. La cuisine rabelaisienne fuit les viandes rouges, à l'exception des homards et des écrevisses : « La rougeur des viandes est indice qu'elles ne sont pas assez cuytes, exceptez les gammares et escrevices que l'on cardinalize à la cuyte [60]. » Et pourtant les Français ont la réputation de manger moins cuit que leur voisins : « Les Alemans disent des François qu'ils se mectent en grant peril de mangier leur carpes si peu cuictes. » Si d'aventure on leur sert une carpe cuite « à la française », ils s'empressent de remettre leur part sur le feu [61].

Au temps de Rabelais, les premières plantes tinctoriales exotiques apparaissent sur les marchés du Vieux Monde, tel ce bois rouge couleur « de braise », ou bois du Brésil, dont *Le Secret des secrets*, ce petit traité si répandu, donne un emploi inédit : « Pour faire paraître la chair bien cuite toute crue. » Il indique comment procéder, en saupoudrant la viande normalement cuite, c'est-à-dire très cuite, d'un peu de poudre de Brésil. C'est l'exemple même de la fine plaisanterie culinaire, celle capable de déclencher les pires réactions des convives et l'hilarité de leurs hôtes, et compte tenu de la diffusion du *Secret des secrets*, on ne doute pas du succès de cette « recette [62] ». Les commensaux du chapitre d'Embrun, dans les Alpes, se plaignent à leur évêque du cuisinier, qui dans le potage met de la brebis ou du veau à la place de mouton, et, circonstance aggravante, les sert « à demi cuit [63] ». Le bouilli se consomme ici comme plat unique, c'est le pot-au-feu des paysans, sur les tables distinguées il figure en entrée, sous forme de potage. Qu'il s'appelle, suivant les versions autochtones, *pot-au-feu*, *minestrone*, *olla podrida*, c'est le plat de base de tous les peuples et d'un très long temps sans fourchette, où le geste nutritif essentiel est de tremper son pain dans la soupe et d'avaler de grandes

60. Rabelais, *Gargantua*, ch. 39.

61. *Mesnagier*, 688.

62. *Le Secret des secrets*, 10.

63. R. Collier, *La Vie en Haute-Provence de 1600 à 1850*, Gap, Société scientifique et littéraire des Alpes de Haute-Provence, 1973, 164.

quantités d'eau bouillie et salée, assorties de quelques lampées d'une eau vinaigrée, acide et parfois presque pétillante, mais exempte de germes pathogènes. Du point de vue sanitaire, ce n'est pas si mal.

Il y a deux bonnes raisons pour bien cuire – par bonnes raisons, entendons suivant la rationalité scientifique d'aujourd'hui : la cuisson rend les denrées plus assimilables, en augmentant la digestibilité des fibres végétales et en amollissant le collagène des viandes en gélatine ; c'est ce que Monteux, précédemment cité, dit – avec les mots de son temps. La seconde raison est que l'ébullition détruit un certain nombre de germes ou de parasites. De cela, Monteux a peut-être aussi l'intuition, quand il écrit :

« Le vray remède de toute eau corrompue et vicieuse est de la faire bouillir jusques à la moitié, et ce pour cause que le feu a la propriété de séparer toutes choses estranges, et d'autre espèce. »

Il y a loin de la prescription à l'usage : l'eau était-elle souvent bouillie, et le lait ? Au sujet du lait, des dictons – des *on-dit* – nous sont rapportés. Le premier conseille de « croître d'un peu d'eau » le lait avant cuisson, puisqu'il s'en répand toujours à l'ébullition. Le second conseille de cuire à petit feu, d'éviter le grand bouillon qui fait immanquablement verser le lait. Mouillage et cuisson douce sont des pratiques dictées par ces « deux raisons secrètes de l'opinion vulgaire » qui se rattachent à l'horreur du gaspillage en société de pénurie ; mais, si on sait comment cuire le lait, on ne nous dit pas pourquoi il faut le faire bouillir[64].

Les vertus prêtées au bouilli sont donc opaques, il faut bien dire que les médecins n'en parlent guère, et que, quand ils envisagent une nécessaire désinfection, l'agent désigné est le sel, ou le vinaigre, rarement l'eau. Ils indiquent par exemple quelles précautions prendre pour pouvoir manger des chairs aussi dangereuses que celle de la chèvre ou du cochon ladre. Pour la chèvre, le traitement se fait à l'eau et aux épices, ici employées dans leur rôle originel de remèdes : « La faire cuire à pot découvert en grande quantité d'eau avec force épices et cloux de girofle et encore n'en manger qu'après qu'elle sera refroi-

64. Joubert 1579, II, 270.

die[65]. » Ce refroidissement : une précaution supplémentaire jugée indispensable pour une viande chaude et fiévreuse.

Pour le cochon infesté, nous savons aujourd'hui qu'une cuisson d'une heure et demie à l'eau bouillante ou qu'une salaison correcte d'une dizaine de jours suffit à la rendre consommable sans risque. A lire les règlements urbains, il est d'usage sur les marchés de laisser les viandes ladres mais pas complètement insalubres au sel pendant quarante jours pour les « ramander ». Le sel est considéré comme le principal antidote à l'infection – ce qui, par parenthèse, donne un relief particulier à la question de la gabelle, cette taxe sur le sel honnie dans les campagnes françaises : toute augmentation fiscale met en jeu la salubrité de l'alimentation. La quarantaine en salure était efficace surtout sur le plan symbolique : quarante jours, c'est le temps canonique imposé pour que la maladie puisse se déclarer. A lire les traités de cuisine, toute viande salée est lavée puis bouillie, subissant donc une double purification par le sel puis par l'eau.

Au fond, pourquoi effectuait-on de tels gestes ? pour suivre les prescriptions médicales ou l'expérience qui démontre que de telles précautions n'étaient pas vaines ? Et si, *a contrario*, c'étaient les prescriptions médicales qui suivaient les us et les coutumes, le médecin se contentant de légitimer des usages bien établis ? Par aversion naturelle envers la catégorie du cru ? « C'est une chose qui soulève la nature et qui lui fait horreur que de manger de la viande crue. Elle ne devient supportable au goût et à la vue qu'après une longue cuisson qui dérobe aux sens ce qu'elle offre d'abord d'inhumain et de déplaisant[66]. » Pour ménager les gencives en ces temps d'absence de prothèse dentaire[67] ? Pour toutes ces raisons conjuguées, comme le suggère le médecin Rabelais à propos de la cuisson du bœuf dans la cuisine conventuelle ?

« Plus il était devenu cuit, plus il était tendre, moins il abîmait les dents, plus il délectait le palais, moins il faisait mal à l'estomac, plus il nourrissait les bons religieux[68]. »

65. Estienne, *La Maison rustique*, cité par Vialles 1987, 118.
66. Hecquet, *Traité des dispenses de carême*, cité par Méchin 1992, 195.
67. « Chapon boully pour ceux qui n'ont point de dents en gueule », selon un petit livre d'apprentissage de l'alphabet, *Rôti cochon*. S. Girault, *Rôti cochon*, 1658.
68. Rabelais, *Tiers Livre*, ch. 15.

Dans l'arsenal de prénotions qui sous-tend les conduites en cuisine comme sur le marché, il est impossible de faire la part du conscient, de la conformité voulue au modèle hygiénique en vigueur, et de l'inconscient, la part de la nécessité et celle du fortuit, qui rend les gestes efficaces sans que l'on sache pourquoi.

CHAPITRE 5

La phobie des plantes nouvelles

La néophobie du conquistador

Pour conquérir le Nouveau Monde, le conquistador a affronté beaucoup de dangers, une nature hostile et des hommes ennemis. Il a pris tous les risques, sauf un : le risque alimentaire. Les comportements alimentaires qu'il découvre dans l'Amérique précolombienne suscitent chez lui toute une gamme d'étonnements, de la simple répugnance à l'aversion absolue. La découverte du cannibalisme, cette transgression d'un tabou absolu soulève l'horreur, mais permet aussi de classer sans état d'âme cette humanité – puisqu'il a fallu admettre, à la suite de la papauté, qu'il s'agissait bien d'hommes – dans la catégorie des sauvages. Bien d'autres choses le choquent, comme les flèches empoisonnées des Indiens caraïbes – alors que la tradition occidentale de l'empoisonnement, bien établie depuis Socrate, passe par l'ingestion du produit toxique. Le conquistador tient le poison sagittaire pour une arme de lâche, alors même qu'il dispose, avec l'arbalète qui tire plusieurs carreaux à la fois, d'une arme décisive, qui porte plus fort et plus loin, sans commune mesure avec les arcs indigènes impuissants à transpercer les cuirasses espagnoles. La nourriture de l'Autre est inquiétante : les premiers Américains rencontrés dans les Caraïbes, les Taïnos, ne mangent pas de grains, mais des racines comme le manioc ou la patate douce... Ils mangent aussi « toutes sortes de bêtes sauvages et venimeuses », incluant les chiens, les serpents, qu'on sert dans les festins sur des îles près de Cuba, les tapirs et les opossums [1].

A côté de ces non-aliments, les denrées que le conquistador considère comme mangeables se résument à peu de chose, au poisson surtout, plus conforme aux standards du régime méditerranéen, et aux fruits comme l'ananas, vite adoptés tant il comblait des papilles si avides et si frustrées de sucré, le sucre étant une épice rare et chère. « Ils n'ont pas de pain, ni de vin, ni de sel. » Ce simple constat d'un missionnaire n'apprend rien sur les mœurs indigènes, mais il en dit long sur les préventions du conquistador. Un marin comme Jacques Cartier – et les marins sont plus que les autres habitués aux salaisons – en vient à refuser les nourritures offertes par les Amérindiens : « Parce que, précise-t-il, lesdits vivres n'étaient pas à notre goût et qu'il n'y avait pas goût de sel, les remercions leur faisant signe que n'avions besoin de repas [2]. »

Dire qu'en matière de nourritures le conquistador ne cède pas à l'attrait exotique est un doux euphémisme. Il y aurait beaucoup à dire sur le rôle du goût dans l'adoption ou le refus de denrées nouvelles. Goût inné, le sucré aide puissamment à la néophilie. Le sucre traditionnellement sert à dissimuler le mauvais goût, aide à ingérer le nouveau ou le répugnant, par exemple à enrober les médicaments : on sucre la pilule, ou on la dore pour mieux l'avaler. Goût acquis, le salé provoque une forte aversion à l'endroit des denrées « fades ». Sans pain, ni vin, ni sel, le conquistador a du mal à s'enfoncer dans de nouveaux territoires, et on sait aujourd'hui que l'organisation du ravitaillement, à partir des bases insulaires ou côtières, a été un souci constant. Quand l'intendance ne suit plus, le conquistador a du mal à avancer. Les habitudes alimentaires ont été un frein provisoire dans l'expansion européenne.

La première phase de la conquête voit le conquistador au bord de la famine et menacé d'empoisonnement. En abordant l'Amérique par les Antilles, les Espagnols sont entrés non dans la civilisation du maïs mais dans celle du manioc, fournissant « le médiocre, le

1. Champier 1560, 101. A. Crosby, *The Columbian Exchange*, Westport, Greenwood, 1972.

2. J. Cartier, *Relations*, Montréal, Presses de l'Université, 1986, 155.

dangereux pan cazabe[3] ». Il figure dans les premières relations sur les peuples Taïnos des grandes Antilles qui apprennent à l'Ancien Monde que les Indiens sont chasseurs, pêcheurs et cueilleurs, et qu'ils cultivent aussi une énorme racine, le manioc. Le manioc est facile à cultiver, résistant aux prédateurs et aux vents cycloniques qui dévastent les autres récoltes. Il offre ses feuilles, qu'on mange en épinards, et surtout son énorme racine. Les Taïnos et leurs proches voisins des Caraïbes, les Arawaks, préparent la racine de différentes façons, bouillie, rôtie, en gâteau de tapioca, ou encore réduite en farine et façonnée en pain de cassave. Mais, à l'état sauvage, l'écorce d'une des deux variétés de manioc, la variété amère, contient de fortes doses d'acide prussique, une sorte de cyanure. Les Taïnos le savent, pèlent soigneusement la racine, récupèrent le jus toxique pour leurs flèches, et font subir à la pulpe des procédés destinés à la « désintoxiquer ». Cette technologie est vitale. Dans le beau chapitre intitulé la science du concret qui ouvre *La Pensée sauvage*, Claude Lévi-Strauss écrit que « pour transformer une herbe folle en plante cultivée, une bête sauvage en animal domestique, faire apparaître chez l'une ou chez l'autre des propriétés alimentaires ou technologiques qui, à l'origine, étaient totalement absentes ou pouvaient à peine être soupçonnées [...] pour élaborer des techniques, souvent longues et complexes, permettant de cultiver sans terre ou bien sans eau, de changer des graines et des racines toxique en aliments, ou bien encore pour utiliser cette toxicité pour la chasse, la guerre, le rituel, il a fallu, n'en doutons pas, une attitude d'esprit vraiment scientifique, une curiosité assidue et toujours en éveil[4]. »

Les Espagnols étaient-ils pressés par la faim, ou bien aveuglés par un évident sentiment de supériorité culinaire ? Ont-ils fait preuve de suffisance scientiste face à la « science du concret » mise en œuvre par les Taïnos avec le manioc ? Toujours est-il qu'ils ont négligé ce savoir-faire des Indiens. Cette négligence a un coût, et le passage du pain de blé à la farine de manioc se révèle catastrophique. Quelques décennies plus tard, Champier rapporte cette

3. Chaunu 1976, 108. La première mention du manioc date de 1494.
4. Lévi-Strauss 1962, 23.

expérience si traumatisante qu'elle est connue de tous, et de lui, médecin lyonnais qui n'a guère quitté les frontières de son pays :

« Lorsqu'ils goûtèrent d'abord la racine de manioc, elle leur fut fatale. Mais au bout d'un certain temps, s'apercevant que le poison ne se trouvait que dans le suc de la racine, ils la firent bouillir dans l'eau et rôtir au feu, puis commencèrent à y goûter : car ainsi rendue moins impropre à la consommation et moins nocive grâce à cette préparation ils s'étaient enhardis à la manger ; c'est pourquoi, après l'avoir bien resséchée, ils entreprirent de la conserver et de la garder en vue de la panification. Ainsi, l'expérience leur montra qu'elle ne provoquait aucun trouble de l'estomac[5]. »

Plus tard, convertis aux techniques de préparation des pré-Colombiens, les Espagnols et les Portugais font au manioc un beau destin. Le pain de cassave, de longue conservation, devient le pain de munition pour des expéditions ou des missions au long cours. Les Espagnols le propagent en Amérique du Sud, les Portugais, qui l'ont trouvé au Brésil, font de même, et les Français à la Martinique. Le succès du manioc accompagne la monoculture de la canne à sucre. Partout où s'installe une économie de plantation, la racine devient la plante vivrière. Bien entendu, c'est la base de la nourriture de l'esclave, pas celle du planteur, qui cultive la nostalgie, et la pastèque, le melon et les pêches dans son jardin. Finalement, le régime créole, une fois stabilisé, est un mixte entre un régime méditerranéen importé et le système chasse-pêche des pré-Colombiens.

Le conquistador est néophobe, d'une néophobie renforcée par la cruelle expérience du manioc. Le misonéisme est d'abord un réflexe biologique, il est inscrit dans le patrimoine génétique occidental. Jusqu'à l'âge de deux-trois ans, l'enfant porte tout à sa bouche, c'est un néophile prêt à toutes les expériences alimentaires, parfois dangereuses si sa conduite n'était pas canalisée par ses parents. Passé deux ans, il entre dans une phase néophobique qui ne le quittera plus à l'âge adulte[6]. Ajoutons que le nourrisson de ce temps n'a guère l'occasion de tester sa néophilie potentielle. Les enfants

5. Champier 1560, 102-103.
6. Fischler 1993, 113-115.

d'Ancien Régime sont élevés au lait pandant un temps plus ou moins long. A la mode de Montpellier, les filles tètent dix-huit mois, les garçons vingt-quatre avant de passer à des « viandes » plus desséchantes, en fait des bouillies lactées [7]. Le répertoire alimentaire de la petite enfance est extrêmement réduit, la confrontation à des saveurs et à des produits nouveaux a lieu très tard. Seuls des nutritionnistes pourraient dire si un sevrage aussi tardif ne laisse pas des traces durables, une perception plus aiguë de la distance quand les nourritures n'ont pas l'odeur de l'enfance, et si un tel régime ne contribue pas à façonner des hommes moins aptes que nous à affronter l'altérité alimentaire.

La néophobie génétique est renforcée par une néophobie culturelle très forte au moment de la conquête de l'Amérique. Tout changement dans le régime alimentaire est suspect *a priori*. La sagesse diététique reçue enseigne que l'on ne se maintient en santé qu'en menant une vie régulière et en ayant un régime fondé sur l'équilibre et la constance. Une rupture brutale de régime est grosse de troubles digestifs, elle menace l'équilibre des humeurs, c'est-à-dire la santé. « Nature ne endure mutations soubdaines sans violence », prévient Rabelais [8]. Et un autre médecin, Jérôme de Monteux, d'expliquer avec subtilité pourquoi il faut éviter de contrarier nos habitudes alimentaires, devenues une « seconde nature » :

« Car veu que la nutrition n'est autre chose que repletion de substance déperdue, laquelle estoit semblable et familière à celle de la partie, il faut necessairement que ce qui nourrit actuellement lui soit aussi semblable et familier... le long usage et coustume rend les aliments familiers à nature [même si on sait] qu'ils soient mauvais de soy. Et par conséquent sont moins dommageables que ceux que l'on a encore accoustumé [9]. »

Le raisonnement sur une assimilation qui serait favorisée par la familiarité de l'estomac avec l'ingrédient ingéré conduit le thérapeute fort loin, au point de rejeter la notion d'insalubrité intrinsèque de l'aliment. Dans l'équation alimentaire proposée, nourriture fami-

7. Joubert 1579, 280.
8. Rabelais, *Gargantua*, ch. 23.
9. Monteux 1559, 45, 53-54.

lière équivaut à nourriture saine. Quelle belle certitude au service du conservatisme ! La néophobie est une recommandation médicale que diffusent les *Régimes* de santé :

« La viande qu'on a accoustumé de manger, jaçoit que de soy elle soit mauvaise ou nuysible, néantmoins elle est meilleure et plus convenable au corps que la bonne viande inacoustumée [10]. »

Le risque alimentaire surgit donc pour chaque nourriture inhabituelle. Encore faut-il être sûr que le produit soit comestible, et, une fois assuré de la chose, connaître sa valeur alimentaire. Les hommes, sur ce point, ne peuvent faire comme les animaux qui se fient à leur instinct. Il y a, vers 1492, quelques fondamentaux culturels. Ils trouvent leur caution dans les auteurs anciens, dont on réédite et dont on traduit alors les œuvres : Pline, Dioscoride et ces naturalistes de l'Antiquité qui ont classé les plantes et ont défini leurs propriétés. Les herbiers du Moyen Age finissant et ceux qui fleurissent sous la Renaissance fixent la nomenclature des plantes utiles, leurs usages et leurs vertus – entendons leurs propriétés médicales – sont connus aussi de tous, savants de cabinet ou humbles femmes de village qui pratiquent la phytothérapie sans le savoir. Aussi toute nouvelle plante introduit-elle une perturbation dans ce répertoire alimentaire. On peut certes l'intégrer, mais sous réserve d'examen.

L'expertise alimentaire relève de la médecine – un champ alors vaste, mal défini, le *physicus* ayant à sa disposition deux sciences qu'il considère comme auxiliaires, la botanique et la cuisine. Parmi ces médecins préoccupés de nouveautés alimentaires, deux sont français, Jean Bruyérin-Champier et Jean Liébault. Jean Liébault a écrit en collaboration avec son beau-père Charles Estienne *L'Agriculture et Maison rustique*, publié en 1569, un énorme succès de librairie puisqu'il a eu 80 éditions jusqu'en 1700. Champier, médecin lyonnais, est l'auteur d'une histoire et d'une encyclopédie de l'alimentation publiée sous le titre *De re cibaria* pour la première fois à Lyon, en 1560. Un passage du *De re cibaria* donne le ton : « Il ne faut pas s'étonner que se déclarent tous les jours de nouvelles maladies inconnues au siècle dernier, qui se propagent d'une terre à d'autres : en effet, nous adoptons un nouveau mode

10. *Le Régime de vivre*, 1561, cité par Céard 1982, 26-27.

de vie que nous importons d'un autre monde. Car si nous allons chercher des aliments aux Indes, ne faut-il pas s'attendre à en être contaminés [11] ? »

C'est la méfiance, bien plus que l'émerveillement, qui sied devant la prodigieuse abondance botanique du Nouveau Monde. Parmi les aliments nouveaux et suspects, Liébault cite le concombre. Le concombre n'est pas américain, mais il vient d'arriver sur les tables occidentales, et sa nature froide et aqueuse fait douter Liébault de sa digestibilité par l'estomac humain. Liébault condamne son usage comme totalement pernicieux. C'est un aliment, dit-il, « à dédier aux mules, aux mulets et aux ânes ». Il lui reconnaît cependant une vertu : « On dit qu'un concombre mis de son long près d'un enfant qui a la fièvre, de même grandeur que l'enfant, le délivre entièrement de la fièvre. » Traiter le chaud par le froid est en effet une indication thérapeutique courante dans la médecine allopathique, qui soigne par les contraires. Un aliment nouveau n'est pas un bon aliment, mais il peut être un bon médicament [12]. Si le concombre est pernicieux en tant que nourriture, que dire de la pomme de terre ? Pendant deux siècles, la pomme de terre va nourrir des peurs sociales.

Le dilemme de l'omnivore

C'est celui de l'homme pris entre la nécessité de trouver d'autres sources alimentaires et les dangers d'absorber des substances toxiques. Tel qu'il a été formulé par les sociologues, le dilemme est de tous les temps et de tous les pays. Il n'est point trop aventureux d'avancer que les hommes des Temps modernes l'ont vécu avec acuité, pour au moins trois raisons : 1. La découverte des Indes, occidentales puis orientales, les confronte à une ouverture botanique inégalée. 2. La néophobie est inscrite au cœur de la culture de ce temps qui n'accepte la nouveauté que si elle a les traits d'un

11. Champier 1560, 69.
12. Liébault 1572, 72. Monteux 1559, 52.

retour à la tradition, ou qui la refuse carrément « quelque visage qu'elle porte [13] ». 3. La nécessité de compléter le régime alimentaire devient plus forte avec le « beau seizième siècle », quand les hommes se mettent à pulluler « comme des souris dans une grange » (Bodin) et que s'ouvre le ciseau tragique entre les ressources disponibles, qui restent stables, et une population en forte croissance. Il s'ensuit une certaine dégradation du régime alimentaire européen à partir des années 1550. Si les navigateurs du XVIe siècle allaient à la recherche des épices, ceux du XVIIIe, jusqu'à la révolte du *Bounty*, rêvaient du mythique arbre à pain. Charles de L'Écluse est au cœur du dilemme.

Charles de L'Écluse, né à Arras en 1526, appelé Clusius à la mode humaniste, est un des grands botanistes du second XVIe siècle. Il est l'auteur d'une histoire des plantes, premier grand ouvrage de botanique en français. Sa situation, sa renommée lui valent d'être à la tête d'un réseau de naturalistes, de voyageurs ou de simples curieux qui lui adressent des plantes vivantes ou sèches, des graines et des bulbes qu'il cultive, décrit, fait dessiner, classe surtout : car la tâche première d'un naturaliste est de nommer toute nouvelle plante, de lui donner un double patronyme latin, puis de la ranger dans la famille qui lui correspond. Le 26 janvier 1588, Clusius est intendant des jardins impériaux à Vienne quand il reçoit d'un de ses correspondants deux étranges racines – deux tubercules, en langage savant. Elles lui ont été adressées par Philippe de Sivry, seigneur de Walhain et préfet de la ville de Mons-en-Hainaut. Dans la lettre jointe à l'envoi, Sivry écrit à Clusius qu'il tenait ce fruit d'une personne qui avait accompagné le légat du pape en Belgique, et qui l'avait donné sous le nom de *taratoufli*.

Cette plante pose une série de questions à Clusius, qu'il examine méthodiquement. Vient-elle vraiment d'Italie ? Il pense qu'elle vient plutôt d'Amérique *via* l'Espagne et l'Italie, comme toutes ces variétés inconnues qu'il reçoit et qui sont « une engeance venue de Naples et d'Espagne [14] ». C'est, dit-il, une plante nouvelle. En quoi il se trompe. Dans l'absolu, l'expression ne peut s'appliquer qu'à

13. Montaigne, *Essais*, I, 23.
14. O. de Serres, à propos de citrouille, ou du potiron. Serres 1600, 801.

des végétaux issus de manipulations humaines. Si, dans son jardin impérial, L'Écluse acclimate, greffe, croise, sélectionne, il n'a jamais véritablement créé une plante nouvelle. Toutes les plantes sont connues et cultivées dans un endroit du monde. L'Écluse le sait bien, d'ailleurs : si, d'un côté, il se laisse aller à un européanocentrisme tranquille, en qualifiant de nouvelle une plante non indigène, de l'autre, il soupçonne fortement son origine. Il ne peut douter que ce soit cette plante que mentionne Pierre Cieça, au chapitre XL de ses chroniques espagnoles du Pérou, publiées en 1550 :

« Dans les lieux voisins de Quito, les habitants ont, avec le maïs, deux autres plantes qui leur servent à soutenir leur existence [dont] les papas, à racines presque semblables à des tubercules, dépourvues de toute enveloppe dure : lorsqu'elles sont cuites, elles ont la pulpe presque aussi tendre que la purée de châtaignes ; séchées au soleil, on les appelle chumo, et on les conserve pour l'usage [15]... »

Il est évident pour Clusius que la *papa* du Pérou et les *taratoufles* de Belgique ne sont qu'une seule et même racine.

Le problème vient de ce que les auteurs anciens ne la mentionnent pas, sous un nom ou sous un autre. Un temps, il a cru pouvoir la rapporter à l'*arachidna* décrite par Théophraste, mais la description est si floue qu'il a dû y renoncer. Donc, ni Théophraste ni Dioscoride ni aucun naturaliste ancien n'en parle. Pour un humaniste comme Clusius, qui se pense comme un nain perché sur des épaules de géant, l'absence de référence dans le corpus naturaliste hérité de l'Antiquité suscite la perplexité ; cette situation inconfortable est néanmoins de plus en plus courante, car les savants commencent à être presque accablés sous l'inflation des nouvelles données : dans l'*Herbarum* rédigé par l'Allemand Otto Brunfels, en pleine Renaissance, sont énumérées 258 espèces de plantes. Moins de cent ans plus tard, en 1623, le naturaliste suisse Gaspar Bauhin, dans son *Pinax theatri botanici*, en dénombre 6 000. Aussi L'Écluse, comme Bauhin, confrontés à cette dilatation du monde végétal, sont-ils parmi les premiers savants à savoir se passer de l'autorité des Anciens, et à cesser de puiser dans leur corpus comme dans une banque de prêts à tirage illimités.

15. Cité par Roze 1898, 6.

Mais comment la classer ? Clusius procède de la seule manière qu'il sache : par comparaison avec des plantes indigènes. Tenter de cerner l'inconnu à partir du connu, telle est la seule démarche scientifique possible. Elle est lourde de conséquences, car, selon les rapprochements et affinités qu'on établit on prédétermine un statut à la plante. Pour Clusius, les feuilles rappellent celles du raifort, les fleurs ont une odeur de tilleul ; quant aux fruits ce sont « des pommes rondes, assez semblables à celle de la mandragore... ». Appeler pour la première fois l'étrange tubercule pomme de terre – intuition juste et féconde ; l'apparenter à la mandragore – excellente déduction, mais lourde de représentations. En effet, c'est rattacher cette plante voyageuse à la famille rare et redoutable des solanacées. La famille est peu connue en Europe, sinon par la jusquiame, la belladone, la mandragore. Jusquiame et belladone sont des plantes tout à fait ordinaires, elles croissent sur les murs des villages, et on cultive la mandragore dans les jardins potagers [16]. Mais elles ont mauvaise réputation, elles sentent le soufre et la sorcière. Vieille rumeur que vient de confirmer un ouvrage savant : *La Magie naturelle*. *La Magie naturelle*, œuvre du naturaliste italien Giambattista Della Porta, a paru à Lyon en 1561 et son succès a été immédiat. Il faut dire que Della Porta y traite assez longuement des poisons, et que l'époque est hantée par le thème de l'empoisonnement. Les auteurs du XIXe présentaient la peur de l'empoisonnement comme une sorte de mode de Cour, d'importation italienne. Mais on sait maintenant qu'elle traversait tout le corps social. Qui ne s'est pas senti la cible d'un attentat au poison, assez heureux toutefois pour en réchapper et nous le relater, comme Ambroise Paré ? Qui n'a pas essuyé une menace d'empoisonnement, d'autant plus effrayante qu'on ne sait pas comment éviter l'éventuel passage à l'acte ? Or c'est là le type d'agression verbale le plus couramment proféré au XVIe siècle [17].

L'Italie de la Renaissance, considérée à tort ou à raison comme la terre d'élection des poisons et des drogues, fournit des empoi-

16. Rozier 1787, III, 19.

17. Maleissye 1992, 219. B. Garnot, *Justice et Société en France aux XVIe-XVIIe-XVIIIe siècles*, Gap, Ophrys, 2000, 41.

sonneurs célèbres, mais aussi des toxicologues, comme Della Porta. Della Porta, à vrai dire, tient un peu des deux. Dans sa description classique des poisons végétaux et de leurs effets, il accorde la première place à la famille des solanacées. La racine de *solanum manicum* provoque des « visions assez plaisantes », la jusquiame donne à qui la consomme l'impression qu'on le fouette par tout le corps et « le fait bégayer et bramer comme des ânes puis hennir comme des chevaux ». Ceux qui consomment de la belladone « se croient métamorphosés en animaux ; les uns nagent sur le sol comme des phoques, les autres marchent comme des oies, d'autres broutaient l'herbe comme des bœufs [18] ». Les magiciennes les plus retorses peuvent recourir à une solanacée assez commune, la morelle. La drogue qu'elles en extraient est dissimulée dans du gorgonzola, dit le savant napolitain, et le consommateur sans méfiance se trouve ainsi transformé en bête de somme. Une partie de l'ouvrage de Della Porta, celui qui lui assure son trouble succès, comporte certaines recettes pour manier ces poisons sous forme de philtres, ou encore de boîtes empoisonnées. Les « boîtes empoisonnées » contiennent de la ciguë, de la belladone, de la jusquiame écrasées et fermentées. Dès qu'on ouvre la boîte, des vapeurs s'échappent, si mortifères qu'elles asphyxient celui ou celle qui les respire. Ainsi, les solanacées les plus communes sont toutes plantes de *mauvaise fame*, de mauvaise réputation. Quant à la mandragore, à cause de son apparence anthropoïde (c'est le *petit homme planté*), c'est sans doute de toutes les plantes celle qui a inspiré les fantasmagories les plus riches. Avec elle, la science du botaniste ne croise plus seulement l'humble savoir de l'herboriste des campagnes, chercheur de simples à vertu thérapeutique, mais elle s'aventure sur le terrain même de la sorcellerie. Une étude récente des propriétés hallucinogènes de la belladone et de la mandragore pourrait expliquer les transports et les délires des sorcières. La mandragore est la plante préférée des sorcières pour ses propriétés psychédéliques, c'est la rave des parties sabbatiques...

La pomme de terre débute mal sa carrière scientifique : fruit de la terre profonde, elle partage la mauvaise réputation des plantes

18. Cité par Brabant 1966, 104.

souterraines. Elles ont toutes ce défaut « d'engendrer des flegmes », ces humeurs froides et aqueuses qui viennent, croit-on, de ce qu'elles poussent loin de l'air et du soleil dans le sol froid et humide. Ainsi, par une filière logique, la nature de la terre se retrouverait dans la nature de la plante, qui la communique à son tour à l'homme. Petite cousine de la jusquiame et de la mandragore, dont la consommation est réservée à des usages particuliers et tout à fait suspects, on comprend qu'elle suscite la perplexité méfiante de Clusius.

Ce qu'il cherche, c'est la quintessence, autrement dit ce je ne sais quoi, cette propriété occulte des plantes qui fait d'elles des comestibles ou bien des poisons. Elle contient sans doute des sucs mauvais, nous dirions des molécules toxiques, mais à quelle dose ? Car, dans la vieille médecine, on sait que le poison, c'est la dose – le même mot dit le médicament et le poison, marquant bien par l'unité sémantique que l'un et l'autre sont de même nature, il n'y a entre les deux qu'une différence de degré. De cette dose impossible à déterminer dépendent les effets : de l'extase à l'empoisonnement aux bienfaits thérapeutiques. Remarquons, à la décharge des solanacées, et cela Charles de L'Écluse le sait bien, qu'elles procurent surtout des hallucinations ; autrement dit, au regard des trois degrés de la toxicité : narcotisation, aliénation mentale, mort, elles ne sont toxiques qu'au premier degré. Au vrai, c'est ici de drogues dont il faut parler, et non de poisons. Mais finalement, la pomme de terre est-elle même comestible ?

Le rapprochement entre la mandragore et la pomme de terre opéré par Clusius est scientifiquement fondé. Bauhin le confirmera, et Linné le ratifiera : la pomme de terre appartient à la famille des solanacées. Mais la comparaison est tellement grosse de risques potentiels que Clusius avait de quoi être tenté de s'en tenir au vieux principe médical : dans le doute, abstiens-toi, et de se réfugier dans la précaution-abstention. Or il n'en est rien, et Clusius de pousser plus loin l'observation et de passer à l'expérimentation. Puisqu'il lui est impossible de mesurer cet indéterminé alimentaire probablement nocif, il peut toujours en mesurer les effets. Montaigne l'a dit, pour connaître la quintessence « nous ne pouvons avoir autre instruction que l'usage[19] ». L'Écluse navigue entre certitudes et incertitudes. Par Cieça et d'autres voyageurs ou missionnaires espagnols, il sait que la *papa* est comestible, qu'elle est pour les Indiens une nourriture habituelle, celle qui compense « leur défaut de pain » ; mais il sait aussi que les plantes voyagent seules, qu'elles abordent l'Ancien Monde sans leur symbolique, et surtout sans les savoir-faire, les modes de préparation ancestraux qui les accompagnent, et qui sont d'autant plus nécessaires qu'une plante peut être toxique par nature, mais qu'on peut corriger sa malignité par le mode de préparation (le cas du manioc est dans toutes les mémoires). Il sait aussi que ce qui est mangeable sans risque par les Indiens ne l'est pas forcément par d'autres. C'est là un autre trait de la néophobie ambiante : on croit que certains fruits sont bons dans leur pays, « mais en un aultre lieu c'est venin[20] ».

Aussi L'Écluse ne se contente-t-il pas de témoignages lointains. Il fait partie de cette nouvelle génération de savants qui a des oreilles, mais aussi des yeux ; il pousse plus loin l'observation en l'expérimentant lui-même, et en consignant dans une notice botanique le résultat de ses expériences. Il y décrit d'abord la culture expérimentale qu'il en a faite, le rendement extraordinaire qu'il en a résulté : voilà bien, dit-il, « une plante prolifique », qui donne plus de 50 tubercules sur un seul pied. Il les pèse : les plus gros pèsent 30 ou 60 grammes (des rates pour la forme, mais de consistance plus pâteuse et farineuse). Il les épluche (« les dérobe »), admirant qu'elle n'ait qu'une peau, une pellicule – quelle différence de ce point de vue par rapport à la châtaigne, à laquelle on la compare si souvent ! Il les fait cuire à l'étuvée sans doute « entre deux plats », les recouvre d'une sauce grasse de navets et de mouton, et les goûte : « Je les ai trouvés certes non moins sapides et agréables au palais que les navets eux-mêmes. Mais j'estime qu'on ne peut les manger crus, car ils sont alors à peu près indigestes. »

L'essai est rassurant. Clusius soupçonne certains sucs pernicieux, dangereux pour la santé, comme ceux que contient la mandragore

19. Montaigne, *Essais*, livre 2, ch. 37, *De la ressemblance des enfants au père, par autre instruction que l'usage*.
20. Ficin 1541, fol. 24 v°.

(ce sont nos modernes alcaloïdes), mais il est convaincu qu'ils sont détruits par l'épluchage et par la cuisson. Décidément, la cuisson, par son pouvoir à transformer la nature du produit brut, est bien la précaution nécessaire et suffisante.

Botaniste moderne, L'Écluse prend ses distances par rapport aux savoirs acquis. C'est un des premiers enseignements de la pomme de terre : elle donne irrésistiblement à penser que le savoir des Anciens est révolu, elle ouvre la voie à une observation naturaliste dégagée de toute autorité reçue. Botaniste traditionnel, il pense que son rôle ne se limite pas à identifier les végétaux et à les classer : encore faut-il dire leurs vertus, ou à l'inverse leur nocivité ; c'est en somme, prendre parti dans le domaine de la santé humaine. Avec lui, la botanique est plus que la botanique, elle est la clé du paradis alimentaire, ou de l'enfer.

Mais les médecins eux-mêmes, qu'en pensent-ils ? justement, ils n'en pensent rien, et c'est un sujet d'étonnement pour le naturaliste, qui écrit :

« On a toutefois lieu d'être surpris d'avoir connu si tardivement cette plante, alors dit-on qu'on en fait commun usage en Italie, où l'on mangeait ses tubercules cuits avec de la viande de mouton, comme si c'était des navets ou des carottes, ou même on en nourrissait les porcs. Mais ce qui est encore plus surprenant c'est que, malgré cela, cette plante était encore inconnue de l'École de Padoue, ce que j'ai appris par des amis qui étudiaient la médecine dans cette ville, et à qui de Francfort j'avais envoyé des tubercules. »

Sans doute convient-il de pas trop solliciter ce témoignage unique : il donne à penser que les médecins sont muets ou bien réservés.

Finalement à la question qui le taraude : ce fruit pérégrin est-il candide ou insane ? Clusius apporte une réponse point trop tranchée : mangeable, mais sans plus. L'avis est juste. Il est confirmé en 1596 par le naturaliste suisse Gaspar Bauhin, qui classe le tubercule dans son *Phytopinax* en lui donnant le nom scientifique de *solanum tuberosum* qu'elle porte toujours. Il lui attribue aussi trois propriétés, celles de causer des vents, d'« inciter Vénus » et de donner la lèpre. C'est à la fois donner un statut taxinomique sûr et faire douter de sa valeur alimentaire ! Le statut alimentaire de la pomme de terre, en effet, est variable et il est incontrôlable. Il évolue de manière autonome, distincte du discours savant. Dans un premier temps, la pomme de terre semble adoptée – sans attendre l'avis des naturalistes. Dans un second temps, entre 1650 et 1760 – dates rondes –, elle est boudée, et même rejetée – sans tenir compte de l'avis des savants.

Entre néophobie et néophilie

La démarche de Clusius n'est pas une autorisation de mise sur le marché d'un aliment nouveau. Elle n'a aucun caractère officiel, aucune institution n'ayant demandé d'expertise. Si c'était le cas, l'homologation serait bien tardive, et de toute façon inutile. Au moment où Charles de L'Écluse écrit, la pomme de terre n'est plus seulement une curiosité horticole, cultivée dans des jardins d'acclimatation qui sont des jardins urbains, mais elle a conquis une place en plein champ.

Pour le cultivateur, elle présente bien des avantages par rapport aux plantes qu'elle peut concurrencer ou remplacer, comme la châtaigne. L'américaine est bonne fille, peu exigeante en sol, en outil et en travail. Elle arrive à maturité en trois ou quatre mois, offrant alors à la pelle quantité de rejetons. Son rendement étonne : elle est « prolifique », dit Clusius ; Adam Smith, un siècle et demi plus tard, évalue ce rendement à six fois celui des grains, « cependant, poursuit-il, en admettant que l'eau entre pour moitié dans le poids de ce tubercule, ce qui est beaucoup, l'arpent de pomme de terre produit encore soixante quintaux de nourriture solide, trois fois la quantité produite par arpent de froment [21] ». Un arpent suffit à mettre une famille à l'abri de la disette : c'est l'argument choc de tous les publicitaires de la pomme de terre, un argument de poids dans ces temps de disette récurrente.

Ce sont là des avantages bien connus, mais apparus plus tard. Ils ne doivent pas faire oublier les handicaps de départ, écologiques et techniques. Les plants rapportés par les conquistadores tubérisaient en jours courts alors qu'on en essayait la culture en été ; récoltée

21. Smith 2000, I, 2, 174.

verte, la pomme de terre a une teneur élevée en solanine, qu'une conservation malencontreuse à la lumière du jour peut encore accroître. L'ingestion de pommes de terre vertes ou en germe a dû provoquer un certain nombre d'accidents, trop sporadiques pour passer à la postérité écrite, assez graves cependant pour frapper durablement les mémoires.

Malgré ses tares originelles, elle sert à la nourriture de l'homme et de l'animal, comme le montre le cas toscan, évoqué par Clusius, ou les comptes de l'intendance de l'hôpital de la Sangre de Séville à partir de 1573. Autant dire qu'elle est entrée dans la consommation humaine avant même l'avis des scientifiques, et largement en dehors de lui ; cependant, il y a sans doute un lien fort entre la démarche qui a inspiré les botanistes et celle qui a guidé les expérimentateurs des champs. C'est, au départ, la même question qui est posée : à quoi ressembles-tu ? à quoi as-tu goût, et donc, que peux-tu remplacer ? Le même principe de familiarité, valeur phare de la néophobie, canalise aussi bien la recherche savante que les interrogations populaires au sujet de ce cadeau américain dont on ne sait s'il est ou non empoisonné.

Dans ce jeu des références, de la réduction de l'inconnu au familier, il semble qu'on puisse dégager deux cultures. L'une est latine. Les Espagnols comparent les *papas* qu'ils ont ramenées du Pérou puis du Chili en général à des châtaignes (la bogue en moins). Les Italiens, eux, jouent d'une autre comparaison, que le nom de baptême identifie bien : c'est la truffe, que l'on décline dans d'autres langues, italienne (*tartuffo*), allemande (*cartofle*), dans de nombreux dialectes français (*tartifle*, *tarteufe*, *tartoufe*...). Autrement dit, l'assimilation est immédiate avec des aliments qui sont reconnus comme comestibles – tout en occupant les échelons inférieurs de la hiérarchie alimentaire. A pousser dans la terre, à être « engendrée du sol », comme la truffe, la pomme de terre acquiert un statut de plante terreuse, humide et donc inférieure. Comme la truffe, elle est classée parmi ces champignons visqueux qui sont nourritures pour ventres creux[22]. Gardons-nous cependant de majorer cette

22. Delamare 1729, II, 525-527.

autre tare du tubercule : le statut de plante inférieure est réversible, comme le démontre à l'envi la trajectoire étonnante de la truffe, qui, par les vertus de la gastronomie, a été élevée au XVIIIe du rang d'aliment terreux et vulgaire à la dignité d'aromate fin et aristocratique, effectuant une ascension sociale que la pomme de terre, elle, ne reproduira pas !

Pour les Anglais, depuis Walter Raleigh si l'on en croit l'hagiographie officielle, la pomme de terre est la patate, la patate de Virginie – *potatoe of Virginia*, labellisée vers 1640. Or il y a là plus qu'un rapprochement, une confusion avec un autre tubercule, la patate douce, ramené d'Amérique dans les soutes de Christophe Colomb et qui bénéficie d'une solide popularité. Son goût sucré y est pour beaucoup – nous avons déjà dit que le goût du sucré favorisait la néophilie de ces Européens frustrés de douceurs, hormis le miel. Il est valorisant pour la patate d'être comparée à cette autre patate qui n'est pas une solanacée et qui se range parmi les denrées sucrées, donc rares, précieuses et chères. Les patates sont des sucreries, des plaisirs de bouche pour temps de fête.

> *Let the sky rain Potatoes, let it*
> *thunder to the tune of greensleeves hil kissing-comfits*
> *and snow erein goes*

s'écrient les joyeuses Commères de Windsor[23]. « Qu'il pleuve des patates et d'autres sucreries » est un vrai rêve de Cocagne pour Anglais en goguette. On mesure combien cette indistinction entre les deux patates constitue pour la pomme de terre un préjugé favorable. Certes, à l'usage, son goût pâteux et plus fade que sucré a dissipé la confusion. Il n'empêche qu'elle garde, dans son nom de baptême, la marque de son bon accueil. Les naturalistes anglais qui l'ont acclimatée ne contredisent pas le jugement spontané. John Gerarde, dans son *Herball* paru en 1597, distingue la patate de Virginie de la patate espagnole – plus tard, on dira pour l'une *white potato* et pour l'autre *sweet potato*. En revanche, il les taxe d'une égale qualité nutritive :

23. W. Shakespeare, *Les Joyeuses Commères de Windsor*, V, 5.

« Ces tubercules sont une nourriture aussi bien qu'un mets assez agréable, égal en bonté et en salubrité à la Batate, soit qu'on la fasse rôtir sous la cendre, soit qu'on les mange bouillies, avec de l'huile, du vinaigre et du poivre, ou préparées de tout autre manière par la main de quelque habile cuisinier. »

Et Francis Bacon, le grand Bacon, renchérit :

« Un quart de racines farineuses, telles que celles de la patate, mélangées avec trois quarts de grains, rendrait la bière plus saine et plus propre à prolonger la vie[24]. »

Bonne à manger, et même à boire... Décidément, l'accueil réservé à la plante du Nouveau Monde, sa première réputation, sont bien meilleurs de l'autre côté de la Manche. L'acclimatation est réussie certes – surtout à partir du moment où arrivent des plants du Chili, de Concepción ou de Valparaiso, mieux adaptés au climat tempéré européen. Mais de là à parler d'une acculturation de la pomme de terre ? L'acculturation suppose une transposition de goût, une intégration dans le paysage culinaire. Or on en est loin.

La farine à cochons

Pourquoi, après la guerre de Trente Ans (1618-1648), la pomme de terre s'arrête-t-elle dans son expansion conquérante ? Désormais, sa diffusion procède par à-coups, sous l'impulsion des guerres et des disettes. Partout et toujours, observe Michel Morineau, elle arrive dans les fourgons de la misère : guerres anglaises en Irlande, guerre de Louis XIV en Alsace et Lorraine, guerre de Succession d'Espagne dans les Flandres[25]. Une fois la phase de curiosité et d'expérimentation franchie, elle a du mal à s'intégrer durablement dans les paysages agricoles et alimentaires. De la curiosité on est passé, semble-t-il, à l'aversion, de la néophilie au refus.

La guerre favorise toujours les cultures de substitution : elle ne change pas un iota à leur statut. Il est vrai que, pendant la guerre

24. F. Bacon, *Histoire de la vie et de la mort*, cité par Roze 1898, 75.
25. Morineau 1985, 127.

de Trente Ans, la pomme de terre s'est vulgarisée, principalement là où les ravages ont été les plus grands, dans les pays germaniques. Elle est devenue la plante de substitution idéale en temps de disette, la parade à la pénurie ; la plante idéale aussi en temps de pillage, parce qu'elle a le grand avantage d'être souterraine et de pouvoir être stockée en terre. Quand passent les bandes de lansquenets et de reîtres, les poules, les agneaux, les sacs de grains, les filles, tout est pillé. Seule, peut-être, la pomme de terre, provision occulte, échappe à la soldatesque. Mais ce sont là avantages en temps de guerre, vite éventés quand la paix revient. Comme nourriture de famine, la pomme de terre n'a aucune vertu pédagogique. La nécessité fait la loi, pas le goût. La pomme de terre contredit la théorie pavlovienne du réflexe conditionné, car l'impression de satiété qu'elle procurait en temps de disette et le plaisir associé à la réplétion auraient dû faire naître un goût acquis, indélébile. Il n'en a rien été. Qui sait même si on n'attribuait pas à son ingestion une partie de la surmortalité ? Une fois la crise passée, la pomme de terre trouve un statut, et un statut bien inférieur à celui du temps de sa première introduction, du moins dans une grande partie de l'Europe.

Plusieurs facteurs concourent à cette dévalorisation. D'abord, on sait, malgré des tentatives répétées, que le tubercule n'est pas « céréalisable », et donc panifiable. Elle ne sera jamais plus qu'un féculent qui peut éventuellement remplacer les bouillies. Ensuite, l'usage s'instaure de faire de cette culture dérobée une nourriture pour les animaux. A Glux, dans le Morvan, « on sème beaucoup de pommes de terre, autrement treuffes qui, cuites et écrasées, mêlées avec de la farine quelconque, notamment avec celle de sarrasin, engraissent merveilleusement le bétail, quel qu'il soit[26] ». A l'occasion, elle peut devenir complément alimentaire pour les hommes, comme toutes les cultures dérobées sur la jachère qui sont *à double fin* : destinées aux animaux en temps normal, aux hommes comme nourriture supplétive à l'occasion.

Il n'est pas sûr qu'on la donne à manger partout, comme dans le Morvan, à tous les bestiaux. Ailleurs, on a bien essayé d'en faire un fourrage pour les bovins, mais les fanes vertes se sont avérées

26. Garnot 1996, 52. Moriceau 1999, 135.

toxiques pour les ruminants, et elles ont provoqué des accidents. On en a conclu que ce n'est pas un bon fourrage, que seul le tubercule peut être utilisé et que seul le cochon peut en manger. Encore a-t-on observé qu'il vaut mieux d'abord les cuire avant de les donner aux pourceaux plutôt que de les laisser les déterrer eux-mêmes à la manière des truffes. Même les cochons sont sujets aux accidents alimentaires. De là à douter des effets sur la santé de l'homme, il n'y a qu'un pas, aisément franchi avec un amalgame de ce type :

« Nous avons remarqué que les enfans de nos Provinces nourris avec ces racines ont le ventre gros, dur, et sont sujets à des glandes tuméfiées. Les cochons qui ont beaucoup mangé de ces racines recemment retirées de terre en sont tellement énivrés qu'ils ne peuvent, de quelques heures, marcher[27]. »

La pomme de terre trouve ses terrains d'élection dans des régions pauvres et boisées qui pratiquent l'élevage extensif des porcs par l'usage de la glandée. Quand les espaces voués à l'élevage, la chasse et la cueillette, reculent, que le saltus se rétrécit, et avec lui les possibilités de glandée, alors la pomme de terre apparaît comme un dernier recours, le seul moyen de maintenir un troupeau de porcins menacé de déclin. C'est ce qui se passe au XVIIe siècle dans le Jura et en Auvergne, plus tard dans le Limousin de l'intendant Turgot. A partir de 1760, les marchands de merrains de Bordeaux investissent dans les bois de chêne du Limousin pour répondre à la demande grandissante de tonneaux pour le vin, réduisant du même coup l'espace de parcours des cochons dans la montagne limousine. Les progrès de la pomme de terre compensent, en pays couverts, les pertes de la glandée[28].

L'usage crée le préjugé, ou bien le renforce. Pour deux siècles, voilà la pomme de terre devenue aliment *per le creature*, bon pour les pourceaux. Que cet animal se régale de chaudronnées de pommes de terre bouillies est bien le signe de sa sale voracité d'omnivore. La farine de pomme de terre n'est qu'une farine animale, plus exactement : une farine végétale pour engraisser les cochons. Si, en

27. Rozier 1787, III, 141.
28. Moriceau 1999, 92.

1613, le tubercule figurait comme « viande du roi » à la table de Louis XIII, une génération plus tard, son destin de fourrage à cochon semble bien scellé. Quelle dégringolade statutaire !

Un aliment pour les bêtes peut-il être bon pour l'homme ? La question est fondamentale. Lévi-Strauss l'a formulée de façon très expressive : pour qu'un aliment soit bon à manger, il faut qu'il soit « bon à penser ».

La peur de la lèpre

En 1620, dans la notice où il donne à la pomme de terre son patronyme savant et définitif de *solanum*, Gaspar Bauhin, le naturaliste suisse, termine son rapport en forme d'éloge en rapportant une étrange rumeur :

« On m'a raconté que les Bourguignons se sont à présent interdit l'usage de ces tubercules, que c'est un manger qui donne la lèpre, et ils l'appellent l'artichaut des Indes [29]. »

L'interdit est-il de nature légale, ou bien informel ? Pour la Franche-Comté voisine, Ernest Roze cite, mais sans fournir de références, un arrêt du parlement de Besançon qui aurait prohibé la culture de la pomme de terre – à moins que ce ne soit le parlement de Dole, en 1630, concernant le territoire de Salins [30]. Ce qui est certain, c'est que l'image d'une pomme de terre malsaine est fortement répandue après 1650. La rumeur est bien ancrée dans les régions où la pomme a trouvé son *ubi consistam* : des terres pauvres, avec des sols acides, une topographie montueuse, des hivers longs. Ainsi le Limousin, la Bourgogne, la Franche-Comté. On y voit le vieux fantasme de la lèpre resurgir, alors que la maladie elle-même, la « vraie » lèpre, est en régression caractérisée depuis le XVIe siècle [31].

29. G. Bauhin, *Podromos theatri obtanici*, 1620, cité par Roze 1898, 98.

30. Roze 1898, 122.

31. A Anvers, le tribunal de santé examine 1 250 personnes suspectes de lèpre entre 1730 et 1782, 17 seulement sont déclarées lépreuses. Il n'en reste pas moins que les autres étaient suspectées, dénoncées comme lépreuses devant le tribunal par leurs voisins ou par leurs proches.

La lèpre continue à hanter l'imagination des Occidentaux alors même qu'ils n'ont presque plus l'occasion de voir les lépreux et que les dernières léproseries françaises ferment leurs portes en 1693 [32]. La vieille peur s'accroche à de vieux soupçons, rebondit sur des syndromes nouveaux. Dans la liste noire des aliments susceptibles de prédisposer à la lèpre, telle que les médiévaux l'avaient dressée, figure exceptionnellement la viande de cochon, mais plus fréquemment des aliments froids et terrestres comme les champignons et la « tartuffe » [33]. De la truffe à la pomme de terre, d'un risque alimentaire à un autre, la transition est aisée. La disparition de la lèpre va de pair avec la persistance d'un « mot-ombrelle » : le vocable est resté, toujours labile, prompt à s'adapter à une nouvelle configuration pathologique, il finit par désigner des syndromes complexes, souvent bénins, car la rumeur accuse la pomme de terre de transmettre plutôt la « petite lèpre », derrière laquelle on croit reconnaître le psoriasis ou la gale.

La peur de la lèpre n'est qu'un des aspects de toute une constellation imaginaire bâtie autour de la pomme de terre dont il est difficile de démêler les facteurs. Rappelons que la pomme de terre n'est pas le premier aliment suspecté de transmettre une maladie. Les médecins allemands de la Renaissance attribuent la lèpre à l'abus dans le régime paysan de chou, de fromage ou de bière – mais sans mettre en cause le tubercule. Le Bernois Zimmermann attribue à la consommation intempérante de corps gras de graves désordres. Selon lui, il faut éviter d'utiliser à la fois des huiles végétales et du lard de cochon : « C'est pour cette raison, écrit-il, que la gale règne presque continuellement dans les Isles septentrionales de l'Écosse [34]. » Dans la Bourgogne où la rumeur est insistante, l'accusation de donner lèpre touche la pomme de terre, mais aussi le vin, du moins celui issu du gamay. Dès la fin du XIVe siècle, le gamay, un cépage nouvellement introduit dans les vignes, suscite de si grandes interrogations que le duc de Bourgogne, Philippe le Hardi, en interdit la plantation. Le gouverneur de la cité de Besan-

32. Bériac 1990, 427.
33. *Ibid.*, 147.
34. Zimmermann 1774, III, 29.

çon précise pourquoi ce plant est condamnable et condamné : « Le mauvais lain [cépage] est de telle nature qu'il [...] est toujours cause de la perdition d'iceulx et qui en bevroit par ung ou deux ans continuellement, cela seroit suffisant pour faire devenir lépreux, comme sumes esté certoriez par bons et loyaux médecins[35]. » Or que reproche-t-on au gamay, surnommé péjorativement gros gamay ? Une chose semble-t-il, c'est de « pisser le vin », de fournir un jus abondant et de qualité médiocre. La même critique, celle d'une trop grande productivité, est formulée à l'encontre de la pomme de terre. Autrement dit, ce rendement de la pomme de terre qui peut apparaître comme un avantage comparatif n'est nullement, dans les esprits de l'époque, un élément tenu pour positif. Qu'elle n'exige pas beaucoup de travail, en tout cas moins qu'une céréale classique, n'est pas à porter à son crédit. Au contraire ! Ces récits de plantes miraculeuses en Indes, qu'on ne sème même pas, qui poussent toutes seules, bercent l'imagination des Européens, mais ne séduisent guère. On ne croit pas au retour de l'âge d'or et de l'âge d'abondance, le paradis est définitivement perdu, et chacun sait que désormais on doit gagner son pain à la sueur de son front. Les vraies nourritures, les nourritures nobles, le blé en tête, exigent beaucoup de soins, de sueur et de fatigue. C'est le prix à payer, la valeur humaine ajoutée qui rend l'aliment bon pour l'estomac. A ce propos, Champier cite l'Ecclésiaste : « On ne peine que pour manger[36]. » En matière d'agriculture vivrière, on ne croit pas au miracle ni aux plantes miraculeuses ; le raisonnement par la quantité des agronomes puis des physiocrates se heurte sur trois siècles non pas aux capacités de calcul des paysans, qui sont aussi élevées qu'aujourd'hui, mais à un fait de mentalité qui est leur vision du monde après la Chute.

Dans les représentations populaires sont associées la maladie des hommes et celle des cochons – la lèpre humaine et la ladrerie porcine. Le rapprochement n'a rien d'étonnant, quand on songe que l'on mange le plus souvent de la pomme de terre recyclée en viande

35. Police du noble Hostel consistorial, 1946, XIII, 269. Référence communiquée par Paul Delsalle.

36. Champier 1560, 76.

porcine. Les cochons limousins au cul noir, engraissés à la pomme de terre, sont tous ladres [37]. Cet état sanitaire lamentable tient à la malpropreté des étables et des porcheries. La saleté ambiante favorise le cycle de la maladie, mais les éleveurs la croient volontiers héréditaire : une truie ladre engendre des porcelets qui seront forcément ladres. Si la malpropreté dans laquelle on tient les animaux entretient la ladrerie, la malpropreté des hommes explique peut-être la fréquence des maladies de peau comme la gale. « Nos paysans n'ont pas encore compris que la propreté ne coûte rien, et qu'elle assure la santé des hommes et des animaux. En effet, il n'est pas rare qu'ils ne se lavent la figure qu'une fois tous les huit jours : le dimanche. Et encore faut-il qu'ils veuillent se rendre au bourg, ou à une réunion quelconque, dans un village voisin. S'ils restent à la maison, ils pataugent comme toute la semaine, la journée entière, dans la bouse de vaches et le fumier des porcs, les pieds nus dans leurs sabots ; le purin et la terre leur ont collé un véritable mastic jusqu'à mi-jambe, mais ils se coucheront fort bien sans se laver les pieds ni les jambes [38]... » Certaines maladies de peau sont endémiques, par exemple la teigne tondante, transmise par les animaux aux domestiques qui les soignent en Auvergne, Limousin et Languedoc [39].

Par le circuit analogique qui relie la nourriture du cochon à la ladrerie, la ladrerie porcine à la lèpre humaine, la pomme de terre se trouve investie par un fantasme qui déborde de partout la part relativement infime qu'elle occupe dans la consommation humaine. Les topographies médicales des Lumières jettent un éclairage sur cette relation qui unit, dans certaines régions défavorisées de l'Europe, de l'Écosse au Limousin, la misère physiologique, la malpropreté, les maladies de peau qui peuvent passer pour lèpre et la consommation de pomme de terre.

37. Léonard 1986, 168.

38. V. Forot, *Monographie de la commune de Naves*, 1911, 183.

39. J. Léonard, *La Vie quotidienne du médecin de province au XIXe siècle*, Paris, Hachette, 1977, 98.

Le préjugé culturel

Dans les Temps modernes il semble que la seule culture qui se soit convertie massivement à la consommation de pomme de terre soit la culture irlandaise. Arthur Young, qui a effectué un voyage dans l'île dans les années 1777-1779, en a rapporté un témoignage saisissant :

« Qu'on remarque chez l'Irlandais le grand plat de patates posé à terre, toute la famille accroupie autour, dévorant une quantité incroyable de cette nourriture, le mendiant même invité à en manger, le cochon en ayant sa part, aussi bien que la famille, les coqs, les poules, les dindons, les oies, le chien, le chat et peut-être la vache, et tous participent au même plat. On ne peut avoir été témoin d'une pareille scène, sans être convaincu de l'abondance, et j'ajouterai de la gaieté qui l'accompagne[40]. »

Cet éloge de la « patate » est à lire avec beaucoup de précautions, venant d'un militant pro-fécule comme Young. Notre homme présente comme goût ce qui n'est peut-être au départ qu'une nécessité. Le paysan irlandais, asservi au landlord, n'a pas eu le choix entre la pomme de terre et le pain, fût-il noir, et il a subi, plus que demandé, le passage à la nouvelle culture. La pomme de terre est une des transformations imposées par la colonisation anglaise : les bonnes terres des propriétaires anglais sont consacrées aux céréales exportables, les parcelles des paysans à la patate, monoculture vivrière. C'est, du point de vue du rapport qualité des terres/quantité récoltée, la meilleure solution pour entretenir la force de travail du prolétaire agricole. Bien entendu – on y reviendra –, ce qui est bon pour les Irlandais ne l'est pas pour l'auteur, lui-même grand propriétaire anglais. Si la scène du repas irlandais réjouit Young, elle a de quoi heurter bien des esprits sur le Continent. Certes, les manières de table irlandaises sont un peu particulières. Mais manger accroupi est une coutume que l'on retrouve dans d'autres pays

40. Cité par Roze 1898, 82.

celtiques, par exemple en Bretagne. En Bretagne aussi, en Léon, dans la région de Saint-Pol, on a gardé l'usage de vivre sous le même toit sans séparer le logement des hommes et celui des animaux[41]. Mais le plus choquant pour un lecteur français ou latin, c'est cette familiarité, plus, cette chaude intimité entre les hommes et les animaux. Si la solidarité avec leur bêtes est la chose du monde la mieux partagée par tous les paysans éleveurs, en revanche la promiscuité n'est plus de mise. En Angleterre, les cottages construits ou reconstruits entre 1570 et 1640 ont tous une étable qui sépare les animaux des humains[42]. Dans toute l'Europe, on a rompu la longue coexistence avec les bêtes, et au XVIIIe siècle les fermes ou les chaumières, si humbles soient-elles, ont des bâtiments séparés pour héberger d'un côté les animaux, de l'autre les hommes. Même si la séparation est fragile, même si elle consiste en une simple claie, il n'empêche : la ségrégation entre les hommes et des animaux s'impose. En revanche, la séparation entre les animaux est rarement réalisée. La plupart des fermes ne sont pas pourvues de bergeries, étables, écuries, de « gallinières » et de « toits à porcs » ; bien souvent, l'étable réunit l'ensemble du gros et du menu bétail. Dans tous les cas, la résidence des hommes est bien à part – exception faite des valets dans les grandes fermes, dont le lit est fréquemment installé dans l'écurie ou l'étable. Si on ne loge plus avec les bêtes, *a fortiori* est-il inimaginable de manger avec elles et comme elles !

On touche par là à un vieux tabou, que rappellent en toutes lettres les pénitentiels médiévaux quand ils font interdiction aux hommes de partager leur nourriture avec les animaux, de manger après les bêtes ou comme elles[43]. Un tel interdit retrouve une actualité avec l'éducation des modernes[44]. Les efforts conjugués des deux Réformes, protestante et catholique, pour faire du chrétien perfectible un homme civil et civilisé, la diffusion d'une littérature de petits traités colportant le modèle idéal de l'honnête homme, tout cela tend à

41. Lebrun 2001, 215.
42. Poussou 1999, 402. Thomas 1985, 124.
43. Bonnassie 2001, 152.
44. N. Élias, *La Civilisation des mœurs*, Paris, Calmann-Lévy, 1973.

imposer de nouvelles normes de savoir-vivre en société, et à disqualifier de façon rédhibitoire les comportements associés à l'animalité. Dans ce dressage du corps, les manières de table occupent une place privilégiée. Pour définir le geste convenable, les manuels de civilité utilisent comme repoussoir tout un bestiaire ; l'enfant ne doit pas, par exemple, se jeter sur la nourriture « comme un loup », ni aspirer bruyamment son potage : « ce serait agir comme une bête », ni ronger les os « comme un chien ». Éviter les bruits en mangeant est la première marque de la civilité. Ainsi, il est défendu de flairer les viandes, de « souffler comme un saumon et de claquer la langue comme un blaireau » en se raclant la gorge en se mettant à table. Une des nombreuses traductions du *De civilitate morum puerilium* d'Érasme, publiée pour la première fois à Bâle en 1530, dénonce d'autres attitudes bestiales, telles que boire en penchant « la tête en arrière comme les cygoignes », et prévient qu'il « n'appartient qu'aux chats, et non pas aux hommes de lécher l'écuelle ou l'assiette dans laquelle il y aura du sucre, ou quelque chose de doux ». On ne doit pas manger en se léchant les lèvres, comme un cheval, ni ronger son os, comme un chien, ni ouvrir la bouche « comme un porc ». Le monde animal recèle tout un répertoire de comportements archétypaux qui constitue le code des interdits pour un homme « qui sait vivre ». La nature, donc l'animalité, est proposée comme le contre-exemple du monde de la culture. La frontière entre les hommes et les animaux doit être solidement maintenue. On est dans le temps où on enlève des églises des statues jugées indécentes, comme celles qui associent saint Antoine et son cochon.

La cause est entendue : on ne doit pas manger comme un cochon, ce qui induit à la fois d'éviter la gloutonnerie et les tubercules et les glands. Il faut être dans le besoin le plus extrême pour « se réduire aux aliments des bêtes ». Consommer un manger à cochons donnait un sentiment de déchéance[45]. Psychologiquement, on oscille entre le sentiment de régression et, pis, celui de transgression d'un tabou. Les périodes d'ultra-pauvreté sont les seules où on « accepte » que les hommes s'animalisent et mangent des tubercules pour animaux ; ce faisant, ils s'ensauvagent, comme les Indiens qui

45. Morineau 1985, 127.

sont « semblables aux pourceaux[46] ». En temps de normalité alimentaire, les hommes refusent l'identité bestiale qui leur est donnée. C'est finalement une question de dignité. Les enquêteurs du Premier Empire, chargés de dresser chacun dans leur département le catalogue des ressources locales, l'ont bien compris quand ils expliquent pourquoi le peuple rechigne à consommer ce féculent. « Un grand nombre de Sologneaux se croiraient déshonorés s'ils mangeaient des pommes de terre dont la culture réussit très bien dans leurs sables[47]. » Manger des pommes de terre, c'est risquer de perdre l'honneur ou la santé, ou les deux.

Boissier, un académicien des Lumières, a collectionné les mots occitans en usage dans ses Cévennes natales. A l'article « Tartifles », qui désigne la pomme de terre en languedocien, il donne cette seule acception :

« Tartifles, terme du style bas et populaire par lequel on répond aux demandes indiscrètes ou aux curieux qu'on ne veut pas satisfaire : "de tartifles", leur dit-on, ce qui revient à ces mots : de la merde, dont les personnes bien élevées évitent de se servir[48]. »

Bravant l'honnêteté, l'occitan formule de façon expressive la représentation la plus courante et la plus populaire de la pomme de terre.

Mais les Irlandais ? Les Irlandais ne sont pas l'exception qui confirme la règle. Les Irlandais ne mangent pas comme des cochons, car leurs cochons, sauf repas festif et convivial tel celui décrit par Young, ne se nourrissent pas principalement de pommes de terre. Dans un pays où l'herbe est surabondante, le porc est herbivore, et la chaudronnée de pomme de terre ne constitue pas sa pitance quotidienne. L'homme, en revanche, est devenu depuis 1650 sur l'île consommateur de pommes de terre, gros consomma-

46. Jehan Macer, 1555. Cité dans J.-P. Duviols, *L'Amérique espagnole vue et rêvée. Les livres de voyage, de Christophe Colomb à Bougainville (1492-1768)*, Paris, Promodis, 1985, 168.

47. Bigot de Morogues, *Essai sur la topographie de la Sologne*, Orléans, 1811, 18. Cité par Poitou 1976, 368.

48. Boissier de Sauvages, *Dictionnaire languedocien-françois*, *op. cit.*

teur puisque sa ration quotidienne s'élève à 2,5 kilos un siècle plus tard. L'Irlandais peut assaisonner son tubercule bouilli de beurre et de sel, deux ingrédients rares dans d'autres campagnes. Ce régime, complété par les produits laitiers, semble lui convenir. Adam Smith en est témoin :

« Les porteurs de chaise, les portefaix, les coltineurs de charbon à Londres et les femmes infortunées qui vivent de la prostitution, en d'autres termes les hommes les plus forts et les femmes les plus belles peut-être de tous les territoires britanniques sortent pour la plupart, dit-on, du rang le plus bas du peuple d'Irlande qui se nourrit généralement de ce tubercule. Aucun aliment ne peut offrir une preuve plus décisive de sa valeur nutritive, c'est-à-dire de son caractère particulièrement propice à la santé de la constitution humaine [49]. »

Et tout un courant de l'historiographie anglo-saxonne de se rallier à Smith, et de rapporter la fécondité des Irlandaises à leur régime basé sur la pomme de terre et les laitages.

Sous réserve d'enquête plus poussée, il semble que vers 1800, avant les grandes famines de l'Empire qui assurent définitivement l'intégration de la pomme de terre dans la consommation humaine, le tubercule entre dans deux systèmes alimentaires distincts [50]. Dans les terres hercyniennes de la France ou dans les Apennins, c'est une nourriture pour les cochons, et alors elle n'inspire qu'aversion aux hommes. Dans l'autre système, la pomme de terre est une nourriture acceptée par les hommes. L'Europe des rhizophages (mangeurs de raves) s'étend sur tout un arc de terres froides, de l'Irlande à la Prusse. Dans ces pays, le cochon omnivore se nourrit de façon traditionnelle, allant lui-même chercher sa pitance dans les herbages ou les sous-bois. Éventuellement, sa ration est complétée par des chaudronnées de pommes de terre, surtout s'il est à l'engrais, mais peut-être faudrait-il voir de plus près ce que contient ce chaudron : les pommes de terre sont-elles de même variété que celles qui sont dans les écuelles des hommes ? C'est une piste

49. Smith 2000, 175.
50. Bourguinat 2002, 150.

difficile à suivre, mais sans doute féconde, que celle de la diffusion de différentes variétés de pommes de terre, et éventuellement de leurs usages différenciés.

Arrêtons-nous un bref moment en Alsace, bon observatoire et poste avancé dans le royaume de cette Europe des rhizophages. Le partage entre bêtes et hommes pourrait faire illusion et confusion. Or les Alsaciens ont des façons bien particulières de conditionner et d'apprêter le tubercule. On l'utilise le plus souvent en association avec des céréales nobles pour fabriquer du pain : « Substituer la fécule de pomme de terre à la farine pour en faire du pain est, avec toutes les difficultés que cela comporte, un signe d'ingéniosité[51]. » La pomme de terre n'est ici qu'un *ersatz* d'une nourriture plus noble et plus calorique. C'est dire combien elle est dénuée de personnalité propre. Les Alsaciens la consomment donc sous forme de pain mélangé, ou bien recyclée en protéines animales, la viande de porc étant leur nourriture principale. En Haute-Alsace, on mange la pomme de terre entière, en robe des champs, accompagnée d'un peu de lait caillé[52]. L'espèce consommée est réservée aux hommes. Depuis 1747, les Alsaciens font la distinction entre les pommes de terre destinées aux bêtes – les *Erdäpfel* proches du topinambour – et les « poires de terre » – *Grunbieren* réservées à l'homme.

Nous connaissons bien la pomme de terre primitive, celle des premières planches botaniques, objet de curiosité et de description. Mais, une fois installée en plein champ, la pomme de terre échappe à l'observation. C'est pourtant là que se produit une sorte de révolution verte, une révolution silencieuse. Entre le tubercule représenté sur l'herbier de Gérard de 1597 et la belle américaine qui est effectivement consommée deux siècles plus tard, les différences sont grandes, et il serait faux d'imaginer un clone de la rouge pourpre du Chili éternellement reproduit à l'identique. Au reste, il vaudrait mieux ne plus parler de la pomme de terre, mais des pommes, tant le cultigène ramené d'Amérique a subi de transfor-

51. J.-M. Boehler, *Une société rurale en milieu rhénan : la paysannerie de la plaine d'Alsace (1648-1789)*, Presses universitaires de Strasbourg, 1994, 1693.
52. *Ibid.*, 1734.

mations. C'est l'aboutissement d'une longue patience, tout un travail furtif des biotechniciens des campagnes. Ce bricolage génétique permet d'obtenir des variétés moins chargées en solanine, qui exonère donc la pomme de terre d'une de ses lourdes tares. Vers 1780, Parmentier sélectionne une douzaine de variétés parmi quelques dizaines reçues de ses amis Vilmorin[53]. En 1817, Vauquelin analyse 47 variétés de pommes de terre qui lui sont remises par la Société d'agriculture. Il les classe selon leur teneur en amidon. En tête, l'orpheline, puis la décroisille, la petite hollandaise, la brugeoise[54]. A la même date, Beauvilliers, dans son *Art de cuisiner*, décide que les seules pommes de terre acceptables sur les tables distinguées viennent de Hollande[55]. Le classement le plus courant alors est de regrouper les variétés en deux ensembles, l'un destiné à l'animal, l'autre réservé à l'homme ou, encore plus simplement, de distinguer la « bonne espèce » de la « mauvaise », celle-ci comprenant les pommes « dont la moelle est pénétrée par des cercles rougeâtres et dont on ne fait usage que pour les bestiaux[56] ». Entre le cochon qui dévore le tubercule entier, peau comprise, et le geste de l'homme qui mange d'autres variétés, et sans la peau, s'ouvre le palier symbolique qui rend la pomme de terre « bonne à penser » pour l'homme, et donc « bonne à manger ».

L'art de rassurer le public

Peut-on lutter contre une peur lorsqu'on pressent, lorsqu'on sait, qu'elle n'est pas fondée ? C'est le problème auquel sont confrontés pratiquement tous ceux qui, dans l'Europe éclairée, s'intéressent aux choses de la terre et aux progrès de l'agriculture. Du point de vue scientifique et médical, la question est tranchée, et les élites sont persuadées de l'innocuité de la plante. Cette certitude est

53. Muratori-Philip 1994, 132.
54. *Journal de physique*, août 1817. Cité par Aulagnier 1830, II, 168-169.
55. Aron 1973, 134.
56. Aulagnier 1830, II, 172.

confortée par le jugement de la faculté de médecine de Paris, consultée par l'abbé Terray, contrôleur général du royaume. Le dimanche 2 mars 1771, à 10 heures après la messe, les docteurs assemblés déclarent solennellement que « la nourriture des pommes de terre est bonne et saine, nullement dangereuse et qu'elle est même très utile ». Dès lors, la peur ne se justifie plus. C'est une erreur populaire, un préjugé, une ignorance. Un médecin italien le déplore :

« L'erreur populaire, que les patates engendrent des flegmes, est née de la mauvaise habitude que nous avons, les uns vis-à-vis des autres, de décrier tout ce qui n'a pas été consacré par la coutume. Et en attendant, les bonnes choses continuent à être discréditées [57]. »

C'est à peu près au même moment – 1768, selon les historiens botanistes – que se produit un non-événement de grande portée : les parcours de diffusion des deux espèces primitives de pomme de terre se croisent sur le continent, ouvrant la voie à l'éclatement de la biodiversité. Il n'est pas neutre que les propagandistes de la pomme de terre disposent de nouvelles variétés, moins amères et moins toxiques que les premières. La lutte contre le préjugé est l'affaire de tous les administrateurs éclairés et des agronomes des Lumières, mais l'Histoire n'a retenu de ces avant-gardes pionnières que quelques figures de proue, comme en Italie Battara et Occhiolini, en France Turgot et Parmentier. Anne Turgot et Antoine Parmentier : deux hommes, deux méthodes différentes pour vaincre la peur.

Un médecin bon connaisseur de la campagne limousine écrit : « La châtaigne entre au moins pour moitié dans la base des aliments de nos campagnes... Un ministre, dont la mémoire sera toujours chaire [*sic*] aux Français, mais à qui on a justement reproché de s'être trop livré à l'esprit de système, avait projeté de détruire le châtaignier en Limousin, pour lui substituer la pomme de terre ; mais c'eût été ruiner la province entière [58]. »

Ce ministre, c'est Anne Jacques Turgot, nommé intendant à Limoges en 1761. Treize ans durant, Turgot administre la généralité

57. F. Baldini, *De pomi di terra*, Naples, 1783, cité par Roze 1898, 109.
58. Cité par Kiener et Peyronnet 1979, 128.

avec un grand dessein : réformer et expérimenter les thèses physiocratiques dans cette France très profonde de la fin du règne de Louis XV. En terre de mission, le Parisien Turgot va prêcher la bonne parole agronomique et prôner la culture de la pomme de terre.

Mais comment convaincre ce peuple de mangeurs de châtaignes, toutes catégories sociales confondues, et surtout les paysans qui en consomment plus que d'autres, quatre mois de l'année durant ? Peut-on changer le système alimentaire en changeant les hommes ? Turgot n'y croit pas. La province qui s'offre à lui est peuplé « de sots Limousins », selon son expression ; ces hommes sont lents, apathiques, figés dans leur routine ; au physique, de faible constitution et de petite stature, mesurant 1,60 m en moyenne : c'est un peuple de nains que Turgot gouverne. Pour comprendre la misère physiologique de ses administrés, l'intendant adopte l'explication médicale à la mode, qui relie volontiers débilité et régime alimentaire. La relation n'est pas fausse. Dans ces pays pauvres en grains et aussi en bétail, l'alimentation est très déséquilibrée, caractérisée par une surabondance de féculents, farine de châtaigne et bouillies à gogo, et par l'extrême rareté des protéines animales. La fragilité des paysans montre que le système alimentaire traditionnel a atteint ses limites, qu'il entre dans une crise aiguë où la tension entre les hommes et les ressources se révèle de façon épisodique par les disettes, et de façon plus profonde par cette diminution de la taille des hommes qui caractérise l'Europe de ce temps. Poursuivant son analyse, Turgot écrit :

« Les paysans du pays sont naturellement fainéants et indociles, parce qu'ils sont habitués à vivre de châtaignes qui leur procurent une subsistance sans culture ni travail[59]. »

Ici, le diagnostic dérape des causes nutritionnelles aux causes morales. Turgot dénigre vertement le châtaignier, « l'arbre à pain », en lui reprochant de fournir au paysan une nourriture sans effort. Le même reproche qu'on a vu adressé à la pomme de terre, il le reprend et le retourne, la méfiance envers un revenu qui « vient en dormant » jouant ici en faveur de la pomme de terre.

59. *Ibid.*, 136.

Mais le Limousin reste obstinément attaché à la châtaigne. On lui montre les avantages de la pomme de terre aux champs ; il regarde, lui, les avantages de la châtaigne en cuisine, qu'il sait préparer de très diverses façons, dont le goût lui convient, qu'il estime supérieur à celui de la fade pomme de terre. Il aime la châtaigne tout simplement parce qu'elle lui est plus agréable au palais [60]. Pour Turgot, être attaché à cette nourriture étouffe-chrétien n'est qu'un signe supplémentaire d'abrutissement.

Aussi n'est-ce pas au mangeur rustique qu'il s'adresse, mais au producteur. Turgot arrive avec un esprit de système, disait l'auteur précédemment cité : en fait, des manières de technnocrate au service d'une idéologie de réforme agronomique. Il est persuadé qu'on ne peut changer le système alimentaire qu'en établissant une agriculture alternative. Son programme est tout entier dans la lettre qu'il adresse à son collègue l'intendant d'Auvergne, quand il écrit que « l'état de misère et d'abrutissement où sont les cultivateurs dans nos provinces ne pouvait être combattu que par les dépenses et l'intelligence des propriétaires riches et instruits [61] ». C'est appliquer, à la lettre, la maxime physiocratique : le changement ne peut venir que des propriétaires, « hommes sensés » et « zélés citoyens ». Ceux-là ne mangeront jamais de pommes de terre, mais ils ont les moyens d'imposer sa culture, par exemple en exigeant dans les baux que leurs locataires et leurs métayers y consacrent des parcelles. C'est fort proche de la méthode coloniale, celle que les landlords anglais ont mise en pratique en Irlande, ou celle des planteurs des Antilles imposant le manioc comme culture vivrière obligatoire. Malheureusement pour Turgot, le Limousin est un pays de petits paysans libres. Et les notables, sollicités, ne réagissent pas toujours dans le sens désiré. Un membre éminent de la société d'agriculture locale, M. de Feytiat, assure à ses collègues que le tubercule de M. l'intendant n'est pas bonne pour engraisser les porcs, « ce qu'il avait éprouvé en ce qu'ayant donné plus de vingt sacs de patates bien préparées avec du son à deux

60. J.-R. Pitte, *Terres de castanide. Hommes et paysages du châtaignier, de l'Antiquité à nos jours*, Paris, Fayard, 1986, 224, 240.
61. Kiener 1979, 172.

cochons qu'il se proposait d'engraisser, non seulement ils n'avaient pas profité mais il a même lieu de soupçonner que cette pâture leur avait rétréci les boyaux[62] ». Refus paysan, réticences des notables. On comprend que, malgré les efforts de M. l'intendant, les progrès du tubercule soient à peu près nuls pendant la décennie 1760.

Le combat de Parmentier contre la répulsion de la pomme de terre emprunte d'autres armes. La victoire qu'il convoite ne s'appelle pas révolution agricole, mais réforme alimentaire. Il prend les choses par l'autre bout du circuit économique, jugeant que c'est la consommation qui commande. Pharmacien militaire, Antoine-Augustin Parmentier s'engage à vingt ans dans la guerre de Sept Ans, il est fait cinq fois prisonnier en Westphalie. Il y a fait l'expérience du tubercule : ce fruit appelé là-bas cartoufle (*Kartofel*) était jugé, comme en France, bon pour les cochons et pour les prisonniers de guerre. De retour de captivité, reconnaissant envers un aliment qui lui a sauvé la vie, Parmentier s'investit dans la promotion de la pomme de terre, profitant de deux opportunités : l'avis officiel de la faculté de Paris, décrétant la plante non dangereuse pour la santé, et la mise au concours de l'Académie de Besançon en 1772 d'une question sur *Les Végétaux qui pourroient suppléer en temps de disette à ceux que l'on emploie communément pour la nourriture des hommes*.

En présentant devant l'Académie les avantages des féculents en général, et de la pomme de terre en particulier, Parmentier précise son objectif : « Mon dessein, en m'y livrant, fut de savoir si réellement ces tubercules contenaient quelque principe particulier capable de produire les effets nuisibles dont on les accusait dans plusieurs de nos provinces. C'est le simple examen d'une racine longtemps méprisée sur laquelle il reste encore des préjugés que je présente ; j'aurai rempli mon but si je puis contribuer à les détruire[63]. »

Lutter contre la peur passe donc par la destruction de deux préjugés, sanitaire et culturel.

62. *Ibid.*, 230.
63. Parmentier 1781, 42.

Pour disqualifier le préjugé sanitaire, Parmentier se fait expérimentateur. Comme chimiste et physicien, il est plus convaincant dans ces études sur le chocolat, où il découvre les lois de l'équilibre calcique, ou sur la marmite américaine, qu'il perfectionne à partir de celle de Denis Papin, que dans ses études sur les féculents et l'amidon, tout ce qui constitue ce qu'il appelle le « lest » de l'estomac, et sur ces substituts farineux qu'il conseille en temps de disette, où on trouve pêle-mêle pomme de terre et mandragore ! Apparemment, il n'a pas d'argument scientifique nouveau, mais une expérience forgée à l'Hôtel-Dieu de Paris dont il fut apothicaire, en « essayant » la denrée sur les pauvres hospitalisés, provoquant par là un conflit dur avec les sœurs grises qui soignent les malades – un de ces conflits à répétition qui opposent médecins et sœurs hospitalières, et qui se nouent autour de la question du régime des malades et de la diététique à l'hôpital. On sait, d'après les Mémoires de La Reynie, que la marquise de Brinvilliers, la célèbre empoisonneuse des années 1680, était visiteuse d'hôpital moins dans un esprit de charité que pour tester quelques mixtures de sa composition. Ainsi procède Parmentier, mais avec un produit dont il est sûr de l'innocuité. Autre lacune de notre ardent propagandiste : pour l'utilisation alimentaire de la « patate », il multiplie les recettes – dont le fameux hachis –, mais sans les assortir obligatoirement du mode de préparation initial que d'autres recommandent : faire cuire à l'eau les tubercules dans leur peau, puis enlever la robe et la « jeter aux poules » avant d'accommoder la pulpe de diverses manières. Fondés sur une intuition sûre, ces deux gestes sont de bonne précaution [64]. Tout au plus conseille-t-il l'utilisation de la marmite Papin qu'il a perfectionnée, préférant à la cuisson à l'eau la cuisson à la vapeur.

C'est par les méthodes employées pour stimuler la nouvelle culture et combattre le préjugé culturel que Parmentier donne sa pleine mesure et fait preuve de ses meilleurs talents, des talents de publiciste, mettant en œuvre différents procédés de « réclame ». Dans ce processus de médiatisation, on retiendra la stratégie, et les

64. G.B. Occhiolini, *Memoria sopra il meraviglioso frutto americano chiamato volgarmente patata*, Rome, 1784, 18, cité par Camporesi 1993, 107-108, note 3. La cuisson en pelure permet de ne pas détruire l'acide ascorbique.

moyens. Parmentier sait que « le bon ton, l'oisiveté et d'autres causes ont souvent plus de part à la consommation que les besoins réels ». Sans doute est-il marqué par la vogue grandissante du pain à la levure de bière. Alors même qu'il condamne ce procédé, se rangeant résolument du côté des *anti-mollistes*, Parmentier assiste impuissant à ce phénomène qui transforme une consommation de luxe en une consommation de plus en plus démocratique. Avec la pomme de terre, Parmentier rêve de reproduire ce même processus d'homologation culturelle qui ferait enfin figurer sur la table des travailleurs ce fruit du Nouveau Monde. D'où sa stratégie, coulée dans la logique sociale de l'imitation descendante.

Pour que l'image de la pomme de terre change, qu'elle devienne un produit distingué, il fait appel à deux groupe médiatiques, des « leaders d'opinion » et des prescripteurs. Les leaders d'opinion sont parisiens, hommes de Cour ou de pouvoir comme le gouverneur d'Espagnac, le lieutenant général Lenoir, savants de renom comme Lavoisier, Arthur Young ou l'Américain Benjamin Franklin, qui se régalent ou prétendent se régaler de tubercules préparés de diverses façons dans des banquets largement médiatisés. Plus haut encore, les plus illustres propagateurs se recrutent dans la famille royale, Marie-Antoinette commande à Rose Bertin, la modiste à la mode, des chapeaux ornés de fleurs de pomme de terre et mange de la pomme de terre « déguisée » en purées et en hachis éponymes. Comment mieux dire que la pomme de terre est à la mode ? Les prescripteurs qui peuvent influencer l'opinion sont plus traditionnels, ce sont les médecins qui viennent d'innocenter définitivement la consommation de la pomme de terre, et les grands propriétaires à qui Parmentier répète à chaque réunion de société d'agriculture : « Accoutumez-y vos vassaux par toutes sortes de moyens, excepté l'autorité, mais surtout prêchez d'exemple[65]. » Le message véhiculé par les uns et les autres est très lisible : mangez de la pomme de terre, c'est chic et sain.

Les efforts de Parmentier, ses techniques nouvelles pour promouvoir un modèle de consommation qui va à l'encontre des habitudes

65. Muratori-Philip 1994, 131.

acquises et donc des attentes des consommateurs n'ont d'égal que son échec. Le publiciste lance les règles du nutritionnisme médiatique, mais dans le même mouvement il en marque les limites. Son modèle de consommation n'est pas adopté, et, quand il le sera, ce sera plus tard, et sur d'autres impulsions de nécessité. Le long travail de persuasion des élites était peut-être nécessaire : il ne fut pas suffisant.

Dans les facteurs de résistance, les blocages sociaux d'une société d'ordres finissante ont une grande part.

Le problème avec les riches, c'est qu'ils sont favorables à la pomme de terre... pour les pauvres. Les grands propriétaires terriens comme Young ou, en France, l'agronome Duhamel de Monceau prônent la culture de la pomme de terre aux grands exploitants, mais pas pour leur propre consommation, pour celle de leurs valets et de leurs domestiques. Ils pensent d'ailleurs que la pomme de terre, si elle n'est pas foncièrement malsaine, convient mal à leur estomac délicat comme à leur palais raffiné. Ce préjugé social s'affiche sans fard dans l'article de l'*Encyclopédie*, consacré à la pomme de terre :

« ...cette racine, de quelque manière qu'on l'apprête, est fade et farineuse. Elle ne saurait être comptée parmi les aliments agréables ; mais elle fournit un aliment abondant et assez salutaire aux hommes qui ne demandent qu'à se sustenter. On reproche avec raison à la pomme de terre d'être venteuse : mais que sont des vents pour les organes si vigoureux des paysans et des manœuvres » !

C'est un avis médical : celui de Gabriel-François Venel, docteur en médecine de Montpellier depuis 1742 et ami personnel de Diderot. Rapprochons les articles consacrés à la pomme de terre de nos deux encyclopédistes languedociens, Venel et l'*Encyclopédie*, Boissier et le *Dictionnaire languedocien-françois*. Ils fabriquent un paradoxe : si la pomme de terre est insane, et indigeste, l'est-elle également pour tous ? Les médecins des Lumières restent fidèles à la physiologie et à la diététique différenciée héritée des Grecs, et ils pensent toujours que l'estomac du paysan est plus solide. Mais ce préjugé de classe est-il tenable ? Et le paysan cévenol, lui, en portant un jugement dans l'absolu, se dit qu'un aliment est bon, ou pas, mais qu'il l'est pour tous. Parmentier a tenté de faire sauter ce verrou de classe, sans succès.

Si les puissants ne consomment pas de la parmentière comme ils consomment du pain au levain, comment le processus de descente sociale qu'il a imaginé pourrait-il fonctionner ? Les moins puissants ne sont pas dupes de ce tapage médiatique orchestré par « Monsieur Parmentier et autres prétendus sçavants [66] ». Le gouvernement des palais est chose impossible, et cette règle ne souffre pas d'exception sociale, car les pauvres, aussi, ont un goût. C'est ce que Parmentier découvre pendant la disette de 1815. Avec ses amis de la Société philanthropique, il fait ouvrir 42 cuisines dans Paris chargées de distribuer des portions de bouillon à un sou. La recette de cette soupe populaire est anglaise, elle est épaissie de gélatine d'os, on l'appelle soupe à la Rumford, mais le cuisinier philanthrope doit l'adapter au goût des Parisiens, peu portés sur la gélatine : « Les pauvres, constate Parmentier, comme les autres, sont discriminants dans ce qu'ils aiment. »

Sans doute faut-il parler pour la pomme de terre d'aversion plus que de peur. Les aversions collectives sont plus durables que les peurs. La question de fond, celle des conditions requises pour qu'un aliment soit accepté et qu'il modifie les comportements alimentaires, n'est pas résolue. Affirmer que la logique économique n'a imposé sa froide loi des avantages comparatifs qu'à l'aube du XIXe est un constat plus qu'une explication. Mettre en cause une résistance paysanne atavique est tout aussi vide de sens puisque, çà et là sur le Vieux Continent, des cultures rurales ont intégré la plante avant la Révolution. Et si, finalement, le temps lui-même n'était pas une des clés de ce mystère ?

Il a fallu à la pomme de terre plus de deux siècles pour sortir du purgatoire, sans doute la durée nécessaire pour que sa consommation soit consacrée par la coutume, pour que le réflexe néophobique se dissolve peu à peu dans l'usage, et qu'il laisse la place à la familiarité – ce principe sur lequel repose tout entière la tranquillité alimentaire.

66. Le mot est des consuls d'Arles, en 1788.

CHAPITRE 6

Le pain en procès

« Du temps de mon père on avait tous les jours de la viande, les mets étaient abondants, on engouffrait le vin comme ç'eût été de l'eau. Aujourd'hui tout est changé ; tout est devenu cher ; le ravitaillement des paysans les plus aisés est pire que celui des serviteurs d'hier. » Ainsi s'exprime Gilles de Gouberville, un petit gentilhomme normand dans les années 1560. Que tout soit mieux avant, du temps de nos pères, que l'âge d'or soit derrière nous est un lieu tellement commun depuis Caton l'Ancien que les historiens y ont regardé de près avant de rendre justice à Gouberville : sa nostalgie est fondée. La situation alimentaire des Français, et des Européens en général, se dégrade à partir de la mi-seizième. Selon les calculs d'Abel, la courbe de la consommation moyenne de viande s'infléchit à partir de la décennie 1550. La phase de pléthore animale se referme. Ainsi les Allemands passent entre le XIVe et le XVIIIe siècle d'un optimum de 100 kilos de viande annuels *pro capite* à 14 kilos. Les chiffres d'Abel ont été discutés, nuancés, il n'empêche : la tendance à la diminution de la ration carnée est incontestable, sauf en régions pastorales. A Avignon, entre 1610 et 1736, l'allocation annuelle de bœuf et de mouton chute de 76 livres par an et habitant à 59 livres. Les bouchers, qu'on trouvait si nombreux dans le Sud-Ouest au bas Moyen Age, occupent une place de plus en plus réduite dans la vie urbaine. A Montpezat, en Quercy, on dénombre 18 bouchers en 1550, 10 en 1556, 6 en 1641, 2 en 1660, 1 en 1763. Même si, comme le dit Braudel, le nombre des habitants a stagné, ou diminué, ce n'est pas dans la proportion de 18 à 1 [1]. Avec la chute de la ration carnée se clôt pour la culture alimentaire « une période de vie individuelle heureuse ».

Tandis que la consommation de protéines animales régresse, en compensation la consommation de pain augmente. La ration standard en Italie du Centre et du Nord, au XIVe siècle, s'élève à 650 grammes par jour. Au XVIIe, à Sienne, les valeurs les plus répandues se situent entre 700 et 900 grammes, avec une pointe à 1 200 grammes. La France connaît une hausse encore plus sensible. En mars 1662, le médecin Guy Patin s'inquiète de la montée des eaux de la Seine, le blé de Rouen n'arrive plus et il vit dans la crainte de « tumulte », c'est-à-dire d'une révolte populaire [2]. La question du pain est donc une question cruciale, elle l'est en France plus que dans aucun autre pays. Les Français sont devenus « les plus grands mangeurs de pain qu'il y ait dans le monde [3] ». Or c'est en France, dans la capitale, qu'éclate en 1668, au début du règne personnel de Louis XIV, l'affaire du pain à la reine. Elle a ceci de singulier qu'elle n'est pas liée à une crise frumentaire. La production céréalière commandant les prix et la régularité de l'approvisionnement urbain, les administrateurs y sont particulièrement attentifs, et pour eux, gouverner la ville, c'est s'informer des disponibilités en grains et des « apparences » des récoltes à venir. Ils distinguent quatre temps : l'abondance, la médiocrité, la disette, la famine. La conjoncture céréalière donne le ton de l'année à venir, elle conditionne la sécurité de l'approvisionnement et le coût de la vie. Les mauvaises périodes, celles de pénurie, sont appelées disette ou, par métonymie, cherté. L'année-récolte 1667-1668 se situe dans une plage de relative sécurité entre deux grandes crises frumentaires, 1662 et 1692-1693. On est en période de tranquillité, voire d'abondance. Paramètre essentiel : c'est parce que le problème de la quantité ne se pose pas qu'une autre question est soulevée, qui touche à la qualité et à la santé.

1. Braudel 1967, I, 142. Montanari 1995, 143-144.
2. Patin 1846, I, 407, 21 mars 1662.
3. Kaplan 1996, 47.

Le bon pain

La peur de manquer de pain est structurante : à Paris, elle dicte l'organisation de la boulangerie selon une figure que Steven Kaplan décrit comme un triangle. A la base de ce triangle du pain – ou de la peur, comme on voudra – se trouve le peuple effrayé et menaçant ; à l'autre bord prennent place les boulangers, souvent menacés ; au sommet, la police qui administre la ville [4].

Le pain quotidien est fourni aux Parisiens par les boulangers de la ville, regroupés en un corps, et composant un des métiers les plus réglementés et les plus surveillés. Un approvisionnement complémentaire est assuré par des boulangers forains, venus de Gonesse et des environs. Les forains arrivent de la banlieue deux fois par semaine en charrettes chargées de gros pains pouvant dépasser 12 livres, dont le succès tient à ce qu'ils sont bons et moins coûteux. Le pain de Gonesse est « un pain léger qui a beaucoup d'yeux, qui sont les marques de sa bonté [5] ». Cet arrivage bihebdomadaire de pain forain est indispensable pour nourrir les Parisiens des couches les plus populaires. La population pauvre de Paris sous le règne de Louis XIV consomme environ 1 500 grammes par tête et par jour. Théoriquement, le compte (en calories) y est [6]. Pratiquement, il faut prendre ces chiffres pour ce qu'il sont et se garder d'extrapoler. Ce rationnaire à 4 000 calories par jour est une unité statistique, autrement dit, il n'existe pas en réalité. Les moyennes brutes sont sans signification sociale. Il n'y a pas en 1668 un Parisien moyen qui mangerait 1,5 kilo d'un pain moyen, mais des mangeurs de pain qui relèvent de niveaux différents. Le pain de tous les jours n'est pas le pain de tout le monde.

Il ne sert pas seulement à nourrir, il marque aussi l'identité sociale : dis-moi quel pain tu manges, et je te dirai qui tu es. On

4. Kaplan 1996, 31.
5. Furetière, *Dictionnaire*, art. « Pain ».
6. Lachiver 1991, 41.

connaît l'opposition entre pain blanc et pain noir, miroir fameux d'un clivage social. Dans une grande ville comme Paris, cette distinction binaire est trop sommaire, et c'est en fait trois sortes de pain que les boulangers tenant boutique doivent proposer conformément aux statuts de leur métier : du pain blanc de chapitre, du pain bis-blanc ou pain bourgeois, du pain de brode, dont les prix sont fixés [7]. L'échelle des prix va de 1 à 3 : quand le pain blanc vaut 3 sous, le pain moyen coûte 18 deniers, la qualité inférieure un sou [8]. La hiérarchie des pains, si elle est une mesure de dénivellation sociale, trahirait donc une société parisienne divisée en trois classes. Or la société urbaine est en réalité infiniment plus stratifiée, et la division tripartite ne correspond plus aux besoins de différenciation sociale. Le jeu de la demande est plus subtil, et, pour y répondre, il est permis aux boulangers de fabriquer autre chose que les trois types tarifés :

« Néanmoins pourront faire autre sorte de pain comme pain façon de Gonesse et autre appelé pain à la reine. » Cette petite phrase, article 15 des statuts, donne un espace de liberté et de créativité aux boulangers, et leur fournit l'occasion de profits plus juteux. Mais, surtout, le pain à la reine est la réponse à une demande de distinction des classes supérieures.

Le pain à la reine est une nouvelle façon de faire le pain autant qu'un nouveau pain. Comme le dit le *Journal des sçavans* à ses distingués lecteurs :

« Pour l'éclaircissement de cette question, il est nécessaire de savoir qu'il y a deux sortes de levain. Celui qui est le plus en usage et qu'on appelle franc levain n'est, comme tout le monde sait, que de la pâte faite avec de l'eau et de la farine, et gardée jusqu'à ce qu'elle soit devenue aigre. L'autre, qu'on appelle levure, est l'écume que la bière jette lorsqu'elle fermente. Le franc levain agit plus lentement, enfle moins la pâte et fait un pain plus pesant et plus ferme. La levure fermente la pâte en moins de temps, l'enfle beaucoup, et le pain qui en est fait est léger, délicat et très tendre.

7. Lespinasse 1886, 210.
8. Cahen s.d., 2.

C'est de cette seconde sorte de levain que les boulangers de Paris ont coutume de se servir pour faire du petit pain [9]. »

La famille des petits pains bien levés est appelée à s'agrandir, mais, Louis XIV régnant, elle comprend déjà plusieurs variétés, dont la plus connue, incorporant du sel et de la levure, s'appelle pain mollet et pain à la reine quand on y ajoute du lait.

De quelle reine s'agit-il ? Selon le *Journal des sçavans*, l'invention boulangère date du début du siècle, quand Henri IV a épousé Marie de Médicis. On considère cette nouveauté comme une importation italienne, qu'on attribue à l'entourage florentin de la reine. Le pain à la reine est un élément de cette « révolution Médicis » qui, dans l'histoire officielle de l'art culinaire français, occupe une si grande place qu'elle est un des mythes fondateurs de l'histoire de la cuisine française [10]. Notre dette italienne serait grande, aussi bien pour la gastronomie que pour les manières de table. On peut donc classer le pain à la reine au titre des nombreuses inventions venues de Florence, avec la fourchette et les fruits confits. Mais on doit aussi le relier à une tradition qui a pris forme à la cour de France au siècle précédent. A chaque femme de roi son produit éponyme : le pain à la reine à Marie de Médicis, la prune à la reine Claude, le potage à la reine à Marguerite de Valois, et l'herbe à la reine à Catherine de Médicis (mais là, l'appellation est partagée avec l'introducteur du tabac à la Cour, vers 1560, d'où son premier nom d'herbe à Nicot ou herbe à la reine). En fait, cette généalogie n'est qu'une des branches de la mythologie culinaire. L'exemple du potage à la reine peut nous montrer le sens à donner à l'expression. Ce potage qui fit les délices de la Cour des Valois n'est autre que le blanc-manger, qui figure depuis plusieurs décennies sur les tables princières ou bourgeoises... La finesse, la légèreté et la couleur du potage à la reine sont des traits que l'on retrouve dans le pain à la reine. Sur les tables aristocratiques on sert aussi des poulets à la reine, qui sont ce qu'il y a de plus raffiné en matière de volaille, d'une chair blanche et tendre, plus proches du poussin que de la poule [11]. « A la

9. *Journal des sçavans*, 2 mars 1671.
10. Revel 1979, 129.
11. Menon, 1783, 142.

reine » semble donc une de ces appellations d'origine incontrôlée, qui qualifie ce qu'il y a de plus noble et de meilleur dans l'ordre alimentaire – étant entendu que ce qu'il y a de meilleur est forcément léger et blanc.

Pour que le pain à la reine provoque l'émoi que nous allons examiner et qui agite la ville, il fallait que son usage soit passé de la Cour à la Ville, et qu'à la ville il ne soit plus seulement un pain de luxe, réservé à une minorité. Jusqu'à quelles profondeurs sociales sa consommation est-elle descendue ? Selon Poquelin, un des experts convoqués à cette occasion, la consommation de pain à la reine concerne « une infinité d'habitans de la plus grande ville du monde ». Il faut se contenter de cette estimation qualitative. Elle souligne une inflexion du goût largement partagée. Tous les Parisiens éprouvent le même désir d'un bon pain. Mais qu'est-ce qu'un bon pain ? La réponse est variable à l'infini, donc historique. Pour un enfant d'aujourd'hui, un mauvais pain a une tranche pleine de trous par lesquels la confiture dégouline. Or, c'est exactement le pain idéal pour un Parisien du XVIIe siècle, qui désire une mie légère, spongieuse, apte par exemple à bien absorber sans s'émietter les sauces des ragoûts et des estouffades dont la mode se répand en ville. Voilà pour la texture. Pour la saveur, ce pain plus blanc n'est pas forcément plus fade, relevé qu'il est par une teneur en sel inhabituelle, et le mangeur lui trouve un goût « délicat », bien préférable à celui du pain au levain qui, développant une fermentation acide, est souvent aigre et mal levé. Par ses yeux et par sa blancheur, le pain mollet affiche une éclatante supériorité.

L'affaire du pain à la reine

En 1668, un procès est en cours devant le parlement de Paris – un de ces procès répétés qui mettent aux prises des métiers mitoyens, et qui obligent les juges à se pencher sur les questions des frontières intérieures qui fragmentent le marché de l'alimentation. Le différend oppose les boulangers de Paris aux cabaretiers[12]. Ce sont les boulangers qui ont porté plainte, arguant qu'ils ont le monopole de la vente du pain aux cabaretiers, mais que ceux-ci, au mépris du règlement, se fournissent en pain forain. Les cabaretiers ont comme les taverniers – qui constituent un autre métier – le droit de vendre le vin en pots, aussi plusieurs de ces cabarets sont-ils à l'enseigne de *La Galère* – allusion à la démarche chaloupée et tanguante de certains de leur clients ; mais les cabaretiers, à la différence des taverniers, ont aussi le droit de dresser la nappe, de servir à manger et de débiter du pain en morceaux. Ils ont pris l'habitude de se fournir aux halles auprès des marchands forains et servent à leurs clients du pain de Gonesse, fait avec du « franc levain ». En ont-ils le droit ? c'est ce droit précisément que doivent dire les juges, alors que les boulangers citadins affirment avec force leur monopole. A lire à la lettre les statuts corporatifs des uns et des autres, il semble que les boulangers soient dans leur bon privilège. C'est alors que, conscients peut-être de leur infériorité juridique, les cabaretiers contre-attaquent sur un autre terrain. Nous n'achetons pas, disent-ils, du pain aux boutiquiers de la ville parce qu'il est fait avec de la levure de bière, et il est malsain, nous sommes donc obligés d'en commander aux boulangers de Gonesse, qui, eux, utilisent de la bonne eau, l'eau du Crould, affluent de l'Oise, et du levain de pâte. Rien ne vaut un cabaret pour diffuser la rumeur : le pain à la reine est mauvais pour la santé ! Et la rumeur se répand aussi sur les marchés, quand les boulangers de Gonesse, à leur tour, entrent en procès. Ce qui n'était qu'une affaire banale de corporatismes se disputant des parts de marché devient une sérieuse crise sanitaire.

Ce n'est pas un complot que l'on soupçonne, mais une sorte de connivence malsaine, une complicité entre certains consommateurs, fascinés par la blancheur et la belle apparence de ce pain et certains artisans qui peuvent produire à moindre coût et surtout moindre

12. Sur toute cette affaire, Delamare 1729, II, livre IV, titre 4 : *De la police du pain par rapport à la santé*, 498 *sq*. C'est un travail de première main, qui a bénéficié de la communication des registres du Parlement.

fatigue, car le pétrissage à la levure demande un tiers de temps en moins – une l'alliance entre l'Avidité des uns et la Cupidité des autres. Le pain à la reine est séduisant, certes, mais toute séduction n'est-elle pas l'œuvre du Mal, et comment savoir si cette miche qui a « des yeux et bonne mine » n'est pas en fait une « ordure... très dégoûtante et capable de faire du tord [*sic*] au corps humain[13] » ? En fait, les cabaretiers n'ont pas inventé la rumeur : ils ont donné une publicité inattendue à un décret de la faculté de médecine du 24 mars 1668, décret sollicité par La Reynie, le tout nouveau et très puissant lieutenant de la police de la ville de Paris. La Reynie, entre autres tâches, se doit d'être le « gazetier du roi », parfaitement informé de tout ce qui se dit et se fait dans la capitale. Dans l'affaire du pain à la reine, effectivement, il n'est pas en retard d'une rumeur. Il la prend en compte et décide de consulter les médecins à ce sujet. La première expertise scientifique, en 1668, a un caractère informel. La Reynie reçoit chez lui plusieurs médecins, leur expose qu'il s'agit de protéger le consommateur. Un individu, leur dit-il, peut se précautionner contre un pain fait de mauvaise farine, ou mal cuit, « le goût et la vue découvrent assez l'un et l'autre de ces défauts. Il n'en est pas de même de la fermentation, qui fait lever la pâte, qui la subtilise et la rend plus légère : car la plus mauvaise est quelquefois celle qui donne plus d'apparence de bonté au pain » ; et de solliciter l'avis de ses invités : est-ce que le mélange de levure de bière à la pâte ne présente pas certains risques pour la santé ? Après discussion, les avis sont partagés. La Reynie demande alors à l'École (la faculté de médecine) de se saisir de cette question et de la traiter à fond.

Le 24 mars 1668, tous les docteurs de la Faculté sont assemblés. Ils sont 75 docteurs régents à écouter le rapport de 4 d'entre eux, dépêchés pour examiner comment les boulangers faisaient la levure, et comment ils l'employaient. La majorité des sages – 45 sur 75 – se prononcent contre l'usage de la levure.

« Nous soussignés Dr régents de la Faculté de médecine de Paris, interpellés de déclarer quel est notre sentiment touchant la levure ou écume de bière que les boulangers de Paris mettent dans leur

13. Kaplan 1996, 91.

pain depuis le commencement du siècle courant, estimons que non seulement elle n'est ni utile ni nécessaire pour faire du pain, mais même que si on la considère tant en soi que pour ses effets, elle blesse la santé et est préjudiciable au corps humain [14]. »

L'avis est rendu public. L'information circule par les canaux traditionnels de la ville : les communautés de travail, les métiers de l'alimentation qui sont aussi un maillon essentiel de la transmission, puisque ce sont des métiers commerçants, avec une clientèle, des lieux de sociabilité et de communication. Par les tavernes, par les boutiques, la rumeur se diffuse.

Dans l'été 68, comme la rumeur enfle, les magistrats décident qu'avant de faire droit 6 célèbres médecins et 6 bourgeois de la ville donneront leur avis. A cet effet, on convoque des assises du pain le 3 janvier 1669.

La modernité singulière de cette conférence, c'est qu'elle intègre au titre d'experts en sécurité alimentaire de simples consommateurs, et ce, à égalité avec les médecins. Ces consommateurs, à vrai dire, n'ont pas été choisis au hasard. Ils doivent représenter l'opinion publique telle qu'on l'entend dans les sphères dirigeantes, c'est-à-dire radicalement différente de ces couches populaires si versatiles, si promptes à la passion et à l'émotion qu'elles seraient bien incapables d'exprimer un avis stable et sensé. Dans la perspective de l'administration publique, on ne peut se fier qu'à « des personnes sages et sur le témoignage desquelles on peut s'assurer [15] ». Les porte-parole choisis ont la double qualité d'être anciens (l'expérience doit parler) et notables. Ces bons bourgeois se nomment Robert Ballard, Jean Rousseau, André Le Vieux, directeur de l'hôpital général, Charles Le Brun, Guy Poquelin, marchand drapier, et donc parent de Molière, Antoine Vitre, imprimeur à la retraite – il a quatre-vint-un ans. Retenons le témoignage du doyen Vitre, car il est représentatif. Comme les autres, il a pris son travail au sérieux. Il a écouté les médecins, se dit surpris et gêné par leurs divergences, il a enquêté chez les boulangers, compris que le pétris-

14. Delamare 1729, II, 498

15. Déclaration du contrôleur général Desmarets en 1708. Cité par Lebrun 1971, 358.

sage avec la levure est un travail moins pénible, il a voyagé et vu que dans des pays comme l'Angleterre et les Pays-Bas on fabrique du pain à la levure, et, même, « il y a des villes entières en France où tout le pain qu'il se mange est à la levure, comme à Saint-Malo ». A Paris, dans toutes les grandes tables, on mange de ce pain léger, et dans toutes les communautés religieuses : chez les jésuites, les oratoriens, à Cluny... Et son rapport se termine sur le constat irréfutable que, durant sa longue vie, il n'a guère mangé d'autre pain que du pain à la reine. Son témoignage rassis est parfaitement conforme à ce qu'on lui demande :

De déclarer sans flatterie
Ce qu'on doit penser de la mie
Que mâchent depuis soixante ans
Ceux mêmes qui n'ont plus de dents[16].

L'avis du doyen des experts rejoint ceux de ses collègues – à une exception près, Le Brun. D'où leur recommandation finale : laissez faire, laissez fabriquer, le consommateur choisira...

Mais les médecins, Gui Patin en tête, ne sont pas de cet avis. Gui Patin, l'illustre doyen, *caput facultatis*, le chef de la corporation comme disent les statuts – il a soixante-sept ans – récuse les arguments d'expérience et « de bon sens » :

« Dire, comme ceux qui la défendent, qu'on n'a vu aucune personne qui soit morte ou tombée sur le champ malade pour avoir mangé de ce pain n'est pas un bon moyen pour l'affranchir des blâmes dont on le charge. Il en est comme du sucre affiné avec la chaux et de l'alun, des viandes dures salées, poivrées et épicées, et des vins où l'on jette de la chaux, de la colle de poisson ou d'autres choses de soi-même mauvaises, que les hommes qui ont soin de leur santé évitent, quoiqu'aucune de ces choses ne fasse perdre la vie, ni la santé le jour même où on la prend[17]. »

Pour lui, une somme d'expériences individuelles n'est pas une épidémiologie. Nier l'effet pernicieux à long terme, c'est nier la

16. Charles de La Condamine, *Almanach des Muses*, Paris, 1770.
17. Delamare 1729, II, 499.

probabilité du risque. Or ce risque existe, les médecins en sont convaincus. Ils ne rangent pas le pain à la levure parmi les dangers avérés, mais parmi ces produits adultérés, « sophistiqués » comme on dit alors, dont la liste est longue – Gui Patin en donne un aperçu –, mais dont les effets sur la santé sont difficiles à apprécier. Si la levure n'est pas un poison au sens propre, c'est un additif qu'il faut interdire. Elle fait du pain un produit falsifié, altéré, en aucun cas « bon et loyal ».

Les arguments épuisés, on passe au vote. Sur 6 médecins, 4 suivent leur doyen et se prononcent contre l'usage de la levure, 2 y sont favorables, à condition que la levure soit bien employée et conditionnée. Les bourgeois avaient prévenu qu'ils se rangeraient à l'avis des scientifiques, et la levure est condamnée à une large majorité.

Les décisions sanitaires suivent ; en juillet 1669, La Reynie se prononce pour l'interdiction. Un an après, en mars 1670, le Parlement rend son arrêt. La cour, après avoir entendu les conclusions du procureur général, permet finalement l'utilisation de la levure dans la fabrication des petits pains. Pour la première fois peut-être, un risque alimentaire est soumis à un vote démocratique, puis à une décision des juges.

Le juge et le commissaire

Ce qui était, au départ, un banal procès a cristallisé toute une crise, à tel point que, si l'affaire du pain à la reine n'est pas devenue une affaire d'État, elle a mobilisé les plus hautes autorités politiques de la capitale.

Elle intervient dans un contexte particulier de réorganisation complète de la police de Paris, voulue et patronnée par Colbert. L'année précédente, le surintendant a mis en place le premier lieutenant de police, un commissaire, à la nomination du roi. La réorganisation colbertienne, qui, à la manière habituelle de l'Ancien Régime, ajoute sans supprimer, n'a pas unifié le système du contrôle de la santé publique à Paris. L'autorité compétente en matière d'approvisionnement et de sécurité alimentaire reste un monstre à plusieurs têtes, qui cumule trois organes de justice et une autorité administrative : le Châtelet, qui contrôle les Halles ; la prévôté des marchands, juridiction consulaire qui a son siège à l'Hôtel de Ville, le Parlement ; et le lieutenant de police, ce commissaire directement nommé par le roi et qui, prenant le pas sur la justice, incarne la modernité de l'État[18].

Au-delà des chevauchements de compétence, qui provoquent rivalités ou coopération forcée, tous les décideurs partagent une même conviction en matière de ravitaillement et de santé ; « procurer l'abondance et garantir la bonne foi dans les transactions » sont leurs deux obligations. Que le parlement de Paris, le plus grand tribunal du royaume, s'intéresse à la sécurité alimentaire peut paraître étonnant, surtout si l'on s'en réfère à cette maxime : *De minimis non curat praetor* ! le juge ne s'occupe pas d'affaire minime. Il faut croire que, soit la maxime n'est pas constante dans le droit français, soit les juges en longue robe ne considèrent pas les affaires comme mineures quand elles touchent à la santé de l'homme. En 1631, à la requête du procureur général, alarmé par certains rapports médicaux, le Parlement avait interdit l'usage du tabac en fumée dans un lieu public : les prisons du roi. Le tabac, estimait la Cour, nuit à la santé de ceux qui fument et aussi à celle des autres. Plus tard, en 1752, à l'occasion d'un procès entre charcutiers et épiciers, un arrêt du Parlement dit le droit sur le label jambon de Bayonne. Les juges ont le souci de la santé publique – souci augmenté et pollué tout à la fois par des considérations politiques au XVIIIe siècle, quand la Robe cherche à « soigner » sa popularité auprès des Parisiens. Entre le Parlement et le lieutenant s'engage alors une compétition symbolique pour s'arroger l'image valorisante de nourricier de la capitale.

Après le Parlement, le second « décideur » est le lieutenant de police. Son intervention en la matière peut paraître à première vue tout aussi intempestive, si on s'en réfère non aux règles d'un droit administratif en construction, mais à la devise populaire « crottes, lanternes et catins », qui résume, aux yeux du public, les tâches

18. Abad 2002, 25 *sq.*

principales du nouvel homme fort dans la capitale. Ce serait oublier qu'il est d'abord l'homme du roi, et, à ce titre, chargé de contribuer à diffuser la mythologie royale. Pierre Goubert a bien montré sur quelles représentations populaires reposait la notion de roi absolu : le roi justicier, le roi thaumaturge, le roi de guerre sont des images successives ou synchrones qui composent la majesté royale. Avec le Roi-Soleil, après lui surtout, une composante s'affaiblit, celle du roi thaumaturge, guérisseur d'écrouelles, auquel on ne croit plus guère – et lui-même en doute ; mais une autre figure mythique se développe en concomitance, celle du « roi boulanger ». L'idéologie est simple : le roi père du peuple a un devoir de subsistance vis-à-vis des sujets. En insistant sur les obligations du souverain, elle n'implique aucune contrainte des sujets, au contraire elle valorise des droits, qui ne sont pas ceux du citoyen mais ceux du consommateur.

Jusqu'en 1760, Steven Kaplan le montre, une sorte de contrat social unit le monarque aux cités : celles-ci s'engagent à rester tranquilles et fidèles, le roi en échange veille à leur ravitaillement. Ce pacte implicite ne préfigure pas l'État-Providence, dans la mesure où le rôle de l'État n'est pas « de nourrir le peuple, mais de faire en sorte qu'il soit nourri [19] ».

Ce royal engagement, c'est le lieutenant de police qui doit le tenir pour Paris. Comment le lieutenant de police conçoit-il sa fonction et quelle place réserve-t-il à la santé publique ? Nous le savons grâce au collaborateur et successeur de La Reynie, Nicolas Delamare. Delamare a compilé un *Traité de police*, vrai *vade-mecum* à l'attention des administrateurs éclairés. Pour lui, les commissaires de police qui sont les « aides » et les « yeux » des magistrats doivent faire en sorte « que les gens de mauvaise vie soient contenues dans leur devoirs, les vagabonds chassés, les pauvres protégés, et que les gens de bien vécussent en seureté et en paix ». C'est le premier volet de sa mission, le plus connu, celui que résume la plaisante triade « crottes, lanternes et catins ». Mais sa compétence va bien au-delà de la voirie et du maintien de l'ordre moral :

« La police ayant ainsi donné ses premiers soins à régler la conduite de l'homme par rapport à son esprit et à son cœur, doit

19. Kaplan 1998, 25.

s'appliquer... à lui procurer aussi les biens corporels... La santé, qui est le premier et le plus désirable de ces biens corporels, précède ainsi tous les autres de cette nature... » Parmi les mesures de santé publique, il range la salubrité de l'air, la pureté de l'eau, la bonté des aliments et des remèdes [20].

Ce n'est pas là pure déclaration d'intention. Au total, la moitié du *Traité* est consacrée au commerce des vivres. Delamare y rassemble tout le corpus réglementaire à ce sujet, les vieilles ordonnances émanant de diverses sources comme les mesures récentes qui témoignent que la santé publique est bien pour le lieutenant une préoccupation majeure. En 1697, on interdit aux jardiniers qui cultivent les marais autour de la ville et la fournissent en légumes et autres maraîchages de se servir des matières fécales produites par la ville pour fumer leurs jardins. Mesure courageuse, puisque qu'on se prive d'une évacuation facile pour les boues urbaines comme d'une fumure avantageuse au nom de la santé publique.

Mais revenons au pain, qui dans le vocabulaire policier est une subsistance, et non un simple comestible, comme les légumes ; La Reynie exerce son droit de contrôle sur la boulangerie, veillant à ce que les pains vendus ne soient pas, comme l'interdisent les statuts professionnels, « reboutis, ratés, durs, ars [brûlés], échaudés, métournés [21] ». Mais son contrôle va plus loin, et en 1668 il donne à la notion de qualité du pain un contenu sanitaire.

La Reynie et le Palais gèrent la crise sur le mode de la consultation, sans que le recours à des experts apparaisse comme un moyen de retarder la prise de décision, une mesure dilatoire qui trahirait un embarras. Au contraire, le lieutenant prend une mesure d'interdiction en se ralliant donc à l'avis des experts, spécialistes ou non-spécialistes, avant le jugement du Palais. Un homme comme lui, conscient de l'importance de l'opinion publique, attentif à ses remous, ne pouvait l'écarter sur une question aussi sensible et ne pas chercher auprès d'elle un avis supplémentaire [22].

20. Delamare 1729, préface.

21. Savary 1741, art. « Pain ». Selon Furetière, art. « Pain » : reboutis = refusé ; ratés = entamés de souris ; mestournés = trop petits.

22. O. Ranum, *Les Parisiens du XVIIe siècle*, Paris, Colin, 1973, 328.

La modernité tient à l'appel dans la consultation à des non-spécialistes comme experts, et à la médiatisation. Le débat sur le pain à la reine est d'abord véhiculé par le « bruit » répandu dans les cabarets et les places publiques, puis la rumeur est relayée par les gazettes imprimées. La communication est assurée en particulier par le *Journal des sçavans*, un périodique tout nouvellement créé et destiné à relier la République des lettres à un public éclairé. Le journal se fait l'écho de polémiques scientifiques en cours, parfois assez pointues. Un bon exemple en est l'échange de vues entre Philippe Hecquet et Raymond Vieussens sur la physiologie de la digestion (1712). A partir du moment où l'information circule par ce journal de haute volée, sans doute contrôlée par La Reynie, l'affaire prend l'allure de débat savant. L'information, contrairement à ce que l'on affirme généralement, n'est pas dans ce cas anxiogène, puisqu'elle « dégonfle » une peur en une inquiétude puis en une polémique scientifique.

Les experts

Le tribunal scientifique convoqué par les juges du roi, en mettant sur un pied d'égalité médecins patentés et non-spécialistes, témoigne d'une crise de confiance envers une certaine doctrine médicale officielle. Le galénisme, entre 1550 et 1650, est entré en crise, et, s'il a des défenseurs ardents comme Gui Patin, il est de plus en plus récusé comme dogme. La Faculté en 1668 est agitée par une affaire qui la mobilise bien plus que le pain à la levure : c'est la théorie de la circulation sanguine, formulée par l'Anglais Harvey depuis trois décennies, que l'on réfute et que l'on refuse avec la dernière énergie. Patin traite Harvey de *circulator*, un mauvais jeu de mots latins pour dire circulateur et charlatan à la fois. Une des rares conquêtes thérapeutiques de ce siècle s'appelle le quinquina. Or ce remède fébrifuge a été combattu par tous les galénistes, Gui Patin en tête. Patin est l'ennemi juré des drogues inédites, de l'opium, du quinquina et de toute cette polypharmacie exotique, il s'en tient mordicus aux médicaments éprouvés, aux 125 remèdes phytothérapiques du répertoire botanique, à la purgation copieuse et à la saignée impitoyable[23]. Ceux qui prétendent soigner autrement ne sont que des cuisiniers arabes. Patin *dixit*.

Ce que prouve le quinquina aux gens du Palais, c'est que si l'on veut s'approcher d'une vérité « scientifique » il faut combiner les deux démarches qui sont dans la tradition médicale, toutes deux qualifiées d'expérience. La première expérience (*experimentum*), c'est celle que l'on fait soi-même, que l'on observe de ses propres yeux. La seconde expérience ou *experiencia* est l'expérience des autres, celle des générations des siècles passés rapportée et accumulée dans des livres. L'*experencia* demande une connaissance historique de l'objet qu'on étudie, c'est une narration, une *histoire*[24]. Qu'il faille prendre en compte l'expérience individuelle est un souhait du temps exprimé par certains comme le chirurgien Jean Devaux, qui, dans un pamphlet écrit en 1683, estime que chacun doit devenir médecin de soi-même :

« Quand je vois un homme qui d'ailleurs a de l'esprit, demander à un médecin si un aliment dont il a usé plusieurs fois est bon ou mauvais pour la santé, je luy demanderois volontiers à luy même s'il est insensible, si s'en estant nourri il n'a pas ressenti son effet, bon ou mauvais... Il ne faut pas estre médecin pour conclure qu'un aliment qui est agréable au goust, qu'on digère aisément, sans se sentir après le ventre trop lasche ou trop serré, est un bon aliment. » Le petit chirurgien parisien n'est pas isolé ; nombre de penseurs de ce temps, lecteurs de Montaigne, réhabilitent la notion d'instinct, autrement dit la faculté pour chacun d'avoir un avis valable sur ce dont il fait usage[25]. Les deux types d'expérience sont indispensablement complémentaires pour fonder un jugement sûr, voilà pourquoi les juges convoquent en jury scientifique et à parité des bourgeois de Paris et des médecins. Les uns apportent leurs expériences personnelles, les autres leur mémoire historique, et les deux réunis sont la caution d'une certaine rigueur scientifique qu'on a, au demeurant, beaucoup de mal encore à conceptualiser.

23. Raynaud 1863, 96-97.
24. Zimmermann 1774, 43.
25. Devaux 1683, 179-180.

La défiance des juges s'étend-elle, au-delà de la doctrine officielle, au corps médical tout entier ? On est dans cette décennie où Molière triomphe sur la scène parisienne avec *L'Amour médecin*, *Le Médecin malgré lui*, *Le Malade imaginaire*, en exerçant toute sa verve satirique contre l'incompétence des médecins. Il y dénonce leur faillite thérapeutique, tous les excès de cette médecine évacuante à base de saignées et de purgations qui, pense le public, affaiblissent le malade plus qu'ils ne le soignent. D'ailleurs, la critique de Molière est efficace, elle fait rire parce qu'elle touche au cœur d'une expérience collective, une opinion commune profondément ancrée. Il y a longtemps qu'on reproche aux médecins leurs manières de traiter le malade. Et, à l'inverse, les médecins reprochent aux malades leurs « erreurs vulgaires ». Au XVIe siècle Joubert, partant en guerre contre les erreurs et les préjugés populaires, dénonce « l'absurde ignorance de ceux qui croient tout au médecin fors en la quantité de vivres ». « Rétif et contredisant », le patient conteste la diététique qu'on lui applique, en particulier le jeûne. Pour le « vulgaire », un bon moyen de soigner est de nourrir, de bien nourrir, sur-nourrir disent les médecins. Il pense, dit Joubert, que dix chapons font mieux que la nourriture légère qu'il propose, comme un bon bouillon, qu'il conseille de boire, ou de humer, ce qui est « tout un, pourvu que la nourriture entre en l'estomac »... D'où ce dur combat au chevet du malade, pour empêcher ses proches de le gaver, ou encore à l'intérieur des hôtels-Dieu contre les religieuses hospitalières pour qui la meilleure des médications consiste à bourrer le malheureux de pain, de ptisane et de viande, et à lui faire boire une pinte de vin par jour. Mais cette incompréhension porte uniquement sur les quantités, et uniquement sur les rations des malades. C'est ce que précise bien Joubert : « Quant aux aliments il y a bien à contester, non pas touchant la qualité – qui est encore le plus important et difficile... – mais la quantité [26]. »

La réserve de Joubert est d'importance : concernant la qualité des aliments, personne ne nie la compétence des médecins. Juger de la « bonté » des aliments relève de la conservation de la santé

26. Joubert 1579, 149, 152-154.

des gens bien portants, c'est-à-dire de cette médecine préventive que les médecins, bien conscients par ailleurs des limites de leur panoplie thérapeutique, considèrent toujours comme la branche maîtresse de la médecine. Gui Patin est l'auteur d'un *Traité de la conservation de la santé par un bon régime* qui connaît le succès réservé à ce genre de littérature. Évaluer le risque alimentaire est au cœur de sa vocation. Il n'y a, sur ce point, aucune remise en cause du pouvoir médical. Molière lui-même ne congédie pas la physiologie et l'ensemble de la doctrine médicale. Ses docteurs de comédie, M. Purgon et Diafoirus, ont une thérapeutique idiote, des traitements calamiteux, mais un bon diagnostic. D'une certaine façon, Molière et son public les prennent très au sérieux [27]. Il faut relativiser la critique sociale envers les médecins, leur discrédit est bien circonscrit. Hommes d'efficacité, non, mais hommes de vérité, oui, et à ce titre ils sont dignes de l'estime publique. Pour dire le risque alimentaire, ils sont crédibles.

Les données dont on dispose alors pour évaluer le risque alimentaire sont bien rudimentaires. On est dans un temps de technologie meunière et boulangère bien mal assurée, et dans la préhistoire de la nutrition. Les physiciens, s'ils se sentent en droit de définir le rôle des aliments et leurs vertus, sont incapables d'en analyser la composition. Dans les premiers balbutiements de la chimie, un homme s'y essaie, un médecin : Nicolas Lémery, né en 1645. En 1675, son *Cours de chymie* connaît un grand succès, il est édité plusieurs fois en français et traduit en plusieurs langues. Lémery sépare l'ensemble de tous les corps en trois groupes distincts : les substances minérales, les substances végétales, les substances animales. C'est un premier pas, mais insuffisant pour faire progresser la science de la nutrition. Son fils Louis, également régent à la faculté de Paris, publie un *Traité des aliments* en 1702, où l'on trouve cette définition :

« Tout ce qui est capable de réparer la perte des parties solides ou fluides de notre corps mérite le nom d'aliment. Suivant cette définition, l'air doit être regardé comme un véritable aliment et même comme le plus nécessaire de tous. »

27. Dandrey 1993, 169.

Si cette précision peut annoncer une extension du domaine des compétences, vers l'aérisme des médecins des Lumières, en matière d'aliments Lémery fils en reste à de vieilles problématiques. Le titre programmatique de son traité en donne une idée : *Traité des aliments, où l'on trouve par ordre, et séparément, la différence et le choix qu'on doit faire de chacun d'eux en particulier ; les bons et les mauvais effets qu'ils peuvent produire ; les principes en quoy ils abondent ; le temps, l'âge et le tempérament où ils conviennent.* La grille d'analyse que Lémery donne de chaque aliment est reprise du traité de Pisanelli, paru à Venise en 1584, qui lui-même emprunte aux tacuins médiévaux. On est donc dans une phase de tâtonnements, à mi-chemin entre la science des vertus et les fondements de Lavoisier.

L'état des connaissances contraint le débat médical dans les assises du pain à se couler dans le moule éprouvé de la thèse/antithèse. L'avis final, communiqué au public, prend la forme d'une dissertation sur les risques de la fermentation.

Les processus de fermentation sont une des énigmes sur laquelle butent tous les chercheurs prépasteuriens. On sait qu'ils permettent d'obtenir des aliments agréables, comme les fromages, ou bien des boissons saines, comme le vin ou le cidre. Cependant, les changements qui se produisent dans les cuves de fermentation restent l'œuvre de forces mystérieuses, impossibles à domestiquer. La bière « travaille » – c'est pourquoi il est interdit de brasser en certains pays protestants le dimanche, jour de repos –, et sa fermentation dégage plus de chaleur que celle du vin, à tel point que les brasseurs français ne contrôlent pas toujours des débordements de cuve. On rapproche le phénomène de la fermentation de ceux de la décomposition, de la putréfaction, par lesquels un corps s'altère et se transforme. Ce qui unit ces processus est le cycle de la vie et de la mort, la vie, par génération spontanée, participant à l'œuvre de mort. Sur les fermentations les chimistes ne disent rien, les alchimistes la pratiquent, mais de façon occulte et douteuse. L'École connaît aussi les théories formulées depuis deux décennies par un médecin de Bruxelles, Van Helmont, qui assure que cette chimie obscure s'opère aussi à l'intérieur du corps humain, et que la digestion met en jeu des sucs et des ferments qui décomposent le bol alimentaire. Le jus gastrique, dit-il, est acide et il est nécessaire à la digestion. Pour Van Helmont, le phénomène digestif n'est pas mécanique, il est essentiellement chimique. Mais, comme le médecin bruxellois soutient aussi qu'on peut transformer un métal non noble en or, sa chimie sent trop encore l'alchimie, et la Faculté n'apprécie guère. Aussi bien, plutôt que de disserter sur des causes qui leur échappent, les médecins préfèrent essayer de supputer des effets.

Dans les deux débats publics dont nous connaissons la teneur, les discours ne se ressemblent pas. Le premier est un débat entre médecins, qui s'opposent, mais se rejoignent dans l'essentiel, la fidélité à Hippocrate. Premier principe hippocratique : le poison, c'est la dose. Tous tombent d'accord pour faire une distinction entre les substances qui sont intrinsèquement nocives comme l'arsenic, et celles qui sont seulement suspectes quand elles sont employées en petites quantités. Dans cette logique, interdire l'usage de ces dernières leur apparaît aussi stupide qu'interdire le jus de citron, cet acide qu'ils administrent dans les cas de scorbut comme médicament, c'est-à-dire à faible dose. La levure est considérée comme un additif, mais un additif suspect.

A un argument hippocratique on oppose une autre notion hippocratique : la doctrine des contraires. La levure, dit-on, comme toute substance nocive, peut être réduite à l'innocuité par le mélange de son contraire, et elle « n'est pas si pernicieuse quand elle est mêlée à de la bonne farine ». L'idée est que la combinaison doit amortir la nocivité potentielle. C'est donc un oui au pain à la reine ? C'est non, obtenu à la fois par un vote démocratique et au nom de ce troisième principe hippocratique, mais qui subsume tous les autres : *primum non nocere.* La maxime du « d'abord ne pas nuire » réunit les suffrages de la majorité des sages qui se prononce contre l'usage de la levure.

Le second débat, qui réunit médecins et bourgeois, sort de la stricte doctrine. Le premier argument médical est de récuser la première forme d'expérience, celle qui serait partagée par chacun et qui aurait pour effet d'exonérer complètement le pain à la reine des soupçons qui pèsent sur lui. Nier l'effet, c'est nier le risque.

Une fois l'argument de l'expérience individuelle écarté, les médecins se placent délibérément sur un autre terrain, transférant l'objet du débat : ce n'est pas la levure de bière qui est mise en délibéré, mais la bière elle-même. Ce glissement discursif permet d'engager un débat entre savants et non-initiés sur un terrain commun, et de passer de l'invisible et de l'incertain au visible et au mieux connu. Subsidiairement, cela permet aussi aux médecins de jouer sur la mauvaise réputation qui entoure cette boisson... Quels reproches fait-on à la bière ?

La critique se situe sur deux niveaux, l'un scientifique et l'autre plus pratique – celui des conditions réelles de fabrication. Le rapport de la Faculté est en forme de compte rendu historique, puisque l'histoire est de la mémoire accumulée, et que cette mémoire transmise est une « vraie » expérience, qui dépasse l'expérience « fausse » de chacun, beaucoup trop courte et individuelle. Aussi ne faut-il pas s'étonner de voir les médecins faire assaut d'érudition, convoquant tour à tour tous ceux parmi les Anciens qui ont traité de la bière, en commençant par Dioscoride et Galien. On passe vite sur Pline, qui a fait l'éloge de la bière, on préfère citer Tacite : « cette triste boisson faite de houblon, d'orge ou de froment corrompu et d'eau gâtée » – on choisit toujours les citations qui vont dans le sens de la thèse. Beaucoup d'effets pernicieux au final sont imputés à la bière : maux de tête, maux de nerf, une ivresse plus longue et plus fâcheuse que celle produite par le vin, quelquefois aussi la ladrerie. Au fond, que peut-on espérer de son « écume » née de « la pourriture de l'eau et de l'orge » et mélangée avec du pain ?

La bière est un breuvage moins sain que le vin, concluent les médecins, parce que sa fermentation dégage trop de chaleur, et qu'elle est mal préparée. Sur ce point, les préventions médicales sont confortées par d'autres doutes tout à fait fondés sur la technique des brasseurs français, souvent incapables de contrôler les débordements de la fermentation. Dans les pays où elle est devenue boisson nationale, la bière est soumise à des standards de fabrication. En 1516, la Bavière a donné l'exemple, quand le duc Guillaume VI a promulgué « l'édit de pureté », n'autorisant comme ingrédients que l'eau, l'orge, le malt et le houblon (un édit toujours en vigueur, mais à l'échelle de l'Allemagne tout entière). Paris en reste aux statuts de 1269 commandant de faire de la bière avec de l'orge, du méteil ou des *dragées* – qui sont des céréales secondaires –, mais sans ivraie à cause « des désordres que cette graine apporte aux organes de l'homme ». Faite avec des dragées – avoine, lentilles ou vesces –, sans houblon, qui donne au brassage arôme et limpidité, la bière française reste une cervoise. On continue, au dire de Rozier, de faire infuser en cuve de brasserie des grains dangereux comme l'ivraie ou de remplacer, par économie, le houblon par l'absinthe [28]. Là où la bière est boisson courante, en Flandre, la fabrication de la bière est sévèrement contrôlée. Elle doit être faite à partir de soucrion – une variété d'orge –, de houblon qui lui communique son amertume et assure sa conservation, à l'exclusion d'autres additifs nuisibles à la santé tels que graine de coriandre, chaux ou colle de poisson. A Lille, des inspecteurs ou *eswardeurs* sont chargés de vérifier que les brasseurs respectent bien les normes de fabrication. A Paris, Delamare renonce à réglementer une mixture indéfinissable :

« On la sophistique en y mêlant de la chaux pour lui donner plus de force, ou de la suye au lieu de houblon, ce qui lui donne une petite pointe d'amertume ; on y mêle encore plusieurs ingrédients, sous prétexte de la rendre plus agréable [29]. »

Est-ce parce que la culture du houblon est quasi absente en France ? En tout cas, l'effort des Français ne passe pas par la mise à jour de la réglementation mais par le dénigrement des produits étrangers. La bière allemande ? elle est faite avec une eau polluée : « de l'eau espoisse et roussastre qui passe par le milieu des villes, desquelles elle reçoit toutes les infections [30] ». Simple transposition à la bière allemande du XVIe siècle de l'opinion du Romain Tacite sur la cervoise des Germains. La bière flamande ? elle est faite avec ce qu'ils appellent du *ratten bruick*, de la graine à rats, donc sans doute de l'arsenic [31].

Le détour par l'anecdotique n'est pas inutile, il peut nous amener au fondamental, à ce non-dit du débat sur la levure qui touche à

28. Rozier 1783, 265, art. « Bière ». Les brasseurs, par économie, remplacent le houblon par de la petite et grande absinthe, « la bière absinthée échauffe beaucoup ».

29. Delamare 1729, III, 515.

30. *Thrésor de santé*, 1607, cité par Flandrin 1998, 119.

31. Delamare 1729, III, 515.

une dimension ethnique et culturelle. La démonstration repose sur un argument de civilisation : il faut préférer le vin et le pain au « franc » levain à la bière et à sa mousse, qui ont toutes les deux le statut inférieur d'aliment par défaut. On boit de la bière faute de mieux quand la viticulture est impossible, quand on habite un pays du Septentrion, et, de la même façon, on y mélange de la levure à la farine. Si la bière est une boisson, le vin est un aliment, il est bon pour la santé, et, dans les hôpitaux français, pour « renforciller » les organismes défaillants des pauvres malades, on leur en sert à foison. N'y a-t-il pas meilleure diète pour les malades que ce que leur offrent un peu partout les grands hôpitaux urbains, soit une ration quotidienne d'environ un litre de vin et un kilo de pain ? L'argument de civilisation n'est pas toujours explicite, il se cache derrière le vieux principe de la familiarité : « nous sommes élevés dans le pain au levain et dans le vin », restons-y[32] !

Il est renforcé par la situation de la céréaliculture, où la bière peut apparaître comme une concurrente pour le pain. C'est se priver de pain que d'en boire, puisqu'elle est faite avec des céréales. Ce n'est pas la nocivité de la bière, indémontrable, qui a emporté la conviction des experts, c'est la force de l'idéologie du pain et du vin, indissolublement unis dans une perspective qui n'est pas seulement eucharistique. Entre les deux, il y a bel et bien une affinité de sang[33]. Le débat s'est déplacé du terrain scientifique au terrain culturel. Mais on aboutit à la même conclusion : « La mort vole sur les ailes du pain mollet[34]. »

Les juges face au risque

Juges et médecins se connaissent bien, et l'intrusion des médecins dans les prétoires est aussi vieille que la médecine criminelle. Entre 1450 et 1500, leur compétence est sollicitée en cas d'empoi-

32. Ducreux 1999, 202.
33. G. Talarigo, *La Vie des aliments*, Paris, Denoël, 1947.
34. Kaplan 1998, 46.

sonnement, d'autopsie, de coups et blessures, de guérisons miraculeuses. Ils sont experts auprès des tribunaux dans les cas de stérilité, d'impuissance ou d'empoisonnement. En 1520, le Parlement consulte la Faculté sur les dangers de pollution par l'emploi comme combustible du charbon minéral. En 1631, c'est sur le rapport défavorable des médecins qu'il fait interdire l'usage du tabac en fumée dans les prisons [35]. Les années 1660-1670 sont un des moments où la collaboration est la plus soutenue, avec une extension du domaine de la médecine légale, qui ne porte pas encore ce nom. C'est la décennie où, sous l'impulsion de Colbert et de Pussort, les tribunaux sollicitent fort les médecins sur la légitimité du crime de sorcellerie. Plusieurs magistrats, s'éloignant de la culture démonologique et de la lecture magique du corps, entreprennent une lutte contre la chasse aux sorcières ou aux possédées, et ils trouvent leurs meilleurs alliés parmi les médecins qui apportent des arguments décisifs. Un Patin ne croit ni au diable, ni aux possédés, ni au miracles – on ne sait au juste, à écouter ses propos symposiaques (à huis clos), s'il croit en Dieu –, et c'est un grand ami de Lamoignon, le plus haut magistrat de ce temps. Cette coopération, retardée par l'affaire des poisons pour laquelle les médecins ont été évidemment consultés, aboutit en 1682 à évacuer le crime de sorcellerie du droit français.

En dépit de cette longue collusion, le jugement du Palais, sur l'affaire du pain à la levure, ne rejoint pas les recommandations des diverses commissions d'expertise. Il n'est pas trop téméraire de formuler à ce sujet quelques hypothèses pour comprendre quelle est la logique judiciaire, et pourquoi elle l'a emporté.

Les juges du roi surplombent le débat, en lui ajoutant une dimension éthique. Ils raisonnent en termes de philosophie morale. Or, sur le plan normatif, quelle valeur accorder à un vote, même acquis à une large majorité ? Il est absurde de compter des voix pour savoir de quel côté se situe une insaisissable vérité. Les juges estimaient sans doute qu'ils ne pouvaient laisser une question aussi importante aux hasards d'une procédure quasi électorale. Leur posture intellectuelle n'est sans doute pas la même que

35. Wickersheimer 1905, 56.

celle des politiques et des bourgeois, agacés par les querelles médicales qui s'étalent au grand jour et par l'absence de consensus. Là où les uns voient dans ces « contradictions » entre médecins l'occasion de révoquer en doute leurs compétences, eux, les juges, y voient plutôt un débat, une vraie controverse philosophique où, en l'absence de certitude, une thèse en vaut une autre. Aussi, soucieux de tenir l'équilibre entre les deux plateaux de la balance, ils écoutent avec attention les deux parties en présence. Les pain-mollistes sont minoritaires, certes, mais ils ont de bons arguments et de solides personnalités pour les défendre. Claude Perrault, leur meneur, transforme le débat en querelle des Anciens et des Modernes – se posant comme l'archétype du Moderne face à Gui Patin l'archaïque mandarin[36]. Dans leur démonstration, les partisans du pain à la reine invoquent tour à tour l'expérience des pays étrangers ; le fait que la levure de bière est rarement employée seule dans la panification, elle est en général associée au franc levain comme une puissance de plus pour accélérer les effets de ce dernier. Surtout les défenseurs du pain mollet expriment cette conviction forte, assez forte pour emporter l'adhésion des juges, que la levure n'est pas intrinsèquement mauvaise. Elle serait, selon les conditions de fabrication ou de transport, tantôt bonne et tantôt mauvaise. C'est bien là le *hic*. La levure des boulangers n'est pas la levure cultivée aujourd'hui pour la boulangerie, c'est bien cette « écume » sauvage issue des brasseries. A la faire venir des brasseries de Flandre, au terme d'un long voyage, elle risque d'arriver dans un état d'autolyse plus ou moins évident, et à tout le moins de communiquer au pain un goût bien amer. En revanche, l'écume fraîche recueillie à la sortie des cuves des brasseries locales ne présente aucun danger[37].

La décision de justice est certes une victoire pour les pain-mollistes[38]. Elle peut aussi être interprétée comme l'aboutisse-

36. C'est la tonalité donnée par La Condamine dans son poème satirique. La Condamine, 1770, cité par Adrian 1994, 58-60.

37. Les premières levureries de boulangerie s'installent en France à partir de 1865. Adrian 1994, 182-183. Bourguinat 2002, 224.

38. Selon S.L. Kaplan, le premier président du Parlement était un pain-molliste convaincu et pratiquant. Kaplan 1996, 162.

ment d'une certaine logique judiciaire qui structurerait l'attitude du juge face au risque. « Quand la question est douteuse, prendre alors le parti le plus doux » : tel est le vieil adage. Il est en quelque sorte renforcé par la réflexion récente médico-judiciaire sur les affaires de sorcellerie. Pour dire les choses schématiquement : on ne condamne plus sans preuve. L'administration de la preuve devient fondamentale, que ce soit auprès des tribunaux pour prouver la sorcellerie ou la possession, ou bien dans les bureaux de l'administration royale pour démontrer sa noblesse. Suivant la nouvelle jurisprudence, on ne peut condamner la levure sans certitude, uniquement sur des animadversions. Le principe juridique joue ici à l'inverse du principe de précaution médicale, il se traduit par un acquittement au bénéfice du doute, assorti d'une condition. Les juges autorisent la fabrication du pain à la levure, « faisant défense d'en employer d'autres que celle qui se fait dans cette ville de Paris, fraîche et non corrompue, à peine de 500 livres d'amende ».

Ce faisant, les juges ne dérogent pas au contrat sanitaire classique. En laissant la liberté de choix aux consommateurs, ils respectent l'équilibre instauré entre la vigilance du consommateur et les mesures de police qui doivent toutes deux contribuer à garantir la santé du public.

La décision des juges règle le litige au plan commercial. Elle ne règle pas totalement la controverse. Cent ans plus tard, il se trouve encore des Parisiens comme Robert Ducreux pour regretter l'autorisation accordée par les juges, et pour se déchaîner contre eux :

« ...ils étaient aussi ignorants que gourmands. Ils avaient peur de déplaire aux femmes ou étaient aussi sensuels que le sont les femmes ; ils voulaient du pain friand. Je les regarde, pour le jugement et la gourmandise, comme des femmelettes[39]. »

Ducreux attribue au pain mollet une somme de maux typiquement urbains, mais mineurs, comme la constipation. Le remède ne

39. Ducreux 1999, 121. On trouve dans le « pot-pourri » de Ducreux un compendium des préventions à l'encontre de la levure de bière : 202-203, 217-218, 225, 232, 239, 253.

serait-il pas ici d'aller boire de l'eau de la Seine, réputée pour ses qualités laxatives bien connues, en particulier des touristes ? Le texte est écrit dans les années 1760, et il prouve qu'il y a toujours une actualité du pain à la levure. La polémique continue, on en trouve des échos dans le *Journal des sçavans*, dans les dictionnaires de Furetière et de Savary. Tout un vieux fonds de méfiance latente subsiste, habilement exploité par certains comme Parmentier qui mène, parallèlement à sa campagne en faveur de la pomme de terre, une croisade contre le pain à la levure. Dans cette controverse « molletiste », les anti-molletistes donnent de la voix et se font entendre plus que leurs adversaires. Il ne faut pas se laisser prendre à leurs discours. Le champ de la polémique s'est considérablement rétréci, il se limite désormais à ce que l'on peut appeler le forum officiel : la Faculté, quelques savants, d'ailleurs partagés. En fait, la cause est entendue, et Savary donne l'autre verdict – celui du public – en 1740 : « Il paroit que l'expérience a depuis décidé en faveur de la bourgeoisie et contre la médecine[40]. »

L'expérience – encore elle ! –, c'est l'usage grandissant qu'on en fait à Paris et dans les autres villes du royaume. La consommation de pain mollet se répand, toutes catégories urbaines confondues, à tel point que dans les grandes villes le pain blanc tend à perdre son statut de symbole social. Changer de pain, c'est changer de vie. De cette révolution alimentaire on peut avoir d'autres indices que chiffrés. En témoigne le mobilier : la huche disparaît des meubles des citadins, devenue inutile à partir du moment où on recourt au pain du boulanger, le seul à fabriquer du pain mollet[41]. L'on voit dans Paris circuler des marchandes ambulantes qui portent sur leur tête, à la manière des porteuses de lait, des boîtes en fer-blanc contenant la précieuse levure fraîche qu'elles vont vendre aux fournils[42]. En témoigne aussi l'évolution du langage. Par un glissement sémantique, le mot blé, qui désignait toutes sortes de grains panifiables, s'applique désormais au seul froment. Le pain blanc n'est plus un privilège élitaire, c'est

40. Savary 1741, art. « Levure », 80.
41. Buchan 1783, 191.
42. Rozier 1783, art. « Pain », 373. Savary 1741, art. « Levure ».

le pain du soldat, de l'ouvrier parisien qui le considère comme avantage acquis, le pauvre l'achète aussi, par défi, et parce que ce pain raffiné et poreux a une mie fine qui permet de mieux tremper sa soupe et de saucer ses ragoûts.

Deux tranquillisants puissants sont à l'œuvre dans les villes au XVIIIe siècle. Le premier est le phénomène d'imitation sociale, et c'est finalement une victoire indéniable pour le prolétaire parisien que d'accéder au pain blanc. L'autre est le goût, cette valeur montante qui accompagne l'expansion de la cuisine française, c'est-à-dire parisienne. Les experts de 1668 accusaient les boulangers parisiens de vouloir « chatouiller le goût des friands ». Les friands, qui sont des proto-gastronomes, deviennent nombreux au siècle suivant, friands et friandes, puisque le public féminin est au cœur de la nouvelle demande boulangère. Le pain mollet est le complément obligé d'une pratique alimentaire d'invention récente, celle du petit déjeuner matinal au café au lait. Les anti-mollistes les plus convaincus évitent-ils de manger du pain à la levure ? Rien n'est moins sûr. « Point de docteur aujourd'hui qui ne déjeune avec un petit pain mollet », assure Mercier, et on a relevé bien des cas de ce que Morin appelle « une raison clignotante » chez des savants dont les goûts ou les habitudes sont en désaccord avec les opinions. Parmi ces croyants non pratiquants, le cas est célèbre d'un médecin présidant en 1699 une thèse sur les dangers du tabac par le nez. Tout le temps de la soutenance, il avait sa tabatière à la main et ponctuait chacun des arguments qu'il portait contre l'usage de ce végétal toxique par une prise vigoureuse ! Son nez, disait-on, n'est pas d'accord avec sa langue.

Que le débat public sur les risques soit absorbé dans les villes par la question du pain à la levure signale cette évidence qu'une révolution alimentaire est en voie de s'accomplir dans les villes en France, équivalente à la révolution carnivore qui transforme alors le régime des Anglais. On considère cette révolution du pain blanc comme positive. Et, effectivement, avec son kilo et demi de pain blanc pratiquement assuré chaque jour, le citadin peut s'estimer satisfait. Après tout, cela lui assure un apport confortable de 3 500 à 3 750 calories. En 1942, la ration de pain pour un adulte est limitée à 275 grammes. En 1946, le Français titulaire de la carte A de rationnement n'avait droit qu'à 1 300 calories. La ration calorique d'avant 89 est en comparaison largement suffisante, et cependant on mange mal : l'élimination de l'enveloppe par blutage prive le pain blanc d'une partie de ses matières nutritives, et au total c'est trop de glucides et de protéines végétales, pas assez de lipides et de protéines animales. On ne peut donc considérer aujourd'hui cette augmentation du pain comme une amélioration du régime alimentaire, au contraire.

La controverse molletiste occulte d'autres réalités qui ne préoccupaient guère le Parisien aisé. Celle-ci par exemple, que rapporte Gui Patin, en 1670, au moment où une épidémie fait rage dans les hôpitaux de la capitale :

« Pour moi, il me semble que ce mal est *morbus totius substantiae*, maladie de pauvres gens et mal nourris [...] Le bon pain, un peu de vin, du linge blanc, un bon air, et au commencement de ce mal une purgation médiocrement forte, y feroient grand bien [...] Les Allemands en ont beaucoup écrit. Je pense en avoir vu en ma vie plus de deux cents thèses ; mais le mal ne se guérit ni par paroles latines, ni par secrets de chimie. Qui guériroit la pauvreté du peuple guériroit bien le scorbut[43]. »

Bon diagnostic et beau texte. Patin a observé ce qui fut longtemps la maladie des marins au long cours, privés de vivres frais et donc de vitamines. Comme on n'est pas sûr que la maladie soit de même nature, on distingue le « scorbut de mer » du « scorbut de terre » qui sévit dans les grands hôpitaux de Paris depuis 1663, ce qui en dit long sur la malnutrition du peuple parisien, privé de produits frais pendant de longs mois d'hiver. Patin a bien pressenti une maladie de carence, sans savoir au juste de quelle carence il s'agit. Comment pourrait-il parler d'avitaminose, alors que la vitamine – le micronutriment et le mot – datent de 1911 ? Le remède qu'il préconise au chevet du malade – le jus de citron – est le bon. Tout aussi bonne est la prophylaxie de fond qu'il conseille, mais c'est le genre de

43. Patin 1846, II, 733 : lettre à Falconet, 13 mars 1670.

traitement qui est hors du champ d'action des médecins. On ne fera pas la morale à Gui Patin pour avoir intenté un faux procès à la levure de bière. Il savait trop bien que la nourriture pouvait entraîner des carences autrement plus dangereuses, qui se développent à bas bruit sans déclencher la peur des bien nourris.

CHAPITRE 7

Les peurs muettes

Les sociétés de l'âge classique ne sont pas libérées du risque majeur, le risque de famine. La mauvaise récolte, quelles qu'en soient les causes, déclenche inévitablement la disette et met en émoi gouvernants et gouvernés. L'administrateur craint la cherté et les émeutes qu'elle peut engendrer. Le clergé redoute la baisse du sens moral et de l'esprit de charité. Le roi craint pour la santé de ses sujets. Peu de temps après son avènement, marqué par une terrible crise de subsistances, Louis XIV écrit dans une page d'un mémoire pour l'intendant du Dauphiné que la disette est aussi redoutable à cause des « grandes maladies que la mauvaise nourriture mène après elle ». Le roi est averti qu'un malheur alimentaire arrive rarement seul, et que le problème de la qualité des aliments devient crucial au moment même où se pose le problème de la quantité. Avant la famine, stade ultime de la privation, il y a le risque de malnutrition. Épisodique ou chronique, la sous-alimentation engendre des maladies de carence. On les appelle alors maladies de misère. Le problème avec les maladies de misère, c'est qu'elles déclenchent des peurs inouïes : on n'entend guère les victimes s'en plaindre.

Les dangers du pain au seigle

« En ce temps-là, le mal des ardents s'alluma chez les Limousins. » Sous la plume d'Ademar de Chabannes qui écrit en 997, voilà citée une des peurs fondées de l'an mil. L'épidémie est connue sous 40 noms en 6 langues, les plus répandus étant le feu Saint-Antoine, le feu sacré, ou encore le mal des ardents, les « ardents » étant ceux qui brûlent d'un « feu » intérieur qui les consume avant de tuméfier et de dessécher leurs membres. « Que le feu de Saint-Antoine t'arde ! » est le pire souhait que l'on puisse adresser à son ennemi, car les douleurs sont immenses, et à la fin on en meurt [1]. On a mis du temps à faire un diagnostic sûr, et à démêler la gangrène sous ses deux formes, sèche et convulsive, des autres « feux ». Il faudra attendre 700 ans après Ademar de Chabannes pour établir une étiologie probable, en reliant la maladie à l'alimentation, et 800 pour que la relation soit acceptée par le monde savant entre la gangrène et l'ergot de seigle. C'est alors que, la cause prenant le pas sur les symptômes, la gangrène prendra son nom actuel d'ergotisme, ou maladie de l'ergot de seigle ; quant à l'ergot de seigle lui-même, Candolle, un botaniste du début du XIXe siècle, l'identifiera comme un champignon parasite, un cryptogame de la céréale.

Quand il apparaît au Moyen Age, le feu est comme la peste : subit, invasif ; il est comme la lèpre – polymorphe –, sous le vocable se cachent peut-être deux ou trois maladies gangréneuses. Mais il n'est pas contagieux comme la peste, il ne tue pas comme elle, cependant il est assez mutilant pour offrir aux sociétés passées un bon lot d'infirmes, d'estropiés, de manchots ou de culs-de-jatte, et suffisamment répandu dans tout le continent et dans toutes les couches de la société pour qu'on prie saint Antoine d'en guérir. Il existe un ordre hospitalier au service des malades : les antonins, et une abbaye – à la fois lieu de pèlerinage et hôpital –, Saint-Antoine-en-Viennois, aux portes du Dauphiné, qui accueille et soigne les ardents.

Quand la maladie, après une longue accalmie, réapparaît en France en 1638, le monastère connaît un regain d'activité. En 1639, deux bénédictins le visitent :

« Les religieux avoient charitablement rouvert leurs hopitaux fermés depuis si longtemps aux pauvres misérables qui en sont attaqués ; nous en vîmes avec beaucoup de compassion une vingtaine,

1. Brabant 1966, 91.

les uns sans pieds, les autres sans mains et quelques-uns sans pieds et sans mains, car on ne peut guérir ce mal qu'en coupant les membres auxquels il s'attaqua d'abord ; il y avait là un frère fort habile, qui n'en manquoit aucun, il nous fit voir des pieds et des mains coupés depuis cent ans qui sont semblables à ceux qu'il coupoit tous les jours, c'est-à-dire noirs et tout secs [2]. » Tout visiteur peut voir, exposés en ex-voto aux portes de l'église abbatiale, des membres momifiés et semblables à du bois sec.

En 1638, la mémoire collective reste assez vive pour qu'on reconnaisse assez vite dans la maladie réémergente une forme non convulsive de l'ancien feu Saint-Antoine. La gangrène sévit pendant deux siècles, particulièrement virulente lors de « ces tempêtes de la faim », comme dit Fléchier, qui ravagent la France de Louis XIV. Hors de France, on signale des crises épidémiques dans tout l'Empire, en Alsace ; l'Angleterre est touchée en 1661, la Suède aussi. Si on fait le lien avec cette malade inoubliée, le feu Saint-Antoine, on note aussi qu'elle est moins démocratique que le mal des ardents, qui touchait hommes et femmes toutes catégories confondues. « Les pauvres en sont plus maltraités que les riches », et parmi ces pauvres la gangrène affecte surtout les gens de la campagne : elle est devenue une maladie rurale – *morbus ruralis*. Ce sont les paysans qui « brûlent » de gangrène, et particulièrement les paysans des pays pauvres, de la Silésie à la Saxe et à la Sologne [3].

Depuis les années 1630-1650, la Sologne fait figure de foyer endémique. Sporadiquement, la gangrène fait des ravages, entretenant la dévotion à saint Antoine. Quand il décide en 1682 de supprimer la statue du saint dans son église, le prieur de Sennely se heurte à de fortes résistances. La statue est « ridicule et indigne », avec son porc [4], mais les fidèles ont l'habitude de lui apporter des

2. Extrait du *Voyage littéraire en France* de Dom Martène et Dom Durand, Paris, 1717, cité par Chaumartin 1946, 93.

3. Fodéré 1813, 192-193. Il faut noter cependant qu'au plus fort de l'épidémie du feu Saint-Antoine, entre XIe et XIIe siècle, ce sont les classes populaires qui sont le plus touchées. P. Sigal, *L'Homme et le Miracle dans la France médiévale (XIe-XIIe siècle)*, Paris, Cerf, 1985, 250.

4. Extrait du manuscrit de C. Sauvageon, prieur de Sennely, en Sologne. Cité par R. Muchembled, *Société et Mentalités dans la France moderne. XVIe-XVIIIe siècle*, Paris, Colin, 1990, 106.

offrandes, sous forme d'un cadeau de cochon. Non seulement la gangrène sévit, mais aussi les fièvres – qu'on peut assimiler au paludisme. Les fièvres de Sologne, la gangrène des Solognots, sans compter la maladie rouge particulière aux moutons de Sologne, voilà qui à l'âge classique fait la célébrité d'une pauvre région de marécages et de terres sableuses.

Elle va devenir, pour les milieux savants, comme un observatoire privilégié de pathologies rustiques, proche de Paris, et chacun peut y exercer son esprit de système. Les aéristes pensent que l'air des marais, le mauvais air (la *malaria* comme disent les médecins italiens à la suite de Ramazzini), est responsable des fièvres intermittentes. Fagon, médecin du roi, soutient *mordicus* que l'atmosphère est responsable de cette maladie sélectionneuse des blés, qui s'attaque à certains épis et en épargne d'autres : « Il y a des brouillards qui gâtent le froment, mais la plupart des épis du seigle se défendent par leur barbe. Dans ceux que l'humidité maligne atteint et pénètre, il noircit la peau et altère le grain[5]. » Les « nutritionnistes » pensent que la gangrène est d'origine alimentaire, à l'instar des médecins allemands qui attribuent la maladie à la consommation de seigle cornu. Ceux qui sont ni de l'une ni de l'autre école voient dans la gangrène un faisceau de causes, ils l'attribuent à la chétive nourriture des paysans, à leur absence de propreté et au froid excessif.

La thèse qui relie la gangrène à l'ergot de seigle est exposée pour la première fois à la faculté de Marbourg en 1597, à Paris dans un rapport à l'Académie royale des sciences. L'Académie a dépêché l'un des siens, Perrault, pour enquêter sur « cette étrange maladie qui n'attaque guère que les pauvres gens et dans les années de cherté ». Perrault, l'omnicompétent – anatomiste, architecte (sa plus belle œuvre, la colonnade du Louvre, est en voie d'achèvement) –, après s'être penché sur la question du pain de froment, est confronté au problème du pain de seigle. De retour dans la capitale, il signale dans son rapport qu'il « avait appris des médecins et chirurgiens du pays que le seigle se corrompait quelquefois, en sorte que l'usage du pain dans lequel il entrait beaucoup de grain corrompu faisait tomber en gangrène aux uns une partie, aux autres une autre ; que

5. Read 1774, 18.

l'un perdait, par exemple, un doigt, l'autre une main, l'autre le nez, etc., que cette gangrène n'était précédée ni de fièvre, ni d'inflammation, ni de douleur considérable, que les parties gangrenées tombaient d'elles-mêmes [6] »...

Ceci en 1672. L'académicien tire ses informations de l'humble savoir des praticiens locaux, des observations patientes des médecins de l'hôtel-Dieu d'Orléans qui accueillent les cas les plus aigus, et souvent désespérés. Un chirurgien de Montargis lui apprend que le seigle est attaqué presque tous les ans de cette maladie, surtout dans les terres légères et sablonneuses, qu'il y a peu d'années où cela n'arrive pas, « mais que les grains malfaisans naturellement ne font aucun mal lorsqu'ils ne se trouvent pas en grande quantité ».

D'autres ont observé qu'au cours des années particulièrement humides le seigle était parasité par ce que les Gâtinais appelaient le *bled cornu* et les Solognots l'*ergot*. Si le Berry, le Blésois, le Gâtinais sont attaqués presque chaque année, c'est que l'ergot se développe sur terrains humides et maigres. La Sologne est la « province qui malheureusement produit plus d'ergot à elle seule que toute la France entière » selon l'abbé Tessier. Les Solognots sont de gros mangeurs de pain de seigle. Les cas de gangrène apparaissent à la mi-août, après quelques semaines de consommation de farine de seigle, et s'estompent dans le courant de l'automne, au moment où, la récolte de blé noir effectuée, la consommation céréalière ne repose plus exclusivement sur le seigle.

L'interprétation par le facteur alimentaire n'est pas admise d'emblée. Les académiciens ne sont pas convaincus par cet enchaînement de déductions qui mène du printemps pourri à l'été chaud pour finir sur l'intoxication alimentaire. Le fait que tous les Solognots consommant de ce méchant pain ne sont pas tous victimes de la gangrène ajoute aux doutes de beaucoup. Rien, finalement, ne prouve à coup sûr que la gangrène provienne d'une intoxication. Faut-il avoir peur de l'ergot ? Pour tenter de dissiper les incertitudes et de donner une réponse définitive à la question, deux hommes bien introduits dans les sphères parisiennes et savantes, l'abbé Tessier et Parmentier, ont recours aux expériences sur le vivant ; en

6. Rapport du *Journal des sçavans* (1676), Chaumartin 1946, 164.

faisant des essais, l'un (Tessier) sur un beau cochon lustré, l'autre sur des chiens, ils obtiennent des résultats différents : le porc meurt dans des convulsions, les chiens survivent. Parmentier proclame donc l'innocuité de l'ergot et dénonce le sentiment d'insécurité alimentaire, « l'absurdité des craintes que l'on a sur ce prétendu poison ». Face à Parmentier le sceptique, Tessier réplique que la dose administrée n'était pas assez forte, et qu'on ne peut raisonnablement se tranquilliser au vu d'essais réalisés avec une si petite quantité d'ergot. Après 1776, après les démonstrations de Paulet, Jussieu et Tessier, la communauté scientifique, dans sa grande majorité, admet que la gangrène est d'origine alimentaire. Nul n'ignore que l'ergot de seigle est un risque, mais personne n'a prouvé qu'il était un danger avéré. D'où ce vœu unanime, adressé au gouvernement : qu'il ordonne des épreuves sur des criminels condamnés à la mort – autrement dit, que le pain des prisons soit un pain plus ou moins ergoté ; et on ajoute : « C'est le moyen de rendre le crime même utile à l'humanité[7]. »

« Sourds aux cris du danger »

Tous ceux qui, comme l'abbé Tessier, sont allés en Sologne comme en terre de mission et se sont convaincus de l'origine alimentaire de la maladie, le notent : « L'indifférence des indigènes à l'ergot est notable ; ceux qui battent le seigle ne s'en soucient mie, et le meunier pas davantage. » La meule broie seigle et ergot, grain et parasite mêlés, et tout passe dans la farine. Changez de culture ! dit Tessier. Pourquoi ne pas adopter la pomme de terre, qui prospérera dans vos terrains maigres, avec des rendements bien supérieurs ? On connaît la réponse : à abandonner des céréales et le pain noir, tantôt seigle, tantôt sarrazin, « un grand nombre de Solognaux se croiraient déshonorés ». Alors, l'abbé Tessier, révulsé à la fois par ces résistances devant la nouveauté et la résignation à la gan-

7. Brabant 1966, 96. L'abbé Rozier met aussi en doute la nocivité de l'ergot. Rozier 1783, art. « Seigle ». Read 1774, 85-87.

grène, de dresser un portrait sévère de ces Solognots. Au physique, une figure pâle et jaunâtre, une voix faible, des yeux languissants, une taille au-dessous de 5 pieds, une démarche lente... Au moral, dominés par l'ignorance, l'opiniâtreté, la routine, la stupidité, l'imbécillité – ces deux derniers termes devant être pris dans toute leur acception médicale : les gens dénutris ont des facultés mentales diminuées [8].

Au fond, les Solognots sont plus bêtes que leurs poules. Car les poules ont un bon régime, que certains vantent : elles se lèvent de bonne heure, mangent quand elles ont de l'appétit, sont joyeuses, se couchent tôt et ne mangent jamais de choses contraires à leur complexion. Et elles se gardent bien de manger du grain ergoté : « Quelque adresse qu'on se servît pour en mêler dans leur manger, elles préfèrent passer trois ou quatre jours sans nourriture [9]. » L'ignorance, quand il s'agit des risques alimentaires du seigle ergoté, est vigoureusement combattue. Il y a un effort opiniâtre d'information dans ce sens tout au long du XVIIIe. Ni les intendants ni les sociétés d'agriculture, là où sévit l'épidémie, ne négligent les occasions de mise en garde, la population est avertie à grands coups d'avis placardés, de mémoires distribués aux curés, aux seigneurs et aux autres « personne charitables [10] ». Toute la politique de sécurité est une politique préventive pour informer des dangers encourus en consommant de la farine de seigle ergoté, inciter les producteurs à mieux cribler le grain pour le séparer de l'ergot.

Duhamel du Monceau écrit en 1762 :

« Il est toujours aisé de séparer la plus grande partie des grains ergotés par le secours du crible, parce que la plupart des grains malades sont beaucoup plus gros que les grains sains : les paysans de Sologne font cette séparation dans les années où le grain n'est pas cher ; mais dans les années de disette, ils se gardent bien de perdre les grains ergotés : et c'est alors qu'ils sont attaqués d'une gangrène sèche qui leur fait tomber les extrémités du corps [11]. »

8. Rapport de l'abbé Tessier à l'Académie royale de médecine, 12 mai 1778. Chaumartin 1946,174.

9. Expérience de l'Académie royale des sciences, 1710. Read 1774, 47.

10. Chaumartin 1946, 167-168.

11. Duhamel du Monceau, *Éléments d'agriculture*, I, 336, cité par Poitou 1976, 361.

Au fond, la campagne d'information n'est pas vaine, puisque les Solognots semblent parfaitement avertis. Seulement, ils entendent mais n'écoutent pas. Si ce n'est l'ignorance, qu'est-ce donc qui pousse les Solognots à continuer à affronter le danger du seigle ergoté ? La question taraude la plupart des observateurs. Posant la question, il ébauchent aussi des réponses. Petit florilège de ces témoignages :

L'abbé Tessier se demande :

« ...par quelle fatalité arrive-t-il que les hommes, persuadés qu'il peut leur faire du mal, ne font aucune difficulté de laisser l'ergot dans les grains dont ils se nourrissent ? car je ne puis douter de la manière de penser des habitants de la Sologne sur l'ergot. Tous ceux que j'ai interrogés dans le pays m'ont cité des exemples de ses funestes effets sur des personnes de leurs familles. Quelle peut-être la cause de leur indifférence sur un point aussi essentiel sinon leur extrême misère, qui les rend sourds aux cris du danger ? »

Un médecin d'Orléans :

« Après cela, ne sera-t-on pas surpris que les habitants de Sologne qui, connoissent le mauvais effet de cette nourriture, continuent à s'empoisonner avec connoissance de cause ? ...mais il faut considérer que la Sologne produit à peine assez de grain pour nourrir ses habitants : la misère y est grande ; ainsi, pour satisfaire à l'appétit, il ne faut rien perdre ; et le seul moyen d'empêcher qu'ils n'usent de cette mauvaise nourriture seroit de leur fournir l'équivalent en bon grain [12]. »

Toutes les observations convergent sur deux points. Manger du seigle pourri est une technique de survie. Le paysan se trouve comme enfermé dans une double contrainte : il ne peut vendre le seigle ergoté, qui n'est pas « marchand » ; il doit manger des grains, sous peine d'inanition. Le second constat est que le risque est unanimement connu, mais diversement apprécié : certaines années, quand la pourriture n'a pas atteint toute la récolte, on prend des précautions ; les années de disette, on n'en prend aucune : le seuil de vigilance s'abaisse au niveau zéro.

12. Poitou 1976, 361-362.

Allons au-delà de ces constats de base. La prise de risque est-elle inconsidérée – le fait de pauvres imbéciles englués dans la nécessité, qui n'ont pas le choix ? N'est-elle pas aussi calculée, résultant d'un choix plus ou moins conscient, plus ou moins rationnel ?

Les Solognots pouvaient prendre en compte divers éléments qui rendaient le risque acceptable. Le parasitisme varie en fonction du degré de maturité des grains, il est rare que tous les épis soient parasités. Et puis on sait, même confusément, que l'effet dépend de la dose. « Les grains malfaisans naturellement ne font aucun mal lorsqu'ils ne se trouvent pas en grande quantité [13]. » Mais comment définir ce seuil, proprement vital ? Tessier et Parmentier s'y sont essayés, en mêlant farine saine et farine ergotée dans des proportions proches d'un huitième. Dans cette tentative de caractérisation quantitative du risque, Tessier approche plus le vrai, mais il est incapable de définir la dose maximale sans effet sur les animaux, et d'extrapoler à l'homme. Or, définir une dose admissible, c'est ce que tentent peut-être les villageois avec leurs maigres moyens, fondés sur la mémoire, leur méthode tout empirique, et l'espoir que la quantité d'ergot absorbée ne serait pas suffisante pour amener autre chose qu'une certaine sensation d'ivresse et des fourmillements dans les membres, à quoi se limitait souvent l'ergotisme naissant [14]. L'autre variable, ce sont effectivement les effets. La gangrène sèche se développe sur différents stades pathologiques, selon un cours qui n'a rien d'inéluctable, et ne devient mutilante qu'au dernier degré. Il est rare que la maladie se montre extensive, nécessitant des amputations. Perdre un membre n'est pas une fatalité, perdre la vie est très rare. Les mauvaises années, tandis que les Solognots ergotés se comptent par centaines, ce sont quelques dizaines seulement qui sont hospitalisées à Orléans – les cas les plus graves et souvent désespérés. Les autres en sont quittes pour quelques troubles bénins, des visions colorées et quelques spasmes. Ne sous-estimons pas ce paramètre. Les villageois ont une expérience assez forte de la maladie pour en bien connaître la clinique. Sur un point même ils en savent plus que les médecins. Faisant une

13. Zimmermann 1774, III, 9.
14. Poitou 1976, 361.

relation précoce entre l'ingestion de l'ergot et la fréquence des avortements spontanés, les matrones solognotes (et celles d'Allemagne, du Tessin, du Lyonnais) ont repéré une « vertu » à l'ergot : il provoque les contractions utérines. Elles l'utilisent en l'administrant aux femmes en couches en début de travail, accélérant ainsi l'accouchement. La pratique figure dans *L'Albert moderne* de 1782, mais elle est soit ignorée soit inusitée en médecine savante. Les obstétriciens introduiront l'ergométrine, un des alcaloïdes extraits de l'ergot de seigle, dans les maternités cent ans après les dernières épidémies gangreneuses : la médecine de ville a un siècle de décalage sur les humbles pratiques rurales [15]. Tout cela renvoie à un savoir ignoré, à cette connaissance des plantes et de leurs propriétés, à cette « science du concret » que les doctes méprisent et qui les rend largement inaptes à comprendre les conduites des pauvres en temps de chaos alimentaire.

Les drogues rustiques

Maintenant qu'on est entré dans l'intimité génétique du parasite – *claviceps purpurea* –, on sait qu'il contient des alcaloïdes, et que sa composition est assez proche de celle du LSD. Dès lors, on comprend mieux les désordres provoqués par la gangrène naissante. Tous les ergotismes débutent par une phase commune de troubles psychiques, que les cliniciens de l'époque classique décrivent avec leurs mots : « assoupissements et resveries » ; « des vertiges, des tintouins, des éblouissements », voire « un délire phrénétique » ; « il est certain que panifié, il [l'ergot] provoque des vertiges, et des affections semblables à l'ébriété », « ...dès que les paysans ont mangé de ce pain malfaisant, ils se sentent presque ivres [16] ». C'est l'ivresse ergotique. Fait-elle peur ? Pour les uns, elle se traduit par

15. C'est en 1828 que paraît le mémoire de Michel Chevreul sur *Le Seigle ergoté comme moyen d'hâter les accouchements.* Sur la pratique hospitalière : Thuillier 1977, 83.

16. Champier 1560, 273. Read 1774, 8.

un « sommeil fort laborieux et des rêves inquiétants » ; pour les autres, l'ébriété peut être douce et provoquer des hallucinations non comparables aux cauchemars peuplés de bêtes étranges et monstrueuses que donnait la forme précédente de la gangrène, le feu Saint Antoine [17].

Ergoter sur les effets du seigle avarié revient à poser brutalement la question des drogues rustiques. On pourrait l'esquiver, se réfugier derrière tel grand historien, postuler avec lui que la gamme des dopants disponible à la campagne est assez réduite : pratiquement rien en dehors de « la simple et rude ivresse du vin et celle de l'alcool – et, en tout cas, pas les douces rêveries des drogues orientales ». Les paradis artificiels ne sont pas encore offerts aux gens de peu [18]. Le silence des documents semble valider cette opinion. Traitant dans leurs livres des plantes « stupéfiantes », les naturalistes ont des prudences effarouchées. Ces savants ne veulent pas savoir, ou, s'ils savent, c'est par effraction, grâce à des expériences faites par « méprise » ou par « mégarde ». Ainsi, tel qui a « mangé de la racine de mandragore pour de la réglisse » a éprouvé des assoupissements et des délires, et c'est ainsi qu'on en connaît les effets narcotiques [19]. Dans le discours écrit, la consommation de drogues rustiques est toujours involontaire, quand elle n'est pas forcée comme dans le cas du seigle ergoté. Cependant, impossible de ratifier l'idée reçue. Des paradis artificiels insoupçonnés s'ouvraient bien aux sous-alimentés. On voit dans les drogues uniquement des adjuvants physiologiques à l'évasion. Elles pourraient aussi répondre à d'autres besoins. « Il y a certaines drogues qui ne sont point nourrissantes, lesquelles apaisent la faim pour quelque temps : telles sont le tabac pris en fumée, qui en faisant beaucoup cracher emporte une partie de l'humeur qui causoit la faim [20]. » L'auteur de ces lignes, Lémery, rejoint l'opinion émise par un des premiers naturalistes à observer l'herbe à pétun, Fuchs : « Ladite fumée receue

17. Ces hallucinations sont déduites des visions peintes par Matthias Grünewald sur le retable d'Issenheim, mettant en scène un malade couvert des pustules. J.-N. Biraben, in Bulst 1989, 369.

18. Mandrou 1974, 303.

19. Rozier 1787, III, 1.

20. Lémery 1702, introduction.

avec un cornet apaise la faim et la soif sans qu'elle enyvre autrement, chose approuvée journellement par les mariniers[21]. »

Le tabac s'est largement introduit dans les campagnes françaises au moins depuis 1629, date qui marque la création de la première taxe royale sur le tabac, et, comme on sait que l'administration fiscale n'est jamais en retard sur une consommation, c'est un précieux repère pour sa diffusion. Ce succès ne peut s'expliquer si on tient le tabac uniquement pour une consommation de plaisir et un excitant bon pour l'intellect. Il fallait des moteurs psychologiques d'une autre puissance pour pousser à sa popularisation. Lémery nous en livre ici une clé. En tant qu'excitant, le tabac avait, au départ, peu de chances. Comme coupe-faim, toutes les fortunes lui sont offertes. Or le besoin de couper la faim, de la « tromper », est aussi fort que le besoin de l'assouvir. Plus exactement, la drogue est un autre moyen de lutter contre la pénurie en neutralisant la sensation de faim, ou bien encore en fabriquant des rêves compensatoires peuplés de pays de Cocagne. Dans un climat d'insécurité alimentaire, elle répond à un besoin physiologique d'abord, plus que d'agrément.

Le pauvre, incapable de s'offrir des drogues de luxe, pouvait puiser dans l'infini répertoire des plantes locales, sauvages ou cultivées, des substances « stupéfactives » moins distinguées mais efficaces. La « narcotisation » des campagnes s'est effectuée bien avant l'arrivée du tabac indien. Les drogues rustiques sont dénoncées par les diététiciens ou les administrateurs – bonne occasion pour nous de pénétrer par effraction dans des pratiques furtives.

Delamare, au chapitre des graines comestibles de son *Traité*, mentionne le sénevé, cette graine de moutarde, qui « fortifie l'estomach et facilite la digestion », et pareillement le chènevis, appelé *cannabi* en pays occitan.

« Graine de chanvre estoit anciennement du nombre des légumes que l'on servoit frites au dessert, mais à présent ce mauvais ragoût est entièrement banni des tables... Qui en mangerait beaucoup il allieneroit l'esprit, les feuilles sèches ou sa farine mêlée dans la boisson rendroient ceus qui en useroient yvres, stupides et hebetez... »

21. Citée par Wickersheimer 1905, 229.

Delamare en parle comme d'une consommation au passé, révolue ; Champier, qui écrit cent ans avant, le présente comme d'une consommation courante, quoique réservée aux temps d'approvisionnement difficile [22].

Graines et graminées de toutes sortes, aux vertus contestables, entrent dans une certaine culture paysanne.

Entendons-nous bien sur les drogues rustiques. Le mot même de drogue, avec ses résonances actuelles, risque de nous induire en erreur ; la catégorie « drogue » formée au XIXe, bien fermée, ne correspond pas à ces substances « stupéfactives » et indigènes que la culture du pauvre a trouvées dans la nature ou la culture. Elles ne nourrissent pas des peurs sociales, parce qu'elles sont ambivalentes : remèdes par un côté, poisons par l'autre – mais n'est-ce pas la définition même de tout médicament, suivant la dose ? Elles n'appartiennent pas au registre des consommations de plaisir, elles ne se prennent pas par le nez, mais par la bouche : elles sont, dans nos sources, classées parmi les graines comestibles et les aliments. Et des graines comestibles, issues de céréales en culture dérobée ou de graminées sauvages, Dieu sait si le paysan, ce frugivore, en connaît ! Champier, au chapitre des maladies des céréales de son *Histoire de l'alimentation*, dresse un compendium du savoir de ce temps, en soulignant combien ces grains malades peuvent être pernicieux pour la nourriture. Quand la farine issue de ce grain est de bon goût, qu'elle donne un pain aussi bon et même plus savoureux que celui fait de farine saine, alors le seuil de perception du risque s'effondre : c'est le cas pour l'ivraie, c'est le cas pour l'ergot. Avec cet inconvénient supplémentaire d'avoir pour premiers et souvent pour seuls effets des sensations point trop désagréables. Et Champier de rapprocher d'une façon fantaisiste au regard de l'étymologie mais juste d'un point de vue médical les deux mots d'ivraie et d'ivresse, signalant la douce euphorie et, au pis, les hallucinations visuelles qui accompagnent son ingestion : on a la « berlue » quand on a mangé du pain à l'ivraie [23].

22. Champier 1560, 273.
23. *Ibid.*, 169 *sq.*

En Italie centrale, l'ivraie, cette plante adventice, croît avec le blé, est récoltée avec lui, moulue avec lui pour finalement entrer dans la composition de ces pains « ignobles » aux effets toxiques dénoncés par le botaniste Mattioli :

« Le pain, où il entre une quantité notable [d'ivraie], fait devenir les hommes qui en mangent stupides et comme ivres, ils sont pris d'un lourd sommeil ; c'est pourquoi nous en Toscane, nous séparons avec grand soin l'ivraie des blés, pour éviter le dommage que celle-ci fait à la tête en enivrant et en faisant dormir[24]. »

C'est un Siennois, un citadin qui parle. En ville, la police veille aux grains. Il est de son ressort de « veiller tout particulièrement à ce que la farine et le pain destinés à l'usage du peuple ne soient pas pleins d'ivraie, pour ne pas pertuber l'estomac et l'esprit de celui qui les mange ».

Les ruraux procèdent autrement. Targioni les a bien observés, il dénonce les méfaits et la « malice » du pain à l'ivraie, car le goût en est doux, si bien qu'il est difficile de distinguer la farine empoisonnée. Il dit avoir vu avec grand étonnement cultiver l'ivraie autour de Camugliano, et les habitants en mettre un seizième (dosage subtil !) dans leur pain pour en rendre la saveur agréable, sans que la santé en fût aucunement altérée[25].

Du pain à l'ivraie, du pain au seigle : en dehors du pain parisien fait de pur froment, nous n'avons guère idée de ce qu'étaient les pains, des mélanges, d'ailleurs variables d'une région à l'autre, d'une année à l'autre, d'une saison à l'autre. Taine a dressé l'incroyable catalogue de ces mixtures à la veille de la Révolution, et chaque historien, traitant d'une région particulière, ne manque pas de souligner sa spécificité céréalière[26]. Les Bretons de l'île de Batz, par exemple, mangent un pain fait d'orge, de trois quarts de seigle et d'un seizième de froment[27]. Cette universalité du pain de mélange permet les plus incroyables promiscuités. Dans les campagnes, on ajoute – ou plutôt on ne retire pas – des graines stupé-

24. Mattioli 1744, cité par Camporesi 1981, 154. Aussi Camporesi 1995, 105.
25. Zimmermann 1774, III, 4.
26. H. Taine, *Les Origines de la France contemporaine*, Paris, Hachette, 1894, 254.
27. Lebrun 2001, 215.

factives ; Villars, médecin de Grenoble, signale les dangers d'une légumineuse, l'ers, que l'on cultive en Champsaur et en Dévoluy pour nourrir les animaux, et les hommes en cas de besoin.

« Le pauvre païsan qui craint de manquer de bled dans l'année a observé qu'un douzième ou un peu plus de graine d'ers melée avec le seigle dont il fait du pain, rend le pain plus dur, plus lourd, et que ses enfans et ses domestiques en mangent moins [28]. »

La solution du paysan alpin n'est pas plus mauvaise que les remèdes proposés en temps de disette par certains scientifiques. Dans l'indigeste répertoire qu'il dresse de tous les substituts au pain, long de 600 pages, Parmentier cite des graminées, des légumineuses, des racines ; partant du postulat que l'amidon est la partie la plus nutritive dans le grain, le pharmacien traque l'amidon dans tous les végétaux, il en trouve dans le marron d'Inde, la gesse tubéreuse, la colchique, et même l'ellébore, la mandragore... et il n'hésite pas à conseiller de les mêler aux bonnes farines en temps de pénurie [29] !

L'ers est à la fois toxique et riche en protéines, disons vénéneuse et nourrissante, ce qui dicte la conduite de précaution. La précision du dosage montre que les mixtures ne sont pas forcément des improvisations faites dans l'urgence, mais qu'elles résultent d'une prise de risque calculée. Faut-il continuer à penser que, sous le coup du stress alimentaire, les hommes mangent n'importe quoi ? Rien n'est moins sûr. Ces dosages par essais et par erreurs ont leur signification. Avec un douzième d'ers dans le pain dauphinois, on répond à la notion que nous avons aujourd'hui de l'additif : une substance que l'on ajoute intentionnellement, ce qui sous-entend qu'on sait ce que l'on ajoute et en quelle quantité [30]. Avec un seizième d'ivraie dans le pain toscan, on se rapproche de la dose faible, de la dose homéopathique de poison préconisée par Paracelse vers 1530.

Les Solognots mangent du pain de seigle en été, les moins pauvres peuvent recourir au méteil (seigle-froment), puis au pain de sarrazin,

28. Académie de médecine, fonds S.R.M., 142, dossier 19, n° 20, *Mémoire sur une maladie des animaux ruminants*, 1779.

29. *Encyclopédie méthodique*, art. « Disette ». Kaplan 1997, 382. Seince 1935, 48-49.

30. Apfelbaum 1998, 89.

ou de seigle et de sarrazin, une fois la récolte de blé noir effectuée. Le pain contient donc du seigle dans des proportions variables, et du seigle ergoté dans des proportions variables aussi : la précaution essentielle est de ne pas fabriquer un pain fait à 100 % de farine ergotée. Et ce pain n'a pas mauvais goût, il diminue la peur : si on ne mange pas continûment du pain de seigle, pense-t-on, on peut échapper à la maladie. Et, au vrai, les accès de gangrène s'estompent quand le régime céréalier évolue. Finalement, les paysans prétendument imbéciles ont une autre politique de prudence, qui, faute de pouvoir éliminer l'ergot et prétendre au risque zéro, cherche à limiter les effets nocifs. La recherche éperdue d'une quantité suffisante de nourriture pouvait se conjuguer avec une prise de risque calculée. Entre le danger – certain – de mourir d'inanition et le risque – probable, pas toujours avéré, et avéré à des degrés variables – de la gangrène, les Solognots choisissaient le moindre des maux. Reste à évaluer les effets de ces pratiques d'auto-intoxication sur le plan de la santé mentale. Ils pourraient être énormes, et nous conduire à un univers imaginaire « où fermentent les images de monstres et des cauchemars que les poèmes, les ballades, les contes et les légendes ont décrits dans d'innombrables situations de peur, d'étonnement, d'extase, d'émerveillement, d'excitation fiévreuse et d'émotion irrationnelle [31] ». Une grande part de ce qu'on appelait naguère la culture populaire trouverait un de ces ferments dans les drogues domestiques.

C'est après 1850 que le choix difficile ne se posera plus pour la Sologne, quand les plantations de pins pousseront sur les marais asséchés, et que la culture de la pomme de terre, parfaitement adaptée à ces terroirs maigres, permettra une diversification du système alimentaire ; alors la gangrène perdra pied, et cédera le terrain.

Les dossiers du Dr Ramel

Les peurs alimentaires des campagnes sont des peurs réfractées. Elles n'émanent pas directement de ceux que le risque menace, soit

31. Camporesi 1995, 266.

qu'ils soient inconscients de ce qu'ils encourent, soit qu'ils n'expriment pas leur détresse. Le « pauvre laboureur » ne se plaint pas. C'est par le truchement d'autres personnes qu'on connaît les risques, qu'on mesure la distance entre le risque réel et la réaction qu'il suscite ; ces personnes, appelons-les, pour reprendre une expression des sociologues, les lanceurs d'alerte. Parmi les lanceurs d'alerte, il est un groupe précieux à l'historien, parce qu'il a su à la fois bien observer et bien décrire, ce sont les médecins de campagne.

Le médecin de campagne est une invention récente. Il émerge en France lors de la « première croisade médicale », entre 1770 et 1830[32]. Il est précieux en ce qu'il ne rédige plus seulement des ordonnances à destination très personnelle, mais des topographies médicales, des mémoires, des rapports, en réponse à une demande des autorités. Cette nouvelle pratique remet en cause profondément les conditions d'exercice de la médecine dans le cadre libéral ; l'acte médical était jusque-là une relation très privée entre le médecin et le patient. Désormais, à côté de ce circuit étroit et fermé s'ouvre un autre espace thérapeutique, un espace public hors du cadre des institutions hospitalières.

Ramel fils est médecin à Aubagne et correspondant de la Société royale de médecine. Le qualifier de médecin de campagne est inadéquat, Aubagne étant un gros bourg proche de Marseille. Cependant, Ramel, dans l'exercice de sa fonction, rayonne sur le pays environnant, de la côte méditerranéenne à l'intérieur de la Basse-Provence, ce qui lui vaut une solide connaissance des différents milieux professionnels – pêcheurs, voituriers, tisserands, paysans – et des milieux bioécologiques. Entre 1783 et 1792, il adresse à la Société royale 43 lettres, qui sont des rapports d'enquêtes, ou bien des sollicitations diverses, des demandes de diagnostic à distance. Dans sa correspondance passive, les réponses sont signées de sommités comme Vicq d'Azyr ou Fourcroy. Ramel est un des

32. Goubert 1982, 3. La position du Dr Ramel, intermédiaire et médiateur entre la culture parisienne et le monde rural, peut se comparer à celle de la plupart des correspondants de la S.R.M., par exemple à celle du Dr Lavergne à Lamballe. J.-P. Goubert, *Médecins d'hier, Médecins d'aujourd'hui. Le cas du Docteur Lavergne (1756-1831)*, Aix-en-Provence, Publisud, 1992.

maillons de ce réseau solide tissé entre Paris et la province et qui rompt l'isolement des campagnes[33].

Telles qu'elles s'expriment à travers sa correspondance, les inquiétudes de Ramel sont diverses. Elles ne concernent pas seulement la santé des hommes, mais aussi celle des animaux. Une affaire l'agite beaucoup en 1783, quand deux mulets sont atteints de morve. On lui demande une consultation, après l'expertise de deux maréchaux-ferrants du bourg. En l'absence de vétérinaire patenté, le médecin joue le rôle d'expert en maladie animale. La morve est une zoonose gravissime, Ramel ne l'ignore sans doute pas, mais sa peur est tout entière absorbée par les conséquences économiques d'une propagation de l'épizootie dans un pays de rouliers. Le transport des marchandises à dos de mule, écrit-il à ces messieurs de la S.R.M., est « une branche considérable du commerce de ce pays ». Ayant obtenu la séquestration du mulet suspect, il évite, au soulagement général, la diffusion de la maladie. Quant aux maux qui touchent les hommes, il ne « consulte » Paris que sur des maladies communes, ou bien des phénomènes insolites. Les vers intestinaux sont les deux à la fois. Ramel en a une connaissance approfondie, il les classe suivant les familles observées – lombricaux, ascaridés, cucurbitiaires, ces derniers ainsi appelés parce qu'ils ressemblent « à la graine de courge ou de melons ». Mais un ver singulier, rendu par la bouche d'un jeune homme de Roquevaire, lui pose problème, il observe, dessine, envoie quatre dessins fort précis à Paris : quel est ce ver monstrueux, dont la tête est ornée « de deux cornes et de deux oreilles de chauve-souris », qui remuent encore au sortir de la bouche du pauvre jeune homme ? Anecdote, certes. Mais qui renvoie à la banalité quotidienne du parasitisme digestif, qui « prend l'homme au berceau et ne l'abandonne qu'à la tombe[34] », à un parasitisme assez intense pour en arriver à rendre le ténia par la bouche. Les dessins rehaussés de couleur de Ramel montrent combien les divagations étiologiques des médecins des Lumières vont de pair avec une extrême lucidité et un grand sens de l'observation. Ramel est le type même du nouveau médecin que

33. Académie de médecine, S.R.M., 180, dossier 3.
34. Raspail 1845, 14.

la pensée des Lumières tend à instaurer. Ce médecin nouveau n'est pas l'homme d'un nouveau savoir : il est toujours démuni de moyens d'investigation, désarmé du point de vue thérapeutique. Mais c'est l'homme d'une nouvelle fonction. Comme ses collègues, Ramel considère que la santé n'est plus seulement une affaire privée, mais une affaire publique, et que lui, médecin, doit s'engager au service de l'*édilité médicale*.

Sur deux affaires, Ramel est saisi par les autorités municipales. Les inquiétudes des consuls se manifestent à l'occasion du cas de morve, précédemment évoqué, et au sujet du pain. En 1785, le maire et les consuls de Cassis s'inquiètent de la qualité du pain fourni par le boulanger de la ville et demandent à Ramel de consulter les plus hautes autorités – soit la Société royale de médecine – sur la façon dont les boulangers de la ville fabriquent le pain avec de l'eau de mer ou de l'eau saumâtre des puits de la ville. La raison principale qui fait remplacer le sel par de l'eau de mer est bien d'éviter de payer le sel. Ce crime de lèse-gabelle est assez répandu le long des côtes françaises, et les boulangers cassidains ne sont pas les seuls à agir de la sorte. Mais, à Cassis, à la suite du maire Roux, un franc-maçon éclairé, on perçoit pour la première fois dans cet « abus » courant autre chose qu'une fraude qui ne léserait que les intérêts de la ferme générale : un risque possible pour la santé. Et Ramel de se faire leur porte-parole : est-ce que la qualité de ce pain mal levé, pesant, de goût désagréable, ne serait pas responsable de certaines maladies régnantes, et surtout de la phtisie pulmonaire qui est presque endémique ? Un mémoire est envoyé à la S.R.M. le 27 janvier 1785, accompagné d'une éprouvette contenant un échantillon de l'eau saumâtre incriminée. Comme ce rapport se veut exhaustif et objectif, il fournit tous les éléments, ceux qui inquiètent comme ceux qui rassurent... Cette eau est d'une qualité pour le moins douteuse. Les consuls font remarquer que l'eau de mer est tirée du port, « plus boueuse et vazeuse » que l'eau de la pleine mer ; quant à l'eau des puits, son degré de salinité évolue suivant la pluviosité ; en été, elle est en général franchement salée. Les boulangers ne manquent pas d'arguments pour démontrer l'innocuité de leurs produits. Leur technique est éprouvée et subtile :

quel que soit le degré de salinité de l'eau, ils font en sorte d'obtenir la proportion idéale de sel, soit 2 livres de sel pour 3 quintaux de pâte ; ainsi, le pain répond aux normes en vigueur – ce qui ne se pratique pas forcément, car, lorsqu'il faut payer le sel, on a grande tendance à l'économiser... Et puis, ne suffit-il pas d'avoir de la bonne farine, de la touzelle de pays, pour faire du bon pain ?

Ramel, quant à lui, semble partagé entre deux expériences : celle qu'il enregistre, à Cassis, est plutôt de nature à le rassurer. Les mangeurs de pain à l'eau de mer n'ont pas l'air de souffrir de cette consommation quotidienne ; les pêcheurs en particulier sont de constitution vigoureuse et de santé solide. On sait que l'attention des médecins se focalise sur l'aspect physique et la silhouette des paysans, que la topologie du corps rustique souligne ou exagère les ventres distendus, relâchés, et, pis, l'*hydrosfamelicus*, le ventre gonflé des temps de disette. Rien de tel chez les pêcheurs, dont « les muscles droits du bas-ventre sont plus fermes et plus saillants [35] ». L'autre expérience – au sens de la connaissance historique – de Ramel est tirée de ses lectures et l'incite à la prudence. Il a lu les traductions de Manningham, de Zimmermann et le triste catalogue que tous les deux dressent des falsifications du pain dans les grandes villes. Paris n'est plus d'actualité dans ces frayeurs alimentaires, Londres l'a supplantée.

« Les boulangers de Londres remarquèrent, il y a quelques années, qu'une des manières de rendre le pain blanc rendoit les selles plus difficiles ; ils s'avisèrent de jetter du jalap dans leurs farines, et leur pain rendit effectivement leurs selles plus aisées, en agissant comme un purgatif [36]. »

Tiraillé entre ces deux expériences, dont l'une est rassurante, et l'autre pas, Ramel s'en remet aux chimistes de la compagnie ; Fourcroy lui-même et trois autres spécialistes se penchent dans leur laboratoire parisien sur le problème du pain de Cassis à l'eau de mer. On ignore le résultat de leur expertise.

35. F. Raymond, *De la topographie médicale de Marseille et de son territoire*, 1779, art. 8 : « Du tempérament et de la constitution des habitants et de leur naturel ». Raymond est un ami et un confrère de Ramel qui reprend à sa mort le titre d'« associé régnicole ».

36. Zimmermann 1774, III, 3.

Les inquiétudes au village sont loin d'être partagées également par tous. En 1790, Ramel se plaint à la Société en ces termes:

« Il est bon de vous faire observer que le même citoyen qui m'avait chargé il y a quelques années de vous consulter sur la manière défectueuse dont on boulangeait le pain, est encore maire dans ce moment, il ne pense pas à me charger de vous consulter sur l'épidémie régnante, objet bien plus essentiel que le pain[37]. » Est-ce à dire que Ramel est moins sensible au danger des aliments qu'à celui des infections ? Nullement. Mais il classe les risques par ordre d'urgence. Le risque immédiat de l'épidémie est une urgence prioritaire. Les risques alimentaires ont des effets de longue durée et difficiles à mesurer:

« Le pain ne donne pas lieu subitement à des maladies. Mais ne peut-il pas y prédisposer sourdement, et le bien de l'humanité ne réclame-t-il pas la correction de cet abus dangereux ? »

Le problème auquel il se heurte, c'est celui qu'il appelle les poisons lents.

Les poisons lents

Tissot est le médecin suisse le plus connu de son temps : son *Avis au peuple sur sa santé* paru en 1761 connaît un immense succès, il est traduit en 7 langues, réédité 10 fois en 6 ans – sans compter les contrefaçons. Pour Tissot, parmi les causes principales des maladies, deux sont en tête, l'excès de travail et l'épuisement vrai. L'« épuisement vrai » se manifeste quand les forces ne sont pas reconstituées, par manque de nourriture suffisante ou saine. Il ajoute: « Mais ce cas est très rare dans ce pays, je le crois plus fréquent dans quelques provinces de France[38]. »

A lire les rapports adressés à la Société, ou encore toute la correspondance administrative au sujet des épidémies qui remonte aux bureaux versaillais, *via* les intendances, il existe en effet de

37. Société royale de médecine, 180, dossier 3, n° 5.
38. Tissot 1785, 38.

vraies poches de pauvreté, où se posent, à la fois et en même temps, le problème de quantité des grains et le problème de leur salubrité. La Provence de Ramel, qui dispose en cas de besoin de « blé de mer » ou de riz importé, est à l'abri de la pénurie. Mais d'autres régions comme la Bretagne sont particulièrement exposées.

A l'occasion des « fièvres » qui ravagent les paroisses autour de Landerneau, le médecin Vigier écrit à l'intendant de Bretagne :

« Vous me demandez, Monseigneur, quelle est la cause de ces maladies qui désolent nos campagnes ? Je vous avouerai que je ne peux les attribuer qu'à la mauvaise qualité de nos bleds. L'année dernière a été trop pluvieuse : on n'a pas bien pu sécher les bleds avant de les ramasser, et de les renfermer dans ces grands coffres en bois qui servent de magasin pour cette denrée à tous les habitants de la campagne. Le bled s'est échauffé, a fermenté, a pris un goût de moisi ; il s'est gâté, il s'est corrompu en grande partie. Les laboureurs ont vendu le meilleur bled et ont gardé le plus mauvais pour eux, dont ils ont fait de la farine pour faire du pain ou des bouillies. » Cette bouillie de blé noir, épaissie et cuite au beurre, c'est la galette bretonne : or, en 1769, la galette est corrompue, et, si elle n'engendre pas directement l'épidémie, elle la favorise en offrant une moindre résistance de l'organisme. L'analyse est partagée par les administrateurs ; en 1774-1775, après la terrible épidémie qui menace de dépeupler la Bretagne, 39 subdélégués bretons envoient un rapport. Pour tous, l'épidémie est liée à la cherté des grains. Treize d'entre eux sont plus explicites et mettent en cause la nourriture anémiée des gens de la campagne, et surtout la mauvaise qualité du grain absorbé, mal conservé [39].

Que pouvait le médecin faute de bons grains ? Le voilà désemparé, et en révolte contre une certaine médecine officielle, celle par exemple qui conseille la diète à des malades : « Je n'avais que faire d'interdire le bouillon gras où la viande manquait et où le bouillon, quand il y en avait, ne différait guère de l'eau claire », écrit un confrère alsacien [40]. Et un autre : « Ils n'ont rien dans le ventre ... que des vers. » Autre hérésie de la diététique de riche : avoir peur

39. Goubert, in Desaive 1972, 234.
40. Peter 1967, 168.

de nourritures éventuellement lourdes et venteuses, susceptibles d'obstruer les conduits digestifs. Or, dit Villars à propos du Champsaur, comment parler de risque d'indigestion « dans un païs ou les indigestions sont presqu'aussi rares [chez les hommes] que chez les animaux » ? Nourrissons-les d'abord, nous les soignerons ensuite : c'est ce que les médecins écrivent à l'envi [41].

Les Italies constituent un autre observatoire privilégié des maladies populaires. La primauté italienne s'explique par la tradition du médecin *condotto*, lié par un pacte médical à une ville ou à un district [42]. Les médecins italiens tiennent à peu près le même discours que leurs collègues transalpins, un discours où se révèle l'impossibilité dans laquelle ils sont de démêler la dénutrition et la malnutrition : c'est tout un complexe pathogène où l'alimentation est à la fois pauvre et malsaine qu'ils observent [43]. Même pour une maladie comme la malaria – qu'on pourrait renvoyer définitivement du côté de la qualité de l'air –, les facteurs alimentaires sont aussi soupçonnés. La viande provenant du bétail divaguant dans les marais, les céréales dont la racine plonge dans un sol marécageux, les légumes imprégnés de boue stagnante, tous ces aliments sont accusés d'être corrompus et corrupteurs, et de susciter la putréfaction des humeurs qui déclenche les fièvres [44].

Tous les poisons lents ne sont pas de même nature, et n'appellent pas également l'intervention des pouvoirs publics. Les médecins les distinguent en deux catégories : il y a ceux qui sont fabriqués par la nature, comme le seigle ergoté, et contre lesquels l'administration ne peut rien, sinon multiplier avertissements et mises en garde ; il y a ceux qui sont issus de la main des hommes, comme le pain « falsifié » de Cassis. C'est contre eux que les médecins font appel à l'État, au nom de ce concept de police médicale que Johann Peter Frank vient de théoriser [45].

« La cupidité et l'ambition des vendeurs des aliments de première nécessité sont telles que l'homme (et surtout le mercenaire, l'artisan

41. P.M.N., 142, dossier 19, rapport Villars.
42. Cosmacini 1992, 280.
43. Bellinazzi 1982, 382.
44. Cosmacini 1992, 130.
45. Gusdorf 1972, 444-445.

et le pauvre) au lieu de trouver dans les alimens une substance qui s'assimile à la sienne et qui répare ses pertes ne trouve plus qu'un poison lent qui le mine et le dévore progressivement, poison qui dessèche des bras utiles à l'État, qui dissout des armées faites pour le défendre. »

Contre la cupidité des hommes capables de falsifier le pain, coupables de multiples fraudes qui transforment les aliments en poisons lents, Ramel en appelle à la vigilance de l'État bienfaisant :

« Nos recherches au contraire ayant les substances alimentaires pour objet éclaireront un gouvernement bienfaisant toujours attentif à tout ce qui intéresse la santé publique. De la dénonciation de ces abus naîtront des règlemens utiles et coercitifs. Les médecins surveilleront avec zèle l'exécution et la manutention de ces règlemens. »

Ramel assigne au médecin de nouveaux objectifs de contrôle social, qu'il conçoit comme un prolongement de la médecine préventive, mais cette fois-ci à l'échelle d'une population, et pas seulement de l'individu. Il n'est pas seul à penser de la sorte. Son confrère aixois, Darluc, qui se fait le naturaliste de la Provence, ne cesse au cours de ses tournées dans l'intérieur du pays de dénoncer les pratiques et les manipulations, volontaires ou involontaires, qui peuvent détériorer la qualité de la nourriture. Mais que fait la police ? est une de ses interrogations majeures – sans viser forcément, dans ce royaume déconcentré où les villes ont tant de compétences dans le domaine de la sécurité, le seul contrôle étatique. Le voici par exemple dans les moulins à huile du pays d'Aix, qui fournissent un produit d'excellente réputation, mais fabriqué dans une extrême malpropreté. L'ennemi ici n'est pas la cupidité ou la « malice » des hommes, mais la routine, et les mauvaises habitudes. Contre ces deux tendances, Darluc sollicite l'intervention et la contrainte. « N'est-il pas de la dernière importance que la police des lieux veille un peu plus qu'elle ne fait à maintenir le bon ordre et la propreté dans les pratiques des moulins à huile, et qu'elle punisse sévèrement les négligences, lorsqu'on y manque[46] ? » Répressifs sans complexe, Ramel et Darluc appellent de leurs vœux

46. Darluc 1782, I, 34.

une police médicale rationnelle qui donnera au médecin le rôle de définir les règles de prévention et de surveiller éventuellement la mise en œuvre des normes hygiéniques.

Dans les campagnes, la discordance des peurs est patente : les peurs « savantes » des gens éclairés et les peurs populaires se recoupent rarement. D'où ce combat que les médecins mènent sur deux fronts. D'un côté, ils cherchent à calmer des inquiétudes infondées, à encourager des essais qui font peur : la pomme de terre est un bon exemple, comme en témoignent les démêlés des médecins poitevins avec leurs paysans pour leur faire accepter la nouvelle culture. D'un côté donc, rassurer, encourager, pousser à aller de l'avant. De l'autre, prévenir, sensibiliser, faire peur quand le danger existe, mais qu'on le méconnaît. Avec la peur, les médecins jouent un double jeu.

Inculquer la peur des poisons lents est une rude tâche, car la réfutation est prompte : montrez-nous qu'on risque d'être malade ou de mourir, quand les effets ne sont pas immédiats. La notion de poison qui hante les esprits est étroitement associée à la notion d'un temps court : que le poison soit « froid » comme la ciguë ou la mandragore, ou bien qu'il soit « chaud » comme l'arsenic, il a forcément un effet foudroyant, spectaculaire, immédiat. Le poison, on le connaît, on le pratique, et, avec la propagation de nouvelles substances, comme l'arsenic, les ruraux ne sont pas à l'abri de ce genre d'accidents souvent familiaux, comme l'atteste le surnom populaire du poison : « la poudre de succession [47] ».

Des effets à longue échéance, des « causes prédisposantes » à la maladie sont choses difficiles à comprendre. Et à admettre : car si la sanction n'est pas immédiate, elle devient très improbable. On risque, à la longue, de mourir de l'ingestion répétée de certaines denrées, mais, rétorque l'opinion ordinaire, on sera mort avant, sans doute d'autre chose. Ce qui complique l'appréhension du risque, c'est que non seulement il n'y a pas de preuves de nocivité, mais que le poison lent concerne bien souvent des denrées qui sont de bons

47. Wickersheimer 1905, 494.

aliments, mais que les circonstances obligent à récolter trop tôt, trop verts, avariés dès la récolte ou bien pourrissants à la suite du stockage défectueux. Or n'a-t-on pas appris que la familiarité avec un aliment est une garantie pour l'estomac ? le distinguo que font les doctes entre « le vice radical » de l'aliment vénéneux et « le danger relatif » des aliments naturellement bons est décidément trop subtil[48] !

Dans l'épidémiologie qui effectue ses premières armes au siècle des Lumières, beaucoup comme Ramel mettent en avant le facteur alimentaire et conseillent comme premier remède une alimentation saine. Mais d'autres désignent comme premiers responsables les facteurs environnementaux et accordent une place de première importance à la qualité de l'air. Or ceux-là – les aéristes – sont plus nombreux, plus bruyants, soutenus surtout par les instances officielles comme la Société royale de médecine. La doctrine aériste est le système à la mode, celui qui anime toutes les enquêtes de terrain, qui pousse à rédiger des topographies médicales locales. Certes, Ramel ne méconnaît pas les dangers des « effluves » malsains, il décrit d'ailleurs les émanations des étangs de sa région, mais à tout prendre il croit plus aux méfaits des aliments falsifiés et de l'eau non potable qu'aux inconvénients du mauvais air et à la « constitution épidémique » des lieux. La médecine météorologique en honneur l'agace.

« Il serait digne des médecins de notre âge d'abandonner les recherches sur l'air, recherches qui ne pourront jamais corriger et bonnifier [*sic*] son influence et modérer ses effets, pour les tourner vers l'analyse des alimens solides et fluides dont l'homme se nourrit. » Et, plus loin, enfonçant le clou : « Des analyses exactes sur les alimans et surtout sur les boissons seroient infiniment plus utiles à l'humanité et concourraient d'une manière bien plus énergique aux progrès de la médecine que les oiseuses et fades observations météorologiques qui ne pourront jamais réduire la météorologie médicale en une science positive. »

Ramel dit ce qu'il pense, et il l'écrit. Il rumine contre le « tout météorologique » de la pensée hégémonique, assez naïf cependant pour se demander pourquoi Félix Vicq d'Azyr, le maître à penser

48. Champier 1560, 54-55. Ducreux 1999, 67.

de la Société, lui témoigne tant de « froideur ». C'était ignorer que ces messieurs sont forts à cheval sur l'orthodoxie proclamée, et à tout prendre ombrageux de leur pouvoir[49].

Ramel finit par reconnaître sa responsabilité : j'ai eu, dit-il, « le mauvais gré de m'être élevé contre une opinion qu'elle [la Société] paraît avoir adoptée depuis son institution et qu'elle favorise ». Les médecins de campagne sont flattés certes d'être intégrés dans le réseau parisien, mais, en donnant la part belle au facteur alimentaire dans les maladies, ils se posent en rupture avec lui. La pensée médicale des Lumières qui favorise l'émergence d'une médecine de l'environnement débouche sur une réduction, et sur une mise à l'écart. En sélectionnant les textes et en appauvrissant le corpus hippocratique pour n'en retenir que ce qui se rapporte à l'Air et aux Lieux, elle minimise le risque alimentaire et marginalise ceux qui s'en préoccupent[50].

Les lanceurs d'alerte des Lumières sont peut-être écoutés, plus ou moins entendus. La police médicale en voie de constitution accorde une place à l'hygiène des aliments, mais elle est fort secondaire dans l'immense projet d'hygiène publique qui se met alors en place.

49. Anonyme, *Lassone, ou la séance de la Société royale de médecine*, comédie en trois actes, 1774.

50. Rey 1992, 270.

CHAPITRE 8

Le pâté et le jardin

Les viandes creuses

Sous le règne de Louis XIV se vendait à Aix, dans la librairie de Charles David, un petit livre à 3 francs, écrit par un médecin de la ville, Michel Bicais. *La Manière de régler la santé par ce qui nous environne et par ce que nous recevons* – tel était le titre du livre – fourmille de recettes pratiques et de conseils sur la façon de se nourrir et de se vêtir. Au chapitre des tissus, Bicais insiste sur la pureté des habits. Il a observé des tissus au microscope, vu « les filamens entrelacés ainsi que le gril des fenêtres » et repéré que, dans les interstices de la trame du textile, des corps étrangers, peut-être pestilentiels, peuvent se loger. Il en infère la nécessité d'avoir des règles de propreté stricte, c'est-à-dire de rechercher des habits serrés en temps d'épidémie pour ne pas donner trop d'entrée aux miasmes, et en temps ordinaire d'avoir recours à « des parfuns [*sic*] dont les particules pointues passent aux filets ainsi que des couteaux et des poinçons qui raclent, poussent ou détachent les matières embarrassées ».

Parmi les fibres textiles, la soie lui paraît la meilleure pour ses qualité sanitaires. Il pense qu'elle est de nature végétale, et non animale, puisque issue indirectement de la feuille de mûrier, ce qui lui confère certaines vertus : « Ainsy cette herbe ressuscitée a des qualités excellentes, elle est rafraîchissante et cordiale, elle sert à l'érésipelle et à la squinance, si on employe un de ses filets avec lequel on aura étranglé un serpent. » Les propriétés de la soie sont véritablement étonnantes : grâce à son « âme végétante », elle peut pousser sur un milieu humide et nourrissant, par exemple sur la plaie d'un homme blessé. « C'est de là qu'on a veu fleurir un prunier sauvage sur la poitrine d'un berger, et qu'on a tiré des pois verds de l'oreille de quelques-uns [1]. »

On peut se demander pourquoi un prunier, et pas un mûrier, puisque la soie, selon Bicais, n'est qu'un mûrier régénéré ! Avec la génération spontanée, tout est possible, et d'autres, dont l'autorité scientifique est incontestable, ont affirmé qu'on peut se procurer des vers à soie en tuant un taureau nourri pendant vingt jours avec de la feuille de mûrier [2]. La théorie de la génération spontanée, dont le docteur aixois est un fervent partisan, permet d'ouvrir largement le champ du possible...

L'appareil à travers lequel Bicais a observé les fibres appartient à la première génération de microscopes, et ses examens sont tout à fait contemporains de ceux d'Antoni Van Leeuwenhoeck découvrant des animalcules dans une goutte d'eau des marais et ouvrant la voie à la micrographie et à l'histologie. C'est un instrument « simple », unilenticulaire, médiocre, qui ne grossit que de cent à deux cents fois, ce qui aboutit à des aberrations chromatiques. Mais ces erreurs qui biaisent l'observation sont moins importantes que les aberrations du raisonnement. Au fond, tout moderne qu'il soit, l'instrument compte peu. Ce qui compte, c'est le regard : on ne voit que ce qu'on peut concevoir. Pendant longtemps, avant et après Descartes, les hommes ont eu le sens de l'impossible. D'où cette différence capitale entre les contemporains de Paracelse et de Paré et nous-mêmes : « Ils ne croyaient pas qu'il y eût des choses possibles et des choses impossibles dans le lot confus de ce qu'ils observaient [3]. »

Si des idées qui nous sont aussi saugrenues et logiquement insupportables ont cours dans le monde savant, donnant tous pouvoirs à une nature créatrice et productrice sans frein ni loi, que dire des

1. Bicais 1669, 98-99. La squinance, ou esquinancie, est une forme d'angine.
2. Affirmation du père Athanase Kircher. Darmon 1999, 68.
3. L. Febvre, *Le Problème de l'incroyance au XVIe siècle. La religion de Rabelais*, Paris, Albin Michel, 1968, 406, et dans la préface à Koyré 1955, VI.

mentalités populaires ? Elles sont ouvertes et comme offertes à toutes les fables alimentaires.

Les élites des temps classiques qui commencent à acquérir la notion du possible et à faire le partage entre le fait et la légende inventent une expression pour distinguer et disqualifier les peurs alimentaires et les fantasmes infondés : ceux qui les éprouvent, disent-ils, se repaissent de *viandes creuses*. Mieux vaut, certes, cultiver la droite raison et se nourrir de certitudes. Mais combien d'autres se nourrissent de fantasmes et de viandes creuses, ouvrant largement le champ du merveilleux ? L'imaginaire alimentaire se déploie entre deux pôles, l'un qui rassure, l'autre qui inquiète. Les rumeurs tirent vers le pôle inquiétant.

Les rumeurs des temps de crise

Les fables alimentaires sont très rarement positives. Les bruits qui courent sont en général porteurs d'alarme, alarmes plus ou moins chaudes, fausses le plus souvent, mais comment vérifier une rumeur qui par nature est incontrôlable ? La circulation des rumeurs a une géographie et une temporalité. Certaines sont d'intensité régionale, par exemple la pomme de terre transmet la lèpre surtout dans les rebords ouest du Massif central. D'autres sont plus sporadiques et resurgissent en temps de crise.

La rumeur accompagne l'épidémie. Toute épidémie suppose que ceux qui en sont atteints ont partagé une ingestion commune, d'air ou d'aliments... Ambroise Paré, écrivant en 1568 son *Traité de la peste*, incrimine d'abord le mauvais air, ensuite la nourriture, constatant que toutes sortes d'épidémies surviennent « après avoir beu vins poulsez et corrompuz et eaus mauvaises et putrides, ou après avoir mangé meschantes viandes comme grains pourrys, herbes, fruicts sauvages et autres alimens altérez ». Et il conclut : « Telles nourritures engendrent obstructions et pourritures d'humeurs dont s'ensuivent galles, aposthèmes, ulcères et fièvres putrides qui sont préparatifs à prendre la peste. » Voilà une étiologie bien raisonnable. Quant aux causes premières... « Peste est une maladie venant de l'ire de Dieu, furieuse, tempestative, hastive, monstrueuse et épouvantable, contagieuse, terrible, beste sauvage, farouche et fort cruelle, ennemie mortelle de la vie, des hommes et de plusieurs bestes, plantes et arbres [4]. »

Avec Paré, on entre de plain-pied dans cette zone de clair-obscur où le rationnel côtoie l'irrationnel, où les fantasmes se déploient à partir d'observations qui, elles, ne sont pas fausses. La mise en cause de l'aliment se place dans le droit fil du paradigme humoral, qui conçoit toute maladie comme une intoxication. Elle dérive aussi de l'observation banale que la disette et l'épidémie se suivent, l'une entraînant souvent l'autre dans des noces barbares. Si les hommes contraints par la pénurie se mettent à consommer n'importe quoi, comment s'étonner que de grands désordres pathologiques surviennent ? ainsi on est persuadé à Paris pendant l'épidémie de 1590 qu'on a vendu aux habitants une farine faite d'os humains [5].

L'été 1706, une série de morts subites sèment l'émoi dans la Ville éternelle. L'opinion commune, qui ne sait à quel saint se vouer, attribue cette épidémie tantôt à un poison inconnu qui aurait circulé en ville, tantôt à la mauvaise qualité de la poudre à Nicot vendue aux amateurs, tantôt à un abus d'une nouvelle nourriture, le chocolat. Lancisi, médecin du pape et bon spécialiste de pathologie cardiaque, diagnostiquera une vague de ruptures d'anévrisme ; mais peu importe [6]. Ce qui compte ici, c'est que l'énumération résume les incriminations alimentaires les plus courantes : l'aliment de mauvaise qualité (ici le tabac) ; l'aliment nouveau aux effets improbables (ici le chocolat), enfin l'empoisonnement volontaire, avec le fantasme du poison inconnu. Les mises en accusation sont ici lissées, comme sur un même plan, alors qu'elles sont perçues fort différemment... Si le risque des denrées avariées, ou naturellement malsaines, est un risque acceptable, celui qui vient de la malice des hommes est inacceptable. L'empoisonnement volontaire est insupportable, parce qu'il vise tous et chacun dans sa haine de la société, et parce qu'il témoigne de la méchanceté,

4. Paré 1953, 144. Brabant 1966, 76. Hildesheimer 1980, 40.
5. Kaplan 1997, 380-381.
6. G.M. Lancisi, *De subitaneis mortibus*, Rome, 1707. Hamraoui 1998, 103.

de la « malice » au sens fort des hommes, de certains hommes habités par le Mal.

Les vecteurs des empoisonnements collectifs, provoqués ou non, peuvent être l'eau, ou bien les aliments solides. Tel est le poisson.

Les médecins italiens observent lors des grippes et pestes récurrentes de Palerme ou de Cagliari que les pauvres en sont victimes les premiers et en plus grand nombre ; l'historien d'aujourd'hui relie ce constat indéniable aux conditions de vie populaires, à l'entassement dans les quartiers sordides et à la misère physiologique permanente qui offre à l'attaque du bacille des organismes peu aptes à lui résister. Les observateurs du temps incriminent, eux, la nourriture des pauvres, faite de denrées salées trop souvent, et corrompues parfois. Accusée en particulier « la chair corrompue des thons puants et bon marché dont se gavent les gens du peuple [7] ».

Quand apparaissent des maladies extraordinaires, le poisson est souvent mis en accusation. Quand le scorbut attaque les Croisés, en 1249, sous les murs du Caire, on rapporte que les hommes ont mangé des poissons, nourriture qui leur était sans doute peu familière. Quand la syphilis éclate et ravage les rangs de l'armée de Charles VIII qui assiège Naples, on l'impute à l'eau, aux astres, à une fatale conjonction entre Saturne et Jupiter, aux femmes – cette dernière hypothèse, celle d'une M.S.T., étant juste. Une quatrième thèse a cours : elle voit l'origine directe de l'épidémie « dans la corruption produite par la nourriture de la chair humaine, qui avoit été étalée publiquement et vendue pour du thon, lorsque les Français assiégeaient Naples [8] ». La chair du poisson, abondante et bon marché, est la nourriture fraîche la plus disponible pour les soldats. Mais le thon est-il blanc ? La nourriture trop inhabituelle ? Les Français pensent avoir consommé autre chose, autre chose à rendre malade, littéralement, car elle a fait d'eux des cannibales. Le poison est aggravé par la transgression. Il n'y a pas, je pense, d'autre complication, et les Français n'ont pu croire à une arme de lâche, à une vengeance des Napolitains par aliment interposé, car le mal frappe les belligérants des deux camps, ce qui lui vaut son double

7. Cosmacini 1992, 134.
8. Le Gendre 1733, 388. Brabant 1966, 23-35.

nom de « mal napolitain », que lui donnent les Français, et de « mal français », que lui donneront tous les autres Européens. Ire venue de Dieu ? Malice des hommes ? Car, dans les schémas interprétatifs des grandes catastrophes épidémiques, plusieurs niveaux d'explication se croisent. Celui qui implique l'aliment n'implique pas n'importe quel aliment : pour que la fable soit crédible, elle doit se couler dans les représentations communes, concorder avec les croyances diététiques.

Le poisson est un bouc émissaire commode en temps d'épidémie. Il n'a pas bonne réputation auprès des médecins, comme tous les produits frais et aqueux – qui sont éminemment corruptibles et corrupteurs. L'eau qu'il contient est suspecte, vénéneuse, peut-être comme l'eau du « manihoc » de sinistre réputation [9]. L'opinion vulgaire se méfie de cette espèce animale aussi froide et humide que le milieu dont elle vient, et la tient pour dangereuse. Une série de proverbes l'atteste : « Tout poisson est flegme », « chair fait chair et poisson poison » [10]. Un *Avis aux bourgeois de Paris*, largement diffusé en prévision de la peste, recommande une hygiène alimentaire stricte, en évitant de boire de l'eau de la Seine et de manger du poisson, en refusant de la viande de bêtes qui n'auraient pas été abattues le jour même, en assaisonnant toute nourriture de vinaigre, de jus de citron ou d'orange, ou encore d'oseille pilée [11].

Les fables ont la vie longue : elle le doivent à leur adaptabilité, à leur faculté à être transposées d'un épisode calamiteux à un autre épisode calamiteux. Les bouffées épidémiques du XIXe siècle réactivent les peurs alimentaires, et le choléra prend le relais de la peste ; mais à côté des fables de tradition, surgissent des fables nouvelles. Lors du choléra de 1832, beaucoup croient à un empoisonnement provoqué, à un complot des opulents contre les indigents, voire des médecins contre les hospitalisés. Mais une nouvelle légende prend corps. Pour la première fois, on évoque le risque des « dragées colorées » et des « gâteaux empoisonnés » offerts aux fillettes. C'est

9. Rozier 1783, IX, art. « Seigle », 65. Durant la peste de 1569, les autorités londoniennes interdisent de vendre des fruits, Brears 1993, 140.

10. Flandrin 1996, 508.

11. *Avis aux bourgeois de Paris*, 1649. Hubert Carrier, *Les Muses guerrières. Les mazarinades et la vie littéraire au milieu du XVIIe siècle*, Paris, Klincksieck, 1996, 594.

Louis Blanc qui rapporte cette rumeur. Sur une même trame le motif change, et la gamme des vecteurs alimentaires du poison évolue. La viande et le poisson frais perdent de leur vraisemblance, car ils étaient trop liés à la médecine humorale. Les progrès de la chimie rendent au XIXᵉ mieux pensable le risque du bioterrorisme. Désormais, cette peur accompagne et redouble chaque menace de crise. Dans la Lorraine française de 1914, les parents recommandent aux enfants de ne pas ramasser les bonbons qu'ils trouveraient, dont ils redoutent qu'ils ne soient empoisonnés, et semés ou distribués par l'ennemi. L'empoisonneur est toujours assimilé à l'ennemi, d'autant plus lâche qu'il est invisible, et qu'il s'en prend aux plus vulnérables. Sa figure évolue au fil du temps. L'ennemi qui déclenche la guerre bactériologique est l'ennemi religieux (par exemple, le juif empoisonneur de puits), puis l'ennemi de classe, avant que le nationalisme triomphant ne l'assimile à l'ennemi de l'autre côté de la frontière [12].

La véridique histoire du pâté de chat

Parmi les rumeurs alimentaires, certaines ne sont pas sporadiques et liées à un temps de panique, mais elles persistent, engendrant des peurs chroniques ou permanentes. Ce sont des légendes urbaines, soit des récits brefs, mais structurés, et véritables dans la mesure où ils rapportent une mésaventure survenue à un proche, ou bien qu'on tient de l'ami d'un ami... ce mode de transmission étant considéré comme un garant de l'authenticité de l'anecdote [13].

Ce genre d'anecdotes est véhiculé aujourd'hui par le seul canal de l'oralité. Or, si nous retrouvons la trace de légendes d'autrefois, c'est bien parce qu'elles ont accédé au statut de l'écrit. A un moment donné, la « parole sans auteur » trouve le relais de l'imprimé. Ce peut être, par exemple, un ouvrage aussi sérieux et honorable que le *Dictionnaire du commerce* édité par Savary

12. R. Baehrel, « La haine de classe en temps d'épidémie », *Annales ESC*, 1952, 359-360.
13. Campion-Vincent 1994, 85-86.

à l'aube du XVIIIe pour l'instruction des négociants. A l'article « Bière », il rapporte un bruit qui court et qui explique pourquoi la *porter* – la bière populaire en Angleterre, celle des porteurs et des portefaix – est si forte : « On fait croire en France que les Anglais, pour donner à la bière qu'ils brassent chez eux cette force qui la met au-dessus des autres bières d'Europe, même de Mons ou de Brême, y jettent en la brassant quelque chien écorché, dont ils font consommer toutes les chairs par la cuisson. » Cette pratique, ajoute le raisonnable Savary, n'est guère vraisemblable [14]. Il n'y croit pas, pourtant il la rapporte. Sans doute comme d'autres auteurs éclairés se donne-t-il pour mission annexe de détruire les préjugés. En ce cas, l'encyclopédiste adopterait la posture fondatrice du positivisme scientifique prônée par Francis Bacon : « Quand il se rencontre sur votre chemin une erreur populaire, ne manquez pas de la détruire en passant comme un voyageur coupe une ronce. »

Dans ces légendes, c'est moins l'aliment lui-même qui est en accusation que certains métiers, ceux qui précisément ont pour vocation de travailler la matière alimentaire et de la transformer : les brasseurs, les aubergistes, les pâtissiers. Parmi les métiers de bouche, attardons-nous sur la figure du pâtissier, tant elle suscite une méfiance partagée dans tous les pays européens, et au-delà.

Un pâtissier, rappelons-le, est un spécialiste de la pâte, de l'enrobage par la pâte, et son produit phare est le pâté. Selon Furetière, le pâté est « une pièce de four faite de viande cuite hachée ou lardée, et enfermée avec plusieurs béatilles ou assaisonnements dans la paste, afin de la rendre plus tendre et de meilleur goût, ou de faire qu'elle se conserve plus longtemps ». Le pâté, ou la tourte, est un privilège urbain puisqu'il requiert le four d'un professionnel. Au Moyen Age, la croûte est dure, on ne la mange pas ; seul l'intérieur est comestible. L'innovation moderne la rend comestible. Les deux qualités signalées par Furetière et reconnues au pâté : déguiser la viande, la conserver plus longtemps, sont réversibles, elles ont donné naissance à toutes sortes de rumeurs.

On peut regrouper ces légendes en deux types de versions. Dans l'une, la plus dure, le pâté est farci de chair humaine, et le fournis-

14. Savary 1741, 943.

seur, aubergiste ou pâtissier, est en fait un tueur en série. Dans l'autre, la plus courante, la viande est de chat, et le pâtissier, s'il n'est pas un dangereux névropathe, fait courir de graves risques au consommateur. La rumeur emprunte divers modes d'expression. On en connaît une version chantée, sur l'air de la mère Michel, à qui le Père Lustucru – un cuisinier – a l'audace de dire « pour un lapin votre chat est vendu ». Une version judiciaire : en l'an 1500 à Paris fut instruit un procès où un certain Gillet de Bailly accusa Philippot Malquis et Jacques Le Page de lui avoir fait manger « un pâté de cervelle de chat dont il demeura infirme », l'infirmité étant l'impossibilité pour la victime de manger désormais de la viande [15]. Une version philosophique : avec le ton sceptique et ironique de celui-qui-n'y-croit-pas, Montaigne use de cette rumeur pour appuyer sa démonstration sur la force de l'imagination. Le crédit de tels récits vient, dit-il, « de la puissance de l'imagination agissant principalement contre les âmes du vulgaire, plus molles ». Et il poursuit :

« Je sais qu'un gentilhomme, ayant traité chez lui une bonne compagnie, se vanta trois ou quatre jours après, par manière de jeu (car il n'en était rien), de leur avoir fait manger un chat en pâté : de quoi une damoiselle de la troupe prit telle horreur qu'en étant tombée en un grand dévoiement d'estomac et de fièvre, il fut impossible de la sauver [16]. »

Les exemples cités ici sont tous français et ne donnent pas la pleine mesure de la diffusion de cette légende à la fois bien circonscrite et très large : elle ne circule que dans les villes, mais dans toutes les villes de l'Europe, et au-delà. La ballade anglaise du XVIIe qui la transmet offre une variante, avec ce titre programmatique : « Nouvelles de More-Lane, ou les tours de coquin d'un garçon de cabaret habitant en cet endroit qui, ayant acheté un poulain gras pour dix-huit pences, la jument étant morte, et lui ne sachant comment élever par lui-même le poulain, le tua et le fit cuire dans un pâté et invita beaucoup de ses voisins au festin, et leur racontant ce que c'était, les rendit tous malades comme vous pourrez l'en-

15. Bobis 1993, 75.
16. Montaigne, *Essais*, I, ch. 22.

tendre dans la chanson suivante » (fin du titre) [17]. On en trouve une version portugaise rapportée par le jésuite Viera dans son *Art de vole*r, une version suisse [18].

Le chat, animal mi-familier mi-sauvage, aux mœurs nocturnes suspectes, est la cible favorite de mystifications culinaires. Selon certaines croyances sa chair est vénéneuse. Les fileuses de *L'Évangile des quenouilles*, si précieuses pour connaître une certaine culture populaire, mettent en garde contre un certain nombre de consommations : on ne peut manger de la nourriture touchée par un loup, ce qui équivaut à partager la nourriture du loup, sous peine de mort très douloureuse si le loup n'est pas déjà mort, ou de la perte de la voix. De la même manière, il est dangereux de manger de la viande souillée par des souris. Ce transfert par absorption s'applique à tous les animaux nuisibles ou inquiétants, au rang desquels elles rangent le chat. On doit éviter de manger la tête et la chair de chat sous peine d'être paralysé « de la tête ou des reins [19] ». Dans le même temps, le chat, particulièrement le chat noir, a de nombreuses indications en médecine, pour soulager des hémorroïdes, de la goutte, pour guérir de l'épilepsie ou prévenir la chute des cheveux. Mais la pharmacopée utilise surtout son sang et ses excréments. La chair et la cervelle ont en revanche la réputation d'être de vrais poisons [20]. A la Renaissance, la cervelle de chat est l'objet d'une fascination paradoxale, puisque, selon Champier, certains la considèrent comme un plat délicieux, alors que pour les autres elle a la réputation d'être vénéneuse [21]. Lui-même, Champier, ne dit pas son sentiment personnel, mais on sait ses préventions à l'endroit de la cervelle en général : c'est un aliment qu'il déconseille comme trop flegmatique et de digestion difficile. L'autre question soulevée est moins celle de la salubrité de la denrée que celle de ses effets. La peur est là, et

17. Thomas 1985, 151.

18. Sébillot 1895, *Les Pâtissiers* (4). Radeff 1996, 22.

19. « Pour eschever de non venir palasineux [paralytique] de la teste ou des reins, il se fault abstenir de mengier de teste ni de char de chat », *Évangiles des quenouilles*, III, 2. Les pénitentiels classent aussi le chat parmi les nourritures immondes, dont la consommation est passible de 40 jours de pénitence. Bonnassie 2001, 146.

20. Bobis 1993, 75-76.

21. Champier 1560, 424.

on craint ses effets psychosomatiques, on est convaincu, comme Montaigne, qu'on peut mourir de peur alimentaire.

La rumeur dure tant qu'elle a les apparences de la vraisemblance. Les documents normatifs qui encadrent la fabrication des pâtisseries et qui sont nombreux attestent que les peurs du mauvais pâté ne relèvent pas du seul domaine de la fiction. Les pâtés suscitent de fortes présomptions.

Il faut dire que l'art du pâtissier est douteux. C'est d'abord l'art du hachis et du broyage. *Le Mesnagier de Paris*, désireux de préparer un pâté « maison », a recours à un professionnel. La viande qu'il a préalablement fait bouillir est apportée dans l'arrière-boutique du pâtissier, qui seul peut « très menuement mincer et détrencher[22] ». Son savoir-faire est redoutable : il hache si fin qu'on ne reconnaît plus les matières premières originelles ; il mêle habilement les ingrédients ; il les masque avec de la pâte... Mélange et déguisement, le pâté est potentiellement dangereux.

Dans Paris, célèbre pour ses pâtés, l'encadrement professionnel est tardif. Jusqu'en 1440, le métier est largement ambulant et mal incorporé. Les premiers statuts des pâtissiers, qui datent de cette année-là, comprennent 17 articles. Dix d'entre eux concernent la sécurité alimentaire et font défense de dissimuler dans les fabrications des denrées « non dignes de user au corps humain ». Ils interdisent de remplir les pâtés, les rissoles ou les darioles de « chairs sursemées et puantes ; de poissons corrompus ; de lait tourné ; de fromage moisi et puant, de chair puante ou corrompue, d'œufs rachetés aux confréries » : bel inventaire de la variété des fraudes possibles, depuis les viandes ladres jusqu'aux œufs exposés en offrandes sur les autels des confréries, et qui fait des pâtés comme les chefs-d'œuvre de l'industrie des reliefs et des rogatons[23]... Les pâtissiers de Saint-Quentin, quant à eux, jurent de « n'habiller aucune viande pour entrer au corps humain, que premier ne voulussent manger eux mêmes[24] ». Ceux de Lima, au Pérou, sont aussi étroitement surveillés pour protéger la santé des adeptes du manger vite (*comida corrida*) :

22. *Mesnagier*, 684.
23. Lespinasse 1879, 367.
24. Wickersheimer 1905, 232.

« Ce jour, les alcaldes et les échevins ont décidé et ordonné que désormais nul ne pourrait faire de gâteaux ou de chaussons à moins d'en pétrir et d'en feuilleter la pâte devant sa porte, où se trouvera aussi le fourneau où ils seront cuits, de sorte qu'ils soient fabriqués, cuits et offerts sur des éventaires de manière publique à la vue de tout le monde [...] Il a été ordonné de rendre publique cette décision ainsi que l'obligation de fourrer ces produits avec de la viande achetée dans les boucheries [25]. »

Le pâté est une façon d'accommoder les restes – de viande en particulier. Aussi les soupçons foisonnent : d'utiliser des viandes de mauvaise qualité que les boucheries publiques refusent, par exemple, les veaux mort-nés ou les fœtus trouvés dans le ventre des vaches abattues. D'employer des viandes déjà cuites, et non des viandes « neuves » ; des morceaux invendus ou qui ont « passé leur temps ». De masquer le goût des garnitures tournées – et ici une autre légende, inventée par les historiens d'hier, trouve prétexte à se greffer : l'us et l'abus d'épices destinées à masquer le goût des viandes en voie de putréfaction. En effet, c'est là, dans la fabrication des petits pâtés, qu'on trouve un usage intempérant des épices. Les pâtés en croûte des cabaretiers parisiens sont faits de langues, de cannelle, de girofle et de poivre [26]. Les *pies* anglais comprennent 8 ingrédients, de la viande de bœuf ou de mouton, des fruits secs, du lard, et en sus des épices. Mais ce sont là pâtés et tourtes de luxe.

Pour la consommation courante, hors du foyer, les pâtisseries à bon marché intègrent peu les épices exotiques. La stratégie commerciale est de vendre beaucoup, peu cher, et l'utilisation d'épices exotiques ne s'accorde guère avec le souci de la rentabilité. Dans le rôle d'exhausteurs ou de dissimulateurs de goûts, les règlements mentionnent des ingrédients indigènes comme les « aigruns » : l'oignon, l'ail, l'échalote, ou bien la menthe. La menthe surtout ; tellement employée à cette fin que, si l'on en croit Aulagnier, on l'appelait souvent *pasté* [27]. En revanche, l'usage de chats peut se

25. *Actes du cabildo de Lima*, 1552, cité par B. Lavallée, *L'Amérique espagnole, de Colomb à Bolivar*, Paris, Belin, 1993, 200.

26. Champier 1560, 392.

27. Aulagnier 1830, art. « Menthe », 24.

concevoir dans cette optique commerciale. Le chat ne vaut rien, hormis sa fourrure. La France du XVIIIᵉ pratique un commerce considérable de peaux de chats revêtues de poils, et nul ne nous dit comment sont éliminées, ou recyclées, les carcasses des chats écorchés [28]. Le conte est donc plausible. Étonnons-nous, après cela, que les modernes manifestent face aux pâtés une distance instinctive et peureuse.

L'histoire du pâté n'est pas un cliché inusable, qui traverserait les époques sans être traversée par elles. Elle doit se plier aux valeurs comportementales dominantes. Le XVIᵉ siècle, par exemple, innove sur deux points. Premier avatar : il désigne la cible privilégiée de ces éventuels empoisonnements. Rangés parmi les *cuisiniers publics*, rôtisseurs et pâtissiers sont « appliqués à tenir toujours des viandes cuites ou prêtes à cuire pour satisfaire aux besoins pressans ou imprévus de leurs habitants, et encore à ceux des étrangers [29] ». Ces gens pressés n'ont pas au départ d'identité précise ; bien sûr, on exclut d'emblée ceux qui disposent chez eux d'un maître queux, ou même seulement d'une femme au foyer ; ce sont les classes laborieuses qui mangent sur le pouce, mais tous âges ou sexes confondus.

Au XVIᵉ siècle, les gens pressés, avides de manger vite, sont très nombreux en France, à Paris surtout. Un ambassadeur vénitien, Jérôme Lippomano, en témoigne dans un texte célèbre, daté de 1577. Il y remarque qu'on « aime en France, plus qu'ailleurs, les pâtisseries, c'est-à-dire la viande cuite dans la poële », que la nourriture achetée cuite et préparée coûte moins cher que celle qu'on achète crue au marché, et que grâce à ces métiers de bouche « le chétif ouvrier » peut manger gras ou maigre aussi bien que le bourgeois [30]. Est-ce cette multiplication des lieux de restauration rapide qui rend la police encore plus vigilante ? En 1522, les statuts des pâtissiers parisiens sont plus précis :

« Aulcuns hommes ne femmes vendent et exposent en vente, en paniers couverts, petits pâtez de 3, 2 ou 1 deniers, de chars corrompues et puantes, non dignes de user à corps humain, esquels est mis

28. Savary 1741, art. « Chat », 253.
29. Delamare 1729, II, 212.
30. Cité in Revel 1979, 150-151.

de l'oignon, ostant le goût de ladite corruption, dont jeunes enfans de maison et autres personnes sont plus enclins pour le petit prix en achepter, et les mangent et usent, au moyen de quoy souventes fois engendrent en eux corruxe et maladie[31]... »

La police parisienne jettera à la rivière de tels gâteaux, susceptibles d'empoisonner les enfants ou, plutôt, les jeunes – cette classe d'âge alors mal cernée mais dont on commence alors à se préoccuper. Les adolescents, en particulier les adolescents « de maison » (entendons de bonne famille), sont promus au rang de groupe vulnérable. La législation royale entreprend d'ailleurs de les protéger et envoie devant ses tribunaux les parents négligents et les infanticides. Il faut les protéger aussi des vendeurs ambulants qui crient par les rues leurs petits pâtés tout chauds, devenus « le grand ragoût des écoliers[32] ». Dans le microcosme citadin rempli de cris et de publicités sonores, certaines de ces publicités, tout alléchantes qu'elles sont, peuvent être mensongères. L'iconographie en témoigne. Voici sur une gravure d'Abraham Bosse un garçon pâtissier tendant un plateau de pâtés à un garçon à peine plus jeune que lui :

Ce pastissier est fin et d'une humeur plaisante
Pour escroquer l'argent de ce petit garçon
Mais luy de son costé scait de bonne façon
Engloutir les pastez que sa main lui présente.

Une autre gravure représente une autre vente à la sauvette dans la rue :

Ainsi on crie les tartelettes
A Paris pour enfans gastés
Lesquels s'en vont en ses ruelles
Pour les bouter dessous le nez[33].

31. Delamare 1729, II, 385.
32. Furetière, *Dictionnaire*, art. « Pasté ».
33. Gravure d'A. Bosse, vers 1635. Reproduite in Sébillot 1895, *Les Pâtissiers* (4).

Le jeune dans la rue est figuré comme la proie désignée des aigrefins de l'artisanat alimentaire, c'est là une image qui ne le quittera plus. On la retrouve en 1914 avec l'indigne distribution de bonbons empoisonnés.

La légende urbaine subit un second avatar. Le pâté, seul suspect aux temps médiévaux dans la cuisine toute prête, est concurrencé par un autre plat, le ragoût de lapin. Les médiévaux mangent peu de lapins, qui sont généralement des lapins de garenne réservés aux tables seigneuriales. En revanche, la consommation de chat est attestée à l'époque moderne, elle semble courante, et même licite dans les pays germaniques où le chat reçoit le surnom de *Dachhase*, « lièvre des toits ». En France, en Italie, on parle de « lapin de gouttière », mais sans considérer pour autant que, sauf cas de nécessité, la viande du chasseur carnassier puisse être mangeable [34]. L'anecdote opère un léger déplacement, dicté par les nouveaux comportements alimentaires. Elle focalise sur le civet de matou (*sive* de lapin), un plat dont la composition est tout aussi difficile à contrôler que celle du pâté [35]. Pourtant, les règlements urbains tentent de définir des normes et de les faire appliquer. Les traiteurs doivent vendre les lapins avec les têtes, pour une vérification de zoophages. Une sentence du Parlement, confirmée par un arrêt en 1631, est prononcée contre les pères Lustucru. Ils doivent faire amende honorable au bord de la Seine en jetant les chats écorchés et décapités qu'ils entreposaient dans leur garde-manger, et crier à haute voix en forme de repentance : « Braves gens, il n'a pas tenu à moi et à mes sauces perfides que les matous que voici ne fussent pris pour de bons lapins [36]. »

L'après-Révolution marque un affadissement et une atténuation des légendes construites autour du thème du pâté et du lapin. L'image du pâtissier s'améliore nettement en même temps qu'il abandonne la vente ambulatoire comme prolongement de son activité en boutique, et qu'il se reconvertit dans des fabrications

34. Bobis 1993, 76.
35. Bizet 1847, 416.
36. Sébillot, 1895, *Les Pâtissiers* (4).

plus sucrées que salées [37]. Le civet de matou est toujours dénoncé, mais le tabou qui accompagnait la consommation de viande de chat tombe : désormais, on n'a plus peur d'en mourir. La charge émotionnelle évacuée, il ne reste qu'un piètre danger, celui de la tromperie.

La sérénité du jardin

La peur joue toujours sur une ambiguïté fondamentale : celle d'un aliment normalement bon qui, accidentellement ou volontairement, du fait de la malice des hommes, peut devenir insane. Le pâté en est un exemple parfait. Il est omniprésent dans la culture alimentaire d'Ancien Régime. C'est une nourriture de pauvres. C'est aussi un plat de roi. La Mettrie, philosophe des Lumières, est mort d'indigestion – certains disent étouffé – à Berlin, à la cour du grand Frédéric, pour avoir mangé sans retenue d'un pâté de faisans aux truffes. Qui n'aimerait goûter de ce pâté aux truffes prussien ? Des pâtés « à la financière » que l'on sert sur la table des fermiers généraux, avec leur garniture de ris de veau, de crêtes et de rognons de coq ? Ou un pâté de Périgueux, qui est un pâté de perdrix ?

Ils sont de fine saveur. Bien mieux : on sait leur composition, on sait qui les a préparés, on sait d'où viennent les ingrédients. « Faits maison », ils sont rassurants. Ce qui rassure, c'est le circuit court. A l'inverse, les petits pâtés engendrent des peurs urbaines. La ville brise une double familiarité : les sources de ravitaillement deviennent lointaines et non identifiées, et le fait de manger hors de chez soi accentue la distance entre le mangeur et ce qu'il mange. Le procès du petit pâté est aussi celui de la restauration rapide. Ainsi vont les représentations alimentaires. Elles oscillent entre les deux pôles qui orientent le champ de l'imaginaire alimentaire, celui de la peur et celui de la sérénité, au gré d'un curseur qui se déplace dans l'espace symbolique en mesurant la longueur de la filière. A

37. Dumas 1998, 482.

un bout se situent la sécurité alimentaire et son emblème le plus durable, le jardin.

Le jardin (entendons le jardin potager) est un lieu qui cristallise bien des valeurs. C'est un espace de liberté où, protégée par les murs clos des regards extérieurs ou du contrôle fiscal, l'initiative individuelle peut s'épanouir, expérimenter et innover. C'est le lieu fait pour l'agrément et la sérénité, pour la sécurité alimentaire aussi. Il est constant que le jardin échappe complètement à nos sources privilégiées, les normes urbaines. On peut passer en revue tout le *codex alimentarius* ancien, on ne trouvera rien qui soit relatif à l'approvisionnement par les jardins *intra* ou *extra muros*. Quand les consuls de L'Isle dans le Comtat précisent leurs pouvoirs en matière de denrées, ils affirment avoir autorité sur « le pain, la chair, le poisson et autres viandes et fruits de bouche et à manger qui se vendent et se revendront en ladite ville de L'Isle et de son terroir » : compétences larges, mais qui laissent le jardin en dehors du périmètre législatif[38]. Ni norme, ni surveillance : tout ce qui s'autoconsomme ou s'échange en dehors du marché est considéré comme intrinsèquement salubre.

Mais cette sécurité est-elle simplement une apparence, un sentiment, une illusion ? Le jardin est-il simplement une métaphore de la sécurité alimentaire ? On ne peut ici faire l'économie d'un rapide examen de la question essentielle de l'autoconsommation, qui parfois tourne le dos à la réalité, le plus souvent est en prise avec elle.

L'autoconsommation, Olivier de Serres, en 1600, en a brossé l'idéal-type dans son *Théâtre d'agriculture et Ménage des champs.* Le bon ménager qu'il vante *ménage* une exploitation de bonne taille, polyvalente, et vend au marché ses surplus de grains ; il y achète aussi ce qui lui manque, mais c'est peu. Tout au plus sa femme, la bonne ménagère, doit-elle compléter les provisions de bouche pour la famille en faisant venir de la ville « des anchois, des sardes, des harencs, tonnines, merlus, moulues [morue] », c'est-à-dire essentiellement du poisson, séché ou mariné, de l'huile, des épiceries et des fruits secs[39].

38. A.C. L'Isle-sur-Sorgue, AA 2, 1617.
39. Serres 1600, 1188.

L'exploitation du Pradel que gère Olivier de Serres et qui lui fournit un modèle théorique prouve que, précisément, l'autoconsommation n'est pas une utopie, puisque les comptes d'exploitation tenus par Olivier de Serres tendent à montrer qu'on s'approche de très près de cet idéal d'autarcie. On achète au-dehors le sel et le sucre. Pour le reste, le domaine ardéchois pourvoit à peu près aux besoins de la maisonnée. On observe la même tendance dans le manoir normand de Gilles de Gouberville, et dans beaucoup d'autres domaines – inutile de multiplier les exemples – où le complément de la ville est à la fois obligé et mineur[40].

L'autoconsommation existe, pour une part que nous ignorons, au village. C'est aussi une réalité chez certains citadins, les puissants ou les aisés qui possèdent des terres à la campagne. Ouvrir le registre de n'importe quel notaire au folio d'un acte d'arrentement de terres, c'est à coup sûr relever toute une variété de rentes en grains et en argent, et de petites redevances en poules, chapons, gibier, fromages frais, beurre... Le souci du ravitaillement frais se lit dans ces contrats passés devant notaire. S'il s'agit de métayage, le citadin s'assure parfois en supplément des petits fruits, livrables chez lui. S'il s'agit de fermage, les suffrages ou menus suffrages sont prévus, redevances accessoires destinées au garde-manger de la demeure urbaine – cette pratique étant interdite en France depuis ... 1946. Tel Avignonnais propriétaire sur les rives de la Durance loue en 1545 les jardins en contrebas de son château à un jardinier, avec des exigences complexes et précises. Il demande 60 florins par an, fixe un prix bas d'achat pour tous les légumes dont il aura besoin, lui laisse les raisins, s'assure en revanche l'exclusivité des roses. Quant à la production toute nouvelle des artichauts et des cardes, elle lui est « retenue et réservée ». Les bourgeois piémontais placent chez des paysans du plat pays des veaux avec des clauses de location garantissant la nourriture. Le veau est élevé avec grand soin, « à la façon du particulier[41] ». Le ravitaillement direct se pratique aussi dans les milieux parlementaires du Bordelais. Ces messieurs, ainsi qu'ils s'appellent eux-

40. Foisil 1986, 142-143.
41. Rebora 1998, 50.

mêmes, sont abondamment pourvus de produits de la chasse, de la basse-cour, de la garenne, de l'étang. Les ressources domaniales sont le fonds de l'alimentation nobiliaire, les petites gentilhommeries du Sud-Ouest constituant un des modèles les plus achevés d'autosubsistance[42].

Boire son vin, manger ses poulets, ses œufs ou ses fromages. Le possessif peut être chargé de toutes sortes de valeurs : l'ostentation patricienne, la fierté du propriétaire, la nostalgie du terroir de souche... mais il traduit aussi cette pleine assurance de savoir ce que l'on a dans son assiette. Il arrive aussi qu'on boive ou qu'on mange, avec la même tranquillité, des produits qui ne sont pas issus de sa propriété, mais qui sont de provenance connue. L'ancienne société connaît en effet une troisième voie d'acquisition des produits alimentaires en dehors de l'approvisionnement direct ou de l'achat sur le marché. Tout un système d'échanges fonctionne, dont on ne saisit que la partie émergée. Au village, les cadeaux de cochon sont rituels[43]. Dans la société nobiliaire circulent dons et contre-dons : « J'ai soupé chez Mlle Desgranges, rue des Cordeliers... J'y avais fait porter un levreau, un lapereau, deux bécasses, huit bécassines et trois perdrix rouges et trois grises[44]. »

Chez les gens précédemment cités, le jardin n'est pas un mythe. Il le devient chez les citadins des catégories populaires. Certains cultivent – dans tous les sens du mot – une forme très réduite de jardin à leur croisée ou à leur balcon. Les statuts de Vérone en 1450 défendent aux habitants ce type d'installation par peur de la chute de terre, d'eau ou de fumier[45]. Dans les grandes villes, le premier cercle de l'approvisionnent en produits frais est assuré par la culture *intra muros*. L'inclination pour l'autoproduction urbaine est généralement partagée. A Paris, elle touche ceux qui ont des terrains comme ceux qui n'en ont pas. L.S. Mercier parle de son contemporain, son semblable, le Parisien qui « élève en l'air un petit jardin de trois pieds de long ; il place sur ses fenêtres un pot de fleurs ;

42. Figeac 2001, 160-164.
43. Méchin 1992, 60.
44. Figeac 2001, 160.
45. Castellazi 1995, 882.

c'est un petit tribut qu'il envoie de loin à la nature. Un arbre à fruits végète dans l'enceinte étroite d'une croisée... Malgré les défenses de la police, le citadin casanier tient à son pot de fleurs, à sa caisse de terre. Il la cache quand l'inspecteur passe : il la replace quand il est passé[46] ».

Ces jardins suspendus sont un « tribut à la nature », en effet, tant le souci de la filière courte d'approvisionnement et le désir de nature sont en étroite connexion.

L'autoconsommation de rebut

Edmé Rétif est propriétaire de la ferme de la Bretonne à Sacy en Bourgogne, et ses cinquante hectares procurent une part non négligeable de la nourriture quotidienne. « Je tue par an quatre porcs, dix de mes plus vieilles brebis... je prends [en boucherie] cinq livres de viande, bœuf ou vache, par semaine ; je vends par semaine en été douze douzaines d'œufs et il en restait pour la maison. Mes noyers me fournissent d'huile pour la salade de toute l'année, des noix pour les goûters et les desserts de l'hiver de tout le monde. Quant à mon blé et à mon vin : chacun mange ici à sa faim[47]. » Dans un système de polyculture aussi achevé que la ferme de la Bretonne, il y a un surplus – qui part sur le marché – et un supplément qui provient du marché, pour la viande de boucherie en particulier. Le marché étant proche, la filière reste courte, et donc rassurante.

Contrairement à ce qu'on imagine, le recours au marché est plus fréquent pour les petits producteurs des campagnes – soit la majorité de la population, contrainte de vendre pour pouvoir acheter des grains –, avec des conséquences qui sont néfastes pour la sécurité alimentaire. La logique même du marché veut qu'on y apporte ce qu'on a de mieux, pour en tirer le meilleur profit. Perrette va vendre

46. L.-S. Mercier, *Tableau de Paris*, 12 vol., Paris 1782-1788, p. 1367-1368.
47. Rétif de La Bretonne, *Vie de mon père*, cité par J.-P. Moreau, *Alimentation et Régions*, Presses universitaires de Nancy, 1988, 104.

sur le marché un pot de lait pur, elle se contentera, elle et les siens, de petit-lait ou de lait caillé[48]. Elle monnaie les meilleurs produits de sa basse-cour, les œufs frais et les jeunes poulets ou les chapons engraissés, et retient pour sa consommation familiale les œufs de cane ou de dinde, le vieux coq et la poule de cinq ou six ans devenue piètre pondeuse et qu'on mettra au pot, car elle ne sera mangeable que longuement bouillie. Il en va de même pour les salaisons et les conserves : une fois confits le canard ou l'oie, le paysan gascon vend les cuisses, garde le reste. Partout, le petit paysan garde pour son usage la « lie de la production ».

Le cochon salé mérite qu'on s'y arrête un instant, tant il est emblématique de l'autoconsommation familiale. Le sacrifice du cochon, ou *tuaison*, ou *tuaille*, fait l'objet d'un discours abondant mais discordant. Mieux vaudrait dire deux versions. La première est urbaine et se lit dans les traités de police et les règlements urbains. Il y est surtout question des opérations en amont de l'abattage, de la « visite » obligatoire de la langue et des oreilles, de tous les contrôles sanitaires que doit subir l'animal ; au milieu de ce discours se dresse la figure du langueyeur. La seconde version est rustique et littéraire. Elle raconte la tuaison comme un événement et un rite. Elle met l'accent sur la liturgie familiale, elle célèbre le repas de cochon qui suit la tuaison, où sont invités la parentèle et le voisinage, à charge de réciprocité. C'est la seule occasion ou presque de manger de la viande fraîche. Tout le reste est destiné au saloir. Prend-on des précautions sanitaires ? dans ces récits le langueyeur est le grand absent de la cérémonie. Le langueyage, dit Liébault, a lieu si « on l'expose en vente aux marchez et aux foires des bonnes villes ». C'est effectivement le citadin qui est attentif à la qualité de la viande porcine et note éventuellement les précautions prises dans son livre de raison :

« Le 23 décembre 1669 j'ay paié 18 livres 4 sols pour un pourceau m'aiant cousté 8 livres 5 sols le quintal, 2 sols pour avoir fait vérifier s'il estoit saing et 5 sols pour celluy qui l'a tué[49]. »

48. Champier 1560, 432.

49. Sauzet, *Le Notaire et son roi. Étienne Borrelly, un Nîmois sous Louis XIV*, Paris, Plon, 1998, 133.

Pourtant, les paysans ne méconnaissent pas le risque, c'est ce que Liébault suggère de façon un peu sibylline : « et croys que ça esté la raison pour laquelle nos pères n'en faisoient ordinaire. » La formule est bien énigmatique : signifie-t-elle que les pères, aux temps obscurs du XVe siècle, s'abstenaient de porc pour des raisons sanitaires, et les fils n'en mangent que salé, en fait salé puis bouilli ? Ce serait là une sage précaution, la salaison détruisant germes et bactéries [50].

Décrire la tuaison comme l'aboutissement d'une filière alimentaire en circuit fermé est excessif. C'est omettre la part de l'étranger, car l'égorgeur est toujours un spécialiste recruté en dehors du cercle de famille. C'est occulter la part du marché. Le paysan, ce grand mangeur de porc, ne connaît ni le goût ni la couleur de l'aloyau ou du filet mignon [51]. Les jambons traditionnellement sont faits des quatre « jambes » du cochon, mais on vend aux citadins ceux des jambes du devant qui sont préférés par les gourmets. Dans le cochon tout est bon, certes, mais le meilleur, ici encore, se retrouve au marché (ou au château, ou au presbytère).

Et, bien entendu, on ne porte à vendre que les salaisons réussies. Il arrive souvent qu'elles ne le soient pas, car le sel est cher, et « plus rare est la rencontre du bon charnier que du bon grenier et de la bonne cave, s'en treuvant peu où les chairs de pourceau, mesme les lards, ne s'enrancissent et enjaunissent... de telle sorte qu'on ne sçait presques quel quartier de la maison donner au charnier pour le bien asseoir, tant cest article est difficile [52] ». Chacun a sa technique pour rattraper une salaison qui tourne. Par exemple, sortir la pièce du saloir et la pendre dans la cheminée, « où elle se raccommodera [53] ». Si elle se raccommode mal, on ne la jette pas pour autant. D'où l'assertion de Parmentier : « La mauvaise salaison a fait périr plus d'hommes que les naufrages et les guerres. » La statistique étant impossible, il faut croire Parmentier sur parole.

50. Liébault 1572, 42.
51. Fossat 1971, 95.
52. Serres 1600, 1180.
53. L. Rose, *La Bonne Fermière ou Éléments œconomiques utilles aux jeunes personnes destinées à cet état*, Lille, Henry, 1765, 90. Serres recommande ce double procédé de conservation pour le lard. Serres 1600, 1180.

Mais quel rude coup porté à l'image rassurante des saloirs regorgeant de cochonnailles et aux poutres garnies de jambon !

Jacques Léonard, après d'autres, a bien souligné ce paradoxe : la classe nourricière, aux trois quarts plongée dans la gêne, ne garde pour elle que les denrées de qualité inférieure, et parfois malsaines [54]. Dans les temps où la soudure est difficile, où la disette menace, la situation de l'autoconsommateur empire. C'est alors que les Solognots vendent le seigle marchand, bien criblé, gardant pour eux les grains ergotés ; que les Bretons apportent le blé noir non fermenté à la ville, conservant l'autre, trop vite et trop tôt coupé. L'invendable reste à la campagne, où il est recyclé, c'est-à-dire absorbé.

Le marché joue un rôle de régulateur sanitaire ; ce qui est bon part à la ville, ce qui est mauvais ou simplement douteux reste au producteur. Les règlements urbains constituent le second filtre, rejetant vers le plat pays les denrées « non dignes de user au corps humain ». Mais, heureusement, les corps rustiques sont réputés d'une constitution plus robustes que les corps citadins.

Subsidiairement, les deux types de ravitaillement creusent un fossé culturel. La cuisine patricienne, bourgeoise plus tard, fonde sa réputation sur de « bons » produits, sains et sûrs. La cuisine paysanne n'a pas cette chance, et, pour se muer en cuisine « de terroir » que les citadins ne pourront plus mépriser, il faudra que les « bons produits de la ferme » restent à la ferme. Cette métamorphose interviendra plus tard, quand l'agriculture industrielle transformera les conditions de production.

54. Léonard 1986, 157, 166, 184.

CHAPITRE 9

La maladie du bœuf hongrois

Une peur chasse l'autre. La terreur de la peste s'estompe quand, après une dernière poussée en 1663 et 1669, le fléau disparaît du paysage épidémiologique de l'Europe du Nord-Ouest, et de tout le continent définitivement après une ultime intrusion en Provence en 1720-1721. Mais ni l'attention des hommes ne se relâche ni la peur ne les quitte. Passé les grands épisodes pesteux, c'est l'épizootie qui fait peur.

Les hommes du XVIIIe siècle ont beaucoup traité des épizooties. Ils ont eu à affronter de graves crises, ils ont forgé de nouveaux moyens de lutte contre elles, et, pour terminer, ils ont inventé le mot même d'épizootie [1].

Les spécialistes d'histoire vétérinaire estiment à 200 millions le nombre de bovins qui en sont morts dans l'Europe des Lumières [2]. Toute estimation, dans l'ère préstatistique, est à prendre avec précaution, celle-ci d'autant plus qu'elle amalgame les animaux qui ont succombé à la maladie comme ceux qui ont été abattus à titre préventif. Cette mesure d'abattage préventif est en effet une invention du siècle : elle est inédite, extrême, et, avant de la relier à la peur engendrée par la contagion, il convient de voir dans quel contexte elle a été mise en place.

1. Le mot est d'origine française. Il entre dans la langue administrative par le truchement de Turgot lors de la grande maladie des bestiaux de 1774-1775. Brunot, *Histoire de la langue française*, *op. cit.*, VI, 287.

2. Blancou 2000, 189.

De l'épizootie à la panzootie

Non seulement les épizooties sont fréquentes, mais elles voyagent vite. En 1683, Wincler décrit une contagion « qui a une marche réglée, faisant environ deux milles d'Allemagne en vingt-quatre heures sans épargner une seule paroisse [3] ». De proche en proche, beaucoup d'épizooties deviennent des panzooties, du moins à l'échelle de l'Europe. L'unification microbienne de tout le continent est attestée à plusieurs reprises dans le siècle : la peste bovine sévit en plusieurs vagues, de 1711 à 1714, de 1742 à 1748, de 1769 à 1775, en 1796 ; la fièvre aphteuse se manifeste sporadiquement en 1662, 1680, 1695, 1707, et entre 1763 et 1813. Classiquement, on impute la diffusion des maladies à la guerre. Les épizooties suivent le trajet des campagnes militaires, tout mouvement de troupes mettant en branle des troupeaux de chevaux et de bêtes à cornes, cet indispensable stock de viande sur pied qui suit pour le ravitaillement. Il faudrait réviser la vulgate des historiens vétérinaires. Au XVIIIe siècle, les épizooties sont plus fréquentes que les guerres. Quand, en 1774, l'armée française – infanterie et cavalerie – est mise à la disposition des intendants pour établir des cordons sanitaires, quand, derechef en 1775, les troupes font le blocus de la Gascogne et du Béarn, c'est bien qu'on est en temps de paix. La guerre est un facteur favorisant la dissémination épizootique, mais il en est d'autres.

Allons vite : la propagation n'a pas une cause unique, comme on le pensait hier, où on incriminait la guerre, et elle seule [4]. Cette illusion s'explique par le fait que l'attention des vétérinaires pendant longtemps s'est focalisée sur les chevaux, en particulier les chevaux de monture. Les premiers élèves issus des écoles vétérinaires de Lyon (fondée en 1762) ou d'Alfort avaient une formation limitée à la pathologie équine. A la même époque, les premiers

3. Leclainche 1936, 52.
4. C'est par exemple l'interprétation privilégiée de Leclainche, *ibid.*

travaux d'hygiène publique se portent sur l'hygiène des camps et de l'armée. L'épizootie n'est pas non plus le fruit d'une agriculture productiviste, comme certains le pensent aujourd'hui. Elle résulte d'une combinaison de facteurs qui tiennent aux pratiques mêmes de l'élevage et du commerce des bestiaux dans le système agricole ancien.

Dans ce système, l'élevage est à la fois omniprésent et secondaire. Les troupeaux sont nombreux, et rares sont les paysans qui ne sont pas en même temps éleveurs. A la question : peut-on concevoir une agriculture sans animaux, l'agronome Gasparin répond : oui, mais seulement chez « les nègres et chez les jardiniers des environs de Paris [5] ». En même temps, si les animaux sont nombreux dans les campagnes, ils sont jugés comme des concurrents pour les cultures, les grains en particulier, qui sont prioritaires, et la règle est à peu près de dire à ses bestiaux : va trouver ta nourriture où tu peux. On ne pratique guère la stabulation, sinon en hiver. Aux beaux jours, les animaux sont lâchés sur les terres de parcours : et c'est à ce moment-là, au cœur de l'été, qu'éclatent les grandes crises épizootiques. L'épizootie mûrit comme les blés.

Cette saisonnalité des maladies n'a pas échappé aux contemporains. Ils font de la coïncidence entre le maximum thermique et l'irruption des mortalités une causalité. Les chaleurs de l'été, disent-ils, favorisent les « ferments nocifs » et « l'empoisonnement du sang par l'échauffement de la bile ». Mais peu de savants s'attardent sur l'étiologie de maladies qui est hors de leur compréhension ; la recherche médicale classique met entre parenthèses les « causes premières », considérées comme inaccessibles. « Il est bien difficile de réformer les saisons, et de changer le tempérament des animaux. » Et les économistes ruralistes, *a fortiori*, laissent « les physiciens philosopher sur celles [les causes] qui ont produit la maladie [6] ».

Pour pâturer, les bêtes vaguent et divaguent, vaguement surveillées par des petits bergers ou des bergères de huit ou neuf ans. Il arrive qu'ils soient attaqués par des loups. On connaît bien cette tragédie à répétition, mais sait-on l'âge moyen des victimes ? Il est

5. A. de Gasparin, *Cours d'agriculture*, Paris, 1851, vol. I, 16.
6. Rozier 1783, art. « Contagion ».

très proche de douze ans, comme cette petite servante que le curé de Restigné en Anjou enterre « dévorée par l'une des bêtes féroces qui mangent les enfans pasteurs cette année [7] ». Que la garde pastorale soit l'affaire de tout un prolétariat infantile ne favorise guère la vigilance sanitaire. Appelés en 1776 par un couple de paysans bourguignons pour soigner leurs six vaches malades, deux élèves de la nouvelle école royale vétérinaire de Lyon, dépêchés par les États de Bourgogne, arrivent trop tard. Ils ne peuvent que procéder à l'ouverture des vaches, c'est-à-dire à leur autopsie. Les paysans confessent qu'ils se sont aperçus trop tard de la maladie, leurs vaches étant gardées par des enfants « dont l'âge ne permet pas de faire des observations [8] ».

Le pâturage s'effectue souvent en commun, et sur des pâturages communs. Les bêtes sont regroupées sous garde collective ; elles partagent la même herbe sur les terres en vaine pâture, ou bien sur les estives de transhumance. Les bergers cévenols savent d'expérience que le contage se fait en estive, en particulier pendant la nuit, dans les parcs à mouton. Les médecins le ratifient : c'est la « cohabitation » qui favorise l'épidémie. La cohabitation est inévitable, dans des campagnes ouvertes où les pratiques communautaires sont fortes. Et quand les animaux entrent à l'étable, la promiscuité s'aggrave. L'étable est sale, chaude et hospitalière. Trop hospitalière, au gré du Dr Bongiovanni, un bon observateur de la peste bovine de 1784 [9]. En temps de peste, il recommande l'éloignement des gueux et des mendiants étrangers errant de village en village, logeant de nuit dans les étables, portant et recevant « dans leurs haillons les miasmes contagieux » ; il veut proscrire les veillées des femmes qui se rassemblent dans les étables ; tuer les chiens qui couchent dans les étables et qui ensuite courent la campagne, et qui, souvent, lèchent l'écume des bêtes infectées. Le secteur de l'élevage est celui, dans l'économie d'ancien type, qui est le plus soumis à des pratiques collectives : il y a une « sociabilité » animale

7. Lebrun 1971, 290-291.

8. S.R.M. 1776, 187, dossier 3, PV de Joseph Barré et Pierre Magdelanat.

9. S.R.M. 1784, 195, dossier 18. Z. Bongiovanni, médecin à Vérone, *Trattato storico-critico in torno al male epidemico contagioso di buoi delle anno 1784*, S.R.M. 1784, 195, dossier 18.

très grande, des occasions de contacts, des points de rencontre. Ce sont ces lieux de rassemblement qui sont fortement dénoncés en temps d'épizooties comme autant de sources de contage. Une ordonnance du roi les énumère en conseillant de les éviter : les pâturages publics, les abreuvoirs, les grands chemins, les foires et les marchés [10].

La semi-liberté des animaux en système extensif, les petits bergers ignorants et transportant à l'occasion dans leurs robes de laine les germes de maladies, les chiens qui déterrent les cadavres de bêtes crevées, tout concourt à rendre les occasions de contagion multiples. Et que dire de l'état dans lequel on tient les étables [11] ? La culture de la malpropreté n'est pas commune à tous les éleveurs, et Descartes admire la propreté des étables hollandaises ; un siècle plus tard, l'abbé Rozier fera l'éloge de celles de la Bavière. En même temps, on ne saurait taxer sans autre forme de procès les éleveurs français ou espagnols de négligence ou de malpropreté congénitale. La malpropreté est, pour une part, délibérée. Elle a sa logique propre puisque, à dire de paysan, l'accumulation du fumier dans l'étable entretient la chaleur, et que la chaleur favorise l'engraissement des bêtes. On observe aussi qu'en temps d'épizootie les animaux les plus atteints sont ceux qui sont le mieux tenus, et que ceux qui sont en mauvais état résistent mieux. Si les médecins tiennent pour faux le premier postulat, ils ne peuvent que vérifier le second, et leur pronostic est toujours moins pessimiste pour une bête maigre qu'une bête grasse. En somme, être une belle bête, et bien entretenue, expose encore plus à la virulence de la maladie [12].

Et s'il n'y avait que les pratiques de l'élevage ! Les modalités du commerce amplifient les risques. Ouvrons le *Dictionnaire du commerce* qui est une référence au XVIIIe siècle : on y trouve, dans l'ordre alphabétique, les articles bœuf, mouton, vache, mais rien à viande, et pour cause : le commerce de la viande, de la « chair morte »

10. Ordonnance de Louis XV, juillet 1746, art. 7 ; reproduite dans Isambert, *Recueil général des anciennes lois françaises*, XXIV, 188.

11. Fodéré 1813, 366.

12. Le fait est avéré pour la fièvre aphteuse, pour la peste bovine : Vallat 2001, 76 et 81.

fraîche, n'existe pas. Sécurité sanitaire oblige, tout le commerce se fait sur pied.

Le bœuf est voyageur. Jeune, âgé de trois ans, il quitte son pays « naisseur » pour être vendu à des laboureurs ou à des voituriers. Premier commerce, que Savary appelle commerce de tirage, premier trajet à pied. Hors d'usage, c'est-à-dire devenu trop vieux pour tirer la charrue ou le chariot, il rejoint d'abord une région d'embouche pour l'engraissage. Quelques mois plus tard, devenu bœuf gras, il part pour son dernier voyage jusqu'à la foire, et de là à la ville et à l'abattoir. Rien d'étonnant à ce que ce bœuf marcheur, bien entraîné, soit « d'une taille médiocre, et raisonnablement chargé de graisse ».

Comme la population urbaine s'accroît, comme la demande de viande augmente, les circuits de ravitaillement s'allongent. Les bovins destinés au marché parisien et qui arrivent dans les années 1700 sur les marchés de Sceaux ou de Poissy viennent de Normandie, d'Auvergne ou du Poitou. On connaît, par exemple, le dernier voyage des bœufs corréziens. Partis de la montagne d'Ussel par groupe de quatorze environ, ils mettent de douze à quatorze jours pour faire les cent lieues qui les séparent de la capitale. Ils y arrivent après avoir traversé Orléans. Ils ont alors perdu la moitié de leur poids [13]. Le consommateur parisien préfère un bœuf plus gras que celui du Limousin, tel le bœuf de Hollande qui, lorsqu'il est destiné à la boucherie, ne travaille pas et est mis tout de suite à l'engrais. Mais lourds, peu entraînés, les animaux importés parcourent péniblement plus de quatre lieues par jour, avec un très fort taux d'épuisement et de mortalité dans les deux jours qui suivent leur départ. Les faire venir sur les étals parisiens est une affaire très délicate et très coûteuse [14].

Dans le Brionnais des années 1750, un fermier a l'idée d'envoyer ses bêtes grasses à Paris par petites étapes, en trois ou quatre semaines : la réussite est immédiate, les vacheries se multiplient dans le Brionnais et dans le Charolais proche. Alors se fixe la race blanche

13. N. Lemaître, *Un horizon bloqué. Ussel et la Montagne limousine aux XVIIe et XVIIIe siècles*, Ussel, Musée du Pays d'Ussel, 1978, 111.

14. Abad 2002, 359.

charolaise, race marcheuse au départ, par nécessité [15]. Ce sont des bêtes venues de l'Alsace, mais aussi de Franconie, du Brisgau et de Lorraine qui approvisionnent le marché strasbourgeois [16].

Ces mouvements incessants de bétail sur pied concernent toutes les espèces. Une brebis de la Crau, qui monte régulièrement à l'alpage dans l'Ubaye et qui finit dans une boucherie marseillaise, a en moyenne 20 000 kilomètres au compteur. La pénurie de moyens de transport, le commerce à flux tendus, le besoin d'être assuré de manger de la viande fraîche, tout cela contribue à fixer le statut de l'animal gyrovague. Un des grands soucis des autorités dans les villes est d'éviter la mort du bétail par épuisement. Une ordonnance de Louis XVI enjoint aux bouchers parisiens de « prévenir la trop grande fatigue ou le défaut de soins qui pourroit occasionner la mort des bœufs ». Ils sont tenus de « les faire conduire depuis les marchés jusqu'à Paris en troupes peu nombreuses, et par un nombre suffisant de personnes, de les nourrir convenablement, de leur fournir de bonnes litières en toutes saisons, de les tenir à l'attache, de les héberger dans les bouveries bien couvertes et bien entretenues [17] ». Cette ordonnance vise moins à sauvegarder les intérêts des bouchers que ceux du consommateur : ce n'est pas la perte de l'animal qu'elle cherche à éviter, mais la mise sur le marché de viandes issues d'animaux épuisés, viandes forcément malsaines. Si la longue marche des bestiaux, leur fatigue accumulée présentent un danger latent en temps normal, en temps d'épidémie le danger est décuplé, et les autorités se trouvent devant ce dilemme : soit interdire les foires, et donc paralyser le ravitaillement, soit les permettre, et propager le fléau.

Quand l'épizootie arrive, se manifestent aussi un certain nombre de comportements à risque. Comme ils relèvent de la médecine vétérinaire populaire, celle qui est pratiquée par les paysans eux-mêmes ou les maréchaux, ou de pratiques irrationnelles, quand le paysan confie ses bêtes au charlatan, on ne les connaît guère, sinon

15. S. Dontenwill, *Une seigneurie sous l'Ancien Régime. L'Étoile-en-Brionnais du XVIe au XVIIe siècle*, Roanne, Horvath, 1973, 224-225.

16. Radeff 1996, 230.

17. Lettres patentes concernant les statuts des bouchers, Versailles, 1er juin 1782.

par leur dénonciation. Les médecins les appellent les erreurs populaires, les curés éclairés les superstitions. Les agronomes préfèrent n'en rien dire, de peur de propager de « funestes secrets ». Dans le dictionnaire de l'abbé Rozier, l'article « Charlatan » renvoie à l'article « Charme », défini comme : pratique magique. Mais on cherchera en vain l'article annoncé. Une encyclopédie qui diffuse des méthodes agricoles nouvelles et rationnelles ne pouvait, décidément, divulguer de telles sornettes. Mais quelques pages plus loin, à l'article « Contagion », le collaborateur de Rozier, qui s'appelle Thorel et exerce l'art vétérinaire à Lodève, donne comme par effraction un exemple de ces pratiques superstitieuses. Le voilà dans une écurie où des cas d'épizootie sont signalés :

« Consulté dans pareil cas, nous étant rendu sur les lieux, nous avons fait fouiller le terrain, et c'est à 4, 5 ou 6 pieds de profondeur que nous avons trouvé les débris d'un ou de plusieurs cadavres enfouis dans le logement même, sur le conseil de quelque prétendu sorcier qui entreprenoit par là de préserver les autres animaux [18]. »

Thorel a fait fouiller le sol de l'écurie parce qu'il soupçonne fortement cette pratique que l'abbé Thiers citait déjà dans son *Traité des superstitions* et qui consiste à faire enterrer dans l'étable ou l'écurie les bêtes qui y sont mortes pour... empêcher que les autres ne meurent de la même façon [19]. Pour conjurer la maladie, on célèbre quelque cérémonie secrète autour de la mort de l'animal. En Languedoc toujours, on tente plusieurs procédures pour guérir les animaux malades, pour les « *desenmasca* », les désenvouter. On pratique l'ambulation rituelle, au cours de laquelle on frappe le sol de grands coups avec un bâton de figuier sauvage, l'arbre maudit –, en prononçant les paroles que seuls les initiés connaissent. Ailleurs, on se contente de sortir les animaux du terroir et de les conduire à un carrefour, on les fait « changer de dîmage [20] ».

Quand l'épizootie frappe, les réflexes traditionnels sont à l'exact opposé de ce que les vétérinaires recommandent, c'est-à-dire l'iso-

18. Rozier 1783, 467-469.

19. J.-B. Thiers, *Traité des superstitions*, I, 329. Cité par Lebrun 2001, 135. Un arrêt du parlement de Paris officialise la pratique en l'interdisant, en 1745.

20. Lebrun 2001, 135.

lement des bêtes malades. Les comportements sont tantôt imprégnés de magie, avec cérémonies secrètes ou publiques, regroupement des troupeaux, sains et malsains confondus, et sorties de l'étable ; tantôt ils ressortissent à la religion populaire, et on assiste à des bénédictions collectives. Ainsi à Cavaillon, à la fin du mois de juin 1682, au témoignage du chanoine chargé d'organiser la cérémonie :

« Passant au devant de la porte Saint-Michel notre prévôt, comme officiant ce jour là, a béni tous les bestiaux qu'on avoit fait venir de tout le terroir pour les garantir d'une maladie mortelle qui leur vient à la langue, qui est contagieuse et pestilentiele, pour laquelle empêcher j'ay ordonné cette procession et trois jours de jeunes [21]. »

En Sologne, vers 1700, le curé de Sennely écrit que chaque maladie d'animaux provoque un départ en pèlerinage pour solliciter l'intercession d'un saint. En Picardie, saint Etton est spécialisé dans la guérison des maladies animales [22]. Ailleurs, les saints thaumaturges semblent plus généralistes que spécialistes et, selon les régions, quelle que soit la maladie, on va demander le secours de Roch, Antoine, Blaise ou Véran. En 1700, le curé solognot ne s'offusque pas trop de l'idolâtrie de ses paroissiens, mais, en s'avançant dans le siècle, les curés refusent de plus en plus de pratiquer certains rites de protection. En revanche, ils ne condamnent pas formellement le recours aux formules des guérisseurs ni aux charmes du charlatan. Ce sont là des interventions de nécessité, le dernier recours quand tout espoir est perdu, et elles ne tombent pas sous la loi de l'Église [23].

Ainsi, par ses structures mêmes, l'élevage biologique et les échanges commerciaux d'ancien type auxquels il donne lieu favorisent la diffusion épizootique. Les troupeaux étaient certes plus petits que dans l'élevage industriel, mais ils se côtoyaient ou se rassemblaient souvent. Les réactions des hommes, démunis et impuissants devant la maladie de leur cheptel, contribuent aussi, quoi qu'ils en aient, à disséminer le mal. Et le mal se diffuse,

21. Grasse 2002, 93.
22. Muchembled 1978, 39.
23. Beaujouan 1966, 71.

ignorant les frontières et les barrières naturelles. Haller écrit de Suisse en 1777 à Vicq d'Azyr que les frontières de son pays « sont toujours tourmentées par les épizooties, les vôtres surtout, si mêlées avec nos montagnes qu'il est d'une difficulté extrême d'écarter la contagion ». L'unification microbienne, à l'échelle de l'Europe, est réalisée très tôt. Avec la mondialisation des échanges, elle gagne en ampleur. Des bœufs d'Auvergne débarquent à Minorque dans l'été 1756, ils communiquent une fièvre maligne au bétail indigène, et à ceux qui en mangent. En 1774, l'épizootie part de la Guadeloupe, elle pénètre en France par le port de Bayonne [24].

Les dangers du bœuf hongrois

De tous les bovins marcheurs, nul ne voyage plus longtemps et plus loin que le bœuf hongrois. C'est pour pourvoir aux besoins des grandes villes de l'Italie du Nord que le circuit le plus long s'est mis en place. La traite des bœufs hongrois s'étire sur des centaines de kilomètres et touche de nombreux pays, mettant même en contact deux empires dont les frontières sont, pour le reste, hermétiques : l'empire ottoman et l'empire germanique [25]. Ce commerce est anciennement attesté, puisqu'on a de solides indices sur le trafic bovin le long du Danube à partir du XIIIe siècle. Le circuit relie une offre à une demande, l'offre étant celle des régions d'élevage semi-nomade des plaines d'Europe centrale qui jouent pour l'Ancien Monde le rôle joué par la pampa argentine au XIXe siècle. La demande émane des grands centres urbains consommateurs de viande de la vallée du Rhin et de l'Italie du Nord, Cologne, Nuremberg, Venise. Quand la demande carnée, à la fin du Moyen Age, s'accroît, le circuit s'allonge, on tire des bœufs au-delà de la Hongrie, du bassin des Carpates, des bords de la mer Noire et même de la Crimée. La Hongrie, fournisseur privilégié, est aussi un centre

24. Paulet 1775, I, 291.

25. Le dossier de la traite des bœufs de Hongrie a été constitué par des historiens hongrois, autrichiens, yougoslaves et allemands. Une bonne synthèse : Vilfan 1983.

de transit et de regroupement pour des troupeaux plus orientaux. Au vrai, ce qu'on appelle à Venise le bœuf hongrois est aussi bien bosniaque ou ukrainien. D'où qu'elles proviennent, ces bêtes à cornes sont toutes de la même race grise des steppes, grande, rustique et surtout redoutable marcheuse. Elles sont conduites vers les marchés occidentaux suivant deux directions. La première route vers l'Allemagne suit à peu près le cours du Danube, avec pour principaux marchés Vienne et Nuremberg. Vienne, marché d'achat et de transit, voit passer une moyenne de 66 000 bêtes chaque année à la mi-XVIe siècle. L'autre itinéraire est contrôlé par des acheteurs vénitiens, il passe par les régions slovènes sous le contrefort des Alpes et aboutit dans les terres vénitiennes. Dans la décennie 1600, on estime à 20 000 têtes le nombre de bêtes importées des plaines d'Europe centrale jusqu'à Venise. Le problème avec le bœuf hongrois, c'est qu'il ne voyage pas seul, qu'il emporte souvent avec lui un virus – au sens alors courant de poison –, le virus de la peste.

Le 27 août 1711, un troupeau de bœufs hongrois que l'on mène aux abattoirs de Padoue traverse le village de Semeola. Un bœuf s'échappe, s'égare dans le domaine du comte Borromée. Il est recueilli par un berger, qui l'héberge dans l'étable de son patron avant de le rendre à son propriétaire. Huit jours plus tard, tous les bovins du comte tombent malades, et tous, sauf un, meurent[26]. Comme le fléau se répand dans tout le Nord de l'Italie, des experts de qualité se concertent : Ramazzini, grand professeur à l'université de Padoue, Cogrossi, Vallisneri, Lancisi, archiatre du pape. Et tous font le même diagnostic : il s'agit d'une peste bovine inconnue jusqu'alors.

On assiste à une mobilisation du milieu scientifique italien autour de l'épizootie qui précède d'une ou deux décennies le mouvement plus général en Europe d'un intérêt renouvelé pour les questions qui touchent à l'élevage et à ses risques. Ce regain d'attention contribue à réveiller une réflexion vétérinaire qui jusque-là était restée en sommeil, ressassant à l'envi Végèce et les auteurs latins, et laissant aux *mareschalchi*, maréchaux-ferrants et autres artisans des campagnes le soin des maladies animales. La peste bovine

26. Paulet 1775, I, 120.

donne l'occasion d'une étude épidémiologique qui ne dit pas son nom, qui est menée avec des moyens d'investigation sommaires : chacun l'étudie dans sa région, mais les chercheurs se relient entre eux classiquement par un réseau d'échanges où l'art épistolaire tient une place prépondérante. Grâce à telle lettre d'un parent du comte Borromeo à Lancisi, grâce aux dissertations érudites de Ramazzini et de Lancisi, la peste bovine est bien décrite, analysée dans tous ses développements depuis son irruption dans la plaine padane. L'histoire du « bœuf Borromée » étant connue, on sait même quel est le porteur asymptomatique qui l'a introduit en Occident.

Dans l'été 1713, la foire aux bestiaux de Frusino, dans le domaine ecclésiastique, est interdite. Des cuirs et parchemins auraient été alors détournés clandestinement sur Rome, et vendus à très bas prix, raison pour laquelle, pense-t-on, toute la campagne romaine est touchée à son tour. D'octobre 1713 au mois d'août 1714, cette maladie enlève dans l'État pontifical, selon Ramazzini, 8 466 bœufs de labour, 10 125 vaches blanches, 2 816 vaches rousses, 108 taureaux saillants, 427 jeunes taureaux, 451 bœufs hors d'état de labourer, 2 362 veaux, 862 buffles mâles ou femelles, et 635 veaux nés de buffle, soit 26 252 animaux. Statistique impressionnante que Lancisi ratifie, quand il annonce 30 000 morts. Ce n'est qu'un début.

En 1714, le Piémont est atteint, puis la contagion fuse dans toute l'Italie suivant un axe Padoue, Milan, Ferrare, Naples. La péninsule devient alors une plaque tournante à partir de laquelle le fléau se propage en Suisse, en Allemagne, en France, par la porte d'entrée du Dauphiné, puis par l'Alsace, le Brabant, il atteint les deux grands pays d'élevage que sont la Hollande et l'Angleterre. La maladie prend là le nom de « steppe murrain » : la peste des steppes.

On appelle en effet la maladie par la seule chose que l'on sache d'elle : son origine géographique. Comme l'autre peste – la peste humaine –, on sait qu'elle vient de loin, de l'Est. « Les pestes des bœufs les plus redoutables sont presque toutes sorties de Hongrie », dit Paulet, qui ne se trompe guère, même si la Hongrie n'est souvent qu'un relais à un virus qui sévit à l'état endémique dans le bassin de la Caspienne [27]. On sait aussi que c'est une peste, c'est-à-dire

27. *Ibid.*, 64. Gasparin au XIXe emploie l'expression de typhus hungarique.

une épidémie fatale, qui tue neuf fois sur dix les animaux qu'elle touche. Mais toutes les certitudes d'alors tiennent dans ces deux mots : la peste des steppes. Pour le reste, combien d'interrogations, que les débats entre les médecins italiens soulignent à l'envi !

Sur l'étiologie, sur le mode de transmission, sur les remèdes, on chercherait en vain une unanimité scientifique. Est-ce la chaleur de l'été qui a provoqué l'infection des prairies pannoniennes. Ou bien est-ce la fatigue d'un si long voyage ? Ramazzini tient pour la première interprétation, pour lui l'accident initial est de type atmosphérique, et la maladie est directement reliée « à l'infection des pâturages causée en 1710 en Hongrie par un été et un automne extrêmement chauds et pluvieux [28] ». Soutenant la seconde hypothèse, Bongiovanni affirme que la maladie est causée par les fatigues du voyage puisque les animaux étaient fort sains en sortant de leur pays. De tous, le Milanais Carlo Francesco Cogrossi est celui qui propose la théorie la plus originale, et applicable de surcroît à la peste bovine comme à toutes les autres maladies contagieuses [29]. La maladie, affirme-t-il, se communique d'un animal malsain à un animal sain par l'intermédiaire d'« atomes animés » semblables à ces *animalcula* que l'on ne peut discerner que sous la lentille d'un microscope. Cogrossi est l'héritier spirituel de Girolamo Frascatoro. Frascator, celui que les Italiens appellent le père de la pathologie moderne, avait étudié l'épidémie de fièvre aphteuse de 1514 avec une remarquable intuition des causes de propagation. Ne crions pas trop vite à la géniale anticipation, car les *seminaria* de Frascator comme les atomes de Cogrossi, avec leur nature ambiguë à la fois matérielle et spirituelle et leur don « d'antipathie » qui les porte à agresser telle espèce, et non telle autre, sentent la matière alchimique plus qu'ils n'annoncent les microbes. Dans la pensée de ce temps, l'invisible est toujours très proche de l'occulte.

Cette construction théorique est ingénieuse, mais mal reçue et inutile, puisque inféconde [30]. Tout ceci est bien difficile à penser

28. Boissier de Sauvages, *Journal des sçavans*, 1746, 340.
29. C.F. Cogrossi, *Nuova idea del mal contagioso de buoi*, Milan, 1713. Darmon 1999, 90. Penso 1981, 222.
30. Penso 1981, 22.

dans un horizon intellectuel dominé par le paradigme galénique, où la notion de contagion tient une place très secondaire dans la genèse de la maladie. On se représente plus volontiers une épizootie dont les causes premières sont à rechercher dans des accidents climatiques ou alimentaires – plus proches, *mutatis mutandis*, de l'ESB que de la contagion.

Quoi qu'il en soit, le débat entre les « humoristes » tenants de l'accident climatique ou alimentaire, ou les « contagionnistes », s'il est passionnant pour l'histoire des idées médicales, est de peu de portée pratique. Chaque médecin, Michel Foucault l'a bien montré, porte en lui plusieurs niveaux de doctrines, théoriquement inconciliables, et que pourtant il met en œuvre, ensemble ou tour à tour, à son insu. Même un « humoriste » peut croire au vecteur animé, faire la chasse aux chiens errants en temps d'épizootie, être convaincu du pouvoir infectant du cuir et de la nécessité de confiner la maladie dans l'étable.

Les dix commandements de Lancisi

1711 : le pape Clément XI demande à son premier médecin Giovanni Maria Lancisi un rapport sur la peste qui infecte ses États et surtout des propositions de remèdes. Lancisi, pour fréquenter l'antichambre la plus secrète de Sa Béatitude, a été choisi parmi les meilleurs des archiatres, c'est une sommité médicale qui a abandonné en 1697 sa chaire d'anatomie à l'université de la Sapienza pour l'office plus prestigieux de camérier du pape. Il a à son actif plusieurs publications qui démontrent que ses centres d'intérêt couvrent tout le champ de la médecine et le débordent même : il a étudié le mécanisme des sécrétions des humeurs, la localisation du siège de l'âme, les maladies cardiaques, les rapports de la médecine et de la chirurgie, et produit en outre des dossiers sur la navigation, l'archéologie, la botanique [31]. Comme de l'association entre Clément XI et Lancisi est née une expérience fondatrice, il n'est pas incongru d'examiner

31. Hamraoui 1998.

comment elle s'est nouée. Qu'un pape fasse appel à un médecin lorsque la crise sanitaire éclate n'est pas une chose nouvelle. Rappelons l'épisode fondateur de 1347-1348, quand, la peste Noire arrivant pour la première fois en Europe, le pape d'Avignon, Clément VI, avait demandé l'avis et l'aide de son chirurgien, Gui de Chauliac. Puisant l'un et l'autre dans leurs observations et dans les références bibliques, ils avaient mis au point une méthode de lutte contre le fléau que les autorités des décennies suivantes ont reprise et complétée, les cités-États italiennes portant le système de protection sanitaire à un point de quasi-perfection. C'est ce modèle qu'à quatre siècles de distance le duo Clément XI-Lancisi va reproduire.

Dans son rapport, Lancisi décrit les progrès de l'épizootie en recourant à la métaphore du feu : la peste bovine est née dans « les ardeurs estivales [32] ». « L'incendie de la contagion » gagne de proche en proche toute l'Italie, avant de provoquer « une conflagration » à l'échelle du continent. Pour analyser la maladie elle-même, poser un diagnostic et formuler un pronostic, Lancisi pense que le concept essentiel est celui de prévision. Pour lui, la prévision est double. Elle s'entend d'abord comme une pré-vision, comme une image mentale que le médecin doit se forger de la maladie pour poser son diagnostic. La prévision de Lancisi, fondée sur l'observation hippocratique, se détache du schéma galénique. Il ne se prononce pas sur l'étiologie de la maladie, mais reconnaît son caractère contagieux.

« Je n'ai pas le courage de déterminer la nature particulière de ce poison contagieux [virus]... qui, je le suppose, passe des bœufs malades aux bêtes saines, soit pour des raisons de voisinage, soit au moyen de choses qu'ils ont touchées et qui peut pénétrer dans le corps du bœuf sain de préférence par les voies des narines ou de la bouche [33]. »

Sa prudence rejoint celle de son confrère Vallisneri, qui écrit à propos des origines de la peste bovine : « Peut-être que c'est une de ces choses que Dieu veut nous tenir cachées, et sur lesquelles notre postérité travaillera aussi inutilement que nous [34]. » Mettre entre

32. G.M. Lancisi, *Dissertatio historica de bovilla peste*, 1.
33. Cité par Penso 1981, 222.
34. Paulet 1775, I, 124.

parenthèses les causes premières est d'ailleurs, nous l'avons dit, une des postures de la recherche médicale. Mais la prévision, pour Lancisi, c'est aussi la réponse à la question fondamentale posée par le pape : que faire ? Il répond qu'il n'existe point de traitement. Partant de ce constat d'impuissance et tournant le dos à une thérapeutique galénique dont il ne peut que constater l'échec, il propose une médecine préventive drastique. On ne soigne pas la peste. Les remèdes qu'il propose n'éradiqueront pas l'épizootie, ils aident seulement à lui « fixer » des bornes. Pour reprendre la métaphore du feu, Lancisi intervient comme un pompier face à « l'incendie » du fléau. Pour le circonscrire, il préconise des mesures coupe-feu.

Les directives policières de Lancisi sont formulées en dix commandements – plus une onzième recommandation qui reprend largement la première[35]. Le premier commandement est d'empêcher toute communication avec des animaux qui auraient été en contact avec des animaux malades. Le deuxième est de tuer les animaux malades et ceux soupçonnés d'avoir été en contact avec des animaux pestiférés ; les articles suivants recommandent séquestration, interdiction de circuler, établissement de cordon sanitaire, désinfection... En 11 règles d'efficacité pratique, Lancisi mobilise un vieux savoir, jusque-là épars. Parmi ces sources d'inspiration, l'Ancien Testament, ce texte pourvoyeur de bien des prophylaxies de base, comme la quarantaine[36]. Le cinquième commandement sur la désinfection complète des étables reprend presque mot à mot un verset du Lévitique (Lévitique, 14) qui indique comment purifier les maisons de la « lèpre » en grattant les murs. Le dixième commandement rappelle la recommandation que fait Charles Estienne dans *La Maison rustique* (1565) de ne pas mettre un animal à la place occupée précédemment par un malade sans un lavage complet. Il n'est pas nécessaire de croire que Lancisi a lu tous les auteurs de la chose rustique. Son savoir n'est pas seulement livresque, c'est une somme d'expériences que Lancisi récapitule et rationalise... En 1599, à l'occasion d'une précédente peste bovine, Venise et Padoue ont prohibé

35. G.M. Lancisi, *Dissertatio historica de bovilla peste*, ch. 11 : appendice et résumé des mesures par lesquelles on peut le plus vite possible repousser la contagion, 167-169.
36. Grmek 1997, 42.

l'importation des bœufs de Hongrie, marquant ainsi la naissance de la police sanitaire vétérinaire. Lancisi complète le dispositif, en s'inspirant largement des mesures prises en cas de peste humaine. Tous les bureaux de santé ont édicté des règlements et appliqué des mesures de même esprit pour faire échec à la progression de la peste humaine. Depuis la décennie 1660, les États sont intervenus et la lutte a changé d'échelle, avec la délimitation d'une frontière entre zones indemnes et contaminées, l'établissement d'un périmètre de sécurité garanti par des cordons sanitaires régionaux et éventuellement la fermeture de frontières ou des ports. Le programme prophylactique de Lancisi démarque le modèle éprouvé de la police sanitaire humaine.

Mais l'incontestable nouveauté, chez Lancisi, inédit dans les règlements vétérinaires précédents, impensable dans les mesures contre la peste humaine, c'est l'abattage préventif.

« Art. 2 : Si la maladie se répand, placer immédiatement les bovins malades dans une étable isolée. Pour les bovins visiblement atteints de maladie, il faut les exécuter aussitôt d'une balle d'escopette, afin que pas une seule goutte de sang contaminé ne soit répandue (*statim conficere scopetariae glandis ictu, ne quid tabidi sanguinis effundatur*)...

Conclusion : « Si une peste aussi redoutable vient à menacer nos bovins, je suis d'avis de faire exécuter tous les animaux malades ou suspects de l'être, plutôt que de laisser se propager la contagion pour avoir le temps et l'honneur de découvrir un remède que souvent on cherche vainement. »

La solution Lancisi – qui est une solution par défaut – aboutit à éliminer les animaux contaminés ou même, si on le suit, simplement suspects.

La méthode d'élimination « à l'escopette » est inédite. On parlera, plus tard, d'abattage (en anglais, de *stamping out).* Le verbe *abattre* existe dans le vocabulaire vétérinaire, mais il désigne une tout autre chose, et bénigne. Abattre, c'est classiquement mettre à terre, renverser sur le dos un cochon dont on veut inspecter la langue, ou bien une brebis atteinte de picote pour inciser plus aisément ses « clous » sur le ventre. Parler d'abattage au lieu d'exécution est un euphémisme riche de sens.

C'est en effet un traitement bien particulier qu'on veut infliger aux animaux malades ou suspects, bien différent de celui qui est pratiqué dans des tueries. Pour tuer un animal pour la boucherie, on l'assomme d'abord. Savary, énumérant les outils qui compose la panoplie du parfait boucher[37], inventorie une masse de fer pour abattre les bœufs que l'on appelle le merlin, une de bois pour les veaux, un anneau à tuer, et le trait à bœuf pour y attacher la bête que l'on veut assommer. On assomme d'abord la bête, on l'« étourdit » avant de l'égorger. Le boucher par excellence est un assommeur de bestiaux, un *massabiau* comme on dit à Toulouse, ou un *massicot*, sobriquet de plus d'un boucher pyrénéen. On utilise un autre mode d'abattage en Espagne, mais aussi à Naples et dans un certain Midi méditerranéen. Il consiste à abréger la lente agonie des animaux à tête molle par le moyen de l'énervation : on sectionne alors la moelle épinière en plongeant un stylet étroit et effilé entre l'os occipital et la première cervicale. La technique, qui semble empruntée à l'art de la corrida, foudroie la bête[38]. Mais, que l'on exécute les animaux dans les tueries à la manière espagnole ou à la manière française ne constitue qu'une petite différence de degré, qui n'a rien de comparable au saut qualitatif que représente la méthode Lancisi. Tuer, et tuer à distance avec un fusil, c'est traiter les animaux domestiques – sains ou infectés – comme des bêtes sauvages. Toute l'hygiène de l'homme est dans « le canon de son fusil[39] ». L'épizootie, devenant l'affaire du chasseur et du douanier, assigne à l'animal domestique un statut inédit.

Le moment Lancisi : quand les « brutes » sont devenues bêtes

The great teacher : c'est ainsi que des historiens britanniques qualifient la peste humaine de 1348, pour son impact et ses ensei-

37. Savary 1741, I, art. « Boucher », 1050.
38. Bizet 1847, 215.
39. Expression utilisée par Raspail à propos des animaux nuisibles. Raspail 1845, 34.

gnements. On pourrait employer la même expression à propos de la peste hongroise de 1711, qui fait imaginer et expérimenter ce qui deviendra le modèle européen de lutte contre les maladies animales. Le plan Lancisi intervient dans un ensemble de contextes favorables, environnementaux – le relais entre la peste humaine et la peste animale –, mais aussi politiques et intellectuels. On peut relever que la mise en place d'un tel système policier, à l'échelle de toute une région, voire d'un pays tout entier, avec surveillance des frontières, suppose une « police » d'État : cette prophylaxie met en effet à l'épreuve l'absolutisme, et il est patent que sa diffusion coïncide avec l'achèvement de la construction de monarchies administratives, capables d'intervenir dans un domaine de la santé publique qu'elles avaient jusque-là laissé aux communautés locales ou à l'Église, et capables d'intervenir non seulement à coups d'édits et d'ordonnances, mais aussi de construction de barrières, de cordons sanitaires, de surveillance des allées et venues des hommes et des troupeaux par un contrôle de certificats – autrement dit, de disposer des moyens militaires nécessaires à la réussite de la prophylaxie. De ce point de vue, on pourrait étudier la mise en place du contrôle et du filet policier, à chaque poussée épizootique, de son efficacité plus ou moins grande, comme un bon test d'absolutisme. Les victoires contre les épizooties seront des victoires militaires. Félix Vicq d'Azyr, conseiller du roi de France dans la grande peste bovine de 1774 qui décime les troupeaux de tout le pays, l'Ouest excepté, fixe lui aussi un programme de lutte ambitieux dont le premier commandement est : « La puissance militaire est celle dont on est en droit d'attendre dans cette occasion de l'activité, du désintéressement et des succès[40]. » Mais étudier le moment Lancisi dans le contexte de progrès de l'État et de la discipline militaire, c'est finalement répondre à la question du comment, et laisser en suspens la question du pourquoi : pourquoi, dès 1711-1714, l'abattage des animaux est-il devenu pensable ? Pourquoi se met-on à abattre les bœufs, animaux réputés doux et domestiques, comme on abattait avant les bêtes sauvages ou les animaux enragés, et eux uniquement ? Ce qui est en cause ici, ce sont les attitudes

40. Cité par Vallat 2001, 77.

mentales, la façon dont l'homme conçoit son rôle dans la nature, et en particulier son attitude face aux animaux.

Vieilles questions, vieux débat, que d'autres ont déjà brillamment explorés[41]. Il nous intéresse cependant dans la mesure où le moment Lancisi coïncide avec une inflexion de fond dans la pensée occidentale à l'égard des animaux. Dès le second XVIIe siècle, un certain nombre de certitudes anciennes sont remises en cause, et les penseurs dessinent une configuration intellectuelle inédite, où Lancisi et ses épigones ont pu puiser de quoi justifier leurs mesures extrêmes.

Le socle des croyances traditionnelles à l'égard des animaux est une somme de certitudes profondément ancrées dans la mentalité commune et assises sur des fondements théologiques. Elles composent une anthropologie à base uniquement biblique pour le commun de l'opinion, mais puisée aussi dans le vieux fonds de la philosophie ancienne, pour les lettrés.

Un des récits bibliques les plus connus après la création de l'homme est celui du Déluge. Donc, en 1700 avant J.-C. – car c'est ainsi que comptent les Modernes –, l'inondation cessant, Dieu bénit Noé et ses fils, c'est-à-dire toute l'humanité, et les établit comme gérants de la Création. Dans l'absolu, le récit peut être lu de deux manières : soit Dieu instaure la responsabilité du berger sur son troupeau et lui confie la protection de la nature en général – ce serait une lecture pré-écologique du texte ; soit Dieu consacre la domination de l'homme sur l'animal. C'est cette seconde interprétation qu'a choisie l'exégèse classique. La lecture de la Genèse pendant des siècles s'est faite dans le sens d'un anthropocentrisme tranquille et assuré, apte à satisfaire le narcissisme de la créature du septième jour : voici l'homme, déjà consacré comme plus belle créature, faite à l'image de Dieu, installé au sommet d'une création qui n'existe finalement que pour son service. Ce récit biblique : telle est « la charte de l'Ancien Testament » qui fonde l'empire de l'homme sur la nature en général et

41. Fontenay 1998. Baratay 1996.

sur les animaux en particulier[42]. Il y a peu de distinction à établir entre la représentation populaire de la condition animale et la représentation savante. Ceux qui sont philosophes, et qui lisent Aristote et son *Histoire des animaux*, n'y trouvent qu'une confirmation de l'anthropocentrisme biblique assortie d'un finalisme: «La nature ne fait rien sans but ni en vain et elle a tout fait pour l'homme.» Rien dans la nature n'est gratuit, rien n'est là uniquement pour chanter la gloire de Dieu, non, tout existe pour servir les besoins de l'homme.

Cette vulgate est complétée par deux autres postulats qui, classant les animaux entre eux et les animaux face à l'homme, permettent d'ordonner le monde foisonnant de la création et de le faire entrer, comme sur un lit de Procuste, dans des catégories mentales qui le rendent intelligible au commun des mortels. Ainsi, on distingue communément trois catégories d'animaux, organisées en trois doublets : sauvage/domestique ; utile/nuisible ; comestible/non comestible. Utile à qui ? à l'homme, parbleu ! Comestibles pour qui ? Pour l'homme, assurément. Les catégories naturalistes s'ordonnent suivant les usages des hommes, et non pas suivant les caractères intrinsèques des animaux.

Second postulat : les animaux ont une âme. La croyance la plus commune vient ici non de la Bible, qui n'aborde guère cette question, mais de la philosophie antique, recyclée par les Pères de l'Église. On suit Aristote quand il affirme que l'âme, cette force vitale qui, introduite dans le corps dirige l'organisme «comme un pilote sur un vaisseau», comporte trois éléments : l'âme nutritive ou végétative, l'âme sensitive, l'âme raisonnable. La première est commune aux trois règnes, la deuxième est commune aux hommes et aux animaux, seule la dernière – l'âme raisonnable – est le propre de l'homme. Cette échelle hiérarchisée en degrés introduit une notion de continuité, en même temps qu'une certaine perplexité : la différence entre l'homme et l'animal ne serait donc que de degrés, plutôt que de nature ? La vision commune est celle d'une échelle de la création qui, partant du fond des mers, remonterait jusqu'à Dieu. En bas sont les poissons puis les bêtes terrestres sauvages,

42. Thomas 1985, 20.

en haut les anges. Entre les deux pôles s'ordonnent suivant une hiérarchie fine les animaux domestiques, et l'homme au-dessus d'eux, et au-dessous des anges. Cette vision suggère de la continuité dans les espèces, et une solidarité certaine entre l'homme et les animaux utiles. Ceux qui lisent Thomas d'Aquin savent que si nous – les hommes – n'avons pas de devoirs vis-à-vis des animaux, au moins devons-nous avoir des égards, de la compassion à leur endroit. Et ceci, qui est fondamental : si on éprouve un sentiment de compassion vis-à-vis des animaux, c'est sans doute la marque que l'on éprouve aussi de la pitié envers les hommes. L'anthropocentrisme chrétien rejette cette alternative pernicieuse héritée des Anciens : ou bien la pitié envers les hommes, ou bien celle envers les animaux.

Telle est la tradition, issue du fonds judéo-chrétien – pour être plus précise, car ce fonds est ambivalent : d'une interprétation traditionnelle de la Bible, et des théories grecques, revues et légèrement corrigées par Thomas d'Aquin ; elle détermine l'horizon intellectuel dans lequel évolue, pendant des siècles, la pensée à l'égard des bêtes. Dans un tel horizon, la pitié à l'égard des animaux existe, et aussi le sentiment d'une sorte de solidarité surtout pour certaines espèces, celles qui précisément servent l'homme, et qui d'une certaine manière partagent leur vie. C'est tout le sens du mot : domesticité. Mais, vers le milieu du XVIIe, cette perception du monde animal est remise en cause par certains penseurs savants : il y a alors comme une fracture au sein de la domesticité.

La nouvelle vision des rapports entre hommes et animaux s'inscrit dans la longue lutte des philosophes de l'Europe classique contre la physique d'Aristote. Pour penser la condition animale à nouveaux frais, on révoque en doute l'*Histoire des animaux* remplie de récits fabuleux sur des performances animales, les mêmes qui, nonobstant les railleries des philosophes, inspireront encore La Fontaine. Mais – hormis La Fontaine – la République des lettres s'accorde à dire que les exemples aristotéliciens ne valent rien, à l'instar de l'histoire de ce cheval qui, ayant compris qu'il était incestueux, se suicide. Sornettes que tout cela ! La réfutation est plus difficile, plus radicale aussi quand elle touche à la thèse de la continuité qui consiste à penser les différences entre les êtres en termes de degré, et à distinguer trois âmes, végétative, sensitive et intellective. Ce rejet est l'œuvre de Descartes qui ne se contente pas de congédier Aristote, mais qui propose une nouvelle physique par une explication mécaniste du vivant.

La réflexion cartésienne – à la différence de la philosophie traditionnelle – ne pose pas directement la question du statut des animaux. Ce qui intéresse Descartes, c'est l'homme. Le *Traité de l'homme*, publié après sa mort, en 1633, expose la conception cartésienne de l'âme ; l'âme, conçue clairement et distinctement, ne peut être qu'immortelle et donc capable de salut. On ne peut l'accorder aux animaux, car si on l'accorde à un, il faudrait l'accorder à tous.

« ...si les bêtes pensaient ainsi que nous, elles auraient une âme immortelle aussi bien que nous ; ce qui n'est pas vraisemblable, à cause qu'il n'y a point de raison pour le croire de quelques animaux sans le croire de tous et qu'il y en plusieurs trop imparfaits pour croire cela d'eux, comme sont les huîtres, les éponges, etc. »

Descartes est catégorique : « Le plus grand de tous les préjugés de notre enfance, c'est de croire que les bêtes pensent[43]. »

Le « cogito » est le propre de l'homme. Par lui, Descartes creuse le fossé qui sépare l'humanité de l'animalité. La différence ne saurait être de degré, c'est une différence de nature, un saut qualitatif. Il existe une radicale séparation entre l'homme doué de raison et l'animal qui n'est qu'« une machine », douée d'instinct, de réflexes, mais de rien d'autre. Remuer la queue, par exemple, pour un chien signale un réflexe, mais ne saurait être interprété comme une sorte de langage. Car le langage est étroitement lié à une faculté de cogitation. Selon la droite raison, la « brute » est bête.

La frontière qui sépare l'homme de l'animal est encore durcie par les disciples de Descartes, comme Malebranche. Les cartésiens de la seconde génération vont, sur la question animale, plus fort et plus loin. Ils déplacent le débat, qui porte désormais non sur la question de savoir si les animaux sont capables de raison, de passion, de plaisir, puisque la cause est entendue, mais s'ils sont capa-

43. René Descartes, *Œuvres philosophiques*, t. III, p. 696 et 884. Cité dans Fontenay 1998, 277 et 286.

bles de sensibilité. Le dialogue entre Ariste, l'anti-cartésien, et Théotime, le porte-parole de Malebranche, l'illustre très clairement. Ariste dit : « Si je pique ce chien à la patte, il la retire aussitôt, et n'y manque jamais [...]. J'en conclus qu'il a une âme et qu'il sent de la douleur. » Théotime, lui, affirme qu'il ne s'agit là que d'un geste fait machinalement, le chien étant mû par son instinct de conservation. Mais, rétorque Ariste, « il crie pourtant, il se plaint : preuve certaine qu'il souffre ». Voilà bien, réplique le cartésien, « la preuve certaine qu'il a des poumons et que l'air en sort avec violence par le mouvement du diaphragme[44] ».

Le cri du chien battu est semblable au son d'un orgue, quand on appuie sur une de ses touches. Et Malebranche de conclure :

« ...ainsi chez les animaux il n'y a ni intelligence, ni âme comme on l'entend ordinairement. Ils mangent sans plaisir, ils crient sans douleur, ils croissent sans le savoir, ils ne désirent rien, ils ne craignent rien, ils ne connaissent rien[45]. »

Le cartésianisme est une remarquable tentative pour accroître la distance entre les hommes et les animaux. Valorisant l'homme, il abaisse les animaux. Il ne saurait être question ici de mesurer les conséquences intellectuelles d'un tel schéma moral. Constatons simplement que tout ceci voue les bêtes au pire.

Deux paradoxes : Londres et Rome

Partout où la peste bovine a frappé, les recommandations de Lancisi ont été diffusées, discutées, et finalement appliquées à des dates différentes, si bien qu'on pourrait parler de la mise en place progressive d'une politique sanitaire européenne, entre 1714 et 1770. Jamais épizootie n'aura suscité un tel branle-bas scientifique à l'échelle du continent que celle de 1711-1714. Partout, les médecins sont consultés à titre d'experts. Les autorités les sollicitent soit à titre individuel, en raison de leur renommée, soit en collège,

44. Malebranche, *Entretiens sur la mort*, cité par Fontenay 1998, 294.
45. Malebranche, *De la recherche de la vérité*, cité par Fontenay 1998, 295.

comme à Paris et à Genève. On assiste à une floraison de rapports : la « dissertation » de Lancisi, celle de Ramazzini (*De contagio epidemia)*, parue à Padoue en 1712, l'« idée nouvelle » de Cogrossi, le *saggio* de Biumi. En Angleterre, Thomas Bates, premier chirurgien du roi d'Angleterre, envoyé en mission, lui soumet « *A Brief Account of the Contagious Disease* », publié à Londres en 1717. De la Prusse à l'Angleterre, l'expertise passe par le conseiller du Prince. La France adopte une procédure qu'on pourrait qualifier de plus moderne. Ici, l'expertise se moule dans le circuit administratif très centralisé, les médecins sont enrôlés dans le lourd mais finalement efficace système colbertien. Mais quel contraste éclatant avec l'Italie ! le royaume est dépourvu de « gens de qualité » capables de bien observer l'épizootie sur le terrain. Le contrôleur général des finances, après avoir cherché, trouve quelques chirurgiens de campagne et quelques inventeurs de remède « plutôt nuisibles qu'utiles[46] ». Chirac, médecin de Cour, fait une première synthèse d'après deux relations expédiées l'une du Lyonnais, et l'autre de Chalons, puis l'ensemble des rapports est soumis à un examen collégial à la suite duquel la faculté de Paris publie son « jugement sur les mémoires qui courent touchant la mortalité des bestiaux[47] ». Des instructions et avis sont préparés par Montigny, membre de l'Académie royale des sciences, ils fournissent la matière des arrêts du conseil du roi pris en avril et en septembre 1714. Enfin, les instructions louis-quatorziennes sont diffusées dans tout le royaume ; le roi ordonne la séquestration, les fosses, mais il n'est pas encore question d'euthanasier les animaux. Il faudra d'autres vagues épizootiques, et un demi-siècle environ avant que le modèle Lancisi ne devienne la norme prophylactique européenne.

Mais restons en 1714. A cette date, tous les pays ont pris des mesures dont l'application s'est faite avec plus ou moins de rigueur. On pourrait, de ce point de vue, opposer l'énergie anglaise à l'inertie des États du pape. Situation assez paradoxale, où l'on voit le pays qui a demandé à Lancisi ses remèdes ne pas les appliquer – ou mal les appliquer, tandis que l'Angleterre, pourtant toujours réticente

46. Gerbaud, in Durand 1993, 220-221.
47. S.R.M., 180, dossier 22, f. 5. Rapport de Chirac, août 1714.

face à ce qui pourrait apparaître comme d'inspiration papiste, se montre l'adepte le plus enthousiaste.

Clément XI en 1713 a fulminé la bulle *Unigenitus* contre les jansénistes. Mais l'autorité du pape ne peut s'exercer d'une façon aussi rigoureuse dans le domaine temporel, et les recommandations de Lancisi restent dans les États pontificaux ce qu'elles sont : des *consilia*, autrement dit des projets, des mesures optionnelles. Lancisi ne réussit pas à convaincre l'assemblée des cardinaux de commencer par tuer toutes les bêtes à cornes « les plus légèrement soupçonnées[48] ». Ulcéré devant les réticences du collège chargé d'organiser la police sanitaire, il constate qu'entre octobre 1713 et avril 1714 30 000 bœufs, vaches, buffles et bufflonnes sont morts dans la campagne romaine, et riposte à l'inertie administrative en reproduisant le texte des prières adressées sans résultat à Dieu et à la Vierge et à tous les saints thaumaturges. Mais il ne nous indique pas les raisons profondes de l'attitude de l'administration romaine, et, faute de connaître la teneur des débats romains, on peut conjecturer qu'il s'est trouvé devant des objections de nature différente, et d'abord devant des interrogations sur l'efficacité de la prévention.

Au comte Borromée, objectant que des troupeaux localisés loin de l'épicentre infectieux ont été contaminés à distance, et doutant de l'utilité des barrières anti-contagion, Lancisi répond que « le mal a pu se répandre par des étoffes, des habits, d'autres animaux ou par des hommes ». Et, en effet, les mesures ont pour but de lutter contre la contagion de proche en proche, elles n'empêchent pas celle à distance, par le vent ou les oiseaux... Première incompréhension, à laquelle s'ajoutent vraisemblablement d'autres doutes d'une autre nature. On peut retenir, par exemple, les réticences morales d'un Biumi. Paolo Biumi est l'auteur d'un de ces essais qui font florès et qui traitent de la pestilence. Son opuscule, intitulé *Naturalezza del contagio bovino*, est dédié à l'Enfant Jésus, forcément compatissant envers l'espèce bovine qui fut présente dans la crèche de la Nativité. Or Biumi s'élève contre l'abattage, il préfère essayer de confiner le mal dans les étables par la séquestration, l'ensevelissement des charognes et les fumigations, et pour le reste

48. Paulet 1775, 120. *Encyclopédie méthodique*, art. « Épizootie », IV, 267.

propose des médecines douces et parfaitement inoffensives comme la bénédiction des étables qui figure de longue date dans les rituels de l'Église[49]. Tout cela conforte la passivité de la Curie. L'attitude du gouvernement pontifical relève de la frilosité et de la routine, mais d'un autre côté on peut aussi penser qu'il est le reflet d'un débat bioéthique. Ce débat s'alimente à différentes sources : la méfiance envers les doctrines cartésiennes ; la valeur morale du sacrifice d'animaux, qui pouvait apparaître comme une cérémonie expiatoire d'un autre âge. Holocauste, hécatombe, sont des mots qui sonnent sinistrement à l'oreille des autorités religieuses, comme des relents de paganisme. Aussi l'abattage massif est-il difficile à penser dans l'orthodoxie religieuse du moment ; difficile à penser aussi, le statut des animaux suspects, ravalés au rang des bêtes féroces et nuisibles ; sans compter que tuer avec un fusil, à distance, rabaisse aussi l'homme : c'est un crime de lâche. En 1627, les derniers bovidés sauvages disparaissent – autant dire qu'ils sont éliminés par l'homme, en Europe. Le dernier des aurochs sauvages est tué cette année-là au cœur de la forêt de Jaktorow en Pologne. Trois quarts de siècle plus tard, l'« invention » des bovidés domestiques-mais-suspects bouscule la culture orthodoxe.

Ainsi le plan de lutte de Lancisi se heurtait-il à un tir croisé venu d'horizons différents : les médecins spontanéistes, attachés à l'idée d'une genèse spontanée de la peste bovine ; les administrateurs, effrayés devant la lourdeur de la logistique à mettre en place, enfin des objecteurs de conscience qui se recrutent dans le corps social tout entier. Si le cartésianisme se diffuse dans toutes les élites et devient le mode de pensée des décideurs, l'homme simple persiste à croire qu'il y a une différence entre le taureau du bourg et l'horloge de la paroisse[50].

L'Angleterre est touchée par l'épizootie venue du Continent en 1713. Se forme alors ce duo efficace et éprouvé qui unit le Prince et son Physicien, ici George Ier et son chirurgien Thomas Bates (ou Batz). Envoyé en mission en juillet 1714, le chirurgien part à Issington pour déterminer si la maladie est contagieuse, conclusion qu'il

49. Cosmacini 1996, 3-4.
50. Thomas 1985, 42.

retiendra après avoir procédé à l'ouverture de seize vaches ; il recommande alors d'appliquer avec fermeté la méthode Lancisi. Il s'assure de l'interdiction des importations de bétail ou de cuir venues du Continent, 6 000 bovins sont exécutés sous ses ordres dans le Middlesex, l'Essex et le Surrey. Remèdes drastiques, mais en trois à cinq mois le pays est purgé de son fléau, et on met au compte de l'organisation de la police médicale cette rapide jugulation. Les victoires administratives contre les épidémies sont toujours contestables et contestées – on ne sait si les mêmes résultats auraient été obtenus si la maladie avait perdu sa virulence. Les mesures de Bates sont ainsi dénigrées en deux vers : « *A generous bounty that destroy'd / More cattle than the plague annoy'd* [51]. »

Ce succès encourage à persévérer, et l'Angleterre sera fidèle au *stamping out* – on donne désormais un nom anglais à une technique sanitaire inventée en Italie. Aux principes de Lancisi, à vrai dire, les autorités anglaises ont ajouté deux modifications, exprimées dans la première recommandation de Bates : « acheter et faire brûler tous les troupeaux attaqués de maladie, et tenir les autres dans des lieux séparés [52] ». Cette recommandation prend valeur de norme en Angleterre, elle vaudra plus tard pour tous les pays européens. Bates invente l'indemnisation à l'abattage – sur la cassette personnelle de George Ier sont prélevées les indemnités qui sont moins conçues comme une réparation que comme une incitation face aux résistances des éleveurs. La seconde innovation, c'est la crémation des cadavres. Alors que le Continent creuse des fosses, l'Angleterre allume des bûchers.

Paradoxe britannique ? Le pays qui met le plus de zèle à appliquer les directives Lancisi, dans toute leur rigueur, est celui qui dans le même temps invente alors un nouveau rapport à l'animal, inauguré par des gens qui se nomment les amis des animaux. Les Anglais commencent cette expérience affective extraordinaire, qui aboutit dès le début du XVIIe siècle à créer, d'abord dans les villes et dans les catégories aisées, cette catégorie incongrue dans l'ordre des animaux : le *pet animal*. Autrement dit, un animal inutile : il ne sert

51. J. Morphew, cité par Blancou 2000, 184.
52. *Encyclopédie méthodique*, art. « Épizootie », IV, 269.

pas l'homme, ne se mange pas, ne travaille pas pour lui. Seulement, il vit avec lui, l'accompagne, entre partout dans sa maison. Il est forcément petit, chien ou chat, ou singe [53]. Avec l'animal familier, la frontière entre l'homme et l'animal se minimise. Certes. Mais, en même temps, se construit une autre frontière, une séparation qui n'existait pas entre les animaux : elle isole les compagnons de l'homme du gros bétail, celui qui est utile à l'homme – et qu'on peut abattre s'il risque de devenir inutile – et, pis, dangereux pour l'homme et sa santé.

C'est que la peste bovine a, semble-t-il, ranimé en Angleterre de funestes souvenirs, un vrai traumatisme : celui de la peste (humaine) de Londres en 1665. Cette peste, disait-on, avait été amenée par des cadavres d'animaux non enfouis. Derrière la rigueur de mesures anglaises se profile cette hantise du retour de la peste humaine. On met souvent en avant, pour expliquer la culture du *stamping out*, la position géopolitique de l'Angleterre, cette insularité qui, si elle ne la met pas à l'abri de l'invasion pesteuse, permet une fermeture et une surveillance des frontières plus faciles. On peut cependant former l'hypothèse que le zèle anglais en faveur du *stamping out*, qui marque leur politique sanitaire pendant deux siècles, et au-delà, doive autant à l'histoire qu'à la géographie. En luttant contre les maladies des animaux, c'est la santé des hommes en fait qu'on cherche à protéger.

53. Thomas 1985, 148 *sq.*

CHAPITRE 10

De l'épizootie à l'épidémie

La rumeur chemine vite, mais, dans le cas des grandes épizooties, il arrive que les hommes soient avertis bien tard, et que la contagion aille au même rythme qu'elle, parcourant l'équivalent de quatre ou cinq kilomètres par jour. En 1683, une contagion traverse l'Europe centrale selon « une marche réglée, faisant environ 2 milles d'Allemagne en 24 heures [1] ». Mais, que le « bruit » précède la maladie, ou bien qu'elle arrive en surprenant les villages, l'effet est le même, partout elle provoque de graves « alarmes ».

Dans l'été 1714 où la peste bovine sévit dans tout le royaume, le médecin de cour Chirac met en garde Louis XIV :

« Je crois qu'il est très important de faire publier dans les villages où ces maladies règnent qu'elles ne sont pas contagieuses pour les hommes, parce que si une fois le paysan est prévenu, et saisi de crainte de prendre la maladie, outre qu'il abandonnera les bêtes à leur malheureuse destinée, et qu'il n'osera ny les panser, ny les approcher, et qu'il en mourra par conséquent un plus grand nombre, c'est que la crainte de prendre la maladie d'un côté, et de l'autre le déplaisir de se voir ruiné par la perte de ses bestiaux, le rendront d'autant plus facilement malade qu'il a été également exposé comme les bêtes aux ardeurs du soleil de l'été, et qu'il est par là disposé lui-même à tomber dans une semblable maladie [2]. »

Par d'autres sources, remontées des provinces par le canal des intendances, le vieux roi est « informé que dans les lieux du

1. Paulet 1775, I, 102.
2. S.R.M., 180, dossier 22, 12 août 1714.

Royaume où les bestiaux sont attaqués de maladies, la pluspart des propriétaires abandonnent dans la campagne et sur les chemins ceux qui meurent après en avoir fait arracher et enlever les peaux[3] ».

S'il est légitime de reprendre l'analyse de Chirac en décomposant artificiellement une peur, on dira que les peurs campagnardes sont d'une double nature. La première et la plus immédiate est l'angoisse du paysan devant l'imminence de la perte de son cheptel. En cas de peste bovine, il sait que les chances de sauver ses bêtes sont très faibles, de l'ordre d'une sur dix. Une fois les bêtes mortes, on tâche de récupérer les peaux, mais le conseil du roi précisément, en 1714, interdit d'écorcher les carcasses et de les laisser sans sépulture. Le préjudice économique est total puisqu'il touche au vif de l'activité d'éleveur, mais aussi de cultivateur : sans animaux de trait, comment continuer à mettre les terres en culture ou voiturer les marchandises ? Outre la perte d'un capital, il y a cette rupture d'un lien affectif qu'on ne doit ni surestimer, ni mésestimer. Perdre un bœuf ou une vache est une chose, voir mourir Rousset ou Marguerite en est une autre, et une chanson ancienne telle que « J'ai deux grands bœufs dans mon étable » montre combien, pour le jeune paysan, la mort des bœufs serait aussi ou plus catastrophique que celle de Jeannette, sa compagne. Le comble serait de perdre à la fois son troupeau et Jeannette, du même mal. Et c'est bien cette hantise qui fait de l'épizootie un fléau. Il arrive que la maladie des animaux franchisse la barrière des espèces et se communique à l'homme. En termes actuels, cela s'appelle une zoonose. La peur de la zoonose hante les campagnes.

La grande peur de la zoonose

La peur de la peste bovine engendre une certaine forme de fuite, pas tout à fait de même nature que dans le cas des pestes urbaines, où on applique alors la devise quasi olympique de Galien « *cito*, *longe*, *tarde* » : (fuir) tôt, (courir) loin, (revenir) tard – mais qui

3. Arrêt du conseil du roi concernant les bestiaux, 10 avril 1714.

conduit à abandonner le troupeau à son funeste sort. Les mêmes réflexes, la même frayeur et le découragement saisissent le paysan éleveur dans tous les cas de bouffées épidémiques, et l'expérience n'y fait rien – n'oublions pas que dans une vie moyenne de paysan, même limitée à trente ans, le risque d'assister à une mortalité des bestiaux s'élève à une dizaine de fois. Les médecins, plus tard les vétérinaires, sont aussi désarmés. Un médecin montpelliérain écrit :

« Les épidémies de bestiaux sont ce qu'il y a de plus redoutable dans l'exercice de la médecine vétérinaire... Quelles alarmes à l'annonce d'une mortalité qui s'avance à pas rapides ! La consternation se répand en même temps qu'elle ; et si la contagion se joint à l'épidémie, c'en est fait ; la frayeur, le découragement s'emparent des fermiers, ils abandonnent leurs troupeaux à une bande d'ignorants. Ils se fient à leur promesse mal fondée, ils ont enfin la douleur de voir périr en détail tous leurs animaux et disperser ainsi leur richesse [4]. »

Si la contagion se joint à l'épidémie, alors on a affaire à une peste générale. La peste : avant que Turgot et la bureaucratie versaillaise ne lancent le néologisme d'épizootie, c'est ainsi qu'on désigne la maladie animale, entendue au sens classique d'une maladie épidémique, mais d'une maladie particulièrement grave et mortelle. Suivant ses effets, réels ou supposés, on la classera ensuite comme maladie particulière, c'est-à-dire qui n'affecte qu'une espèce, les ruminants par exemple, ou bien comme maladie générale, susceptible dans ce cas de se transmettre à l'homme – ce que nous appelons une zoonose. Mais, qu'elle soit générale ou particulière, toute maladie animale représente potentiellement un danger pour la santé humaine. On peut contracter la même maladie directement, on s'expose indirectement à contracter cette maladie ou une autre de type « putride » en ingérant une viande infectée. Comment ce double risque, décrit dans les traités savants, est-il perçu à l'âge moderne ? A la campagne et dans le peuple, l'anxiété est à mettre en étroite relation d'une part avec la notion de contagion, et d'autre part avec la croyance dans la solidarité entre les hommes et les

4. Lettre d'un médecin de Montpellier sur la médecine vétérinaire, 1771. Citée par O. Gerbaud 1993, 220.

animaux. Sur ces deux points, essentiels, il y a un décalage certain entre les convictions communes et l'opinion des cercles éclairés.

Dans les villages, la peur de la contamination domine. Imaginer une contagion directe et immédiate qui se fasse par contact, par l'attouchement de la bête malade, c'est au sens premier du mot, la contagion (*cum-tangere*), dans sa représentation la plus ancienne et la plus communément admise. « Ils ont peur de tout, d'un chien, d'un chat, d'une fouine, d'une mouche même[5]. » La remarque n'est pas anodine. Elle suggère que l'opinion commune s'écarte de l'optique étroitement étymologique, qu'elle a de la contagion une vision extensive, la conduisant à se défier de tous les éventuels vecteurs animaux. Théoriquement, ces animaux sont des porteurs passifs, et il suffit de les désinfecter. En pratique, il semble qu'on ait usé de moyens plus radicaux – on a quelques échos de massacres urbains de chiens et de pigeons, les choses à la campagne sont infiniment plus discrètes, mais toute maladie des vaches est également une sale période pour les chats ou les hérissons[6].

Comme la peste humaine, la peste animale peut avoir été volontairement provoquée par des hommes. Ces « semeurs » de peste qui déclenchent des guerres bactériologiques, on est prompt à les dénoncer. Pour les pestes animales, on voit pointer du doigt le juif – dans les campagnes rhénanes, le maquignon juif est mis en accusation pour acheter et transporter des cheptels malades, au mépris des risques de contagion et de la loi. Dans l'ordre des boucs émissaires, il y a bien pis que ceux qui transportent la maladie : ceux qui la sèment, à l'aide de « charges », sortilèges et poisons et qui perpétuent la tradition séculaire de la sorcellerie rurale. La sorcellerie qui s'applique aux troupeaux a ceci de particulier qu'elle est à dominante masculine, exercée majoritairement par des bergers qui s'en prennent aux bestiaux des autres. Le *Grand Calendrier des bergers*, un des almanachs les plus populaires et les plus répandus dans les campagnes, indique comment se protéger contre les entreprises des empoisonneurs. Dans son édition de 1651 encore, figure un chapitre sur « la manière comme doit gouverner le berger

5. Dupuy 1833, 371.
6. Thomas 1985, 166.

pour empescher qu'aucuns sorciers ne facent mourir leur troupeau ». Si les recettes du *Grand Calendrier* sont inefficaces, il reste la prière à adresser à saint Blaise, grand protecteur du troupeaux :

Que ny sorcier ny poison
N'endommagent leur toison[7].

Robert Mandrou a montré comment, alors même que la grande vague de sorcellerie s'arrêtait sous Louis XIV, le crime d'empoisonnement du bétail, lui, tombait toujours sous le coup de la loi. La justice du roi connaît de nombreuses plaintes en temps d'épizootie, et souvent elle condamne. Le procès des bergers briards en est un bon exemple. L'affaire éclate en 1687, quand le berger Pierre Hocque est condamné aux galères, et meurt à la chaîne ; mais, comme il a transmis ses « secrets » à ses enfants, Nicolas et Étienne, également bergers, tous les deux se retrouvent l'année suivante devant le tribunal, avec trois autres bergers, inculpés de « maléfices sur les animaux qu'ils faisaient mourir par des Gogues empoisonnées qu'ils mettoient dans les lieux où ils estoient en pâturage ». On signale des cas de troupeaux maléficiés en Bessin, en Bourgogne, alors même qu'une fraction de l'opinion se met à douter et pense « qu'indépendamment de tout charme, de toute gogue, la mortalité se met dans un troupeau, et qu'on en accuse un berger ou une autre personne qu'on croit mal-intentionnée, qui n'y a pourtant aucune part[8] ». Dans les décennies suivantes, quand le juge, devenu « éclairé », refuse la chasse au sorcier, les villageois s'en chargent. C'est ainsi qu'en 1780 des paysans de Beaucouzé, à deux lieues d'Angers, soupçonnent une femme de la paroisse qui passait pour sorcière d'avoir jeté un sort à leur troupeaux. Ils la traînent dans une étable pour lui arracher son secret et, n'obtenant rien, lui brûlent les pieds, puis la noient dans une mare[9].

L'angoisse naît aussi de cette profonde conviction que dans la chaîne de la création, qui monte de la terre jusques aux cieux,

7. Ronsard, *Hymne XII*, *Des pères de famille*, *« A monsieur Saint Blaise »*, vers 1560.
8. Mandrou 1980, 499-511. Saint-André 1725, 285-289.
9. Lebrun 1971, 405. Saint-André 1725, 299.

l'homme se situe dans un entre-deux, entre les anges et les bêtes, et que, s'il tient de l'ange, il tient tout autant de la bête. Certes, le récit du Déluge et l'inventaire de la nature opéré par Moïse puis par Noé ont appris que chacun est bien enfermé à l'intérieur de son espèce. Il est interdit par la loi religieuse de franchir la ligne de partage entre espèces. Toute transgenèse est une transgression. Le monstre ou l'hybride ne sont pas de l'ordre de la nature. L'homme moderne doit veiller à maintenir étanches les frontières avec l'animalité : dans sa façon de manger, de se vêtir, de se déplacer même. Le port de la fourrure, qui peut faire passer l'homme pour animal, ne peut être toléré que si le poil est à l'envers, en doublure des vêtements. La natation est considérée par certains comme un péché de confusion – n'est-ce pas là l'apanage des poissons [10] ? Mais, si l'homme obéissant aux commandements de son Dieu ne doit pas transgresser ces frontières, il ne peut que constater tristement que le mal, lui, peut le faire. Une maladie aussi horrible que la rage, qui traverse les siècles sans que l'homme ait aucune prise sur elle, prouve bien ce franchissement malin des seuils entre les espèces. La lèpre en est un autre exemple que l'on croit avéré. Tout cela ramène à Descartes, ou plutôt au refus du cartésianisme dans la mentalité commune. L'étroite solidarité entre l'homme et l'animal, l'intime proximité des vivants font qu'il est aisé d'imaginer que le mal puisse sournoisement passer d'un vivant à l'autre.

Il y a plus : la barrière des espèces semble franchissable bien plus qu'elle ne l'est en réalité. On pouvait être persuadé d'être atteint de peste bovine – alors même que la transmission est chose impossible. Ce fut le cas dans le Haut-Rhin en 1798, où les statistiques officielles dénombrent 12 000 bovins ayant succombé à l'épizootie alors régnante... et 195 personnes décédées de peste bovine [11]. Quelle qu'ait été réellement la réalité pathologique, pour les hommes des siècles passés les zoonoses étaient nombreuses – du moins le pensaient-ils. Cette conviction procédait de deux observations :

– Épidémies et épizooties étant fréquentes, il arrivait en bien des occasions qu'elles se superposassent,

10. Thomas 1985, 46-47.
11. Blancou 2000, 187, note b.

– Épidémies et épizooties manifestaient des caractères, des symptômes pouvant passer pour comparables.

Autrement dit, même si la zoonose n'existait pas, la peur était réelle.

Nous sommes dans un paysage épidémiologique si fragile qu'il arrive, plus fréquemment qu'on ne croit, que deux maladies se répandent simultanément et affectent hommes et animaux. Pour peu qu'elles présentent, dans leurs manifestations visibles, deux symptômes qui se ressemblent, par exemple une éruption de boutons ou une diarrhée, alors l'analogie devient un amalgame : on appellera variole les deux maladies éruptives, celle du mouton et celle de l'homme, et dysenteries celles qui affectent prioritairement l'appareil digestif des hommes comme des ruminants [12]. Attention ! prévient Rabelais : si nous faisons des souhaits exagérés, il risque de nous arriver le tac et la clavelée, c'est-à-dire des maux semblables à des rougeoles, qui sont ceux des moutons de Panurge [13].

Cet amalgame est d'autant plus fréquent qu'on a alors l'impression tenace que les fléaux, quels qu'ils soient, se font cortège, que les calamités sont successives ou synchrones, et qu'elles s'enchaînent avec une diabolique continuité dans le mal. On connaît cette mortelle association entre la disette et l'épidémie. De la même façon, on a tendance à relier par un lien temporel, mais aussi de causalité, l'épizootie et l'épidémie ; les médecins, quand ils sont consultés, ont du mal à faire admettre que la concordance des temps morbides ne signifient pas obligatoirement contagion, et qu'il n'est pas pertinent d'établir obligatoirement un rapport organique entre la pathologie humaine et la pathologie animale. Mais qu'il est difficile aux hommes les plus raisonnables de démêler coïncidences fortuites et contaminations vraies ! Que deux maladies surviennent ensemble introduit toujours une forte présomption de communication... Moscardi dans son *Histoire de Vérone* raconte que la peste de 1630 sévit d'abord chez les animaux, mais, prudent, il ajoute : « Dans ces occasions il s'est rencontré un concours très possible d'épidémies et d'épizooties. » Ramazzini eut aussi à donner son

12. Fodéré 1813, III, 116.
13. F. Rabelais, *Pantagruel*, livre 4, nouveau prologue. *Quart Livre*, ch. 52.

avis sur une maladie animale mystérieuse à Padoue, conjuguée avec une fièvre de l'homme, en 1690 ; il établit qu'elles n'avaient pas de rapport, mais sans convaincre [14].

On se contentera de cette poignée d'exemples, car les concomitances sont légion – en tout cas, elles frappent assez les esprits pour être rapportées à la postérité. Paulet le remarque : les auteurs anciens ne parlent d'épidémie animale que lorsque le mal est commun aux hommes. On lit et on relit les témoignages d'Homère, d'Ovide, de Lucrèce ou de Tite-Live qui ont laissé des récits prodigieux de grandes catastrophes morbides, dont la grande peste d'Athènes est le prototype. Et on cultive cette pensée morose que les temps se suivent et se ressemblent [15]. Bref, on n'a trace d'épizootie que lorsqu'il y a épidémie associée. Le phénomène conjugué est alors effrayant.

La fièvre aphteuse apprivoisée

Ne pas minimiser l'effroi provoqué par les épizooties ; ne pas le majorer exagérément non plus. Ainsi l'historien doit-il toujours naviguer entre Charybde et Scylla.

Ne pas minimiser ; l'effroi relaté par les documents médicaux ou administratifs est authentique. On peut se méfier de certaines relations de crise. Les hommes qui, en temps de disette, « broutent l'herbe », est un lieu commun de la littérature de doléances, un topos qui cherche l'effet, visant souvent à obtenir une diminution de la charge fiscale pesant sur la communauté victime de la pénurie. Il faut faire crédit aux relations de zoonose. L'effroi est réel, comme en temps de peste humaine, ou en temps de choléra. Observant les réactions des Parisiens devant le terrible choléra de 1832, la tentation de la fuite et la rupture des liens sociaux, Rémusat a cette phrase significative : « C'est dans de pareilles situations que l'absence du sentiment religieux se fait le plus sentir ; sous ce rapport, tout ceci a plus

14. Bongiovanni, *Tratatto storico-critico...*, cité.
15. Paulet 1775, avant-propos.

l'air d'une épizootie que d'une épidémie [16]. » L'expression de la peur serait peut-être même compliquée de symptômes surajoutés, de convulsions ou de paralysie. Une tendance hystéroïde profonde caractérise la société d'Ancien Régime. Les réactions devant la maladie prennent une forte coloration hystérique, là où, aujourd'hui, elle engendrerait plutôt des phénomènes dépressifs [17].

Il ne faut pas, en revanche, se laisser prendre à l'illusion des sources. Jean-Jacques Paulet, écrivant à la demande de Louis XVI la première rétrospective des maladies animales, a montré combien les documents médicaux sont sélectifs. Pendant longtemps, les épizooties ne font pas parler d'elles. Pour faire événement, il faut qu'elles remplissent une des deux conditions suivantes, qui ne sont pas exclusives l'une de l'autre : soit qu'elles se manifestent avec une grande ampleur et qu'elles provoquent une effrayante mortalité, soit qu'on les considère comme transmissibles aux hommes. Les autres restent dans l'ombre, sauf si, au détour d'un document privé, elles nous sont livrées comme par effraction.

En 1603, un bon bourgeois d'Avignon, descendant d'une dynastie de bouchers émigrés d'Auvergne, écrit sur son Journal ce post-scriptum anodin :

« Nota qu'en la présente année a couru une malladie sur le bestal comme peste que mourront dans 24 heures et leur venoit au desoubz de la langue comme ung petit fleron noir et falloit viziter souvent le bestal, comme les bœufs, chevaulz, mullet et ceuz qu'estiont remédiés prontement n'en mouroit point.

Le remède est que incontinant que l'on s'estoit aperzeu du mal, il falloit advec ung cuiller d'argent froter ledict fleron jusques a le fusion de la postume au sang et puis fere fort pancher la teste de la beste au bas aus fins que le mal rendit davantage, après luy laver fort la langue advec du vin aigre, sel et alun brûlé [18]. »

Le rétrodiagnostic est bien compliqué, il se heurte à l'obstacle du vocabulaire. Nous ne savons pas si ces « fleurons » ou « apostu-

16. A. Barante, *Souvenirs*, Paris, 1890-1901, IV, 509-510. Cité par René Baehrel, « La haine de classe en temps d'épidémie », *Annales E.S.C.*, 1952, n° 3, p. 354.

17. Peter 1967, 165.

18. B.M. Avignon, ms. 1628 : *La Chronique de Jehan de Redolphe Roubert*, 1582-1606.

mes » noirs que Roubert dépiste sous la langue des animaux malades sont des aphtes ou des anthrax, et, faute de connaître la vraie nature de la tumeur, nous voilà réduits à quia. S'agit-il de la fièvre aphteuse ? Le doute vient de ce que Roubert classe parmi les animaux à risques les chevaux et les mulets, alors que nous savons que les équidés ne sont pas une espèce sensible à la fièvre aphteuse. Cette maladie peut se confondre avec dix autres, dont la fièvre charbonneuse ou le glossanthrax, une maladie disparue. En tout cas, Jean Roubert semble averti et tranquille. Le remède qu'il conseille est connu, on le retrouve recopié à des dizaines d'exemplaires dans les livres de « secrets » ou de « recettes » familiales, comme un tour de main qui n'est pas l'exclusivité des gens de la campagne. La cuiller en argent est un emprunt à la culture médicale récente : les chirurgiens du XVIe siècle comme Ambroise Paré, impuissants devant les risques d'infection consécutifs aux opérations, pensaient que des bistouris en argent ou en or, métaux imputrescibles, rendaient les suites de leurs interventions moins risquées. La tranquillité de Roubert semble être à la mesure de la maladie, qui serait loin d'avoir le même taux de mortalité que, par exemple, la peste bovine. Il sait qu'elle est guérissable, et que, soignée à temps, la bête a des chances d'éviter la septicémie ; sans doute sait-il aussi que cette maladie, qu'elle soit fièvre aphteuse ou glossanthrax, peut se communiquer à l'homme, mais qu'il suffit pour l'éviter de prendre certaines précautions. Le principal risque d'inoculation réside précisément dans le traitement même de l'animal malade à qui on ouvre la bouche plusieurs fois par jour, en s'exposant à être souillé par la salive. Des anecdotes d'avertissement circulent sur ces dangers bien réels. Ici, un homme est mort pour s'être servi à table de la cuiller qu'il avait utilisée pour racler la langue des bêtes malades. Là, un autre a succombé pour avoir porté dans sa poche et manié une pièce d'argent qui avait servi aussi à ratisser les grosses langues pustuleuses[19]. On évite la bave. On ne rejette pas la viande, encore moins le lait, d'autant plus précieux que la vache en produit moins.

19. Paulet 1775, I, 102, citant le *Journal des sçavans* de 1682 sur une fièvre aphteuse dans le Lyonnais et dans le Dauphiné.

D'autres recettes circulent de ville à ville, plus exactement de magistrats d'une ville au plat pays déjà atteint de contagion à une autre. Ainsi, les consuls d'Avignon reçoivent de leurs collègues aixois toute une série de conseils, de préservatifs et de remèdes contre l'épidémie, valables pour toutes les épidémies. On leur recommande de faire manger aux bestiaux « du pain, de l'avoine, de la sauge, de l'origan, du thim [*sic*], de la rhue, des ails, du genièvre, de l'impératoire, de la menthe, de la lavande, du laurier et du romarin[20] ». La thérapie de toutes les maladies animales est celle des essais et des erreurs. Solidarité biologique oblige, la diète n'est pas à base de « remèdes de cheval », c'est au contraire une pharmacopée très humaine et très régionale. Les régimes classiques en médecine humaine valent aussi pour les bêtes.

Les médecins aux pâturages

Sur cette immense question des risques sanitaires pour l'homme en temps d'épizootie, il semble que pendant longtemps le milieu savant ait été en retrait, et pour ainsi dire silencieux. C'est très net dans le cas de la France. Les médecins français, fort imbus de la noblesse de leur art, dédaignaient de se préoccuper de la santé des animaux. Jean Héroard, médecin du jeune Louis XIII, est comme une exception qui confirme la règle. Ce grand pédiatre qui suit pas à pas et heure après heure la santé du petit roi consacre ses loisirs à l'art vétérinaire et a écrit une anatomie du cheval. Ceci lui vaut les sarcasmes de ses confrères. Guillemeau, son collègue de faculté mais pas son ami, fait de lui ce portrait peu amène :

« Il faut le comparer avec les sorcières de Scythie, appelées Bythies, avec cette race de Thibiens pontiques dont Plutarque écrit à Pline qu'ils avaient dans un œil deux pupilles et dans l'autre la figure d'un cheval, ce qu'un ami de la médecine peut bien dire d'un médecin de chevaux, d'un archi-âne tel qu'Héroard[21]. »

20. A.C. Avignon, BB43, f. 252 *sq.*, *Registre de délibérations*, 1714.
21. Leclainche 1936, 199.

On voit à quoi s'expose le médecin qui s'occuperait d'autre chose que de la santé des hommes ! Le soin des animaux est laissé aux empiriques de campagnes ou aux maréchaux, qui sont « en même temps leurs cordonniers, leurs médecins, leurs chirurgiens et leur apothicaires [22] ».

Tous les Européens ne pratiquent pas la stricte dichotomie à la française entre médecine savante à destination des hommes et empirisme pour les animaux. Les Espagnols contrôlent la santé de leur troupeaux grâce à des pré-vétérinaires qui sont frottés de médecine, et qui sont des *letrados*. Les Italiens ont une longue tradition d'intervention en cas de maladie animale, inaugurée par le grand Girolamo Frascator, celui qui a identifié à la fois la syphilis et la fièvre aphteuse, et a reconnu leur mode de diffusion, sexuel dans le premier cas, très contagieux dans le second. Une coïncidence heureuse fait que la grande école de médecine de Padoue se trouve au cœur des grands foyers épizootiques. En 1711, les Italiens sont bien placés pour observer la peste, au carrefour de l'épidémie et des connaissances médicales. Un demi-siècle plus tard, un retournement spectaculaire s'opère, le retard français en matière vétérinaire se comble et si vite que la France va apparaître désormais comme à la pointe de la lutte contre les épizooties. Entre 1762, date à laquelle s'ouvre la première école vétérinaire, celle de Lyon, et 1774, quand Félix Vicq d'Azyr, jeune académicien des sciences passionné d'anatomie, reçoit la mission de Turgot d'étudier l'épizootie régnante, on assiste à une mutation radicale. La très puissante Société royale de médecine, née dans les années 1774-1778, à l'incitation encore de Turgot, est une tentative originale pour instaurer une médecine d'État qui serve la santé publique. Vicq d'Azyr est alors chargé de mettre sur pied un réseau chargé de centraliser l'information sur les maladies des hommes et des animaux, et de définir une organisation systématique des soins [23].

Ce retournement du regard français sur la médecine animale peut apparaître comme un paradoxe : pourquoi dans le second XVIIIᵉ

22. Garsault, préface du *Nouveau Parfait Maréchal*, 1759, cité par Leclainche 1936, 199.

23. Foucault 1963, 26-27.

assiste-t-on à un regain d'intérêt pour la médecine vétérinaire – alors même que les esprits éclairés sont pénétrés d'un anthropocentrisme et d'un utilitarisme exacerbés ? On peut chercher la réponse du côté de l'idéologie agraire de l'époque, marquée par le courant physiocratique et consciente du poids de l'économie agricole – la conservation du cheptel étant hissée désormais au niveau d'un enjeu d'intérêt national. Mais il y aurait une certaine myopie à ne considérer cette conversion scientifique que par le petit bout de la lunette physiocratique. Précisément, l'horizon intellectuel cartésien, s'il peut constituer un frein en apparence, est en profondeur un puissant stimulant. On trouve une nouvelle utilité à ces animaux devenus bêtes : servir la recherche médicale pour le plus grand profit de la santé humaine. La médecine vétérinaire est revalorisée dans la mesure où elle apparaît comme utile à l'homme par les expérimentations qu'elle permet sur les animaux. Le mot d'ordre partagé par tous les hygiénistes est que, désormais, il ne faut pas abandonner les maladies animales aux empiriques et aux maréchaux des campagnes, d'abord parce que la conservation du cheptel est un objet trop important pour être laissé entre leurs mains, ensuite parce que la médecine animale permet certaines expérimentations qu'on ne peut faire sur l'homme, et qui permettent les progrès de la science. La médecine comparative s'épanouit à l'ombre de la philosophie mécaniste.

C'est dans ce courant qu'il faut placer un Félix Vicq d'Azyr. Pour lui, l'animal est une aide pour une étude de l'homme. Ses recherches en anatomie comparée le convainquent de la profonde unité de la médecine humaine et vétérinaire. « La médecine est une[24]. » Assurément pour lui, la médecine, science noble par excellence, mais encore confuse dans ses délimitations, est annexionniste, et l'art vétérinaire, qui ne trouve guère de clientèle, lui est subordonné. De là le conflit qui l'oppose à Bourgelat, l'écuyer lyonnais devenu directeur et inspecteur général des écoles vétérinaires. Pour Bourgelat, l'École d'Alfort ne peut être qu'un centre de formation de futurs « artistes vétérinaires », alors que Vicq ambitionne d'en faire un centre de recherche, un laboratoire pour la S.R.M[25]. En même

24. Meyer 1966, 14.
25. Hannaway 1977, 431.

temps, la médecine vétérinaire émergente se constitue sur des bases radicalement différentes de la médecine humaine. « L'assommement à main armée » est la pierre de touche. Il établit « la distinction entre la thérapeutique de l'animal, considéré comme individu, et la thérapeutique qui regarde l'animal comme faisant partie de l'espèce ». Utiles divisions : « Elles apportent une notable différence entre la médecine de l'homme et celle des animaux domestiques. Ici il est permis d'abandonner l'individu, de le sacrifier même, pour l'avantage soit du cultivateur, soit de la science [26]. »

Qu'est-ce que la Société ? demande un personnage de comédie, Marphorio, à propos de la Société royale de médecine. Et Pasquin de lui répondre : « C'est une compagnie instituée pour les bêtes, mais qui se mêle de traiter les hommes. Elle est composée des plus habiles médecins de la campagne [27]. »

Bien sûr, la définition de théâtre est sommaire. Mais elle dit bien le rôle central que joue désormais la S.R.M. pour coordonner les efforts dans la lutte contre toutes les maladies épidémiques. A partir du moment où les membres associés ou correspondants se déclarent compétents en matière d'épizooties, tout un réseau d'information se met en place, et « d'habiles médecins de campagne » envoient mémoire sur mémoire, rapports ou comptes rendus à la compagnie. Ils joignent à leurs observations cliniques des remarques et des hypothèses sur les incidences possibles sur la santé de l'homme. Belle provende pour l'historien, qui peut enfin entrer à leur suite dans les étables ou les écuries et évaluer les effets pathologiques et surtout psychologiques de la solidarité entre bêtes et hommes.

La maladie qui répand la terreur

« Il est peu de maladies qui répande autant de terreur dans les campagnes de la Bourgogne, la Franche-Comté, la Champagne, etc., que la pustule maligne ; c'est un fléau qui porte la consternation

26. Dupuy 1833, 365.
27. Anonyme, 1774.

sous le chaume de l'agriculteur, qu'il arrache à la terre ; il pénètre quelques fois jusques dans l'enceinte des Villes, et va porter l'effroi et la mort dans l'atelier de l'artisan[28]. »

D'autres régions de France ont des maladies comparables, *maladie de sang*, *maladie charbonneuse* ou encore *antrac* ou *sang de rate*. Nous savons depuis Pasteur que c'est une seule et même maladie, le charbon, mais dans la pathogénie ancienne l'affection n'a pas d'existence propre : réponse des organismes aux influences extérieures, elle naît et renaît toujours différente[29]. Sous des appellations variées, la maladie est omniprésente. Elle frappe le Roussillon comme les autres régions. Mais c'est là, sans doute, qu'elle a été le plus précocement étudiée.

Le Roussillon sous Louis XVI compte pour une centaine de paroisses 56 médecins, dont 15 établis au chef-lieu de la généralité, à Perpignan, 174 chirurgiens, un nombre impossible à connaître de guérisseurs et rebouteux appelés ici *saludadors*. Il n'y a pas un seul vétérinaire[30]. Le correspondant officiel de la société à Perpignan est le Dr Costa, qui rédige en 1777 à la demande de l'intendant et à l'adresse de la toute jeune Société un rapport sur la maladie du charbon. Le mémoire est copieux, à la mesure d'une maladie si fréquente qu'il la considère comme « ordinaire ». Elle est aussi cruelle, enlevant « tous les ans beaucoup de monde » – mais Costa ne précise pas les chiffres de morbidité ni de mortalité. Les victimes de la maladie du charbon n'en meurent pas toutes, mais celles qui en réchappent présentent des stigmates handicapants, des visages aux lèvres et aux paupières ravagées, des facultés intellectuelles diminuées[31].

Cette fièvre sévit surtout dans les villages au pied des Corbières qui jalonnent la petite rivière l'Agly, de la Tour-de-France à Saint-Laurent-de-la-Salenque, et c'est dans le plus touché d'entre eux, Estagel, que le médecin a établi ses quartiers d'été pour mieux

28. Thomassin 1782, 1.

29. Vallat 2001, 71 ; Baudrimont 1878, 29-31.

30. Marcet-Juncosa 1993, 177, 180.

31. S.R.M., 145, dossier 8, n° 3, *Mémoire sur le charbon qui règne dans quelques contrées du Roussillon.* Un autre exemplaire, mais anonyme, de ce mémoire, figure dans les fonds de l'intendance catalane. Il a été étudié par A. Marcet-Juncosa, 1993.

observer la maladie et enquêter. C'est à la saison chaude, au moment de la moisson ou des vendanges, que le mal « fait fureur ». Les symptômes décrits sont spectaculaires : la tête des malades enfle véritablement, ils ont une forte fièvre, des convulsions souvent, ils présentent des pustules couvertes d'une croûte noire, appelées charbons ou anthrax, que le rapporteur a la sagesse de ne pas confondre avec des bubons de peste. Les traitements sont en général inefficaces. Les villageois font rarement appel au médecin et n'ont aucune confiance dans la trithérapie classique : saigner, purger, administrer des clystères. Ils traitent leurs tumeurs par application de l'onguent caustique, spécialité du curé du lieu. Le prêtre d'Estagel en confie le « secret » à Costa, au risque de lui faire perdre de son efficace : la recette est à base de chaux vive et de savon noir et de feuilles de scabieuse. La maladie se manifeste sous différentes formes. Sous sa forme la plus aiguë, le malade meurt en quarante-huit heures, avant l'apparition d'anthrax. Si les charbons éclatent, ou qu'on arrive à les faire suppurer, le malade en réchappe, mais avec des séquelles lourdes, car les tumeurs charbonneuses créent des lésions irréparables. On reconnaît la gravité d'une maladie à ce qu'on refuse de l'appeler par son nom ; les Cévenols évitent de la désigner de son nom de *carbounele* en occitan, l'appelant *la méchante*, *la mauvaise*[32]. Il ne fait pas l'ombre d'un doute pour Costa que la maladie est une zoonose, qu'elle se transmet ici des ovins à l'homme. Les incertitudes sont de nature étiologiques : comment cette maladie vient-elle aux animaux ? Et comment, à leur tour, les hommes peuvent-ils en être atteints ?

Sur l'origine de la maladie animale, le médecin livre une belle dissertation en trois parties coulées dans les trois facteurs environnementaux définis par le père Hippocrate et placés respectueusement en exergue : air, eau et lieux. Le dossier est parfaitement documenté, puisant à toutes les sources sans distinction de nature que les témoignages émanent de Pline, ou du curé ou du berger.

L'air, dit Costa, est salubre, purifié par le souffle puissant de la tramontane. Les eaux de l'Agly sont par nature limpides et légères, « elles fondent remarquablement le savon et cuisent bien les

32. Boissier de Sauvages, *Dictionnaire occitan-françois*, *op. cit.*, art. « Carbounele ».

légumes », et elles sont enrichies en amont par diverses sources thermales. Bref, au risque de décevoir ces messieurs de Paris, si entichés de la « constitution épidémique » de chaque région, il faut bien dire qu'il n'y a ni miasmes délétères ni pestilences avérées, que le milieu est salubre, et qu'il ne prédispose en rien à la maladie. Cependant, la carte épidémiologique qui dessine une corrélation si positive entre les « théâtres du charbon » et le cours de l'Agly porte à désigner la rivière comme responsable de la maladie. Air, eau, lieux : du trio hippocratique des causes prédisposantes c'est le second terme qui est retenu. Il serait oiseux de reprocher à Costa d'être passé à côté de ce qu'on reconnaîtra plus tard comme le vrai facteur de dissémination : le sol lui-même, les pâturages contaminés durablement par les spores du charbon, surtout quand on y enterre quelques carcasses de bestiaux morts de maladie. Pourtant, l'idée d'une origine comme tellurique de la maladie existe déjà bel et bien, mais elle s'exprime en fait pour d'autres épizooties comme la clavelée. Le pré contaminé, le « champ maudit » est un danger que beaucoup connaissent. A Orange, en 1488, deux bouchers se plaignent aux consuls que des éleveurs de Jonquières ont amené leurs moutons atteints de *picota* dans des prés qui leur étaient interdits au risque de semer la contagion. Astruc, médecin de Montpellier, observant les maladies survenues pendant la transhumance en Haut-Languedoc, pense que les mettre sur le compte de la saison ou de l'atmosphère est une explication un peu courte. Il attache plus d'importance au terrain :

« Il y a une observation constante et familière, faite par tous ceux qui soignent les brebis ; qui est que, lorsqu'un troupeau malade a été dans un pacage, celui qui vient après gagne la maladie. Cela s'observe surtout dans les Cévennes. Il y a dans la partie montueuse de ce canton des pâturages excellens, qui sont le point de réunion de tous les troupeaux des environs. Dans cette émigration, les conducteurs de troupeaux sont attentifs à ce qui arrive ; et s'ils apprennent qu'un troupeau infecté vient de passer, ils s'arrêtent où ils se trouvent, et attendent au lendemain pour aller en avant. Ils sont dans la pensée qu'il faut au moins laisser passer une nuit, dont la fraîcheur, jointe à la rosée qui lui succède, détruit les particules pestilentielles capables de communiquer la maladie. Que cette opinion soit fondée ou non, elle est generallement receue dans ce pays, et l'expérience a convaincu que la précaution était très sage[33]. »

Costa se range à l'opinion reçue et pense que le charbon sévit parce qu'un équilibre écologique a été bafoué et que les eaux de l'Agly transportent le virus charbonneux. En revanche, sur l'origine de cet empoisonnement de l'eau il y a débat. L'idée la plus répandue est que la perdrix en est le vecteur : sa bave suffit à infecter l'eau, et les ovins venant dans les chaleurs estivales se désaltérer à l'onde claire de la rivière contractent alors la maladie. Ainsi, les pauvres agneaux, assoiffés, asséchés par les plantes sèches et échauffantes qu'ils broutent, les muqueuses égratignées par des épines, des chardons et autres plantes vulnérantes, sont contraints de s'abreuver à un cours d'eau empoisonné. C'est une opinion populaire, mais soutenue par des autorités comme François Boissier de Sauvages, professeur à Montpellier. Costa se donne beaucoup de mal pour démontrer l'inanité de la thèse. Il se livre à deux expériences de laboratoire associant moutons et perdrix pour « détruire » le préjugé. Puis il propose sa propre interprétation : si les eaux de l'Agly sont pures par nature, l'homme les a polluées. Pour prendre facilement le poisson de rivière, les pêcheurs empoisonnent l'eau avec de la coque du Levant, ou bien de la titymale ou encore de la chaux vive. La coque du Levant est une drogue qui s'achète en épicerie ou en apothicairerie, la chaux s'emploie plutôt dans les gaves pyrénéens. Les Catalans préfèrent utiliser la titymale, une variété d'euphorbe au lait toxique qui croît en abondance dans les garrigues languedociennes[34]. « Donner la titymale » est une pratique au demeurant bien connue, légale, puisque le droit de « *donar la llatresa* » (donner la titymale) pour pêcher dans l'étang de Salses est affermé au duc d'Hixar pour 3 000 livres annuelles, et très efficace puisqu'il permet de prendre en carême et derechef en novembre deux cents ou trois cents quintaux de muges. Voilà pourquoi, affirme Costa, « la vie des hommes est livrée à la punissable avidité des pêcheurs ».

33. V. Astruc, *Dissertation sur la contagion de la peste*, Toulouse, 1724, ch. 6, cité par Paulet 1775, I, 154.

34. C'est « une des plantes les plus typiques de la garrigue languedocienne » ; H. Harant, D. Jarry, *Guide du naturaliste dans le Midi de la France*, Neuchâtel, Delachaux-Niestlé, 1973, II, 24-25.

La sociologie des malades qu'il établit ensuite est suggestive :

« Le virus charbonneux attaque principalement les bergers, ceux qui apprêtent les peaux du gros et du menu bétail, ceux qui en liquéfient la graisse, les bouchers, les hommes robustes ; il n'épargne aucun sexe, aucune condition, il porte ses coups sur ceux qui jouissent d'une fortune honnête et qui vivent dans l'aisance comme sur les pauvres ; il n'y a que les enfants en nourrice, et ceux qui ne mangent jamais de viande de boucherie qui en soient exempts[35]. »

Costa nous apprend, au passage, que la consommation carnée n'est pas le privilège de riches : les petites gens du Roussillon sont aussi carnivores, de là leur malheur. Deux voies de la contamination sont ici suggérées, et développées ensuite. La contamination directe est connue de tous, nul n'ignore que le charbon s'abat en priorité sur ceux qui manipulent la peau, la laine ou bien la chair crue, si bien que le charbon est, par certains côtés, une maladie quasi professionnelle. Le Dr Costa ne s'attarde pas sur les dangers reconnus de l'inoculation. Mais il insiste plus sur la transmission par voie digestive, soulevant au passage la question de la boucherie. Comment se fait-il qu'une viande charbonneuse, et donc classée dans la catégorie de la *carn de mori*, de la viande de bêtes mortes de maladie, puisse figurer sur les tables familiales ? Par diverses voies de distribution, répond Costa, qui les énumère. Il y d'abord la consommation domestique, forte en été dans les fermes où on nourrit les travailleurs saisonniers de viande tirée du troupeau ; et puis il y a la fraude, les bouchers vendant cette mauvaise viande pour de la bonne après avoir éliminé les morceaux les plus visiblement atteints.

L'« avidité des pêcheurs », les « abus des bouchers », nous voilà en terrain bien connu, celui de la malice humaine. Son collègue Fournier, étudiant la même maladie quelques années plus tôt, partage ses vues. Tout vient de ces « infâmes mercenaires », bouchers et marchands, qui vendent à bas prix la viande infectée à des pauvres gens qui n'ont pas conscience que dans cette chair « se dissimulent les agents qui causent leur mort ». On retrouve ce même refrain sous la plume des plus grands, Lancisi, plus tard Fodéré. Le Stras-

35. *Mémoire sur le charbon...*, *op. cit.*, fol. 4.

bourgeois Fodéré compare les vaches de Fribourg, qui ne sont jamais malades, à celles d'Alsace ou de Bresse, qui sont fréquemment attaquées de charbon. Cette différence, explique-t-il, tient à la propreté des étables. Et il met en cause pêle-mêle la routine des éleveurs, leur crédulité face à des vachers « se disant possesseurs de secrets infaillibles », les maquignons juifs qui achètent et vendent en foire des bestiaux malades. Peut-on rapprocher ce propos de cet aveu d'impuissance, exprimé un peu plus loin : « Nous n'avons encore rien de positif à proposer pour la guérison des animaux attaqués [36] » ? Alors on dira que cette sempiternelle incrimination des gens de l'élevage et du commerce est un discours distant. Il permet au médecin, plus tard au vétérinaire, de se protéger lui-même, en s'exonérant de responsabilités trop lourdes. Mais surtout, cette mise en accusation s'accorde parfaitement à l'optimisme des médecins des Lumières. Car, si la faute vient des hommes, n'est-il pas facile d'y remédier au moyen d'une bonne loi et d'une bonne police ? Chaque dossier, chaque enquête ne se termine ni sur une prescription ni sur une ordonnance, mais sur un projet de règlement à soumettre au législateur compétent. Ainsi l'État policier pourra-t-il se doter des moyens de lutter contre la contamination par le charbon. Tout est affaire de volonté politique.

Pourtant, à y regarder de plus près, les intentions des vendeurs et des consommateurs sont beaucoup plus complexes à analyser. Le pauvre consommateur n'est pas toujours une victime innocente et inconsciente. Costa lui-même, dans une apostille suggestive, fait allusion à des opérations de promotions commerciales tout à fait publiques : « On vend [la viande charbonneuse] à un très bas prix. L'abus a été porté jusqu'à publier à son de trompe qui veut acheter de cette viande infectée. » Les vendeurs et les consommateurs ne sont pas deux espèces distinctes, et tel berger vendant son mouton charbonneux en garde pour sa propre consommation. Il est difficile de l'accuser d'empoisonner sciemment les autres, quand il en mange lui-même.

36. Dupuy 1833, 364-367.

Morte la bête, mort le venin

Les médecins du terrain épizootique ne détiennent aucune certitude étiologique, et ils le savent. Ils ne savent pas non plus s'il y a danger à manger de la viande d'une bête morte de maladie. Costa, qui en est convaincu, avoue qu'il a bien des contradicteurs. On lui oppose l'expérience alimentaire commune, celles des villageois des bords de l'étang de Leucate qui, tout en consommant comme les autres de la viande charbonneuse, contractent rarement le virus. Et cette pratique des Catalans peut être généralisée à toutes les campagnes. On constate – toutes maladies confondues et toutes périodes confondues : 1. qu'on y mange de la viande malade ; 2. que c'est même une des rares occasions où les paysans mangent de la viande fraîche, bovine en particulier ; 3. qu'ils n'ont apparemment pas peur d'en manger.

Comme ce comportement est persistant, on a là-dessus des témoignages postérieurs, mais plus précis :

« En fait de viande, on comprend qu'il ne soit pas d'usage dans les campagnes de laisser rien se perdre. Aussi, n'hésite-t-on pas à faire servir à la nourriture la chair des animaux morts de maladie ; c'est là un danger, pour sa santé, dont le paysan ne se préoccupe guère. D'une autre part, l'inspection sanitaire des viandes n'existant pas dans les villages, c'est surtout dans les localités rurales que se tuent et se débitent presque tous les animaux malades que leurs propriétaires, de peur d'une saisie, se gardent bien de conduire à l'abattoir des villes [37]. »

Retournons au charbon. Les gens de Beauce ou de Bourgogne se conduisent comme les Catalans, et, dans la plupart des fermes où le charbon exerce périodiquement ses ravages, il est de règle de faire servir à l'alimentation du personnel la viande des moutons pris du « sang de rate » qui ont pu être égorgés avant la mort.

37. A. Layet, *Hygiène et Maladie des paysans*, 1882, cité par Léonard 1986, 170.

Il serait fallacieux de croire à une totale désinvolture, à une tranquillité absolue et béate. D'autres documents révèlent qu'on n'apprête pas une viande malade comme on ferait d'une viande saine. La pratique la plus courante est de saler la chair, une coutume qui n'est guère pratiquée aux Temps modernes que pour le cochon, sain ou ladre, mais que l'on étend à d'autres viandes en temps de maladie. A Embrun, une épidémie de fièvre charbonneuse éclate parmi les habitants « après l'usage de viandes salées provenant de bœufs et de vaches morts du charbon [38] ». L'abattage et la salaison sont les pratiques les plus anciennement attestées en cas d'épizootie, et les auteurs antiques, comme Columelle, la recommandent comme mesure ultime, quand toutes les autres mesures se sont révélées impuissantes à juguler l'épidémie [39].

Costa nous apprend comment accommoder à la catalane les viandes de brebis, de moutons et de chèvres infectés :

« Ils rejettent ce qu'il y a de plus gatté dans cette chair ; ils lavent ensuite ce qu'ils croient encore mangeable avec du vinaigre, ils l'assaisonnent de beaucoup de sel et de poivre, enfin ils la font cuire, ou pour mieux dire, ils la laissent torrefier sur le gril ou au four, ou bien ils en font de ces espèces de ragoût semblables à ce qu'on appelle du bœuf à la mode [40]. »

Deux précautions valent mieux qu'une, dit-on, mais ici on cumule, on empile les précautions, en éliminant les morceaux considérés à risques ; en employant toute la gamme des antidotes classiques, le vinaigre, le sel, le feu. Le feu surtout, jusqu'à griller, « torréfier » même la viande, ou bien en la préparant selon une mode « récente », avec vin et sel, en laissant mijoter de quatre à six heures. Ainsi, la daube à la parisienne, avec ses qualités jugées désinfectantes s'introduit à la périphérie du royaume comme une gastronomie à vertu thérapeutique.

Dans la montagne, on semble ignorer la préparation de précaution. On mange la viande de la bête morte de maladie « sans scrupules », et, au rapport des enquêteurs, sans suite « funeste ».

38. Montdauphin, 1784. S.R.M., 146, cité par Meyer 1966.
39. Bodson 1991, 237.
40. *Mémoire sur le charbon...*, *op. cit.*, fol. 20.

Une des clés de cette tranquillité absolue est tout entière contenue dans le proverbe italien : *morta bestia morto il veneno*. Les proverbes voyagent, comme les bergers, au gré du nomadisme saisonnier qui conduit chaque année les pasteurs des plaines vers les hautes terres. La pratique de l'estive – qu'on appellera plus tard transhumance – facilite la circulation des savoirs. Ainsi, le culte de saint Véran, protecteur des troupeaux de la Crau et de la Camargue, s'est déplacé des basses plaines du Rhône jusqu'au sommet des alpages. De même le dicton précité est exportable, il est devenu vérité au-delà et en deçà des Alpes. Les éleveurs du Dauphiné l'ont fait leur. Les bergers d'Arles qui montent à l'estive mangent la viande de bête morte, pourvu qu'elle ne soit pas corrompue[41].

Parmi les consommateurs de viande infectée, deux groupes se signalent. Dans les plaines céréalières, où on élève les bovins pour le trait et les ovins broutant les champs après la moisson, il s'agit des valets de ferme ou des travailleurs saisonniers, bref de ce prolétariat agricole que le maître de ferme veut nourrir de chair l'été pour faire face aux gros travaux dans les champs. La nourriture du moissonneur est un gros souci, comparable à celui que poseront plus tard les employés à la construction des chemins de fer. Leur salaire se monnaie en nature, et l'employeur veille à ce que la ration soit suffisante en quantité et en qualité : en particulier, elle comprend un apport inusité en produits carnés. Il arrive que, pour satisfaire à ces exigences, on tue un cochon au cœur de l'été, sinon, on destine en priorité les bêtes atteintes de maladie. Une « avarice » que dénonce Champier, sans nous dire si le maître participait à ce festin carné[42]. Mais les principaux amateurs de viande douteuse se recrutent parmi les bergers eux-mêmes. De cette pratique pastorale usuelle se réclament tous ceux qui sont persuadés de l'innocuité des viandes malades. Le berger est le cobaye préféré des adeptes du laisser-faire en matière de viande. Au vrai, on ne sait rien des incidences à long terme de la consommation de telles

41. S.R.M., 142, dossier 19, n° 20, Villars, médecin à Grenoble, *Mémoire sur une maladie des animaux ruminants*, fol. 5.

42. Champier 1560, 408.

chairs sur le berger. Aucun proto-épidémiologiste n'a dressé le portrait pathologique de ce groupe.

Bon ou mauvais : l'abattage préventif

Les maladies animales sont au siècle des Lumières l'objet d'attentions croisées. Les agronomes s'y intéressent ainsi que les naturalistes. Michel Darluc, qui visite la Provence des années 80 pour en écrire l'histoire naturelle, observe les troupeaux, leurs maladies, les traitements des bergers, parfois proches de la médecine humaine, parfois dotés de méthodes empiriques, pertinentes mais étranges, qu'il rapproche de l'*acupunctura* des médecins japonais [43]. Les bergers soignent, mais il arrive qu'ils n'essaient même pas de soigner, par exemple quand le mouton devient *calu*, c'est-à-dire fou – la même épithète pouvant d'ailleurs qualifier les hommes :

« L'animal qui en est atteint paroit privé de la vue : d'où vient le mot calu, louche : il ne garde aucune route suivie, court, saute et frappe souvent de la tête contre les murs et les arbres, jusqu'à ce qu'il tombe à terre. Les bergers ne connoissent aucun remède à cette maladie : ils tuent les brebis qui en sont attaquées, autant par superstition que pour en vendre les chairs. Ils sont persuadés que tant qu'il existe de chaleur dans le troupeau, cette maladie se communique de l'un à l'autre : elle dépend de plusieurs causes qu'il est bon de connaître. L'on trouve souvent dans leur cerveau une humeur corrosive qui l'occasionne [44]. »

Il est difficile de dire si cette maladie qui affecte la cervelle est le tournis, une infestation bien connue des éleveurs, ou bien si Darluc nous décrit un cas de tremblante, une maladie émergente que les Anglais ont dépistée dans leurs troupeaux pour la première fois en 1732. Peut-être, comme c'est fréquent, y a-t-il une confusion nosographique. Mais, ce qui importe, c'est la conduite des bergers en tel cas. Le diagnostic fait, ils préfèrent abattre sans délai. L'accès

43. Darluc 1782, I, 310.
44. *Ibid.*, I, 311.

au marché légal leur est sans doute impossible, le mouton arrivant sur pied et tournant en rond est trop repérable. Reste la consommation domestique et la distribution de voisinage, avec élimination sans doute de ce plat qui est un des sommets de la gastronomie rustique de plein air : la tête de mouton ouverte en deux et grillée au feu de bois...

A Cavaillon, en 1809, le maire prend un arrêté à l'occasion d'une « maladie de la soye » qui ravage les porcs de la ville. N'essayons pas de savoir de quelle maladie il s'agit. Les maladies porcines n'intéressent personne et ne suscitent aucune littérature. L'opinion prévalente est que toute maladie du porc est mortelle. *Porc malade, porc crevé*, dit-on couramment [45]. Le sort du cochon est tout tracé : il finira plus rapidement que prévu au saloir. C'est ce que dénonce l'édile : « Par l'effet d'une avarice sordide les propriétaires se proposent de saler cette viande malsaine pour la manger ou la vendre sans se mettre en peine des accidents qui peuvent en résulter [...] il n'est que trop vrai que des individus qui ont eu la témérité de manger de cette espèce en ont été victimes [46]. » La même viande sera ou mangée par le producteur ou vendue.

Un autre solution alternative émerge, qui consiste à conduire les bêtes à l'abattoir le plus proche avant que la maladie atteigne son expression clinique. C'est une pratique déjà connue dans la Bourgogne du XVIe siècle, où on mène à l'abattage des sujets jeunes chez qui la maladie n'est pas avérée comme disent les éleveurs du cru [47]. Elle devient de plus en plus banale avec les épizooties à répétition du XVIIIe siècle.

Sacrifier des bêtes jeunes quand l'épizootie s'annonce obéit à une rationalité économique puisque, d'une part, on sait les sujets jeunes plus sensibles à la contagion, d'autre part, on considère qu'il vaut mieux vendre une bête jeune que pas du tout. Ainsi raisonnent les éleveurs anglais, qui ont observé que, passé l'âge de trois ans, un mouton a de grandes chances de mourir d'une maladie très répandue appelée la pourriture. On assiste dans les dernières décennies du

45. Vallat 2001, 68.
46. Pleindoux 1925, 100.
47. Champier 1560, 408.

XVIIIe au succès sur les tables anglaises du gigot de moins de trois ans et à la disparition concomitante d'une enzootie dure aux bêtes à laines[48]. L'abaissement de l'âge de la bête, d'abord sporadique puis continu entre 1740 et 1850, est une bonne nouvelle pour la qualité de la viande, entendue ici au sens gustatif. Il crée de nouveaux goûts chez le consommateur : de gérontophile qu'il était, mangeur de castrats ou de femelles hors d'âge, il devient amateur de viandes de plus en plus jeunes. Il renouvelle les modes de préparation. Le bœuf n'est plus forcément accommodé au sempiternel bouilli, il lui arrive de plus en plus fréquemment de figurer comme rôti, catégorie culinaire jusque-là réservée aux seules volailles.

On est loin d'avoir mesuré tous les prolongements des crises épizootiques. Elles mettent sur le marché une quantité intempestive de viandes « vertes » ou salées. Pendant longtemps – un temps qui remonte à l'Antiquité –, les crises ont accru la production de viandes séchées. A un moment indécis, mais qui pourrait être le XVIIIe siècle, une reconversion s'est opérée de la viande salée à la viande verte, sacrifiée plus jeune.

Soulignons ce paradoxe : l'abattage préventif se présente à l'historien selon deux versions. La première version, que nous venons d'évoquer, est mal éclairée et mal saisie : pratique presque furtive, et généralisée cependant. L'autre version est mieux connue, c'est cet « assommement à main armée » massif et systématique que les États tentent de plus en plus d'imposer dans le courant du XVIIIe siècle. Cet abattage est bruyant parce que officiel, il s'annonce par des ordonnances royales, il mobilise la troupe si bien que toute victoire même partielle contre l'épizootie sonne comme une victoire militaire. L'abattage administratif est d'autant moins silencieux qu'il suscite bien des contestations. Si les savants de la Société royale de médecine sont montrés du doigt, et parfois brocardés, ce n'est pas pour la remarquable moisson d'études épidémiologiques et de topographies médicales qu'ils sont en voie de constituer et dont personne ne songe à contester l'utilité. Mais on les rend, à juste titre d'ailleurs, complices de ces méthodes d'État. C'est en effet le secrétaire de la société, Félix Vicq d'Azyr, qui a convaincu les

48. Gilbert, *Traité des bêtes à laine*, cité dans Dupuy 1833, 373-374.

gouvernements européens, et français d'abord, de suivre la méthode anglaise du *stamping out* plutôt que la méthode hollandaise qui cherche à soigner les troupeaux atteints. Il a payé de sa personne en dirigeant les opérations prophylactiques dans le Sud-Ouest ravagé par la peste bovine en 1774-1775. Son mot d'ordre : « tuer sans rémission ». Pour qualifier son action, on emploie un mot ancien, mais avec un sens nouveau : c'est, dit-on, une vraie boucherie que vous commettez. Un pamphlet qui prend Vicq d'Azyr pour cible le dit avec netteté :

On le [l'abattage] pratique ainsi, faute d'autres ressources
Ou quand des affectés le nombre est fort petit,
Ou quand des meilleurs soins aucun ne réussit.
Mais débuter par là, c'est une boucherie
Étaler les horreurs avec forfanterie
Puis, quand on a tranché du Docteur conquérant,
Finir par se monter Apprenti ignorant[49]...

Les deux derniers vers font allusion peut-être à un relatif échec de Vicq d'Azyr. Car, en dépit des moyens massifs déployés et des 8 millions de livres dépensés, la peste n'est pas complètement éradiquée, et l'on voit se rallumer des foyers sporadiques, en Béarn ou en Agenais. Bref, la méthode prophylactique la plus radicale n'a pas fait les preuves de son entière efficacité, et Vicq le reconnaît lui-même :

« Que l'on se garde bien d'une loi aussi sévère lorsqu'on n'a pas les moyens de la faire exécuter partout et en même temps ; alors au lieu d'un projet utile on exécuterait une suite de vexations aussi onéreuses à l'État qu'elles sont à charge aux particuliers[50]. »

Vexations : c'est peu dire. Sur le terrain, en dépit de l'incitation financière que représente le versement d'une indemnité qui s'élève théoriquement à un tiers de la valeur de l'animal abattu, l'attitude quasi unanime est celle du refus. Autant l'abattage sélectif se com-

49. Anonyme, 1774, fol. 27.

50. Cité par Vallat 2001, 79. Le coût de 8 millions figure dans les *Mémoires* de Dupont de Nemours sur la vie de Turgot. Dupuy 1833, 369.

prend, autant « l'assommement à main armée » heurte de plein fouet la sensibilité commune, pour qui le sacrifice, dans tous les sens du terme, n'a aucun sens. Les soldats chargés d'assurer les cordons sanitaires sont accusés de tous les maux, par exemple d'apporter avec eux des maladies inconnues dans des campagnes reculées et saines, comme la chaude-pisse et autres maux vénériens [51]. La résistance à l'abattage administratif prend parfois des allures de soulèvement. Plusieurs soldats sont tués dans le Béarn [52]. En 1776, le tocsin sonne dans la paroisse d'Audruicq, dans le Nord de la France. Les villageois s'alarment ici, non contre l'épizootie, mais contre l'arrivée annoncée de la maréchaussée et des troupes pour procéder à l'abattage préventif des troupeaux du village. L'alarme est si chaude qu'elle remonte au contrôleur général. Le premier magistrat d'Audruicq n'a-t-il pas tenu des propos proprement séditieux, allant jusqu'à menacer le subdélégué de l'intendant de le faire assommer lui-même [53] ? Ce n'est pas une simple émotion, se plaint l'intendant. On frôle la sédition, c'est-à-dire le crime de lèse-majesté [54]. Ceci est d'autant plus remarquable que la sédition semble être un privilège du pain. La peur de la viande contaminée ne déclenche jamais des séditions ; les précautions administratives, oui.

Est-ce en raison de ces résistances ? en tout cas, les années qui vont de 1810 à 1880 voient en France un desserrement général des contraintes sanitaires sur la viande.

Certes, le paysage épizootique change, en France comme dans

51. S.R.M., 168, dossier 3, n° 92, *Mémoire de Dufrechou, maître chirurgien à Simorre près de Toulouse*.

52. J. Caput, « La Grande Épizootie de 1774-1775 en Béarn », *Bulletin de la Société des lettres et arts de Pau*, 1966, V, 86-89.

53. S.R.M., 163, dossier 20, n° 8 : *Copie de la lettre de M. le contrôleur général à M. de Caumartin*, mars 1776.

54. Dans l'affaire des bouchers de Lyon, traitée d'abord par les armes et ensuite par la justice, le procureur du roi précise dans son réquisitoire envers les fauteurs de troubles : « Il y a une différence essentielle entre la sédition publique, qui intéresse le Souverain et l'État, et une émotion d'un certain nombre de personnes pour un sujet particulier. La sédition est un crime qualifié de lèse-majesté. La simple émotion est une action violente qui se borne à une personne ou à un certain nombre, et quoiqu'elle soit très criminelle par les suites qu'elle cause presque toujours, la peine ne doit pas estre la mesme que celle du crime de lèse-majesté » (Guéneau 1922, 264).

toute l'Europe. Mais il change peu. Certes, la peste bovine est moins présente, ses incursions perdent en fréquence et en virulence. L'Europe occidentale est abritée par le système de police médicale que les États allemands ont mis en place et qu'ils ne cessent de consolider, la Prusse bénéficiant d'une solide avance avec un système d'alerte et de déclaration des maladies animales efficace et respecté. Le réservoir de virus des bords de la Caspienne continue à fonctionner, mais les flux pestilentiels se fracassent contre le bouclier sanitaire autrichien, Hongrie comprise. Il faut à nouveau un conflit européen, en 1870, pour que le virus réussisse à pénétrer plus à l'ouest, pour la dernière fois. La configuration géoépidémique change, les chemins de propagation se déplacent et empruntent d'autres voies. Désormais, les échanges microbiens suivent une direction ouest-est, ou nord-sud. Ils sont fils du commerce plus que de la guerre. Ils arrivent de la mer, à l'occasion d'exportations animales, en particulier d'étalons destinés à reproduction. Le XIXe est celui d'un formidable effort d'amélioration des races, bovines en particulier. L'amélioration génétique a une contrepartie : la sélection fragilise les races indigènes, le mérinos français, métissé d'espagnol, est plus sensible à la tremblante et à la gale. La vache laitière, améliorée par la race de Durham, contracte plus facilement la tuberculose. Les « progrès » de l'élevage sont souvent à double tranchant : plus les animaux sont croisés, plus ils sont propres, bien entretenus et gras, plus ils sont sujets à la maladie ! Au total, le bilan épidémiologique est contrasté, ce qu'on a gagné en grandes pandémies contagieuses est compensé par l'augmentation des maladies de formes endémiques. Une baisse d'intensité pathologique ne s'observe guère. Le troupeau alsacien subit entre 1813 et 1821 le typhus, l'angine gangreneuse, la péripneumonie gangreneuse, soit trois épizooties en l'espace de huit ans [55]. Il faut attendre les années 1850-1870 pour voir s'estomper un ancien régime épidémique [56].

Ne nous y trompons pas : la menace sur la santé des animaux et des hommes est tout aussi présente au XIXe siècle qu'aux siècles

55. Dupuy 1833, 360.
56. Vallat 2001, 96-97.

précédents. Ce qui change, c'est le regard des hommes sur l'épizootie et l'abandon des mesures sévères d'encadrement.

L'arrêt royal de 1784, qui couronne le travail prophylactique des Lumières en rendant la déclaration de maladie obligatoire pour un certain nombre d'affections animales et qui prévoit dans les cas de maladies incurables l'abattage systématique des animaux, fait long feu. Les spécialistes post-révolutionnaires voient d'un mauvais œil l'abattage systématique :

« L'assommement, à la vérité, coupe court à la maladie ; mais ce n'est qu'en détruisant les animaux qui en sont attaqués et ceux qu'on croit exposés, par conséquent en ruinant les propriétaires, et en ajoutant ainsi à la somme des maux [57]. »

On assiste à un desserrement des contraintes. Le travail réglementaire s'arrête, et, entre 1784 et 1881, il n'existe plus aucun dispositif légal de déclaration de maladie, d'abattage ni d'indemnité. On préfère s'en remettre au bon vouloir de chacun, sous l'autorité accommodante du maire ou du préfet, et surtout on évite d'entraver le commerce des animaux [58].

Tout se passe comme si, parmi les autorités publiques et les décideurs, le seuil de tolérance au risque sanitaire, qui semblait s'être affaissé au temps des Lumières, remontait à un haut niveau jamais atteint, rejoignant celui de la plupart des éleveurs. Cet alignement des sensibilités alimentaires a de grandes vertus politiques : les discordances de perception qui étaient sources de conflit s'effacent, et avec elles les tensions sociales désormais ne se manifestent plus, sinon au micro-niveau local. Les cochons malades de Cavaillon provoquent l'indignation du maire, et la nomination subséquente d'André Serre, maréchal-ferrant de la ville, comme préposé à l'inspection sanitaire. Cela ne va guère plus loin.

La baisse de vigilance est due à une combinaison bien difficile à dénouer où s'entrecroisent des enjeux politiques (le poids de la paysannerie devenue électrice) et économiques (le coût pour l'État de telles indemnisations). Ajoutons, pour faire bonne mesure, le

57. Hurtrel d'Arboval, *Dictionnaire de médecine*, 1838. Cité par Blancou 2000, 96.
58. Vallat 2001, 96. Monner 1941, 110-113.

triomphe du libéralisme en matière de commerce et finalement, dans l'ordre médical, le refus encore plus marqué des thèses contagionnistes. Arrêter là la liste des explications plausibles serait oublier, semble-t-il, un facteur décisif : l'émergence dans la société bourgeoise d'un groupe nouveau et de plus en plus influent, celui des vétérinaires. Premier changement : le vétérinaire perfectionne les procédures d'évaluation sanitaire. A la dichotomie trop sommaire entre viandes saines et malsaines, il tâche de substituer une échelle graduée des risques. Il établit des distinguos entre les types d'affection, dans les degrés d'infection, il suppute des temps d'incubation. Infectée au premier degré, la viande est sans danger, et on peut amener des animaux jeunes à l'abattoir. L'essentiel est de la consommer très rapidement, la fraîcheur étant la garantie première. Au deuxième degré d'infection, la viande est douteuse, elle n'est vraiment dangereuse qu'au troisième degré : c'est alors qu'on doit absolument la proscrire. Généralement parlant, l'artiste vétérinaire considère que la chair d'un animal égorgé au premier ou au second jour de la maladie ne recèle aucun danger, que les maladies chroniques ne rendent pas la viande nocive. Ils sont plus attentifs à un risque jusque-là largement ignoré : celui de consommer des viandes fatiguées [59]. Bref, il y a autant de risques à manger du bœuf malade que du taureau de la corrida – autant ou guère plus. Le vétérinaire tend à relativiser, et donc à minimiser, le risque alimentaire. Surtout, le vétérinaire porte sur la maladie animale une attention différente de celle du médecin des Lumières, dont la vigilance était dictée avant tout par le souci de la santé des hommes. Le vétérinaire a d'autres priorités : sa légitimité consiste à soigner les bêtes, non à les assommer. Ainsi le système Lancisi est-il condamné à une longue période de latence.

L'attitude des populations rurales face à la maladie animale, si obsédante entre 1740 et 1850, relève à la fois de la peur et d'une certaine forme de fatalisme. Ce fatalisme, lieu commun du discours sur les paysanneries, désignerait ici deux comportements au demeurant dissemblables. Véritablement fataliste, la réaction face

59. Arrêt du conseil de juin 1782, art. 27. Dupuy 1833, 117.

à l'épizootie. « A qui s'en prendre ? à la nature du mal[60] », dit-on communément. L'épizootie est comme l'orage de grêle ou la froidure de l'hiver, de l'ordre du risque naturel. On l'accepte comme tel. En revanche, manger gras en temps d'épizootie et même se repaître de viande fraîche n'est pas un danger qu'on court, mais un risque qu'on prend. C'est un risque acceptable, puisqu'il relève du libre arbitre de chacun.

60. Lettre du médecin de Montpellier, 1771, citée.

CHAPITRE 11

Les politiques de précaution

Entre la ville et le monde rural la barrière est poreuse. Les citadins peuvent être sensibles à la peste animale de la même façon que les villageois, surtout s'ils sont propriétaires de cheptel. Certains d'entre eux en effet sont intéressés à l'élevage, ils placent des animaux à la campagne. Le contrat est le plus souvent passé « à mi-croît et décroît », bailleur et preneur se partageant donc à moitié les fruits, mais aussi les éventuelles pertes « en cas de pestilence [1] ». Cette pratique de location de cheptel est très répandue, et bon nombre de marchands sont devenus des « banquiers de bestiaux [2] ». Autant dire que les urbains sont impliqués, plus qu'on ne le croit, quand l'épizootie arrive. Cependant, les inquiétudes exprimées en ville sont le plus souvent d'une autre nature. Elles se portent principalement sur la qualité de la viande. Si à la consommer on ne risque pas de contracter directement la maladie animale, il n'empêche « qu'on ne peut regarder des chairs infestées et disposées à la putréfaction telles que celles des animaux morts d'épizootie comme un aliment salubre, et il est l'exemple de maladies putrides occasionnées par cette mauvaise nourriture [3] ».

Juin 1714. Alors que la pandémie pesteuse s'est propagée par tout le royaume, une enclave est encore protégée « du mal qui court parmi les bestiaux » : Avignon et les États de l'Église. Provisoirement épargnés, les Avignonnais n'en sont pas moins inquiets,

1. Febvre 1970, 166.
2. Moriceau 1999, 25.
3. S.R.M. 1784, 195, dossier 18. Bongiovanni, *Trattato storico-critico...*, cité.

comme en témoigne cette ordonnance du vice-légat qui gouverne la cité :

« Le bruit qui s'était répandu sur la mortalité des bestiaux qui servent à l'usage, et principalement pour la nourriture de l'homme, faisait que plusieurs personnes se retenaient de manger de la viande [...] Pour ces causes, [nous] voulons prévenir la contagion que la viande des animaux atteints de ladite maladie pourrait causer parmi les hommes, et rassurer les gens sur la viande qui se débite dans les boucheries [4]. »

Se retenir de manger : voilà pour les précautions prises par les individus. *Prévenir et rassurer* : voilà le souci des autorités publiques, à Avignon comme ailleurs. Reste à savoir comment ces beaux principes ont été mis en œuvre.

Les autorités saisies par le principe de précaution

« Dans tous les cas d'épizootie, le public est dans la crainte et les magistrats en suspens pour savoir quel parti ils doivent prendre avec les bouchers [5]. » La remarque est de François-Emmanuel Fodéré, sous l'Empire. Elle vaut pour toutes les époques.

En temps d'épizootie, les bouchers sont aussi menacés que les boulangers en temps de pénurie de pain. En 1746, la peste bovine s'abat sur le Vivarais et les Cévennes, sur 20 bêtes à cornes, elle en tue 19. A Alès, un boucher est fournisseur de viande aux soldats du Royal Bavière quand ceux-ci se trouvent pris de diarrhée ou de dysenterie. Le responsable de ces maux est aussitôt désigné, les soldats cherchent à s'emparer de lui, et le boucher ne doit son salut qu'à la fuite [6]. Peur urbaine larvée, qui se traduit par une diminution de la consommation carnée, peur extravertie, qui s'exprime en émeutes contre les bouchers : dans tous les cas, la puissance publique est requise. Son intervention dans toute crise sanitaire est nor-

4. B.M. Avignon, atlas 213, n° 173 : mandement de Mgr Salviati, 18 juin 1714.
5. Fodéré 1813, 113.
6. Boissier de Sauvages 1746.

male, elle fait partie de ses attributions classiques de police qui dictent de prendre les mesures nécessaires pour le bien du public. La police de la viande fut longtemps du ressort exclusif des villes. La pandémie de peste bovine, ignorant superbement les frontières régionales et nationales, transforme les données sanitaires et montre les limites de règles et de contrôles circonscrits à l'échelle d'une ville et de son plat pays. Alors le Prince s'octroie un droit d'ingérence sanitaire. Partout les États interviennent, appliquant à la peste bovine les formules prophylactiques éprouvées pendant les pestes humaines. Désormais, deux réglementations, à l'échelle locale et à l'échelle nationale, se recouvrent ou se complètent.

Les autorités agissent en deux temps. D'abord, elles consultent pour évaluer la menace, ensuite elles décident. Deux exemples suffiront, choisis l'un dans une république (Venise), l'autre dans un duché (Milan). Les circuits décisionnels sont différents, mais la procédure suivie est la même, elle passe par une expertise scientifique préliminaire. A Venise et à Padoue, en 1614 et derechef en 1699, une maladie court parmi les bovidés, une contagion non identifiée. La conjonction de la peste des bêtes à cornes et d'une dysenterie humaine fait croire à de grands dangers pour la santé. La population s'ameute contre les bouchers, accusés de vendre en catimini du bœuf hongrois atteint de dysenterie. Pendant que la rumeur court, les autorités consultent. La faculté de médecine de Padoue est mobilisée à titre d'expert principal. Après dispute, elle décide qu'il est possible de « se nourrir sans danger d'une semblable viande, parce que la contagion est particulière et spécifique aux bœufs, et que d'ailleurs toute la *malice* avait été corrigée et dissipée par l'exercice qu'on faisait faire à ces animaux avant de les tuer ». Mais, à Venise, les médecins, consultés en corps, ne sont pas du même avis, ils pensent que pareilles chairs, « contagieuses et cadavéreuses », sont à proscrire. Un certain Fabius Paulinus, médecin d'Udine, expose un autre point de vue. Il est d'avis qu'on peut en manger, mais avec certaines précautions ; il faut auparavant tremper la viande dans une saumure de sel et de vinaigre pour la rendre comestible, mais surtout, dit-il, il convient de rejeter les entrailles avec les intestins « comme étant le foyer et le nid de la maladie »...

Pour le muscle et le lait, il y a présomption d'innocence. Les morceaux à risques sont les viscères[7].

Le pronostic s'appuie sur l'observation visuelle. La dissection des animaux malades est le principal moyen d'investigation, que les médecins pratiquent à tour de bras, non sans risque mais avec courage pour tenter de comprendre la nature de la maladie. L'« autopsie cadavérique » montre généralement une chair d'apparence normale, et des viscères pourris, engorgés... C'est ce qui donne à la maladie du charbon ses noms courants de charbon, sang de rate, puisque le sang de la bête morte apparaît coagulé et noir comme du charbon, et la rate gonflée et volumineuse. Si l'examen permet parfois de nommer la maladie, il permet en tout cas de la dépister. C'est une raison supplémentaire pour exiger que les bêtes arrivent sur pied et entières à l'abattoir, car, écorchées et vidées, elles privent l'inspecteur de renseignements essentiels, « il est impossible de reconnaître la maladie quand la peau est ôtée[8] ». Sans poumons et sans foie, l'inspecteur de la boucherie se sent comme l'haruspice incapable de lire quoi que ce soit dans l'animal et d'accomplir sa mission. Ainsi, on est persuadé, en ouvrant les entrailles, d'aller droit au siège de la maladie. C'est là que se nichent « les ferments malins d'une guerre intestinale pernicieuse[9] ».

La suspicion vis-à-vis des viscères a quelque chose à voir avec les qualités nutritives attribuées aux différentes parties de la viande. Il existe toute une hiérarchie subtile des morceaux, que Champier récapitule : de mauvais suc, peu nourrissant et peu digestible, voilà la langue, le ris, les testicules, les rognons. Très nutritifs, morceaux de choix que l'on peut manger sans arrière-pensée, telles sont la graisse et la moelle, du moins la moelle des os longs. L'autre moelle, celle de « l'espine du dos », qui remonte jusqu'à la cervelle et se confond avec elle, et de nature plus flegmatique, froide et de difficile digestion ; de bon suc, mais peu digestes sont l'estomac et les intestins, toutes ces issues qui font le petit déjeuner favori des prolétaires urbains. Ceux « qui sont nés avec un ventre solide ou

7. Fodéré 1813, 113.
8. Ordonnance de Tours, 1462, art. 18. Monner 1941, 37.
9. Cogrossi 1714 ; cité par Blancou 2000, 174.

qui exercent des travaux de force, peuvent en manger sans risques ». Les muscles, indistinctement, sont considérés comme aliment noble, surtout s'ils sont chargés en sang et en graisse [10]. Bref, interdire les intestins comme foyer infectieux et source possible de contamination digestive est une mesure minimale, d'autant plus facile à prendre que finalement elle ne pénalisera que le petit peuple mangeur de tripes.

En Vénétie, l'expertise est indépendante et elle est contradictoire. Il n'est pas sûr que les divergences d'opinions scientifiques fassent l'affaire des décideurs, c'est-à-dire du Sénat. Car c'est à lui finalement de trancher

Le Sénat de Venise, en cette fin de XVIIe siècle, n'est plus composé majoritairement de représentants du négoce et du commerce lointain. A côté des armateurs et des capitaines de galère siègent des propriétaires terriens, conséquence de cette émigration des capitaux vers les investissements fonciers depuis que les transactions maritimes s'essoufflent et que les activités industrielles marquent le pas. Les grands propriétaires issus de la ville transforment leurs villas en efficaces entreprises agricoles et pratiquent sur leurs terres une agriculture intensive, sans jachère. Sur la Terre ferme, beaucoup de champs ont été couchés en herbe, et la culture du blé cède devant l'élevage [11]. Négociants et propriétaires siègent côte à côte, mais ils n'ont pas les mêmes intérêts. Entre ceux qui veulent maintenir le commerce avec la Dalmatie, et, au-delà, la Hongrie, et ceux qui craignent pour leurs étables il y a une première divergence. Mais le Sénat, sur ce point, a déjà tranché. Les importations de bovins sont interdites, les frontières fermées. Sur le débit des viandes, il se rallie à l'avis des médecins de la ville, le plus radical, en passant outre les enjeux économiques particuliers. En 1699, le Sénat défend, sous peine de mort, qu'on vende dans la ville ni viande de bœuf, ni fromage frais, ni lait, ni beurre. Les habitants – du moins ceux des villes – sont condamnés à manger du mouton, car il semble que la décision ne s'applique pas aux campagnes [12].

10. Champier 1560, 388-399 ; Monteux 1559, 43.
11. J. Georgelin, *Venise au siècle des Lumières*, Paris-La Haye, Mouton, 1978, 232.
12. Fodéré 1813, 113-115.

Changeons d'épizootie et changeons de ville. Milan, 1714, date de tous les dangers : la ville est menacée de peste bovine et passe sous domination autrichienne. La cité et le duché bénéficient d'un dispositif de prévention sanitaire parfaitement rodé, avec normes et personnel *ad hoc*. Au centre du filet sanitaire se dresse la figure du médecin *condotto*, ce médecin des pauvres, soldé par la ville. Les *condotti* sont secondés par des paramédicaux, eux aussi rémunérés sur les deniers publics : des chirurgiens pour les interventions externes, des barbiers éleveurs de sangsues pour les saignées, des « commères » pour les accouchements, des *norcini* ; ces derniers sont sans conteste la figure la plus originale du personnel sanitaire milanais. Originaires en général du val de Norcia, ces empiriques ont fait leurs classes à la campagne, ils ont pour première vocation ...le soin des porcs. Leur savoir-faire en matière de castration porcine les désigne comme experts en toutes sortes de ligatures, et les voilà préposés dans les hôpitaux milanais pour la réduction des hernies et l'extraction des calculs vésicaux. Ceci pour le volet thérapeutique de la médecine municipale ; pour ce qui est de la prévention, elle est du ressort du tribunal de la santé, qui nomme deux conservateurs de la santé publique, choisis parmi les médecins « libéraux » de la ville. En temps de santé, le tribunal exerce sa vigilance sur le trafic des bestiaux : il fait surveiller la frontière avec la Suisse, considérée comme terre à risque, contrôler le passage des bêtes aux ponts de Tresa, Mendrizio et Bellinzona, certifier par des billets la santé des troupeaux qui entrent dans le duché [13]. En 1714, l'un de ces deux conservateurs est Paolo Girolamo Biumi, déjà cité comme observateur de la peste bovine et ennemi des mesures Lancisi. L'autre conservateur est Ignace Carcano. Les deux confrères s'accordent sur les mesures à prendre. Elles consistent à renforcer le dispositif déjà existant, à confiner les troupeaux suspects et à enfermer au lazaret leurs conducteurs. L'essentiel est de bien s'assurer de l'ensevelissement des cadavres des animaux morts pour éviter la putréfaction et ses dangers, puis de désinfecter les étables par des fumigations, enfin de les faire bénir. Pour le reste, ils sont convaincus (à juste titre) que la peste

13. Di Munno Malavasi 1995, 562.

des bœufs ne touche pas les hommes, et ils en concluent qu'on peut user de la viande sans danger. Leurs collègues padouans ont une appréciation absolument contraire. Pour la première fois, ils désignent la viande de bêtes mortes d'un mal contagieux de l'expression de *carni infette*. Dans l'hiver 1714, on entend parler de funestes ravages dans la paysannerie de la basse plaine du Pô, et plusieurs les attribuent à ces *carni infette* qu'ils ont mangées furtivement [14].

Confrontées à une même menace, deux villes de même culture prennent donc des mesures foncièrement différentes. La conduite du Sénat relève d'une logique de précaution : dès qu'une expertise, surtout quand elle est comme ici, contradictoire, fait apparaître un risque qu'on ne peut ni mesurer ni maîtriser, il estime de son devoir de ne pas prendre prétexte de l'incertitude pour tergiverser. Dira-t-on alors que les magistrats milanais, dont les choix sont différents, ne suivent pas cette même logique de précaution ?

Concédons que la crise n'est pas la même, ni la nature de la contagion. D'un autre côté, reconnaissons aussi que les incertitudes sont aussi grandes pour l'une et l'autre maladie, et qu'aucun élément scientifique sûr ne permet de guider la conduite des politiques dans un sens ou dans un autre. Il reste bien que dans la seconde phase, celle de la prise de décision, un décalage surgit entre les Vénitiens et les Milanais. Toute l'attitude de Biumi et de son confrère consiste à peser, à évaluer les risques. D'un côté de la balance, il y a un risque sanitaire, celui de consommer une viande insalubre qui n'est pas contaminante mais qui pourrait bien éventuellement être malsaine. Mais, à vouloir éviter un risque, on en court un autre, celui de désorganiser complètement le circuit d'approvisionnement, de priver le consommateur d'une denrée nécessaire. Le remède serait alors pire que le mal, il conduirait à affamer le peuple. En fait, en examinant l'éventualité d'une décision de prohibition, les conservateurs de la santé en mesurent les effets pervers. Elle aboutirait à organiser la pénurie – c'est-à-dire à obtenir le résultat exactement inverse de leur mission [15].

14. Penso 1981, 224.
15. Cosmacini 1996, 3-7.

Biumi et son confrère n'ont pas à choisir entre un risque et une absence de risques, mais entre deux risques. Leurs craintes ne sont pas vaines ; même sans interdiction de vente au détail, les mesures contre la maladie – interdiction de circulation, annulation de certaines foires – suffisent à désorganiser les circuits et à les couper. Le simple contrôle entraîne la paralysie. C'est ce qui arrive dans le Roussillon français, quelques décennies plus tard. Turgot, en 1774, félicite l'intendant des mesures drastiques qu'il a prises : séquestration des bestiaux suspects, interdiction de circulation, fermeture de la frontière provinciale. « L'on ne peut qu'applaudir à toutes les précautions que vous avez ordonnées pour empêcher l'invasion de cette maladie. » Certes. Mais les effets sont catastrophiques, car les boucheries de Perpignan ne peuvent s'approvisionner en viande de bœuf sans le secours du Languedoc. Et les Perpignanais souffrent : le prix des chairs de remplacement, le mouton ou le porc, monte en flèche, les bouchers municipaux résilient leur bail, entraînant pour la ville une perte de plus de 10 000 livres. Et finalement Turgot, quoi qu'il en ait, doit revenir sur ses instructions rigoureuses [16].

A Milan comme à Perpignan, les enjeux sont complexes. En profondeur, le conflit se noue entre deux valeurs sanitaires, celle de la quantité du ravitaillement et celle de la qualité, et on ne sait entre les deux maux lequel choisir. Compromettre le ravitaillement ou risquer la santé, de toute façon, c'est organiser l'insécurité alimentaire.

Les solutions divergent, selon les époques et selon les États. Confrontée à la peste bovine, Venise autorise la vente en boucherie, sauf celle des morceaux à risques, Milan en fait autant, Rome préfère une prohibition complète.

C'est encore à l'occasion de la peste bovine que Bernardino Ramazzini énonce cet avertissement : *ubi enim de morbo contagioso agitur, numquam satis cavemus, dum cavemus* : « Quand il s'agit de maladie contagieuse, on ne prend jamais assez de précautions au moment même où on en prend [17]. » Et l'illustre professeur d'ajouter : on peut consommer sans risque de la viande de bœuf mort d'une maladie contagieuse, mais, pour la santé, le mieux est

16. Lunel 1974.
17. Cogrossi, *Journal de Venise*, X, 141, cité par Paulet 1775, I, 125.

de s'abstenir (*sed pro salutis tutela melius est abstinere*). Autrement dit, s'il n'y a pas de risque de contracter la même maladie, le souci de protéger sa santé doit conduire à s'abstenir.

Le doute ramazzinien procède d'un moyen d'investigation tout neuf, la micrographie. Si l'expérience courante sur laquelle les médecins jusque-là appuyaient leur diagnostic est plutôt rassurante, puisqu'il n'y a pas zoonose, en revanche, l'exploration de l'infiniment petit ouvre un champ mystérieux et plutôt inquiétant. Sur ce point, Vallisneri a inoculé le doute à son confrère, lui qui, le premier, a observé entre deux lamelles transparentes une goutte de liquide. Cette goutte est du sang bovin infecté, et le médecin a vu s'agiter de petits vers. Il en tire cette morale diététique :

« Je ne me fierais jamais de manger la viande des animaux malades comme le conseillent certains, non seulement parce qu'elle n'est pas nutritive et à cause des jus viciés, adultérés et corrompus qu'elle peut introduire dans notre corps, mais encore par crainte que ces fatals vermisseaux ne s'apprivoisent en nous et puissent être de cette race famélique qui se régale aussi bien du sang humain que du sang bovin ou de celui d'autres animaux [18]. »

Le conseil d'abstention s'adresse à l'individu. C'est le conseil classique du clinicien. Au chevet du malade et assistant à la lutte des forces vitales de son patient contre le mal, le médecin se doit d'abord de « ne pas nuire », de ne rien faire qui puisse contrarier ce combat du malade contre la maladie. La célèbre maxime *primum non nocere* serait plutôt une thérapie de patience qu'une invite à l'abstention [19]. Ce grand principe de médecine curative est ici en quelque sorte transposé dans le domaine de la médecine préventive individuelle ; c'est un appel à la responsabilité de chacun, telle que l'implique le contrat sanitaire de type ancien. Pour le reste, Ramazzini est en accord avec la politique du laisser-vendre de sa patrie, sans enthousiasme ; il ne sait quoi penser de l'efficacité de la mesure « tord-boyaux » qui écarte les tripes des étals : est-ce que cette précaution suffit ? Je laisse, dit-il, chacun en juger : *Qualis cautio*

18. Penso 1981, 223.
19. Cosmacini 1992, 92.

num sufficiat, et omnem dubitationeme tollat, liberum cuique esto judicium[20].

La viande sous surveillance

Telle qu'elle est formulée par les médecins italiens, la conduite de précaution a deux volets.

Pour chaque individu, c'est l'abstention. Aucune statistique ne nous dira jamais l'observance ou non de ce conseil, sinon la remarque inquiète du vice-légat d'Avignon : les gens « se retiennent » de manger de la viande. L'autre volet est purement politique, donc mieux connu. C'est un principe d'action. Il est mis en œuvre par les villes, en ce qui concerne le commerce de détail, par les États pour le commerce au long cours de bétail vif.

Face à l'épizootie, les villes s'organisent ; celles qui ont une réglementation municipale la renforcent. Celles qui n'en ont pas la mettent en place[21]. Là où n'existe pas une magistrature de santé permanente, comme dans les villes italiennes, les autorités habituellement chargées de surveiller les marchés et la boucherie sont alors dessaisies au profit d'une autre instance, une organisation d'urgence qui est mise en place sur le modèle du bureau de santé mobilisé en temps d'épidémie humaine, quand ce n'est pas le bureau de santé lui-même qui reprend du service pour la circonstance. A Lyon, le bureau de santé, créé en 1577, fait face à toutes les flambées épidémiques, entre 1581 et 1720. A partir de 1668, les épidémies humaines reculant, il intervient dans le domaine de la boucherie et des maladies animales. Quand la peste humaine disparaît définitivement, le bureau se reconvertit entièrement dans la surveillance et l'alerte des maladies animales. De 1744 à 1749, les diverses « maladies des bestiaux » retiennent toute l'attention des commissaires de la santé lyonnais, et les arrêts de police qu'ils

20. Fodéré 1813, 114.
21. Par exemple à Ussel. N. Lemaître, *op. cit.*, 125.

publient à cette occasion constituent l'ultime manifestation de son activité [22].

Le bureau de santé, dans son organisation, n'est qu'un décalque du conseil de ville, lequel se dessaisit de quelques-unes de ces prérogatives en sa faveur. L'essentiel de sa mission consiste à élaborer un règlement sanitaire, et à le faire appliquer. Cette magistrature, comme toutes les magistratures de santé, est peuplée de docteurs. Entendons : de docteurs en droit. C'est une constante dans toutes les magistratures de santé, une constante qui s'explique parfaitement. Tant que la médecine est impuissante à soigner et à guérir les épidémies, tout l'effort est de médecine préventive, donc de police. Le bureau de santé n'est ni plus ni moins qu'un organe de dictature sanitaire, seul habilité à suspendre des libertés essentielles : liberté de circuler, pour les hommes avec animaux, liberté de commercer. Bureaux de province et administration royale organisent – toujours sur le modèle éprouvé de la lutte contre la peste humaine – un système de vigilance sévère, avec patrouilles dans le plat pays, certificats de santé obligatoires pour les animaux en transit, arrestation et saisie des animaux suspects – cette dernière mesure assortie généralement de la vieille tradition charitable : la viande saisie est distribuée aux pauvres. Ainsi font les Suisses jusqu'au début du XIXe siècle [23].

L'épizootie marque un temps de la loi raide et de l'égalité des consommateurs devant les contrôles. Les sanctions sont redoublées. A Avignon, le boucher clandestin qui écoule des viandes non contrôlées est passible en temps normal d'une amende. En temps d'épizootie, si la maladie touche les ovins, il risque trois traits de corde, soit le supplice de l'estrapade sèche. En 1603, quand une maladie « mystérieuse » s'abat sur les bovins, provoquant des morts subites, il lui est interdit de vendre « sous peine de vie [24] ». Le même sort virtuel est réservé en terre d'Empire à ceux qui ne déclareraient pas la maladie, et qui sont menacés de pendaison. La sanction s'abat sur le boucher qui achète une bête malade, ou sur l'éleveur qui

22. Deramaix 1932, 145.
23. Blancou 2000, 148.
24. Pleindoux 1924, 141.

vend. Selon le droit ou la coutume locale, haro sur le marchand ! Ou haro sur le boucher !

Le problème quotidien auquel sont confrontés les bureaux de santé consiste à organiser de façon encore plus stricte la visite, c'est-à-dire l'inspection sanitaire des troupeaux qui entrent en ville. Les animaux qui arrivent *intra muros* ne présentent aucun signe de maladie déclarée : s'ils l'étaient, ils ne pourraient arriver à pied à l'abattoir ; pour reprendre la classification de Fodéré, les bêtes qui arrivent ne sont jamais malades « au troisième degré », mais elles peuvent l'être au premier ou au deuxième, ce qui rend le dépistage plus difficile.

Trouver des experts qui soient « capables et expérimentés » n'est pas une mince affaire – en temps normal, on fait appel à des anciens bouchers, des maîtres pâtissiers, des cuisiniers. Si la viande est suspecte, on prend le temps de l'amener à l'hôtel de ville, où un médecin ou un chirurgien requis procédera à un examen plus approfondi. Mais ces procédures – lourdes – sont inadaptées en cas d'urgence. En Italie du Nord, défense est faite aux bouchers d'abattre sans la présence d'un député de la ville ou à défaut du curé ou d'une autre personne experte qui devra examiner attentivement l'intestin de la bête[25]. A Liège, lors de la peste bovine de 1745, le prince évêque de la ville, Jean-Théodore de Bavière, renforce le contrôle de l'état sanitaire des animaux. Un nouveau règlement est publié par la ville et les faubourgs pour organiser un service d'inspection à trois niveaux. Les « connoisseurs » sont chargés d'inspecter les bêtes sur pied ; les « rewards » doivent examiner les carcasses abattues, et les « contrôleurs généraux » sont chargés de surveiller les deux catégories précédentes, comme une police des polices[26].

Les crises des années 1700 font apparaître deux nouvelles conduites de précaution. La première consiste à mettre les animaux arrivés frais en observation dans des étables à l'extérieur de la ville, le temps que la maladie se déclare, ou pas. Le problème est qu'on n'a aucune idée du temps de l'incubation. Pour la peste humaine,

25. Castellazi 1995, 892.
26. Mammerickx 1994, 494.

on le sait, on l'a fixée à 40 jours – un chiffre qui tient moins à une observation expérimentale qu'à une lecture assidue de la Bible[27]. Mais, pour la quarantaine des animaux, on hésite : la période est-elle si longue ? Et comment assurer la stabulation aux portes de la ville durant un tel laps de temps, alors qu'on est habitué à fonctionner en flux tendus ? Les réponses diffèrent. Le délai le plus communément établi est de 20 ou 21 jours – comme si les bêtes étaient deux fois plus rapides que les hommes à développer la maladie[28].

Entre l'abattoir et l'exposition sur les étals de boucherie pour la vente, même si la distance n'est pas grande, il y a encore un risque de fraude, contre lequel on cherche à se prémunir. Le préfet de l'annone romain invente, à l'occasion de la peste bovine, une parade intelligente, rendue publique et obligatoire par un *bando*, un édit : la viande bovine et buffaline est d'abord expertisée par les *periti* à la tuerie ; celle qui est déclarée bonne et loyale est immédiatement marquée d'une bulle, ou d'un sceau, et elle est alors expédiée à la montre en boucherie. Le modèle romain circule à la faveur de la contagion dans tous les États pontificaux ; et le certificat de garantie est rendu obligatoire à Avignon et dans le Comtat :

« ... Voulant pour l'assurance de ceux qui ne prennent pas tout le cartier mais bien une partie, que ladite marque soit à l'extrémité de chaque cartier, et qu'elle reste à celuy à qui la dernière partie du dit cartier sera livrée, afin que ceux qui auront achepté de ladite viande avant luy ayent peu se convaincre par leurs propres yeux qu'elle a été vérifiée et qu'ils la mangent sans crainte[29]. »

La même année, les consuls d'Aix imitent leurs collègues avignonnais[30] : le risque ici, c'est celui du colportage de viande abattue clandestinement dans les campagnes environnantes. Pour l'éviter, on informe le consommateur par un système de communication visuelle, accessible à tous les illettrés, soit à peu près la moitié des Méridionaux des villes à l'horizon 1700. Le label urbain est lisible par tous. Comme la loi sanitaire est impérative, le moindre village

27. Grmek 1997.

28. Blancou 2000, 171.

29. B.M. Avignon, atlas 312, n° 173 : mandement de Mgr Salviati, 18 juin 1714.

30. A.C. Avignon, BB 43, fol. 252, 16 juin 1714, copie d'une lettre des consuls d'Aix.

doté d'une boucherie municipale se doit de l'appliquer. Et on voit à Caderousse, petit bourg sur les bords du Rhône, les consuls faire fabriquer pour la circonstance un sceau aux initiales de la ville... : K et A ! Par son sceau, la ville engage sa responsabilité [31].

On ne sait si l'on peut dater de 1714 l'invention du certificat de garantie, équivalent à un label de qualité. C'est en tout cas le moment où la pratique se généralise. En avançant dans le siècle se répandent aussi le certificat sanitaire pour bêtes en transit, obligatoire dans le royaume en 1746, les certificats d'origine spécifiant de quelle paroisse provient l'animal, et quel est l'état sanitaire de la paroisse. L'administration royale prévoit une chaîne de traçabilité, avec à un bout le curé ou le syndic de la paroisse, à l'autre le boucher [32].

Gérer la peur

Une autre question tourmente les autorités en temps de crise épizootique : comment gérer la perception du risque, c'est-à-dire la peur ? Elle a donné lieu à une autre logique de précaution, qui consiste à gérer non le risque lui-même dans sa dimension technique, mais dans ses effets psychologiques. Il faut revenir sur cette mise en garde importante de Pierre Chirac au vieux roi, quatorzième du nom :

« Je crois qu'il est très important de faire publier dans les villages où ces maladies règnent qu'elles ne sont pas contagieuses pour les hommes [...], c'est que la crainte de prendre la maladie d'un côté, et d'un autre de se voir ruiné par la perte de ses bestiaux le rendront plus facilement malade qu'il n'a été lui-même également exposé comme les bêtes aux ardeurs du soleil de l'été, et qu'il est par là disposé lui-même à tomber dans une semblable maladie [33]. »

Un médecin – premier médecin du duc d'Orléans – conseille le roi dans une situation de crise. Il s'agit de rassurer, de tranquilliser

31. Pleindoux 1925,103.
32. Paulet 1775, I, 214 : arrêt du conseil du roi 1746, art. 11.
33. S.R.M., 180, dossier 22, f. 5. Rapport de Chirac, août 1714.

au nom d'un paternalisme bien compris : le roi n'est-il pas le père de ses peuples ? S'il y a incertitude sur les risques, impossible à réduire, au moins que la confiance soit restaurée, surtout dans ce rapport si fragile et essentiel qui lie le souverain à ses sujets. On pourrait lire le message ainsi. Ce serait sans doute se méprendre sur le sens de cet avertissement. Chirac reste dans son rôle – médical – et son conseil tient à ce que qu'il croit à la nécessité absolue, et d'ordre sanitaire, de lutter contre la peur.

La peur, dans l'horizon scientifique de 1700, n'est pas un agent directement pathogène, mais un agent favorisant la maladie. Galéniste, Chirac rejette le dualisme net des cartésiens, il croit comme Montaigne à cette « étroite couture de l'esprit et du corps s'entre-communiquant leurs fortunes », si bien que les affections de l'âme affectent aussi la santé du corps[34]. Les émotions et les passions sont, au même titre que l'air ou l'alimentation, classées parmi ces facteurs « non naturels » qui prédisposent à la santé ou, au contraire, à la maladie. Si elles sont négatives, comme sont la peur et le chagrin, elles peuvent bien engendrer des humeurs chagrines, en particulier cette humeur noire dont on sait toute la nocivité. Si elles sont positives, elles dilatent la rate – fluidifiant du même coup les sécrétions noires et protégeant de la maladie. Voilà pourquoi le cas du villageois – un cas reproduit à des milliers d'exemplaires par tout le Royaume – est à prendre au sérieux. Doublement affecté par la menace épizootique, il éprouve, ce villageois, à la fois chagrin et anxiété, les deux états d'âme les plus contraires au dynamisme vital. Même de constitution robuste, ce que Chirac, médecin de cour, est prêt à croire, cet homme cumule de quoi débiliter ses facultés vitales. Il ne contractera pas la peste bovine, comme il le croit, mais une maladie d'origine psychosomatique. La chose est bien connue à propos précisément de la plus vieille maladie animale transmissible à l'homme : la rage. Les médecins savent de longue date qu'elle se transmet uniquement par la salive, et qu'il n'y a aucun risque à consommer de la vache enragée. Mais ils savent aussi qu'il faut en interdire absolument la vente, car ceux qui viendraient à en manger sans en être prévenus risquent de

34. Montaigne, *Essais*, I, 21.

mourir ...de terreur[35]. Répétons-le : le médecin de Cour ne sort pas ici de sa fonction. Il conçoit sa présence au chevet du malade comme une psychothérapie. Il est convaincu de l'importance du facteur psychosomatique dans la propagation de la zoonose comme de l'épidémie, à tel point qu'en 1720 son point de vue deviendra l'interprétation officielle de la peste de Provence[36]. Il conçoit son rôle social comme une ardente obligation à amortir les inquiétudes populaires.

Ici, et le médecin et le roi doivent intervenir. L'un peut conseiller la seule médication qui soit sans contre-indication : la joie et la sérénité ; l'autre peut rassurer, tranquilliser. Rien n'est plus favorable à la propagation de l'épidémie que la peur. Rien n'est plus propice à l'éviter que la bonne humeur :

> *Qui veust son corps en santé maintenir*
> *Et résister contre l'epidymie*
> *Doit joye avoir et tristesse fouyr*[37].

A l'occasion de l'épizootie, Chirac ne fait que rappeler une expérience commune à tous les médecins de terrain : l'importance des facteurs psychologiques et du « moral » dans la résistance opposée à la maladie. Le roi doit rassurer, publier haut et fort, à son de trompe ou à coups de placards affichés à la porte des églises que la contagion de l'animal à l'homme n'existe pas.

Ici, le souci d'informer ne rencontre aucune objection : la peur existe déjà, et on a de fortes raisons de croire qu'elle est infondée. Mais faut-il informer des dangers épizootiques, toujours et en toutes circonstances ? Il arrive d'autres situations qui mettent l'administration dans l'embarras, si bien qu'elle ne sait plus trop où gît la prudence, et où on penche, au contraire, pour une publicité minimale, voire l'abstention : « Il est de la prudence, en pareille occasion d'empêcher qu'on allarme le peuple en grossissant les objets[38]. »

35. Baudrimont 1878, 28.

36. Aron 1965, 6. Biraben 1976, II, 37.

37. C. Nourry, *Régime contre la pestilence, faict et composé par Messieurs les médecins de la cité de Basle*, Lyon, 1520 ; cité par Brabant 1966, 79.

38. A.C. Avignon, BB 43, f. 252 : lettre des consuls d'Aix, 1714. Cette conduite

A l'avènement de Louis XVI éclate dans tout le Sud-Ouest du royaume une grave épizootie, touchant les généralités d'Auch et de Toulouse, si sévère qu'elle pousse l'évêque de Toulouse, dans une lettre pastorale – doublement pastorale –, à tenter de faire admettre à ses diocésains la nécessité de l'abattage préventif. L'arsenal législatif est prêt, il a été mis au point en 1771. Mais, en adressant les circulaires aux intendants, le ministre Bertin se garde bien de leur en demander une publication immédiate. Au contraire, il recommande à chacun des représentants du roi dans la généralité une grande prudence :

« Tant que ces sortes de maladies n'attaquent point votre généralité, il paraît de votre prudence de garder par devers vous le règlement et de le laisser en quelque sorte ignorer... même dans le cas où il s'en répandrait quelqu'une [maladie], il faut faire examiner si c'est une maladie véritablement contagieuse et pestilentielle. Car, hors de ce cas, il ne faut que des remèdes et des secours dans les cantons qui en sont affligés, et l'exécution des règlements ne pourrait que nuire et donner dans votre généralité une alarme gratuite. Enfin, si la maladie est reconnue contagieuse et qu'il soit nécessaire d'empêcher la communication d'un lieu à un autre, vous aurez encore à examiner s'il ne suffirait pas de commencer par faire publier de nouveau le règlement de 1746 beaucoup moins gênant pour le commerce, moins sévère et moins alarmant que celui que je vous adresse [39]. »

Éviter tout déploiement médiatique prématuré ; ne pas provoquer l'alarme, tant qu'elle n'existe pas ; si elle existe, vérifier son bien-fondé : telle est la maxime d'action administrative. Elle est suivie, à la lettre, par le subdélégué envoyé en pays de Sault, d'où parviennent des fâcheuses nouvelles sur les inquiétudes de Puyvalador et des environs. Or il apparaît que l'émoi n'est pas fondé : « Je crois, écrit le subdélégué à l'intendant, que le cri public grossit à l'ordinaire la calamité plus qu'elle n'est réellement [40]. »

s'inscrit dans une culture du secret d'État, connue pour la politique du blé. Les sphères dirigeantes françaises pensent que la foule ferait mauvais usage de l'information sur les prévisions de l'état des récoltes et sur les prix, si on les lui communiquait. D'où la maxime d'État : y penser toujours, n'en parler jamais.

39. Lunel 1974, 357 ; Bach-Lijour 1987, 235-236.

40. Lunel 1974, 358.

Une politique de prudence est relative à des dangers avérés. Une politique de précaution vise à prévenir des risques potentiels. Si l'on veut bien s'accorder à ces définitions préalables, alors on dira que la prévention des risques alimentaires eux-mêmes relève toujours et partout d'une politique de précaution, dans la mesure où, dans l'ère préscientifique, aucun danger n'est établi avec certitude. Ramazzini et les sénateurs de Venise disposent de tous les moyens intellectuels et déontologiques d'appréhender le risque : il ne leur manque qu'un commencement de preuve expérimental. Ils le regrettent, comme le vice-légat qui a fait tant diligence « pour être informé de la vérité des choses ». Mais ils agissent. La précaution n'est pas l'inaction, ni la délibération sans fin. Les hommes publics prennent des risques politiques – et d'abord celui de se tromper. Comme le vraisemblable est pluriel (seul le vrai est unique), les politiques qu'il inspire sont diverses. Le terme de prudence, quant à lui, revient fréquemment sous la plume des administrateurs. Elle désigne la conduite à tenir face aux peurs engendrées par les épizooties. Tout se passe comme si le seul danger, identifié et évitable, était la peur du public.

CHAPITRE 12

Les dangers des métaux imparfaits

La chimie et les métaux se sont invités très tôt dans la nourriture des hommes, s'insinuant par les *secrets*.

Les secrets ou recettes s'énoncent de façon brève et descriptive : « enfoncer un clou de cuivre dans un morceau de viande pour mieux le conserver [1] ». Les secrets véhiculent toute une petite alchimie domestique, diffusée par le bouche à oreille, puis colportée par des recueils imprimés de nature hétérogène, mêlant l'économie domestique et la médecine populaire [2]. C'est par eux que le nitrate, la chaux, le cuivre entrent dans la cuisine ou l'office ; on fait appel très souvent au « sel nitre », c'est-à-dire au salpêtre. Il est sollicité au saloir, pour conserver et « rougir » à la fois les viandes de porc ; à la cave et au cellier, pour garder la glace et l'eau froide, pour éviter que l'huile ne prenne en hiver [3]. Le recours au nitrate est d'autant plus tentant qu'il n'est pas un produit de grande industrie, et que dans les villes et les campagnes, partout où il y des voûtes humides ou de vieux murs, on récupère du salpêtre en grattant les surfaces ; on l'appelle nitre de murailles, ou encore nitre de houssage, parce qu'on le ramasse « en le houssant, en balayant ou en le ratissant ». Le nitre commun, quant à lui, est tiré des cendres [4].

1. Chomel 1740, art. « Chair », 719.
2. J.-L. Flandrin, « Soins de beauté et recueils de secrets », in *Les Soins de beauté au Moyen Age*, *op. cit.*, 13-15.
3. Monteux 1559, 70 ; Chomel 1740, art. « Huile », art. « Glace ».
4. *Encyclopédie*, art. « Nitre ». Pomet 1694, 72.

Ces procédés sont des « manières de corriger » l'aliment naturel, ou encore un « moyen de conserver ». Cette minuscule protochimie permet de tricher avec le temps et avec la nature. Certains, dès la Renaissance, ont pensé que c'était parfois aussi jouer avec la santé.

Les conserves de la Renaissance

A la Renaissance, quand deux ou trois personnes conversent, qu'elles parlent de tout et de rien, on dit qu'elles échangent des propos frais et salés. C'est là une activité agréable qui peut se pratiquer tout au long de l'année, un plaisir renouvelé que n'offre pas la nourriture. On mange selon la saison, ce qui signifie qu'on consomme des produits frais pendant quelques mois de l'année seulement. Le climat fixe les régimes. Les Italiens peuvent consommer fruits et légumes 8 mois de l'année, les Écossais 5 mois, d'août à décembre, et les gens de peu à Paris, privés de vitamines pendant des hivers trop longs, se retrouvent à l'Hôtel-Dieu, exhibant à Gui Patin tous les symptômes de ce qu'il appelle le scorbut de terre. Pour les uns comme pour les autres, « fixer les saisons » dans un bocal relève du besoin physiologique et du désir, un désir d'autant plus fort qu'il est inassouvi.

Ce rêve est parfaitement concordant avec l'ancienne diététique, qui manifeste à l'endroit des fruits frais des préventions aussi solides que durables. Le préjugé courant rend l'absorption de fruits crus responsable de la plupart des dérangements intestinaux :

« Il est certain que ce suc vert, qu'on appelle en médecine la bile du poireau, et que l'on vomit la plupart du temps, n'est pas provoqué par le pain, ni la viande, ni d'autres aliments de ce genre [...] Il faut rappeler ici que sauf un ou deux, tous les fruits sont de mauvais suc. C'est pourquoi Galien n'admettait en alimentation que les fruits arrivés à leur exacte maturité, à l'exclusion des autres[5]. »

Comme les hommes ne sont pas aussi raisonnables que le grand Galien, ce parangon de bonne santé qui « s'était abstenu de manger

5. Champier 1560, 276, 348.

des fruits, ce qui lui avait permis de vivre sans maladie », les médecins n'interdisent pas la consommation de fruits frais, mais ils l'assortissent d'une avalanche de recommandations : écarter à tout prix les fruits verts ; préférer les fruits secs aux « fruits horaires », comme la prune ou le melon, ces fruits tellement humides qu'ils se corrompent en une heure après leur cueillette et risquent de perturber la « machine animale », déclenchant de terribles flux de ventre ; les manger de préférence en début de repas, pour que leur coction dans l'estomac soit plus longue ; les corriger en équilibrant leur nature froide par des aliments chauds. Ainsi, le melon doit se déguster en entrée, accompagné de sel ou de jambon qui corrigera sa nature aqueuse et corruptible, et de vin cuit qui compensera sa froideur. Il n'est pas sûr d'ailleurs que ces précautions soient suffisantes : « A la cour et chez les riches, on mange des pêches pelées trempées dans le vin pour, dit-on, écarter le mal le cas échéant. Ce qui est manifestement inutile, étant donné que leur suc nocif se répand plus vite [6]. » Les seuls fruits que l'on peut manger sans retenue sont les fruits secs ; parmi les fruits frais, préférer ceux qui sont de garde, ces variétés tardives de poires et de pommes dures que l'on peut conserver tout au long de l'hiver en les rangeant sur de la paille ou sur des claies dans un endroit frais et sec [7]. Et manger fruits et légumes confits sans aucune contre-indication. Certes, ils ne nourrissent pas, ce ne sont pas des aliments mais des condiments. Mais ils sont parfaitement sains, puisque la cuisson et le sucre corrigent les chairs de leurs défauts naturels, et que le vinaigre et le sel sont de bons désinfectants. La casuistique médicale est complexe, elle est respectée peu ou prou dans les halles des villes, où les dates de mise en vente des fruits sont sévèrement contrôlées, elle est largement ignorée ailleurs [8]. Les villageois des alentours de Rimini « estiment peu nuisible pour eux de manger des fruits crus ». Résultat « ils vivent peu, un grand nombre meurt dans l'enfance, ce qui provient du fait qu'ils mangent une surabondance de fruits,

6. *Ibid.*, 356.
7. *Ibid.*, 363.
8. Delamare 1729, I, 510.

et qu'ils ne se soignent pas[9] ». Pour des raisons différentes, médecins et consommateurs s'accordent sur un point : les conserves sont bonnes. Encore faut-il les réussir.

Il en va des techniques de conservation comme des moyens de transports terrestres : de Jules César à Napoléon, rien ne change. Pour être plus exact, il n'y a aucune mutation décisive avant Appert et ses petites bouteilles stérilisées au bain-marie. Les procédés de conservation sont décrits dans les ouvrages des agronomes grecs et romains, ils transitent à travers le Moyen Age, à la Renaissance ils sont traduits, et repris par des auteurs comme Nostradamus ou Olivier de Serres en France. Pour les fruits et les légumes, la seule méthode connue est de confire, c'est-à-dire de mettre à l'abri de l'air et de la corruption par l'intermédiaire du sel, de la graisse, de l'huile ou du sucre. Le principe est simple, les recettes répétitives, mais l'art est difficile.

Les goûts, les couleurs et les peurs d'Olivier de Serres

Faut-il le présenter ? Olivier de Serres, gentilhomme huguenot, est un compagnon d'Henri de Navarre. Quand les guerres civiles s'apaisent et qu'Henri est sacré roi de France, Olivier retourne chez lui, en Vivarais. Le retour à la paix signifie le retour à la terre. Sur ses terres ardéchoises du Pradel, Olivier devient un gestionnaire de domaine, qu'il « ménage » selon les meilleures méthodes. Il participe à sa façon à la nécessaire reconstruction du royaume en publiant en 1600 son *Théâtre d'agriculture et Ménage des champs*. C'est par ce paysan protestant – espèce rare au royaume – qu'on connaît le mieux l'économie domestique des Temps modernes. Le *Théâtre* déroule de bout en bout la filière « agro-alimentaire » de son époque, dans une échelle spatiale donnée (l'exploitation familiale), et une échelle temporelle définie (l'année culturale). En bouclant le cycle qui va de la production à la consommation, Olivier

9. Cité par Camporesi 1995, 159-161.

termine fort logiquement son recueil par un chapitre consacré aux confitures, c'est-à-dire aux conserves.

Relisons ce chapitre : on y apprend que toute conserve de ménage doit avoir deux qualités : sa bonté, c'est-à-dire sa valeur gustative, et sa beauté. Pour ce qui est du goût, les procédés de conservation, quels qu'ils soient, aboutissent à une transformation des propriétés organoleptiques du produit frais. Cette transformation est obligée, mais elle est aussi voulue ; ainsi, Olivier de Serres avoue sa préférence pour les câpres au vinaigre : « Au vinaigre se rendent les câpres plus délicats que les laissans secs dans le pur sel... Ains si adjouste quelque goust plaisant, qui les rend delectables au manger[10]. » Ce goût ajouté qui lui plaît, c'est le goût de l'aigre, goût largement partagé par ses contemporains. On conserve au vinaigre toutes sortes de légumes, du fenouil à la truffe, en passant par le petit concombre, et le melon vert, son proche parent. Chaque procédé de conserve a un goût particulier recherché pour lui : le sel pour une saveur âcre, le vinaigre pour l'acide, le sucre ou la graisse pour le doux et l'onctueux. Donc, toute denrée conservée, subvertissant la nature, offre une saveur fabriquée et éloignée de la « primitive nature ». De la « primitive nature », on ne conserve rien, si ce n'est la couleur. Une conserve ne doit pas avoir le goût du naturel ; elle en a la couleur. Bonnes à manger, belles à voir, telles sont les confitures à la façon d'Olivier. Ainsi la confiture d'oranges : « L'écorce d'orange se rendra belle, blanche, translucide, grosse et enfle, selon sa qualité, aussi de goust agréable, sans rien tenir de l'amer[11]. » La conserve transforme le rapport sensuel de l'homme à l'aliment. Le beau artificiel fait que c'est l'œil, ici, qui décide et qui juge de la qualité des choses.

D'où ce souci récurrent chez Olivier de Serres : que tous les fruits gardent « leur naïve couleur », que les concombres restent « sans deschets de beauté, se conservant entière leur verdeur », comme les petits pois, les artichauts, et encore les amandes, les noix, pour lesquelles il indique trois moyens pour les conserver vertes ; les gelées de fruits doivent être « plaisantes à la vue et au goût ». Le

10. Serres 1600, 1192. Ferrières 2002, 362.
11. Serres 1600, 1203.

vert, le rouge sont appréciés, et aussi un je-ne-sais quoi de transparent, puisque la « beauté des confitures dépend de la clarté de son corps ». Ce souci de la couleur naïve, primitive, on peut l'interpréter comme la nostalgie du naturel.

Olivier de Serres rassemble des recettes déjà bien connues, hormis, semble-t-il, un procédé dont il est le seul à faire mention. Il s'agit d'une recette de poires au sirop, faite à partir de poires d'automne, comme les bons-chrétiens (l'ancêtre de nos williams). Les quartiers pelés sont mis dans des pots de terre vernie, avec sucre et cannelle, et les pots sont fermés avec de la pâte à pain, « si bien lutté, que le fruict ne respire nullement », puis mis au four en même temps qu'une fournée de pain, plus de deux heures [12]. La technique du lut est empruntée ici à l'alchimiste dont une des activités consiste à préparer une pâte ou *lut* pour cimenter les fissures survenues aux fourneaux ou aux vases d'expérimentation. Avant Appert, ce serait peut-être ce qu'on peut faire de mieux en matière de conserve : isoler la préparation de l'air, la faire cuire longtemps. L'intuition est bonne, reste à savoir si la réalisation était conforme et l'isolation réussie. Les conserves anglaises de l'âge baroque, avec des légumes ou des pickles, fermées avec du papier et du cuir, ont provoqué de nombreux accidents [13]. Prudent, Olivier donne une date limite de consommation : il faut manger ces pots assez vite, dans un délai de quinze jours à trois semaines.

Pour améliorer la présentation des conserves, Olivier n'indique aucun colorant naturel, indigène ou américain. Tout son art réside dans deux artifices. Le premier est de réussir une *bonne cuite*, le second de réaliser cette bonne cuisson dans des récipients adéquats, en cuivre. Cuire dans du cuivre, voilà le grand secret, plus : le saut technologique qui sépare Olivier de ses prédécesseurs dans l'art de la confiture. Alors qu'un Nostradamus en 1555 touillait ses confitures dans des pots de terre ou de fer, Olivier dispose d'une batterie de cuisine profondément renouvelée. Le cuivre a gagné tout le matériel qui sert à préparer les confitures : les bassines bien sûr, mais aussi la passoire qui sert à filtrer le raisiné, les *cuillères percées*

12. *Ibid.*, 1233.
13. Brears 1993, 241.

(écumoires), les louches... Préparer des confitures au sucre dans des bassines de cuivre rouge a deux avantages : le cuivre est bon conducteur de chaleur, il permet une cuisson uniforme et qui atteint les hautes températures désirées ; en outre, il a cette qualité psychologiquement essentielle de conserver la couleur du fruit. Pour les conserves au sel ou au vinaigre, faire macérer les denrées dans un vaisseau de cuivre permet de leur garder une belle couleur verte, puisque le métal, attaqué par l'acide, produit une « rouille verte » qui est un excellent colorant. Mais, autant Olivier est fervent partisan du cuivre pour les conserves au sucre, autant il le déconseille pour la préparation des condiments. Cette rouille verte, c'est le vert-de-gris, soit, nous le savons, une substance toxique. Olivier comme ses contemporains ne le sait pas, mais il se défie de ces « sels de cuivre ». « Vous prendrez garde de ne mettre dans la saumeure ni le fer, ni le cuivre, de peur de la corrompre, avis général pour toutes les confitures au sel. » Il déconseille formellement de préparer les conserves dans le cuivre, lui pourtant si amoureux de la « naïve couleur verte ». Il ouvre par là un débat qui sera largement disputé aux siècles suivants : à quel prix faut-il obtenir la couleur du naturel ?

On est frappé par l'ambiguïté de l'agronome face au cuivre. Quand il est favorable au mariage cuivre-sucré, il pense comme ses contemporains. Quand il est très réticent sur l'union cuivre-acide, il apparaît comme un pionnier, sans doute comme le premier lanceur d'alerte en langue française à inaugurer l'ère du soupçon. On ne sait trop d'où il tire ses préventions. Il n'a pas pu les trouver dans le corpus des Anciens, Columelle et les autres *scriptores rei rusticae* dans lequel il puise si volontiers. *Le Mesnagier de Paris* se défiait des récipients en cuivre, mais seulement pour la conservation du lait [14]. Les médiévaux ignorent largement la question des sels métalliques, et elle ne sera réellement débrouillée qu'au XVe siècle dans des textes pseudépigraphiques [15]. Le savoir de Serres est, je crois, tout neuf, forgé aux hasards de ses rencontres de guerre avec des protestants allemands ou français comme Roch Le Baillif qui sont

14. *Mesnagier*, 669.
15. Berthelot 1893, 165.

devenus de fervents adeptes des idées de Paracelse, mort en 1541. Quand Henri qui allait devenir le Quatrième du nom est entré dans Paris, Olivier était de sa suite, comme l'étaient des médecins chimistes avec à leur tête le premier médecin du futur roi, Jean Ribit. Jean Ribit, Joseph Duchesne, Théodore Turquet de Mayerne, promis à de hautes carrière médicales, sont tous trois des huguenots, et tous trois des paracelsiens [16]. Les paracelsiens soignent autrement, ils enrichissent la pharmacopée de substances minérales jamais encore utilisées, l'antimoine, le soufre, le mercure. A mal nouveau, disent-ils, remède nouveau. Ainsi, la syphilis, ce fléau apparu après la découverte de l'Amérique, est soignée par les vapeurs de mercure, thérapeutique autrement plus violente que les mélanges galéniques d'herbes, mais finalement efficace. Les paracelsiens sont des dissidents au regard de la médecine et de la religion établies, rudement condamnés par la faculté de Paris pour qui cette médecine « métallique » sent tellement... le soufre. En même temps que les nouveaux traitements se diffusent les études des alchimistes allemands. Au XVIe siècle, les pays latins fournissent des botanistes qui cultivent des jardins d'essais, mais c'est en Allemagne, la plus grande région minière de l'Europe au temps des Fugger, que fleurit la métallurgie. Paracelse (Théophraste Bombast von Hohenheim) et Agricola (Georg Bauer) illustrent tous les deux cette supériorité de la protochimie allemande, dans ses deux branches : la chimie médicale et la chimie métallurgique. L'une et l'autre sont en étroite connexion. Aussi, en même temps que se développe une attention nouvelle aux bienfaits que les métaux peuvent apporter dans la santé, Paracelse comme Agricola ont pu observer sur le terrain le rude métier des métallurgistes et en tirer des conclusions sur les effets pathogènes de l'extraction et du travail de certains métaux. Le métier de doreur, par exemple, est extrêmement dangereux pour la santé à cause des poisons contenus dans l'atmosphère ambiante, le mercure et le plomb. Aussi la première monographie allemande sur l'hygiène du travail est-elle consacrée d'abord au métier de doreur [17]. Ceux qui extraient le cuivre et le

16. Debus 1991.

17. Ulrich Ellenborg, imprimé en 1524. Mais Arnaud de Villeneuve, dans le chapitre

plomb dans les mines de Hongrie ou d'Allemagne vivent une descente quotidienne aux enfers, soldée par des coliques frénétiques qu'ils appellent « chat des mines », car elles les fait tourner en rond et en hurlant comme des chats enragés. Ils vivent rarement au-delà de quarante ans, et Agricola raconte que dans les Carpates il n'est pas rare de rencontrer des veuves de mineurs qui se sont remariées jusqu'à sept fois [18]. Certes, dans ces maladies professionnelles, la santé est compromise par les inhalations, donc par l'air. Mais on a pu très tôt imaginer que des « sels » puissent être nocifs aussi par leur absorption. La caractéristique même du poison est son extrême subtilité. Si des « gaz » sont susceptibles dans les souterrains des mines d'éteindre la lampe des mineurs, ne sont-ils pas capables de s'insinuer autrement dans le corps humain ?... Les alchimistes ont rangé le cuivre ductile au nombre des métaux imparfaits, parce qu'il rouille, s'oxyde, a tendance à se combiner à une foule d'autres corps. Mais, tout à leur recherche fantasmatique de transmuer un métal imparfait comme le cuivre en argent ou en or, ils ont, chemin faisant, rencontré les acides minéraux et suspecté leurs effets délétères. Les protochimistes de la Renaissance dénoncent le rôle des métaux dans les maladies professionnelles et commencent à suspecter les risques de contamination alimentaire.

Le cuivre et les conserves

Après Olivier de Serres, non seulement le goût des condiments ne faiblit pas, mais il s'affirme. L'acide, l'aigre, ne sont pas des valeurs dominantes dans la cuisine savante moderne, mais des saveurs périphériques, qui accompagnent et relèvent des plats de base. Les conserves tiennent leur place tout au long du repas, on goûte en entrée ou avec le bouilli les confitures vinaigrées, et en dessert les confitures douces.

« *De artibus* » de son *Speculum introductionum medicinalium*, écrit à Montpellier à la fin du XIIIe siècle, fait mention de la pathologie professionnelle du doreur.

18. Camporesi 1995, 154.

Il est difficile cependant de faire le partage entre le goût et la nécessité puisque conserver les légumes au vinaigre est le seul procédé possible avant Appert. Tous les légumes sont conservés par ce moyen : le cornichon, le chou, l'asperge, la laitue, la chicorée, les haricots, les petit pois, et même des fruits comme pommes, poires et prunes... Qu'on les désacidifie ou pas, qu'on les stérilise ou non, l'attente reste la même : ils doivent être verts. Les Provençaux mangent des « herbes », les Continentaux réclament de la « verdure », comme un végétal que l'on mangerait tout vif... Or, à faire beau, il n'est pas sûr qu'on fasse bon pour l'estomac. Le goût de l'aigre et du vert semble assez démocratiquement partagé dans l'Europe moderne, peut-être est-il plus flagrant en Angleterre, où non seulement les légumes, mais aussi les pommes doivent garder leur verdeur « naturelle ». D'où ce traitement particulier des pommes anglaises, soumises à un bain dans l'alun et le vinaigre bouillant[19]. A Paris, on préfère la gelée de pomme blanche et translucide, à base de sucre et de raclure de corne de cerf[20].

Avec les pommes vertes anglaises, on quitte le registre des colorations banales et inoffensives pour aborder celui, plus épineux, des préparations dangereuses. On ne congédiera pas ce soupçon avec les cornichons, le condiment phare sur le Continent. On tient le concombre frais, si vert et si aqueux, pour un vrai danger. Tout au plus sa nature réfrigérante le recommande-t-il comme « alicament » pour des tempéraments qui seraient trop chauds. Ainsi, Champier suggère aux ouvrières du textile, connues pour leur nymphomanie, d'en consommer sans modération[21]. En revanche, confit dans le sel et le vinaigre, le petit concombre devient tout autre, il perd sa nocive humidité, et le vinaigre a sur lui une action « incisive » en coupant les fibres et les sucs grossiers. Ainsi transformé, il perd son nom de concombre pour celui de cornichon, et il est digestible pour tous les tempéraments. Le cornichon n'existe pas dans la nature : c'est un produit confit. Si

19. Brears 1993, 240.
20. Ducreux 1999, 249.
21. Champier 1560, 310.

l'on suit la terminologie de Darluc, le botaniste provençal, il existe deux variétés de cornichons, le vrai cornichon, fruit du câprier, et le faux, soit le petit concombre vert, tous deux confits dans le vinaigre. Dans les ateliers provençaux qui fabriquent les « vrais » cornichons, on utilise deux procédés que le naturaliste décrit et décrie :

« La couleur verte factice est due à l'acide du vinaigre que l'on a tenu quelque tems dans un vaisseau de cuivre, ou bien à des pièces de monnoie de cuivre que l'on a jetées dans la liqueur acide où l'on tient les câpres. Les loix devroient s'armer de rigueur contre les marchands et les fripons qui usent d'un pareil artifice, rien n'étant plus dangereux que la dissolution du cuivre par les acides, ou que le verd-de-gris pris intérieurement [22]. »

Darluc visite ces confiseries dans les années 70 du XVIIIe siècle. Quarante ans plus tard, elles sont plus que jamais en activité et, selon la statistique des Bouches-du-Rhône, chaque année dans le seul département 800 000 bocaux d'une livre de cornichons sont fabriqués et commercialisés, ainsi que 200 000 ou 300 000 bocaux de câpres, vendus dans toute l'Europe.

Le Languedoc n'est pas en reste. Il s'est fait une spécialité de la production de vert-de-gris, appelé verdet. A Montpellier et dans sa région, les femmes de vignerons s'adonnent à cette proto-chimie domestique. Leur procédé de fabrication est – théoriquement – simple. Les deux matières premières utilisées sont d'une part des lames de cuivre rouge, qu'elles achètent et qui viennent de Suède, *via* Hambourg et Cette, de l'autre, un produit issu de l'autoproduction : des rafles de raisin, séchées au soleil et préalablement macérées dans de la vinasse. En stratifiant dans un pot en terre des couches de rafles et des lames, elles obtiennent en quelques jours un verdet qui, séché, vendu, est d'un bon rapport. Le cuivre est importé de la Baltique, le verdet est expédié vers le Nord de l'Europe. Petit artisanat, mais au total la quantité produite est « presque incroyable », ou encore « prodigieuse [23] ». La Hollande est un débouché privilégié, au témoignage de Montet, un pharmacien et

22. Darluc 1782, II, 10.
23. Pomet 1694, 30. *Encyclopédie*, art. « Verdet ».

académicien de Montpellier. Montet propose plusieurs explications à cette prodigieuse demande, rapportant que les Hollandais des villes et des campagnes sont parmi les gens d'Europe les plus propres et les plus soigneux (Descartes l'avait bien dit), et qu'ils peignent chaque année en vert toutes leurs portes et tous les murs de clôture en bois de leurs jardins ; accessoirement, ils usent du verdet languedocien comme teinture pour les chapeaux et les draps [24]. D'autres subodorent des utilisations alimentaires. A Paris, si l'on en croit Demachy et son *Art du vinaigrier*, les cornichons de Hollande sont les plus appréciés, plus encore que les semi-conserves provençales, car la couleur en est plus verte. Demachy se demande si cette couleur ne serait pas complètement artificielle, puis il se rassure, et rassure le consommateur : « Je ne puis croire que ce soit à l'aide d'un métal aussi pernicieux que l'est le cuivre que les Flamands donnent à leurs fruits cette couleur, que n'ont pas à la vérité les cornichons préparés dans les maisons particulières [25]. » Plus verts que nature, tels sont les pommes à l'anglaise et le cornichon batave.

Même si la culture du reverdissage n'est pas aussi prononcée en pays latin, les conserves au vinaigre et au cuivre sont entrées dans les mœurs ménagères. Pour préparer les condiments, *La Cuisinière de la campagne et de la ville*, qui connaît cinquante rééditions entre 1818 et 1900, conseille d'utiliser un chaudron de cuivre rouge non étamé. Tous les livres de recettes de cuisine bourgeoise ou campagnarde diffusent ce « secret » et ce jusqu'en... 1966, accompagné ou non de mise en garde [26].

24. Les *Mémoires* de Montet sur le vert-de-gris ont été repris et résumés dans son article « Verdet » de l'*Encyclopédie*.

25. Demachy, *Art du vinaigrier*, Paris, 1780, cité in Godard 1991, 200.

26. Godard 1991, 200. L'auteur cite le *Dictionnaire de cuisine et d'économie ménagère* en 1836 : « Beaucoup de personnes sont dans l'usage de faire bouillir le vinaigre retiré de dessus les cornichons, et de le reverser, lorsqu'il a bouilli, sur les mêmes cornichons : le plus souvent on le fait bouillir dans du cuivre, qu'il dissout peu à peu, ce qui peut rendre les cornichons vénéneux. »

Les ragoûts de la droite raison

Le procès du cuivre, généralement parlant, est celui du contact alimentaire. Il concerne la préparation des conserves. Il touche aussi, et de plus en plus, à la cuisine elle-même.

L'outillage culinaire en cuivre se développe durant les trois siècles de la période moderne, donnant un grand élan à l'industrie de la dinanderie. Les mutations technologiques, en matière de cuisine, ne sont pas issues de génération spontanée. Elles sont engendrées par des mutations dans les goûts du consommateur. Ici, trois sensibilités alimentaires peuvent être convoquées : le goût de l'aigre, qui se démocratise avec ces condiments, cornichons, achards ou pickles, où le peuple cherche le « piquant », c'est-à-dire la pointe acide capable de relever leur fade pitance ; le goût du sucré, concomitant d'un grand développement de l'industrie sucrière, et qui fait des confitures et des marmelades un des fondamentaux de la production ménagère ; enfin, la recherche du naturel, manifeste dans cette nouvelle cuisine parisienne en voie de devenir internationale, qui cherche des cuissons plus justes et qui trouve dans le cuivre ou dans le cuivre étamé les instruments dont elle a besoin. Avec La Varenne et ses émules, les marmites au cul noir sont reléguées aux greniers, et commence le règne de la casserole de cuivre. Cette royauté s'affirme visuellement. La panoplie brillante et rutilante des ustensiles en cuivre rouge se montre, s'accroche aux murs ou au manteau des cheminées comme un élément supplémentaire de distinction culinaire. On peut encore l'admirer dans les cuisines du château de Montgeoffroy ou à Raby Castle. Victor Hugo raconte qu'à Sainte-Menehould il a vu une belle chose : la cuisine de l'hôtel de Metz, une salle immense dont un des murs est recouvert de cuivres. « L'âtre flamboyant envoie des rayons dans tous les coins [...] et fait resplendir l'édifice fantastique des casseroles comme une muraille de braise. Si j'étais Homère ou Rabelais, je dirais : cette cuisine est un monde, dont cette cheminée est le soleil[27]. »

Sans avoir le lyrisme du poète, chacun peut comprendre et partager sa réaction, être sensible comme lui à cette débauche colorée qui semble annoncer la « bonne cuisine ». Il faut déchanter. Cette ostentation recèle de terribles menaces. Une fois encore, le poison se cache derrière la beauté fallacieuse. Mais les experts en vigilance sanitaire sont de plus en plus nombreux dans les dernières décennies du XVIIIe pour mettre en garde contre la duplicité du cuivre.

En février 1749 a lieu à la faculté de médecine de Paris une soutenance de thèse sur la question : si on doit rejeter entièrement l'usage des vaisseaux de cuivre dans la préparation des aliments. La réponse est positive, et la démonstration impeccable. Le candidat est un jeune Toulousain qui défend sa thèse six heures d'affilée et articule soigneusement son argumentation en trois points : le cuivre est un poison. C'est un poison lent, d'où résultent des maladies « inconnues », mais qui mèneront à la mort lentement et sûrement même si le cuivre n'est mélangé qu'en toute petite dose à l'aliment. En conclusion, il est du devoir des médecins, comme ministres de la santé, d'avertir soigneusement les citoyens de ce péril des casseroles dont ils sont menacés. Le candidat est approuvé par la faculté, et Falconet, président du jury, renchérit : « Les vaisseaux sont des sépulcres blanchis et de vraies boîtes à poison. Il faut les interdire[28]. »

Faut-il interdire la vaisselle de cuivre ? Faut-il convaincre d'en user avec précaution ? Les deux stratégies sont envisagées et mises en action.

Écoutons d'abord un des partisans du changement de mœurs. Il pense qu'il faut persuader les chefs de maison d'éviter l'emploi du cuivre en cuisine, et qu'il leur incombe, à leur tour, d'en convaincre leur domesticité. Il imagine le dialogue suivant entre un maître et son cuisinier. Le maître est avisé mais rigide – il rejette tous les cuivres, non seulement le beau rouge pur qui a l'avantage essentiel

27. V. Hugo, *Choses vues*, cité par Dumas 1998, 42.
28. Anonyme, 1750, 1-35.

de conserver la couleur du fruit, mais aussi le cuivre étamé ; le cuisinier est opiniâtre :

« Mais les cuisiniers diront que les vaisseaux de fer brûlent les ragoûts. Les maîtres n'ont qu'à leur répondre : Mettez moins de charbon, vous en serez moins incommodés et il y aura moins de dépense. Mais les cuisiniers diront : c'est un embarras pour trouver la règle du feu avec des vaisseaux de fer, principalement quand nous sommes pressés. Les maîtres pourront répondre : étudiez cette règle, ayez plus d'attention, et venez au travail à bonne heure. Mais les cuisiniers insisteront : les ragoûts, diront-ils, n'auront pas une belle couleur. N'importe, diront les maîtres, nous ne voulons voir les ragoûts que par les yeux de la droite raison, nous aimons mieux toute sûreté et santé que l'agrément d'une couleur blonde ou blanche. Mais les vaisseaux de fer se noircissent, ils se rouillent et dépérissent bientôt. Les maîtres répondront : c'est un désagrément, à la vérité ; mais on peut l'éviter avec un peu d'attention. A tout événement ne vaut-il pas mieux la rouille visible et salutaire du fer que le verd-de-gris souvent invisible et mortel ? [...] Mais les ragoûts, diront encore les cuisiniers, auront le goût du rimé. Eh bien, diront les maîtres, comme l'expérience apprend encore qu'il est facile de faire un bon ragoût dans des vaisseaux de fer, et que si vous en servez sur nos tables qui ayent mauvais goût, ce sera votre faute, nous vous prierons dans ce cas de vous retirer [....]. En un mot, nous ne voulons pas de risque de poison chez nous. Combien de gens de condition invités çà et là ne mangent que du rôti, dans la crainte de quelque accident ? [...] Ainsi obéissez, ou partez [29]. »

« Voilà le langage que devroient tenir les maîtres », mais le tiennent-ils ? On retrouve dans ce discours imaginaire un écho de la vieille animosité des médecins contre les cuisiniers, ces cuisiniers « qui ont le talent de réunir tout ce que la nature a séparé par des intervalles même les plus grands, ont aussi celui d'abréger la vie, ou plutôt de porter un vrai poison [30] ».

C'est presque un procédé rhétorique : le médecin, abreuvé de l'injure d'assassin, traite à son tour le cuisinier d'empoisonneur. En

29. Anonyme 1750, 52-55.
30. Zimmermann 1774, 76.

fait, l'auteur de ce dialogue fictif se trompe sur deux points. D'abord, il fait un honneur exagéré aux capacités d'autonomie des cuisiniers, qui se conforment au goût de leur maître. Un cuisinier français est-il engagé chez un gentilhomme anglais, au bout de trois mois le voilà « gasté par le goût du maître et de ses convives, qui le ramènent insensiblement aux principes de la cuisine anglaise [31] ». Ensuite, il oublie ou feint d'oublier que le ragoût obéit à d'autres impératifs que ceux d'une « droite raison », que les notions de saveurs, de délectation, de plaisir de table sont des valeurs montantes dans la société française de son époque. La dictature du goût est manifeste dans les grandes maisons, où les imprudents domestiques « rejettent les vaisseaux récemment étamés à cause du mauvais goût qui vient des matières qu'on a employées pour faire attacher l'étain au cuivre ».

Compte tenu de ces résistances, il y a apparence que le dialogue d'avertissement ici rapporté soit resté fictif.

Les coliques métalliques

Les usages de la dinanderie ne se limitant pas à la cuisine familiale, on trouve des récipients de cuivre de grandes dimensions chez les confiseurs pour les confitures, chez les brasseurs pour la bière, les laitiers pour le transport du lait, les tripières, les boulangers, bref, chez la plupart des professionnels de la filière alimentaire. Or, partout où il y a cuivre, il y a potentiellement du vert-de-gris, comme chez ces marchandes de sel commun qui ont pour habitude de peser le sel dans des balances de cuivre toujours pleines de vert-de-gris, comme chez ces porteurs d'eau parisiens qui économisent le sable d'Étampes pour écurer leurs seaux devenus tout verts en dedans [32]. La batterie en cuivre n'est pas l'apanage exclusif des grandes maisons – même si, il faut bien le dire, c'est dans les maisons où la cuisine est une pièce spécialisée que se déploie la

31. Hallé 1835, 842.
32. Anonyme 1750, 37. Ducreux 1999, 249.

batterie rutilante. Bien des objets en cuivre s'introduisent dans les intérieurs plus modestes des milieux urbains comme la chocolatière ou la fontaine domestique. Cette fontaine qu'on appelle aussi fontaine de propreté est bivalente, elle sert de lavabo et de réservoir d'eau à boire ou à préparer les aliments. Posé au mur, le réservoir est de bonnes dimensions, avec une capacité égale à six seaux d'eau. En résumé, par beaucoup de contacts, le cuivre peut contaminer des denrées liquides et solides. Et s'il n'y avait que le cuivre ! mais il n'est pas le seul métal en cause. D'autres métaux, d'autres usages inquiètent les hommes de science.

Ainsi Lavoisier. Le grand chimiste témoigne d'un intérêt méconnu mais marqué pour l'hygiène alimentaire. En 1777, il dénonce le procédé d'étamage du sieur Bribel qui utilise du zinc et peut-être du plomb dans ses préparations et se prétend couvert par l'Académie des Sciences. En revanche, il assure que ne sont pas toxiques les méthodes d'étamage de Duhau ou l'alliage acier-étain de Mme du Mazis. Le 20 octobre 1780 l'Américain Franklin lui fait demander par son petit-fils un avis sur le métal des casseroles. Il répond que certains chaudronniers de Paris opèrent des mélanges criminels d'étain et de plomb, et lui conseille de trouver un fourbisseur honnête et de bien le payer – le pourboire étant une bonne garantie sanitaire. Il ne se cantonne point dans les questions de casseroles ; le voilà préoccupé par la question des fards à l'usage de ces dames, il s'interroge sur le blanc à base de céruse – qui est un carbonate de plomb, ou sur le rouge qui est fait tantôt de safran et de carmin de cochenille, sans danger, tantôt de cinabre et de vermillon, qui sont des sels mercuriaux toxiques. Il analyse des échantillons prélevés chez 12 parfumeurs parisiens avant de confirmer la confiance de leurs clientes. En 1785 et 1786, il est l'un des rapporteurs désignés par l'Académie pour traiter de la falsification du cidre par la litharge, et il dénonce le danger de colique qui en découle [33].

Les coliques... Avec elles, on touche à ce qui, dans l'histoire des populations anciennes, est le plus apte à décourager l'historien, tant elles sont présentes, omniprésentes, et cependant impossibles à identifier, à quantifier, parfois même à comprendre ; et comment

33. Valentin 1995, 148-149.

savoir leur impact ? Heureux l'épidémiologiste d'aujourd'hui qui dispose de l'outillage biologique pour les distinguer, de chiffres pour les compter (1 ou 2 décès pour mille dans nos cultures médicalement avancées sont dus à des toxi-infections alimentaires). Faire une épidémiologie rétrospective serait voué à l'échec, tout au plus l'historien prudent et appuyé par une belle moisson d'enquêtes démographiques peut-il avancer une simple impression, mais nette : elles étaient plus nombreuses autrefois. Faut-il parler des coliques ? Hélas oui, car eux – les gens du XIIIe au XIXe siècle – en parlaient d'abondance, et les sources du for privé montrent une attention au corps insistante, indiscrète, parfois même impudique. Dans le registre de l'intime, la colique se taille une place de choix. Elle frappait avec une fréquence qui nous étonne. C'est ainsi qu'on peut surprendre Gilles de Gouberville malade à plusieurs reprises entre 1550 et 1560. Comme il ne sévit pas alors dans son bocage de diarrhées infectieuses du type dysenterie, on peut supposer notre gentilhomme normand victime de sa nourriture aussi douteuse qu'abondante. Un poisson avancé, et le voici vomissant, contraint de garder le lit du 6 au 27 octobre 1555. Un autre « empoisonnement », et le voilà prêt à rédiger son testament [34] ! Les douleurs sont violentissimes. C'est d'ailleurs l'intensité des douleurs qui fournit la nosologie de base, en dehors de toute étiologie : colique, colique passion, iliaque passion, quand « le mal est déambulatoire, les boyaux menans bruit, avec torture et grande douleur [35] ». Dans ces cas, on n'attend guère de secours de la médecine canonique qui est – ironie du sort – une médecine évacuante, et on s'en remet à des remèdes éprouvés et à peu près aussi efficaces qu'un emplâtre sur un ventre torturé – panacée indiquée par Serres –, des recettes de bouts de ficelle, des prières à la Trinité, un doigt sur le nombril du malade : « Colique ou passion qui êtes dans mon foie et mon cœur, entre ma rate et mon poumon, arrête, au nom du Père, du Fils et du saint Esprit [36]. »

34. Foisil 1986, 210-211.
35. Serres 1600, 1300.
36. Serres 1600, 1303. Lebrun 1971, 407. Les diarrhées enfantines se « soignaient » par le port d'une ficelle serrée sur le ventre de l'enfant.

Coliques, flux de ventre, dévoiements... étaient des non-événements. Pour qu'ils accèdent au statut d'événement, qu'ils prennent l'allure d'une épidémie, il fallait qu'ils affectent au moins une région, il fallait un certain nombre de victimes, beaucoup plus en tout cas qu'aujourd'hui où on qualifie d'épidémique toute maladie attaquant plus de deux sujets et due à une même souche. Au dire des observateurs du temps, les épidémies de ce type ont une saison, l'été, et elles sont majoritairement provoquées par un usage intempérant de fruits et de légumes frais. Les médecins sont unanimes à condamner la ruée vers les premiers fruits. Réflexe exacerbé quand on sort de soudure difficile, en février ou mars : les gens se jettent sur les premiers fruits, qu'ils mangent en trop grande quantité, et trop verts. D'où ces flux de ventre, ces accidents intestinaux, pour lesquels on incrimine une surconsommation de fruits frais. Elles sont légion, les coliques telles que celles dont souffre une fille de douze ans, que le médecin voit mourir après 20 jours de soins inutiles ; à l'autopsie, on trouve dans ses intestins près de 400 noyaux de cerise et quantité de pépins de raisins (verts)[37]. On fait entrer les dysenteries et leurs ravages dans cette même catégorie, et toutes les diarrhées infectieuses comme les « fièvres malignes » derrière lesquelles on reconnaît aujourd'hui des fièvres typhoïdes. Mais pour ceux qui en étaient victimes ou témoins, le distinguo étiologique n'avait aucun sens. Toutes ces maladies pour eux sont des empoisonnements d'origine nutritionnelle, et on attribue les dysenteries qui éclatent au printemps aux fruits mal mûris, les « fièvres malignes » à l'eau polluée des puits. Dans cette nosographie confusionnelle, les Lumières vont jeter quelques clartés, en dépistant et en isolant les coliques métalliques.

Elles sont aiguës, spectaculaires, comme le décrit l'*Encyclopédie* :

« Elle commence par une pesanteur sur l'estomac et quelquefois par une colique vive dans les intestins ; les malades sentent un goût douceâtre dans la bouche, leur pouls est foible, leurs jambes s'affaiblissent et sont comme engourdies, ils éprouvent des lassitudes par tout le corps ; l'appétit se perd, les digestions se font mal ; quelque-

37. Waton an VI, 77-78.

fois il survient une diarrhée qui peut soulager le malade, pourvu qu'elle ne dure point trop longtemps. Si l'on ne remédie à ces premiers symptômes, le mal augmente ; on sent une douleur fixe dans l'estomac et les intestins, surtout dans la partie inférieure de l'abdomen. On est fortement resserré, on sent ses entrailles comme déchirées, le pouls devient très vif, la peau est brûlante, il survient un grand mal de tête accompagné d'un délire qui est suivi de tremblemens, de convulsions et d'une espèce de fureur qui fait que les malades se déchirent et se mordent aux bras et aux mains ; le pouls devient intermittent, et ils meurent dans une espèce de coma ou d'apoplexie. »

Ces crises sont, suivant les critères de l'époque, épidémiques, ainsi on parle couramment de la colique du Poitou, de celle du Devonshire, de celle de Madrid. Les médecins en parlent d'abondance – la bibliographie sur les coliques métalliques est une des plus profuses dans la production médicale de la seconde moitié du siècle des Lumières. Il faut dire qu'elles représentent une victoire médicale. En les appelant coliques métalliques, les médecins ont établi le bon diagnostic. On en a compris l'origine, on est à même de proposer une thérapeutique efficace, puisqu'on connaît les antidotes des poisons minéraux. On a démêlé les liaisons dangereuses entre le cuivre et les boissons ; moins dangereuses, toutefois, que celles qui se nouent entre le plomb et les liquides, et qui conduisent à des cas de saturnisme.

La maladie est identifiée, nous l'avons vu, depuis la Renaissance, mais elle restait l'apanage de ces métiers à risque que les paracelsiens et Ramazzini à leur suite, avaient inventoriés : mineurs, peintres, plombiers, doreurs, fondeurs, potiers, bref, tous ceux qui, manipulant les métaux, travaillaient dans une atmosphère délétère. Mais, en Poitou, dans le Devonshire, où les coliques touchent massivement des ruraux, on comprend que la contamination s'est produite par ingestion de sels métalliques mêlés aux aliments ou à la boisson. Reste à connaître quels aliments ou quels boissons sont contaminés ; quels métaux sont impliqués : le plomb lui-même, ou des alliages (étain), ou des oxydes dérivés du plomb, comme la céruse ou la litharge ; comment ces métaux sont impliqués, soit qu'ils soient présents comme polluants involontaires, soit qu'ils soient un ingrédient inhabituel ajouté aux denrées alimentaires, bref, un additif.

Théophile Tronchin, étudiant la colique du Poitou (Genève, 1757), trouve le lien entre les symptômes des ouvriers peintres et ceux des buveurs de vin. C'est la céruse, un autre dérivé du plomb. La céruse est d'emploi courant et de fabrication facile, on l'obtient par contact du plomb avec du fumier de cheval, du marc de raisin ou encore du moût de pommes ou du vinaigre. Utilisée à faible dose, la céruse rend la peau plus blanche, à haute dose, elle rend les cheveux des peintres verts, et donnent la colique aux buveurs de vin du Poitou. Boire un vin additionné de céruse ou de litharge est une pratique courante. La litharge est un oxyde dérivé du plomb que l'on trouve en vente dans toutes les bonnes apothicaireries et qui est utilisé très fréquemment dans la médecine externe qui sert par exemple à confectionner la plupart des emplâtres. Il y a donc un emploi de la litharge tout à fait courant et licite. Il en est un autre tout aussi courant et licite : c'est son utilisation dans le vin. En 1695, dans le bailliage de Lausanne, on a tenté d'adoucir le vin « en le meslant d'escume d'argent et autres choses pernicieuses, ce qui a causé des colliques extraordinaires à diverses personnes dont quelques-unes sont tombées malades et les autres en sont mortes [38] ». Deux ans après, Louis Dennequin, maître tapissier parisien, toute sa famille au sens large, y compris les garçons d'atelier et les domestiques sont victimes de coliques qui les mènent à la dernière extrémité. Le médecin fait l'épreuve du vin qu'ils ont acheté chez Jean Nicolle, vigneron d'Argenteuil : il contient de la litharge [39]. Ne nous récrions pas trop vite, à l'époque de tels additifs sont accrédités, ils sont dans les mœurs et ils ne sont pas hors la loi, qui les ignore majestueusement. Tous les vignerons du Bassin parisien agissent comme Jean Nicolle, pour au moins trois bonnes raisons.

1. Le légume doit être vert et le pain blanc ; pour le bon vin, en revanche, il y eut hésitation sur la robe idéale. Pendant longtemps, le clairet et le gris – un vin faible et de robe indécise, capable

38. A. Radeff, *Lausanne et ses campagnes au XVIIe siècle*, Lausanne, 1980, 103.
39. Delamare 1729, V, 514.

cependant de... griser – ont tenu la corde dans les goûts ordinaires. Entre 1650 et 1750, le goût du vin se redessine, on délaisse les vins blancs acides et on réclame des vins plus colorés et plus épais. Le gros rouge qui tache commence son ascension conquérante, on lui demande une bonne couleur et du feu, nous dirions : une belle robe et un degré alcoolique suffisant [40].

2. Le vin ne doit pas être vert, entendons il ne doit pas être fait avec des raisins non mûrs ; contre ce risque, il existe une très ancienne règle qui s'appelle le ban des vendanges. Dans chaque communauté, chacun est soumis à des contraintes collectives assez fortes, et le ban en est une. Il interdit à quiconque de vendanger avant qu'un ou des experts aient décidé du degré de maturité de la récolte, et que celui qui a le droit de ban – le seigneur en général – fixe le jour impératif où chacun pourra entreprendre de vendanger et le calendrier de la récolte.

3. Le ban ne peut garantir la maturité. Que faire lorsque les raisins ne sont pas mûrs et que s'annoncent des premières gelées d'automne ? C'est une situation courante dans les vignobles septentrionaux, autour de Lausanne comme autour de Paris. Gardons en mémoire que, Louis XIV régnant, les vignobles septentrionaux fournissent la moitié ou plus de la production française. En outre, les deux années incriminées ici, 1695 et 1697, se situent au cœur de ce petit âge glaciaire qui provoque des gelées précoces et des vendanges hâtives. Des raisins cueillis trop verts, des procédés de vinification sommaires font que le vin commence à « pousser » à l'entrée de l'été, puis tourne à l'aigre [41]. Où sont les vendanges d'antan, comme celle de 1540, qui faisaient suite à un été si chaud que, dit Champier, on a vu un vin de Bourgogne se conserver six ans [42] ! Les récoltes trop précoces, de grains ou de raisins, sont toujours grosses de danger. Les caprices du ciel, la nullité œnologique, tout pousse en cette fin du XVIIe à un recours massif aux sels de plomb et de cuivre. Ils donnent au vin « une couleur plus vive,

40. Garrier 1996, 77.
41. Paulet 1775, I, XV.
42. Champier 1560, 533.

plus de feu, et diminue sa verdeur[43] ». C'est plus qu'un additif, c'est un colorant, un conservateur, une panacée ! Qui pourrait reprocher à Jean Nicolle et consorts de chercher non à obtenir un impossible vin de garde, mais à rendre à peu près buvable un vin aigre ?

Le vin n'est pas la seule boisson à risque. Toutes les boissons alcoolisées sont susceptibles d'ajouts métalliques. Le XVIIe popularise l'alcool. Le consommateur ordinaire d'Ancien Régime répugne à l'eau pure – d'ailleurs fort rare –, mais tout autant au vin pur. Il désinfecte son eau avec du vin ou du vinaigre, ou bien il boit de la piquette. La ration alcoolique de l'ouvrier parisien, ou lyonnais, selon des estimations faites à la veille de la Révolution, approche du litre de vin quotidien. La progressive imprégnation alcoolique des populations occidentales est à mettre au compte des bienfaits sanitaires. L'eau abondante et de qualité en ville est une exception – Rome figurant au titre de ces exceptions. L'eau étant polluée, mieux vaut boire du vin, ou du cidre, voire de la bière. Et n'oublions pas que, dans le bagage mental de l'époque, boire c'est se nourrir. Les médecins l'affirment, et on les croit volontiers : toute boisson alcoolisée, à condition d'être ingurgitée en quantité raisonnable, est un aliment équilibrant, bienfaisant et salubre[44]. Théoriquement saine, oui ; en fait, il arrive qu'elle soit contaminée, sciemment ou involontairement.

De l'autre côté de la Manche, durant tout le XVIII[e], dans le Devonshire, sévit une colique que l'on attribue dans un premier temps à l'insalubrité de l'air. Mais faut-il incriminer vraiment la qualité de l'air ? Thomas Halwek publie en 1769 une étude dont le titre pose à la fois la question et fournit la réponse : *The Endem[i]cal Colic of Devonshire Caused by a Solution of Lead in the Cyder.* Cette présence de plomb dans le cidre s'explique par le fait que les tonneaux sont cerclés pour prévenir l'éclatement des douves lorsque le cidre fermente. Au fer rigide et qui risquerait de produire de la rouille, on avait préféré avec quelques raisons le plomb, métal malléable et inaltérable. Les tonneaux du Continent ne valent guère mieux que ceux du Devonshire. Au siècle suivant, les conditions de fabrication du

43. Delamare 1729, V, 514.
44. Champier 1560, 537.

cidre dans l'Ouest français soulevaient bien des doutes[45]. Les critiques s'accumulent : trop de pressoirs sordides peints au minium, et à la céruse ; trop de tonneaux sans guichets, impossibles à nettoyer à fond, garnis d'intestins de moutons pour prévenir l'acidité ; et, par voie de conséquence, trop de cidre qui donnait la colique.

Résumons : des vendanges strictement encadrées. Pour le reste, liberté totale au producteur, la vinification restant une affaire privée. Et liberté aussi au débitant et à ses improbables assemblages.

Les funestes secrets

Le XVIIIe finissant, les lanceurs d'alerte sont partout en France, aux fours des boulangers, aux moulins d'huile, dans les étables où on fabrique le beurre dans des récipients en cuivre[46], dans les boutiques des épiciers, des vinaigriers, dans les cabarets. Dans les cabarets surtout. Cabarets et guinguettes se multiplient en ville, Paris compte 43 000 débits de boissons en 1790 qui sont devenus autant de lieux de sociabilité populaire. Les accusations pleuvent contre les cabaretiers, construisant un premier discours sur le cabaret comme corrupteur du peuple. Les griefs sont d'ordre moral, religieux, mais le souci hygiénique n'est jamais loin dans le moralisme alimentaire. Les cabaretiers distribuent ordinairement le vin dans des pichets d'étain qui contient beaucoup de plomb ; ils le débitent sur des « bureaux entouré de lames de plomb[47] ». Ils ne goûtent pas le vin, se contentent de vérifier l'intensité de la couleur aux taches violacées qu'il laisse sur la nappe ; « par ce moyen, ils distribuent au peuple un poison lent qui peu à peu détruit entièrement leur santé[48] ». La boisson vendue n'est pas le jus du pressoir :

« On fabrique une boisson qu'on appelle vin, pour le malheureux qui ne peut pas dépenser, avec de l'eau, du genièvre et du pain de

45. Léonard 1986, 173.
46. Rozier 1783, 252.
47. Darluc 1782, II, 58.
48. Hallé 1835, 841.

seigle sortant du four ; et on la colore avec une infusion de bettes rouges, par l'eau chaude. On en fabrique une autre avec du mauvais cidre qu'on fait bouillir dans des chaudières de cuivre, jusqu'à ce que trente-six pots soient réduits à huit ; on mêle cette espèce de sirop avec de l'eau ; on laisse fermenter le mélange et on colore de même. On ajoute souvent à ces boissons de la sauge crispée pour leur donner un piquant ; et quelques fois même, des marchands de vin ignares et peu délicats substituent à cette plante des substances narcotiques, pour donner au vin une qualité enivrante, ou y jettent des morceaux de cuivre pour le rendre moins dur [49]. »

A Marseille, on procède de même manière : on met dans la cuve de la chaux vive, du plâtre, du sel marin, de la fiente de pigeon « pour lui donner un goût piquant [50] ».

Le cabaretier altère ou sophistique son vin. Le gargotage, comme l'appelle Ducreux, n'est pas une négligence, mais le fruit d'une double nécessité, technique et économique : sans gargotage, le marchand de vin de Vaugirard ne pourrait entretenir sa famille [51]. Il ne fraude pas, puisque aucune loi, pendant très longtemps, n'a encadré le vin.

En 1767, la Société royale d'agriculture de Limoges qui se désintéresse de la promotion de la pomme de terre met au concours un sujet sur la fermentation du vin, le vin étant défini ou indéfini de la manière suivante :

« Le vin est un nom générique que l'on donne à toutes les liqueurs qui ont subi la fermentation spiritueuse », étant entendu qu'en Limousin il est fait à partir de raisins ou « d'autres fruits [52] ». Personne ne songe sérieusement à mettre en question la liberté de fabrication. Tout au plus les hygiénistes aimeraient-ils que se mette au point une liste noire des additifs dangereux, à base de cuivre et plomb. Aussi dénoncent-ils, au-delà du cabaretier, deux responsables.

Le premier n'est ni plus ni moins que le système corporatif lui-même, avec ses monopoles et ses secrets de fabrication jalou-

49. Fodéré 1813, 106-109.
50. Darluc 1782, I, 35.
51. Ducreux 1999, 154-155.
52. Rozier 1770, 6.

sement gardés. Les secrets des professionnels sont des usages, des procédés transmis du maître au novice, quand celui-ci réussit sa maîtrise. Certains sont bons, d'autres « funestes ». Par exemple, la corporation des vinaigriers en détient de bons (sur la moutarde), et de funestes (pour les cornichons). Mais comment faire la part, puisque tout le système « travaille dans l'ombre du mystère[53] » ? Le second front d'attaque des hygiénistes, en France, vise la ferme générale et son réseau tentaculaire chargé d'encadrer tout le commerce alimentaire. En fait, fermiers et commis sont plus soucieux de percevoir des droits sur denrées et boissons que de sécurité, « ils regardent les comestibles comme objet de finance[54] ». On touche là à l'État. Sur le terrain, sa vigilance a des limites. Les officiers qu'il prépose à la surveillance des marchés sont préoccupés d'abord du rapport de leur charge, les commis ont d'autres objectifs, la police ordinaire est plus attentive aux menaces sur l'ordre public qu'aux éventuelles altérations. Malgré ces carences en personnel, les hygiénistes croient en l'État, lui réclament plus de règles, sans se demander si elles seront mieux appliquées. Leur requête reste un vœu pieux ou se transforme en intervention énergique, suivant les Princes. C'est dans l'Allemagne éclairée, là où est né le concept de police médicale, que l'intervention étatique est la plus vigoureuse. L'Académie de Berlin, sur le rapport du chimiste Eller, juge que l'usage des vaisseaux de cuivre n'est pas aussi pernicieux qu'on ne le craint : selon Eller, il faut un long séjour des aliments dans un récipient en cuivre pour qu'il y ait risque d'intoxication. Pourtant, la Prusse va au-delà des recommandations académiques, en interdisant les vaisseaux de cuivre pour la préparation des fromages et des laitages. La Suède légifère dans le même sens – une mesure courageuse, selon l'*Encyclopédie*, puisqu'une partie de son commerce consiste en cuivre[55]. En France, les mesures prises concernent d'abord les hôpitaux et les armées. Ce n'est pas là un hasard. Ces deux collectivités humaines sont les lieux où s'exercent de façon privilégiée l'observation et la vigilance des proto-hygiénistes,

53. Godard 1999, 121. Hallé, art. « Aliment », *Encyclopédie méthodique*, 841.
54. Hallé 1835, 844.
55. Zimmermann 1774, 58. *Encyclopédie*, art. « Cuivre ».

et un médecin aux armées comme Brisseau est un des premiers à dénoncer les effets pernicieux du vert-de-gris et à préconiser le remplacement du cuivre par le fer-blanc.

La prohibition a des limites, surtout quand l'utilisation des dérivés du cuivre et du plomb relève essentiellement des ménages. *Quid leges sine moribus ?* s'exclame Hallé [56]. Ce n'est pas la loi qu'il faut changer, mais les mœurs. Aussi les hygiénistes ont-ils une démarche alternative pour éveiller les consciences et inculquer une conduite de prudence. Pour cela, ils emploient deux méthodes, l'une qui s'adresse à l'intelligence, l'autre qui parle aux sens.

La première méthode vise un public cible : les maîtres, les patrons de petite entreprise artisanale, car les lanceurs d'alerte s'accordent en général à penser qu'il est inutile de s'adresser aux ouvriers ou aux domestiques. Ils ne peuvent être ouverts à leurs conseils, trop « entêtés », « opiniâtres », comme les cuisiniers de grande maison, ou « les ouvriers qui servent aux moulins, dont la tête n'est pas trop docile lorsqu'il est question d'une nouvelle pratique [57] ».

L'autre méthode est bien plus neuve puisqu'elle passe par le canal de la presse. Il est difficile de lire une gazette fin-de-siècle sans y trouver un article qui relate avec force détails une intoxication au cuivre ou au plomb en fournissant les indications nécessaires pour que le lecteur soit persuadé de son authenticité. Généralement, les noms des victimes ne figurent pas, mais on précise la date et l'adresse. Ainsi : un négociant de Beauvais périt en allant de Paris à Orléans, pour avoir bu du thé fait dans une cafetière de cuivre à la Sellette Rouge, rue Saint-Denis où il avait logé. Il fut pris de violentes tranchées à quelques heures de Paris ; aucun remède ne put le sauver. Le 17 juillet 1759, cinq personnes ont péri après avoir mangé d'un ragoût de veau fait la veille dans une casserole de cuivre dont l'étamage était usé. Dans le Mecklembourg, le fermier de Grossenlukner apporta au marché de Gustrow des fromages aigres, caillés dans des récipients de cuivre et les vendit. Tous ceux qui en

56. Hallé 1835, 17.

57. Darluc 1782, I, 33, pour les ouvriers des moulins à huile. Pour la fabrication du beurre : Chomel 1740, 326.

mangèrent en sentirent aussitôt les mauvais effets : vomissements, convulsions et autres incommodités [58].

A Paris, les accidents provoqués par les fontaines composent un martyrologe toujours recommencé : dans la rue Clopin au-dessus des fossés Saint-Victor, il est mort du soir au matin cinq personnes empoisonnées par l'eau d'une fontaine de cuivre... Dans la paroisse Saint-Paul, il y a eu trois prêtres empoisonnés, et morts... Dans la rue Saint-Paul, un marchand de vin, sa femme et un de leurs parents ont été empoisonnés également par l'eau d'une fontaine de cuivre. Les deux premiers, après plusieurs remèdes contraires, eurent recours aux antidotes du vert-de-gris. Bien leur en prit, ils furent sauvés. Le parent plus entêté n'en voulut pas, il mourut. Place Maubert, un chanoine étranger est mort subitement par l'action du vert-de-gris. On l'ouvrit : on trouva ce poison très caractérisé dans l'estomac et dans les intestins, qui en paraissaient déchirés [59]...

Ainsi médiatisé, le risque alimentaire devient banal. Il semble bien qu'à vouloir toucher les sensibilités et susciter la peur, on ait provoqué par la répétition l'accoutumance. Le vin plombé, l'eau cuivrée, le beurre plombé, tout cela s'insinue dans la catégorie des faits divers. L'avalanche de recommandations suscite comme une lassitude, elle pousse à l'inertie.

Si le pain cuit au feu de bois de vieilles palissades peintes au plomb est mortel, comment le saurais-je [60] ? Si le vin est dangereux, et l'eau et le cidre, que boire ? Si le gobelet d'étain est suspect, puisqu'on dit que l'étain venu d'Angleterre n'est jamais pur, qu'il contient du plomb, du cuivre, parfois de l'arsenic, faut-il adopter le pot en terre ? Mais voilà que les hygiénistes mettent en garde contre la poterie vernissée, toute la poterie commune, celle des pauvres, recouverte d'un vernis de plomb vitrifié. Si les douves de fer des tonneaux rouillent, et s'il n'est pas bon de les remplacer par des douves de plomb, que faire ? Si le cuivre pur est dangereux, faut-il adopter le cuivre étamé ? Oui, mais encore faut-il que l'éta-

58. Zimmermann 1774, 56-58.
59. Anonyme 1750, 6-7.
60. Aulagnier 1830, II, 106.

mage soit bien fait, qu'il ne fonde pas à la chaleur ou s'use trop vite au frottement des cuillères[61]... La surenchère de précautions peut conduire à l'abstention.

La campagne médiatique a cependant des effets indéniables, et on mesure, ici et là, quelques petits progrès. En ville, les cabaretiers ne recouvrent plus le dessus de leur comptoir de plomb. Désormais, le vin se débite sur le zinc. Les laitières changent d'ustensiles ; en 1770, Venel s'indignait de voir le lait « fourré d'eau et de farine » et transporté dans des vaisseaux de cuivre, sales de surcroît. Vingt ans après, son éditeur signale que l'accusation n'a plus lieu d'être, et que les pots au lait sont tous en fer-blanc[62].

Finalement, le salut viendra d'ailleurs, inattendu, d'un mouvement de fond technologique. C'est la leçon des inventaires après décès. Dans les cuisines populaires à Paris, Louis XIV régnant, le fer, le cuivre et l'étain se partagent les ustensiles de cuisine. A l'époque de Louis XVI, fer et fonte sont toujours présents, le fer battu entame une belle ascension, le cuivre recule et l'étain aussi. La poterie s'impose, dans la vaisselle comme dans la batterie[63]. Et pourtant, les inventaires ne donnent pas la pleine mesure des changements dans la mesure où ils n'enregistrent que le patrimoine de valeur. Or la poterie commune, plats ou pots, ne vaut pas qu'on l'inventorie. C'est donc du côté de la production, des fabriques de faïence à fort débit, plutôt que de celui de la consommation, que l'on trouvera les indices de cette invasion potière. Le cuivre peut bien s'afficher sur les murs : c'est dans les pots de terre que se pratiquent les nouvelles cuissons, mijotage ou cuisson au four[64]. Ce reflux des métaux s'observe aussi dans les équipements urbains. P. Fournier relève ainsi que, dans les adductions d'eau urbaine, les conduites en plomb sont remises en question. L'ingénieur Clapiès chargé de conduire l'eau aux fontaines de Carpentras en 1718 recommande de ne plus utiliser les vieilles conduites en plomb,

61. Fodéré 1813, 142.
62. Venel an IX, 193.
63. Roche, 1983, 11.
64. M. Ferrières 2002, 362.

mais de leur substituer des tuyaux en poterie vernissée. Avec les tuyaux de poterie, dit-il, l'eau restera plus fraîche « et saine, au lieu que, dans les autres, elle s'échauffe et tire toujours quelque chose de la nature du minéral ». Jean de Clapiès tient compte, et c'est important, du goût de l'eau, mais a-t-il pressenti les dangers du saturnisme ? Aucun texte ne laisse entrevoir un quelconque soupçon à cet égard. Mais d'autres réticences étaient clairement exprimées : le plomb est malléable, facilement déformable, et de fortes pressions le font crever. Ces pressions peuvent tout autant fragiliser les tuyaux de terre, mais ils sont moins chers à remplacer. Voilà finalement les raisons dernières d'un choix. Elles reposent sur une comparaison de coût[65].

Ce sont des raisons économiques qui poussent à remplacer le plomb et le cuivre par la poterie. Subsidiairement, l'hygiène alimentaire y trouve son compte.

65. Fournier 1999, 328.

CHAPITRE 13

Conflits d'hygiène

En 1763, à l'âge de quarante-huit ans, un Parisien se retire à la campagne pour écrire *Le Médecin radoteur ou les Pots pourris.*

Le médecin radoteur, c'est lui : Robert Ducreux, avocat de profession, dévot, de santé fragile et de nature aigrie, médecin de lui-même. A part cela, tel qu'il se décrit lui-même, radoteur et grincheux, de tempérament atrabilaire, ressassant ses noires humeurs devant le spectacle des maux qui affligent sa ville, corruption de l'air, des mœurs, des aliments, tous ces maux ayant, selon lui, d'étroites connexions. La dégénérescence de la société va de pair avec la dégradation de l'environnement.

Son texte essentiel traite de « la qualité de l'air des différents quartiers de Paris ». Son enquête commence au pied de la statue d'Henri IV, quand Ducreux lui annonce : je vais me promener dans Paris. A quoi la statue rétorque : « Paris n'est plus ce qu'était Paris dans son origine, l'air et les saisons y sont changés [1]. » Et Ducreux, promeneur fort peu amoureux de sa ville, d'entreprendre une flânerie olfactive, humant l'air des différentes rues, repérant les pollutions, puisqu'il tient que la qualité de l'air qu'on respire « influe sur l'esprit comme sur le corps ».

A vue de nez, Robert Ducreux est aériste, de ceux pour qui, parmi les facteurs contingents qui conditionnent la santé des hommes, l'air joue le rôle essentiel. Et une grande ville comme Paris est bien le lieu où se concentrent ces miasmes, ces émanations dangereuses issues de la corruption des matières organiques qui génèrent les

1. Ducreux 1999, 74.

infections et propagent les maladies... Aussi bien la promenade de Ducreux est-elle en forme de dépistage des nuisances de la ville, de repérage systématique des odeurs mauvaises ou putrides. Malgré ses côtés bizarres et fumeux, elle est tout à fait dans l'esprit du temps, elle s'inscrit dans un courant à la mode [2]. L'air et la qualité de l'air sont des valeurs montantes au XVIIIe siècle, comme le montrent les journaux quand ils traitent des facteurs environnementaux. Le *Journal de Trévoux*, entre 1701 et 1767, consacre 58 articles à l'air et aux pollutions aériennes, 35 au thème alimentation-santé-diététique (62 % contre 48 %). Le *Journal encyclopédique* est publié plus tard dans le siècle et couvre la période 1756-1793. On y relève au total 26 articles sur l'air, 7 sur l'alimentation-santé [3].

Malgré les apparences, Ducreux n'est pas aériste. C'est tout au contraire un fervent « nutritionniste ». Quand il consacre un chapitre aux vents, après celui sur l'air, il ne faut point se méprendre : il y traite des produits de fermentations intestines, s'exhalant soit « par haut, soit par bas », et qui sont engendrées par une mauvaise nourriture. Il se qualifie de radoteur à bon escient, car non seulement il se répète, remâchant sans cesse son hostilité envers les empoisonneurs publics, mais il répète un vieux discours sur la santé par la vigilance sur la nourriture. Et il consacre au total bien plus de pages à l'eau, au vin, au lait, au pain qu'à la qualité de l'air. Pour lui, les facteurs pathogènes de la ville tiennent aux « sophistications » des denrées alimentaires, c'est-à-dire à toutes les manipulations, tous les trafics d'un artisanat agro-alimentaire. Il pourfend ce qu'il désigne globalement du nom de « pots pourris » :

« J'appelle pots pourris pour le corps, les aliments et les boissons qui, par leurs mélanges et n'ayant point conservé leur qualité naturelle, ont acquis la qualité de pots pourris [4]. »

Et de dresser une liste noire et longue des pots pourris, avec en tête le pain à la levure de bière, ce « ferment des ferments, cet affamant des affamants, cet amer des amers ». Et de stigmatiser et

2. Corbin 1986, 11-25.

3. Relevé statistique d'après Dante Lenardon, Index du *Journal de Trévoux*, 1701-1767 ; Index *du Journal encyclopédique*, 1756-1793.

4. Ducreux 1999, 252-253.

de traiter d'empoisonneurs publics les boulangers, les laitières « au talent particulier pour, d'une pinte de lait, en faire quatre » les marchands de vin, qui fabriquent du pommard en faisant bouillir ensemble du sucre, de l'eau-de-vie, de l'écorce de citron et de l'eau, et en jetant cet élixir sur un râpé, les marchands de cidre, qui expédient à Paris celui qui est fait de pommes tombées et pourries ; enfin, les cuisiniers qui « savent le mieux défigurer une poularde et une perdrix, sont les plus habiles compositeurs de pots pourris[5] ». Seules nourritures qui échappent à sa diatribe, le poulet et le veau de lait, sans doute auréolés de leur statut immaculé de viande blanche.

En fait, la royale sentence : « les saisons ont changé », est bien équivoque. La formule est très courante, employée par Ducreux lui-même et par tous ses contemporains, mais avec une intention si dissemblable qu'il importe de la préciser. Quand Ducreux dénonce les changements de saison, c'est sur l'air bien connu du mythe de l'âge d'or. Il renvoie au temps qui passe, aux mœurs qui se corrompent, aux temps heureux où les produits étaient naturels et où les hommes ne songeaient pas à les trafiquer. « Les saisons ont changé » est ici la traduction d'un proverbe latin qu'il affectionne : *o tempora, o mores* ! Mais dans la bouche du Parisien de la rue, l'expression perd toute connotation morale et prend un sens atmosphérique ou aériste. « Les saisons ont changé » signifie alors : ce sont les intempéries, voire certaines transformations cosmiques qui sont responsables de notre mauvaise santé. Ce diagnostic populaire est repris par les médecins. Ducreux qui les fréquente beaucoup et qui les connaît bien relève que, lorsque leur thérapeutique est impuissante à guérir, ils mettent en cause le temps qu'il fait[6]. Et il est vrai que les peurs cosmo-telluriques sont, si on peut dire, dans l'air du temps. Les savants s'inquiètent de la détérioration du climat, qui est de plus en plus de nature pituiteuse, c'est-à-dire froid et humide. Les premières observations météorologiques, comme celles de Toaldo en Lombardie, tendraient à prouver que le froid augmente. Les tremblements de terre, comme celui de Lisbonne en 1755, ajoutent

5. *Ibid.*, 253, 171, 154-155, 193, 254.
6. *Ibid.*, 199.

à ces perturbations « à qui nous devons attribuer la fréquence des orages, la stérilité de la terre, et le désordre des saisons [7] ». Contre ces idées ambiantes, Ducreux s'insurge :

« Ne disons donc pas les saisons sont changées. Ne disons pas il semble que les lois de la nature ne sont pas les mêmes à Paris que dans les autres pays et autres provinces, mais convenons que tous les aliments et toutes les liqueurs contenant des corps étrangers, ils doivent produire des effets opposés à ceux qui leur sont propres. Diminuons les causes intérieures, nous serons encore une fois peu sensibles aux extérieures. Quand nous aurons mangé du pain d'orge pendant un an, du blé nouveau ou gâté et que nous serons desséchés, que la constipation habituelle qu'il nous aura causée nous occasionnera des révolutions d'humeurs, nous dirons que le temps est malsain aujourd'hui. Quand nous aurons de bons aliments, quand on empêchera les fermiers et les marchands de blé de faire des amas de grains qui se gâtent, au point qu'ils sont obligés de les jeter dans la rivière, quand nous ne boirons pas de l'essence d'urine ou du vin tripoté, nous ne dirons pas que les saisons sont changées [8]. »

Beau discours, mais combat d'arrière-garde. Les peurs alimentaires s'estompent devant la peur des miasmes et des infections.

L'air ou la nourriture ?

An aeris quam cibi et potus major necessitas ? de l'air, ou bien du boire et du manger, lequel est le plus nécessaire à la santé ? Belle question de thèse cardinale, sur laquelle, pendant des siècles, les candidats au doctorat de médecine ont exercé leur sagacité. La réponse s'articulait immanquablement en trois parties : on démontrait d'abord la nécessité de l'air, puis celle des aliments ; en dernière partie, l'impétrant choisissait ce qui, dans les choses non naturelles, lui semblait le plus important, la nourriture l'emportant souvent sur l'air.

7. Tourtelle 1837, préface.
8. Ducreux 1999, 190-191.

Les facultés de médecine profondément rénovées au XIXe siècle ne font plus soutenir de thèse en latin et ne posent plus de questions de ce type. L'affaire est réglée, malgré Ducreux et quelques attardés : c'est l'air que nous respirons qui compte le plus [9]. La notion de régime est alors absorbée par le concept d'hygiène publique, plus tard de santé publique. S'impose, notion connexe, celle de police médicale. Le médecin, le juge, le législateur sont tous des policiers à leur manière, partie prenante dans ce programme d'hygiène publique qui, en France, est lancé par des médecins formés à Strasbourg et donc à l'école germanique pionnière en ce domaine, François Emmanuel Fodéré et Jean-Noël Hallé. Ce dernier définit ce qu'il entend par police médicale :

« Le premier objet relativement aux aliments est de s'occuper, avec les tribunaux de police, de l'air que respirent les habitants ; des eaux qu'ils boivent ; des produits alimentaires, médicamenteux et vénéneux que le sol produit spontanément [10]. »

La définition a de vieux relents hippocratiques mais des avant-goûts très neufs. En citant comme aliments à la fois tous les *ingesta* des Anciens, Hallé se situe dans un horizon intellectuel qui n'a guère bougé depuis les Grecs. Mais, en plaçant en tête l'air et l'eau, il énonce clairement les priorités qui sont, effectivement, celles de l'hygiénisme triomphant. A l'intérieur d'un même cadre de pensée, un mouvement se produit qui déplace complètement l'objet de l'attention sanitaire.

Ce glissement, on l'observe aussi quand on se réfère à ces manuels destinés à l'éducation populaire, plus proches des représentations courantes et dont la tradition se poursuit, sous d'autres titres. Les *régimes* et des *livres de conservation pour la santé* font place à des *leçons d'hygiène*. Il n'y a pas que l'intitulé qui change, le contenu varie aussi de façon significative. Jérôme de Monteux, dans sa

9. Ce triomphe des idées aéristes et infectionnistes est sans doute à nuancer, suivant les pays ou les Écoles. Les Français sont plus aéristes que les Anglais. L'École de Montpellier reste attachée aux valeurs de l'hygiène individuelle et de l'alimentation : la leçon de Ribes, inaugurant la chaire d'hygiène à la faculté de Montpellier en 1837, est loin d'être la reproduction du discours des hygiénistes de l'Est. Hallé 1837, art. « Histoire de l'hygiène ». F. Ribes, *Première Leçon d'hygiène*, Montpellier, Castel, 1837.

10. Hallé 1837, art. « Hygiène ».

Conservation de santé, publiée en 1559, consacre 25 pages à l'air, 40 à la boisson et aux aliments solides, soit un rapport de 60 % à 40 %. C'est exactement ce rapport que l'on trouve dans le monumental poème latin de E.L. Geoffroy (1771), qui enseigne en 4 609 alexandrins comment conserver la santé – sans doute le dernier d'une lignée de 150 ouvrages en vers imprimés consacrés à ce sujet. Geoffroy consacre 928 vers à l'air, 741 aux aliments, 652 aux boissons.

En 1802 paraît la traduction de l'*Hygiène domestique ou l'Art de conserver la santé et de prolonger la vie* – dont le titre marque bien la continuité du genre. L'analyse du contenu fait ressortir que l'auteur, le Dr Willich, accorde moins d'un quart de son attention à l'air, les trois quarts à l'alimentation – signe d'une autre culture nationale, où les dangers signalés viennent des excès et de la suralimentation. La goutte menace le mangeur anglais, et le diabète, cette nouvelle maladie des mangeurs de sucre. Sur le Continent, il en va autrement. Dans la grande *Encyclopédie* de l'époque romantique, l'air et l'aliment entrent dans un rapport de 60 % à 40 % – une proportion à peu près fixée pour le siècle et symétriquement inverse de celle des siècles antérieurs. François-Vincent Raspail, le médecin des pauvres, celui qui délivre aux foules ouvrières la bonne parole républicaine et les sages conseils d'automédication à bon marché, désigne comme premier facteur pathogène le manque ou l'impureté de l'air, et en second la disette ou la mauvaise qualité des substances alimentaires[11]. La doctrine hygiéniste, hypersensible à la qualité de l'air, par contrecoup dévalue les nourritures – à moins qu'on ne lise les choses autrement, comme une ligne de partage entre ce qui relève de l'hygiène privée, et ce qui relève de l'hygiène publique. Pour les aéristes, il est certain que les interventions publiques doivent surtout se porter sur la lutte contre les miasmes aériens. La nourriture relève de l'hygiène individuelle, elle est du ressort de l'individu et de son médecin. C'est fixer aussi les domaines de compétences. Mais on est encore ici dans le domaine des constructions théoriques. Il importe de voir comment le concept se frotte aux réalités et comment il est devenu, à proprement parler, politique.

11. Raspail 1845, 13.

La France post-révolutionnaire a formalisé le partage esquissé au temps des Lumières. Le domaine de l'hygiène publique est divisé entre l'autorité centrale et les municipalités. A l'État, l'air et l'environnement. Les premières lois d'État sont des lois aéristes : 1807 sur l'assèchement des marais ; 1810 sur les établissements insalubres ; 1812 sur les épidémies. La sécurité alimentaire – limitée à la lutte contre les fraudes – relève en province des municipalités : à elles de veiller « à la salubrité des comestibles exposés en vente publique », d'interdire la vente « de médicaments gâtés » ou de « boissons falsifiées »[12].

La ville, l'État : deux acteurs. L'eau et l'aliment : deux enjeux sanitaires. Il arrive que ces deux valeurs soient en concurrence, ou même en conflit. C'est le cas pour la question des abattoirs dans les villes ; c'est le cas aussi, mais posé différemment, pour le traitement d'une maladie de nutrition, la pellagre. On peut revisiter ces deux histoires – celle de la pellagre et celle des abattoirs, comme une lutte de valeurs hygiéniques et un carrefour de peurs croisées.

Les bêtes dans la ville

Faut-il ou non que l'abattage des animaux continue à se faire en ville, à la vue des mangeurs ? La question est posée très tôt, dans la capitale, quand en 1416 Charles VI demande la démolition et le transfert de la grande boucherie *extra muros*. Dans le préambule, le roi justifie longuement ce déménagement majeur en développant deux arguments, dont l'un est d'urbanisme (« pour la décoration et embellissement de nostre bonne ville de Paris ») et l'autre d'hygiène : « Pour pourvoir et obvier aux infections et corruptions nuisables à corps humain, qui par les immundices de la tuerie et escorcherie des bestes par longtemps a été faicte. » L'ordonnance reste lettre morte, mais désormais le débat est lancé, d'autant plus vif que, depuis 1348, on est entré dans un cycle d'épidémies pesteuses qui rend les élites sensibles aux dangers de l'infection. La

12. Décret 16-24 août 1790, titre XI, art. 3 ; décret du 19-22 juillet 1791.

santé du public est-elle plus menacée par la mauvaise qualité de l'air que par la mauvaise qualité des aliments ? Car il faut choisir : soit la qualité de la viande, sous contrôle du public, prime, et dans ce cas on maintient l'abattage dans l'enceinte. Soit les tueries sont considérées comme des foyers d'infection majeurs, auquel cas leur exurbanisation s'impose.

Le souci de l'administration royale, après Charles VI, va dans le sens de cette attention pré-aériste. En 1567, Charles IX, qui se déclare soucieux de « la propreté et netteté des villes », ordonne que « chaque boucherie ait sa tuerie et escorcherie hors de la ville, *si faire se peut* » et qu'on installe les nouvelles tueries « hors des murs et près de l'eau ». En 1577, Henri III renouvelle cette prescription. Mais le roi ordonne, les villes disposent, et il semble que seules quelques-unes dont Dijon, Moulins, Tours, Nantes, aient transporté leurs tueries dans les faubourgs. Ailleurs, la loi du roi est restée ce qu'elle est par essence, ineffective, c'est-à-dire largement inefficace. Les villes méridionales restent strictement fidèles à leur propre droit et à l'abattage *intra muros*. La centralisation et la municipalisation des tueries, qui interviennent à des dates différentes entre le XVe et le XVIIe siècle, provoquent des regroupements, des transferts, mais toujours à l'intérieur des remparts. Les tueries municipales sont installées près du fleuve ou à proximité des fossés pour faciliter l'évacuation des déchets, ou encore à proximité des hôpitaux ou des Charités pour permettre aux malades de se restaurer de sang frais. Les pauvres de l'hôpital d'Orange « récupèrent le sang et en font une ferme qui leur procure quelquefois au-delà de six cents livres [13] ». On soupèse avantages et inconvénients de cette promiscuité. A Toulouse, les capitouls ne cachent pas à l'intendant que l'*affachoir* des bœufs « incommodait les pauvres, surtout les malades de l'Hôtel-Dieu qui en sont plus près », notamment pendant les grandes chaleurs [14]. En 1676, une tuerie et une boucherie « sauvages » sont installées sur l'île de la Barthelasse, au milieu du Rhône – c'est-à-dire exactement sur la frontière entre le Languedoc

13. A.M. Orange, B.B. 392, f. 223. Délibération du conseil de ville d'Orange, pour s'opposer au transfert de l'abattoir hors des murs, en 1738.

14. A.D. Haute-Garonne, c 319, f°9.

royal et les États du pape. Les consuls d'Avignon protestent et font fermer l'établissement clandestin, au nom du principe bien établi : « Les tueries et boucheries doivent être installées dans les lieux habités et non dans les lieux solitaires où la surveillance est difficile [15]. » Partout, on rappelle la nécessité de la surveillance, de la vigilance. Non sans ambiguïté : le souci de garantir une viande saine aux public s'entremêle avec les préoccupations fiscales des édiles. La « rève » et les autres taxes sur le bétail vif constituent une des recettes les plus sûres des villes, et les portes sont un espace de perception.

La peste de 1721, la dernière peste occidentale, offre aux villes du Midi qu'elle a ravagées un étrange paradoxe sanitaire. Évacuer les immondices, aligner et nettoyer les rues, bref, aérer la ville est le nouveau mot d'ordre des édiles. Mais la volonté d'épurer s'arrête aux portes des tueries. C'est que la peste a laissé aussi en héritage une énorme dette à rembourser. L'augmentation des taxes sur les comestibles est jugée à peu près partout, comme en 1722 à Avignon, « le moyen le plus efficace et le plus raisonnable » pour rembourser emprunts et intérêts. La *rève* avignonnaise sur la viande passe alors à 8 %, et la surveillance aux portes du bétail entrant est renforcée.

L'ancien régime de l'abattage donne à voir, dans la plupart des villes, le spectacle habituel de milliers de bêtes entrant dans la ville, provoquant toutes sortes de pollutions, des embouteillages et des nuisances sonores. Les Toulousains qui habitent dans le voisinage des *affachoirs* de l'île de Tounis se plaignent des « mugissements que fesoient nuit et jour dans les parcs les bestiaux qui sentent les approches de la mort, par l'odeur que répandent toujours les affachoirs trop voisins où on les tue ; qu'on ajoute à cela qu'avant de tuer ces bestiaux, on a coutume de les laisser jeûner plusieurs jours : quels cris épouvantables ne doit-on point entendre [16] » ! Cette déambulation animale est un spectacle familier à tous les citadins de l'Europe, et au-delà, de l'Amérique colonisée. Le Suisse Zimmermann s'ébahit de la saleté des villes méridionales. Mais il est bien

15. A.C. Avignon, DD n° 28/29.

16. A.M. Toulouse, BB 169, f° 11, 16 avril 1781. Je remercie J.-L. Laffont de m'avoir communiqué les informations relatives à Toulouse.

obligé de reconnaître qu'à Berne « on voit pourtant encore, au milieu de cette ville si propre et magnifique, une boucherie et des cimetières [17] ». A Lausanne, les abattoirs sont en ville, au Pont, au bord du Flon et de son canal [18]. A Boston, depuis 1652, sur ordre des *selectmen*, ils sont sur la rivière à Mill Creek, et la marée descendante nettoie la ville des déchets d'équarrissage [19].

La tuerie est dans la rue, « depuis toujours, la rue était un lieu où l'on pouvait voir égorger les bêtes [20] ». Là, le sang ruisselle à ciel ouvert, dévale les rues [21]. Pendant longtemps, partout, le ventre et les viscères de la ville, avant de devenir une métaphore littéraire, étaient de chaudes et palpitantes réalités [22].

De quel œil on voit le massacre animal, de quel nez on le respire, de quelle oreille on l'entend : la perception n'est pas objective, elle évolue, et Alain Corbin a décelé combien à la fin du XVIIIe le seuil de tolérance s'abaisse brutalement. Le spectacle est qualifié de hideux, bientôt il deviendra intolérable, si l'on en croit certains témoignages. Celui de Sébastien Mercier, auteur du *Tableau de Paris*, est souvent cité :

« Quoi de plus révoltant et de plus dégoûtant que d'égorger les bestiaux et les dépecer publiquement ? on marche dans le sang caillé. Il y a des boucheries où l'on fait passer le bœuf sous l'étalage des viandes. L'animal voit, flaire, recule ; on le tire ; on l'entraîne ; il mugit ; les chiens lui mordent les pieds, tandis que les conducteurs l'assomment pour le faire entrer au lieu fatal [23]. »

Mais Ducreux, autre Parisien tout aussi attentif aux nuisances, a une autre impression, et on ne s'étonnera guère de la voir à rebrousse-poil :

« Partons, dis-je à mon ami, en dirigeant notre chemin vers le marché par la rue des boucheries. Je me préparais en passant dans

17. Zimmermann 1774, 332.
18. Radeff 1996, 228.
19. Blake 1959, 15.
20. Agulhon 1981, 85
21. Corbin 1986, 35.
22. Buchan 1783, 210. Camporesi 1995, 138.
23. Cité par Vialles 1987, 16.

cette rue à faire à chaque pas usage de mon épée et de ma canne pour me défendre contre la férocité de ces mains ensanglantées.

Quelle n'a pas été ma surprise d'avoir traversé cette rue d'un bout à l'autre sans que mes oreilles, mes yeux et mon esprit aient été offensés. Mon nez a souffert quelque déplaisance mais la vapeur qui en a résulté a été beaucoup moins forte que celle que j'avais sentie dans la place des Victoires et vers le Palais Royal. Le sang des animaux étant plus pur que celui des hommes, le premier porte moins à la tête que le second [24]. »

Il est impossible de savoir de ces deux réactions laquelle est la plus représentative. Quant au « tabou du sang », ce n'est certes pas un invariant : pendant des siècles, on s'accommode de la vue du sang qui coule, on en fait une consommation pour malades et un objet de commerce, on le boit frais ou on le mange en sanguette, on est prêt à en abreuver les sillons. Les attentes du citadin sont contradictoires, il veut à la fois une bonne viande, garantie, et du bon air. Ses déplaisirs sont ambivalents : tantôt c'est sa vue qui est offensée par le spectacle de l'abattage, tantôt c'est son nez qui s'offusque. Il y a face à la tuerie un complexe émotionnel qui, finalement, fait de l'abattage une question bloquée.

Un peu partout, vers la fin du siècle, en créant un service régulier de voirie et en transférant les cimetières hors des murs, les édiles éclairés ont brisé l'ancienne familiarité de la ville avec la souillure et les déchets, ils ont obtenu une facile victoire sur le peuple des morts. Il est plus difficile d'obtenir des vivants qu'ils rompent leur vieille familiarité avec l'animal. Car la persistance de l'ancien régime de l'abattage n'est pas à mettre au compte du seul souci de vérifier la qualité de la viande. Il semble que l'objectif primitif, au fil des décennies, se soit quelque peu dilué dans d'autres enjeux. Vouloir isoler des ingrédients chimiquement purs dans le refus d'exurbanisation des abattoirs serait aventureux, tant la question a cristallisé des intérêts de nature différente. Si l'on fait abstraction des implications politiques et fiscales pour ne retenir que les valeurs sanitaires, alors on a le fort sentiment que les décisions édilitaires

24. Ducreux 1999, 80.

de maintien de l'abattage urbain ne signent pas à coup sûr une victoire de la peur alimentaire, mais bien une défaite de l'aérisme.

L'exil des abattoirs

Émile Littré, médecin et lexicographe – l'homme qui en 1840 a traduit Hippocrate et redonné un autre souffle aux doctrines aéristes et infectionnistes –, donne de l'abattoir cette définition : « Abattoir : lieu destiné à l'abattage des animaux, tels que bœufs, veaux, moutons... qui servent à la nourriture de l'homme ; les abattoirs sont placés hors des murs d'enceinte des villes. »

L'abattoir contemporain se définit par une activité et par une localisation, celle-ci en rupture complète avec une tradition multiséculaire.

Le mot et la chose sont inventions napoléoniennes. Paris montre la voie. En 1810, on y supprime les tueries intra-urbaines, huit ans après s'ouvre un établissement modèle à Montmartre, où chaque boucher possède un échaudoir et une case ouverts sur une vaste cour, et dispose de l'eau courante, du tout-à-l'égout, d'un parc à lotir les bestiaux. Enclos et à la périphérie de la ville, l'abattage est désormais complètement dérobé à la vue du public. Montmartre donne l'exemple à suivre ; le roi de Naples et des Deux-Siciles le visite en 1836. Deux ans après, Naples s'offre de semblables équipements [25].

Cette dissociation de l'abattoir et de la boucherie a deux effets collatéraux. D'abord, la réglementation et l'inspection sanitaire se déplacent de la boucherie à l'abattoir ; ensuite, elle entraîne la banalisation du métier de boucher. La mauvaise réputation d'hommes aux mains ensanglantées se transfère sur les garçons d'abattoir – et sans doute le fait de sortir de la ville 700 à 800 hommes robustes, remuants et sanguins, n'est pas pour rien dans la décision des pouvoirs publics.

Car il en va de l'exil de l'abattoir comme, précédemment, du

25. Bizet 1847, 151.

maintien de l'abattoir urbain : on ne pourrait y voir un phénomène imputable à une seule valeur hygiénique qui serait d'éloigner du centre de la ville une source de pollution de l'air ; en fait, les abattoirs de Montmartre sont le résultat d'une volonté politique, portée et soutenue par deux soucis forts du citadin : éviter l'infection ; éviter tout autant la vue du massacre des animaux.

C'est que les relations entre l'homme, ici le citadin, et les animaux sont en voie de recomposition. Le déménagement des abattoirs est contemporain de l'émergence du souci de protection de l'animal, de la présence de plus en plus grande des chiens dans les villes – chien familier, sédentaire et non plus chien divaguant – et du fossé qui se creuse dans les esprits entre l'animal familier et les autres. Le dispositif législatif accompagne cette mutation de sensibilité urbaine. En 1833, la loi interdit les combats d'animaux dans Paris. En 1850, la loi Grammont pénalise les mauvais traitements infligés aux animaux domestiques. Certes, elle se limite aux mauvais traitements infligés en public, mais sa valeur symbolique outrepasse sa portée pratique. Une autre sensibilité s'infléchit parallèlement, celle du rapport entre le citadin et la chair animale. Entre ce que l'on voit et ce que l'on mange, une disjonction s'opère, et la viande n'a plus de lien avec l'animal vivant : elle devient alors une substance anonyme, anodine, sans histoire. Subrepticement, lentement se met en place cette culture désincarnée qui caractérise l'époque contemporaine. Entre mangeur et mangé s'instaure une distance, une distance voulue pour que l'acte phagique puisse s'accomplir[26]. Au fond, l'abattage hors de vue assure au mangeur une certaine tranquillité et satisfait sa bonne conscience de carnivore ; le consommateur contemporain devenu sarcophage abandonne sa responsabilité de contrôle aux pouvoirs publics. Il se rassure, au moment même où les risques alimentaires sur la viande augmentent.

La lenteur de l'exil des abattoirs dans les villes de province montre bien que l'on ne change pas de vieilles habitudes ni des comportements par décret, fût-il napoléonien. Il est vrai que le nouveau régime, comme l'ancien, laisse en dernier ressort l'initiative et la charge de construire de nouveaux abattoirs aux munici-

26. Fischler 1993, 125.

palités. Elles s'y résolvent plus ou moins vite, et seulement sous la pression de plaintes qui montent jusqu'à l'hôtel de ville et qui portent à la fois sur l'air et sur le spectacle du massacre. A Clamecy, en 1834, c'est le spectacle qui choque :

« Pour MM. Les bouchers, ils ne se gênent pas davantage. Il y en a qui tuent les moutons au milieu de la rue, d'autres accrochent à leur porte des têtes de veau ensanglantées et livrent à la pâture des chiens des baquets pleins de sang et d'ordures ; notre ville n'est qu'un vaste abattoir où le sang ruisselle de tous côtés [27]. »

En 1843, les administrateurs de l'hospice de Carpentras expriment leurs doléances auprès du conseil municipal. La tuerie municipale jouxtant l'ancienne maison de charité est « un foyer d'infection d'où s'exhale une odeur insupportable », à tel point que « le service de la maison de charité se trouve souvent compromis à cause des infections qui rendent inhabitable l'aile des bâtiments la plus rapprochée de l'abattoir ». Des effluves organiques mêlés, fumier, sang, viscères et excréments parfument la Charité depuis sa création, au début du XVIIe siècle, ils deviennent insupportables deux siècles plus tard. Dans les petites villes, le débat aériste qui agitait la capitale dès avant la Révolution bat son plein à l'époque romantique, et les premières translations d'abattoirs s'effectuent entre 1820 et 1840. C'est bien la peur des miasmes qui est décisive. L'attitude envers les animaux évolue plus lentement, et la vieille intimité entre l'homme et l'animal persiste. On en donnera un seul indice, à travers l'expérience quotidienne des lycéens. Dans un lycée sur trois, sous le Second Empire, on trouve une porcherie, en général au fond de la cour et près des latrines. On nourrit les cochons des résidus du réfectoire et des autres « eaux grasses [28] ».

Même si elle est d'inspiration aériste, la réorganisation des abattoirs ne tourne pas complètement le dos au souci de normes sanitaires. Le décret impérial prévoit un contrôle par un service compétent et

27. *L'Écho de la Nièvre*, 25 décembre 1834. Cité par Thuillier 1977, 42.

28. D'après le Dr Vernois, *Rapport présenté au ministre de l'Instruction sur les lycées de l'Empire* ; en 1867, les eaux grasses des lycées sont données aux pauvres (4), vendues (48), livrées aux porcs (20), données aux volailles (2). La porcherie de l'établissement se situe en général au fond du jardin. 20 ont une porcherie, avec 6, 8 ou 10 de ces animaux.

présente la facilité offerte par les abattoirs pour effectuer cette inspection comme une des raisons déterminantes pour leur création. Le législateur se prévaut d'une mesure hygiénique complète, globale, vigilante à la fois sur la qualité de l'air et sur celle de la viande. Pour autant, le contrôle de la salubrité de la viande comme de celle de toutes les autres denrées alimentaires est laissé à la vigilance de la police municipale. Les lois de l'Assemblée nationale supprimant le monopole des bouchers ont aboli aussi tous les dispositifs législatifs antérieurs qui régissaient le contrôle de la qualité de la viande [29]. A la mi-siècle, 37 000 arrêtés municipaux encadrent la vente de la viande en France [30]. Ils sont laconiques, interdisant en général la vente de viandes « gâtées, corrompues, ou nuisibles ». La liste négative, cas par cas, des viandes interdites n'existe plus. L'expert local, nommé par le maire et payé sur le budget communal, est un « homme de l'art », et, comme la loi n'a pas explicitement précisé « un artiste vétérinaire », les municipalités nomment en général un boucher.

Sur le terrain, les abattoirs municipaux sont peu ou mal contrôlés. Les tueries particulières, sans statut légal, sont nombreuses. Dans l'arrière-cour d'un maquignon ou d'un boucher, loin de tout contrôle sanitaire, on abat. Le colporteur en viande devient une figure familière, assurant la liaison entre ces abattoirs interlopes et les foires et les marchés, où il livre des viandes que l'on vend « à la main », à bas prix et sans aucune garantie [31].

Dans plusieurs pays d'Europe, on n'a pas aboli d'un trait de plume l'ancien régime de la boucherie, d'anciennes réglementations subsistent, le contrôle vétérinaire est particulièrement bien organisé dans certains États allemands. En France, pour plusieurs décennies, s'instaure comme un vide sanitaire : le contrôle des consommateurs n'existe plus, celui des vétérinaires ne se met en place qu'à partir de 1890.

L'abattoir contemporain signe bien la victoire des valeurs aéristes au grand mépris des risques alimentaires.

29. Monner 1941, 110.

30. Projet de l'organisation de la boucherie, rapport d'H. Boulay de La Meurthe. Bizet 1847, annexe.

31. Léonard 1986, 170.

La pellagre, le maïs et l'air

La pellagre a été décrite pour la première fois par un médecin espagnol, Gaspard Casal (ou Cajal). Vers 1735, il observe que les paysans de la ville d'Oviedo sont affectés d'un mal mystérieux, qu'il nomme *mal de la rosa*, d'après les premiers symptômes de la maladie. Le corps des pellagreux se couvre de plaques de desquamation, en particulier sur les mains et le cou, qui virent au rouge à l'exposition au soleil, ce qui laisse penser aux effets d'une insolation. La maladie affecte exclusivement les plus pauvres des laboureurs de la campagne ; elle a un caractère cyclique et saisonnier : c'est au sortir de l'hiver – période de privations et de monophagisme – que les hommes commencent « à perdre leurs écailles ». Les troubles durent le printemps et l'été, pour disparaître en hiver. Les victimes ont en commun une sous–alimentation chronique accompagnée de malnutrition : leur régime est à base de galettes de maïs, complété par quelques choux, navets, haricots et des pommes en saison ; les produits animaux en sont quasiment absents. Casal, persuadé de l'origine alimentaire de la maladie, recommande pour lutter contre le mal une diète plus diversifiée, avec lait et fromages [32].

La maladie repérée d'abord en Espagne fait son apparition en Lombardie, où elle devient si fréquente qu'un hospice pour pellagreux est ouvert en 1784 à Milan. Le médecin de l'hôpital note à propos de ses patients :

« Ils ne se nourrissent pratiquement jamais d'aliments animaux, leur nourriture consistant tout au plus en polenta et pain ; les polentas sont faites de farines de maïs, ...et le pain est formé d'un mélange de maïs, seigle, et millet, dont on a tiré, en ajoutant du levain aigre, des pâtes épaisses difficiles à cuire [33]. »

32. D.A. Roe, *A Plague of Corn*, Ithaca, 1973.

33. Gaetano Strambio, *Observationes de pellagra*, Milan, 1786-1788, cité par Cosmacini 1996, 292.

Gaetano Strambio ne sait s'il faut incriminer le type de grain, ou sa qualité, ou la façon de le préparer ; ce dont il est sûr, c'est que les causes de la maladie sont nutritionnelles. Il ne se trompe pas, et Casal non plus. Depuis 1937, on sait que la pellagre est une maladie de carence, due à une déficience en vitamine PP (*pellagra preventive)* appartenant au complexe B.

Au XIXe, la pellagre étend ses ravages, particulièrement spectaculaires en Lombardie, où cette maladie chronique prend des proportions quasi épidémiques : en 1830, on estime à 20 000 le nombre des malades sur deux millions d'habitants. Cela vaut à l'Italie l'honneur ambigu de voir, dans le vocabulaire nosologique international, « le mal rouge » identifié par Casal supplanté par l'expression de *pelle agra* (peau rugueuse). L'opinion des médecins est alors bien établie : la pellagre ne vient ni de l'air ni de l'eau, elle est liée à l'ingestion de maïs. Le « zeisme » (de *zea* : maïs) devient l'interprétation classique et entre dans le dictionnaire des idées reçues médicales jusqu'en 1930, et historiennes jusqu'à aujourd'hui.

La France se pensait à l'abri. Mais, en 1829, un médecin landais qui exerce à La Teste, dans le bassin d'Arcachon, communique à la Société de médecine de Bordeaux une série d'observations sur « une maladie de la peau que je crois peu connue et qui est des plus graves, [qui] menace d'attaquer toute la population du pays que j'habite [34] ». Une enquête régionale permet d'identifier assez rapidement la pellagre, et d'en décrire les différentes phases pathologiques :

« La pellagre est une maladie complexe. Elle se caractérise par trois ordres de symptômes :

1. un érythème squameux bordé aux parties les plus exposées à l'action de la chaleur et de la lumière
2. une inflammation chronique des voies digestives dont l'indice le plus ordinaire est une diarrhée opiniâtre
3. une lésion plus ou moins grave du système nerveux aboutissant à l'aliénation mentale et à la paralysie. »

Au dernier stade, la pellagre déclenche dépression et tendances suicidaires. Aussi, dans les statistiques lourdes de la mortalité de la pellagre, faudrait-il décompter ceux qui sont officiellement décé-

34. Peyresblanques 1985, 270.

dés « par submersion et strangulation[35] ». Mais on prendrait alors le risque de passer d'une sous-estimation à une surestimation, puisque pour la plupart des suicides dans les Landes ou en Gironde l'habitude se prend de fournir un certificat médical de complaisance affirmant la pellagre pour permettre des obsèques religieuses. L'enquête démontre aussi que la maladie est endémique, de Bordeaux à Bayonne. Le problème est qu'ici on ne peut tout mettre sur le compte du maïs. Les Landes sont arriérées, à l'écart encore du processus de capitalisme agraire qui oblige les paysans lombards à livrer leur froment sur le marché et à se contenter, comme base vivrière, du maïs. Les Landais, pauvres parmi les pauvres, et sans doute plus pauvres en ce début du XIXe qu'ils ne l'ont jamais été, n'ont pas changé de base céréalière. Ils sont consommateurs de millet. Seulement dans les années 20 et 30, leur régime s'est considérablement appauvri et rétréci sur des bases uniquement végétales.

Aussi, faute de pouvoir imputer au maïs l'origine de la maladie, les médecins français cherchent dans la pellagre une combinaison de raisons. Il la rapporte à l'excès de travail, à une nourriture malsaine, à la malpropreté, au mauvais air de ces landes recouvertes d'eaux croupissantes. C'est une nouvelle lèpre, c'est une maladie de la « barbarie et de l'ignorance » proclame Moreau de La Sarthe[36]. Et les hygiénistes romantiques de faire une description tragique de la maison typique des campagnes landaises, où le plafond est si bas qu'on se heurte la tête aux objets suspendus, au sol en terre, sur lequel on verse l'eau, on crache, on fait ses déjections, où les fenêtres n'existent pas, l'air, la lumière, et éventuellement le froid, entrant uniquement par la porte[37]. L'insalubrité que l'on dénonce avec force, ce n'est pas celle des aliments, mais c'est l'air, air vicié des fermes, puanteur des marais, mauvaises odeurs du berger. L'air aurait un pouvoir pellagrogène.

C'est par l'aérisme qu'on va combattre la pellagre. L'enquête est régionale, mais la décision est nationale. Or la politique de santé adoptée est dictée moins par des observations de terrain que par

35. *Ibid.*, 273.
36. *Encyclopédie méthodique*, art. « Pellagre ».
37. Peyresblanques 1985, 273.

l'idéologie des décideurs, comme Roussel qui, dans les années 1840, ne s'interroge guère sur les origines biologiques de la maladie mais sur l'environnement naturel et agricole. Les solutions préventives diffèrent. Alors que les médecins de terrain prônent un régime alimentaire diversifié, à Paris Roussel plaide pour l'élimination des vapeurs infernales des marais. C'est son argumentation qui est entendue.

Elle est d'ailleurs assez généralement partagée, et un Landais d'origine, comme le romancier Edmond About, pense que l'éradication de la maladie passe par les transformations écologiques.

Tant que Lande sera lande
La Pellagre te demande[38].

Au vrai, seule la prophylaxie par l'environnement était susceptible d'entraîner un engagement de l'État, qui laisse aux individus et aux médecins le soin de la nourriture, et qui n'agit que suivant le principe de subsidiarité. Or les grands travaux sont de son ressort, et aussi une certaine idée, déjà présente sous la monarchie de Juillet, de l'aménagement du territoire ; à partir de 1849, les landes ont été asséchées, drainées, plantées en pins maritimes ; traversées de canaux et de routes empierrées. Assainissement et désenclavement permettent un décollage agricole et une amélioration du niveau de vie. Les Landais mangent plus, et mieux.

La pellagre, qui avait explosé entre 1830 et 1852, entame dans les statistiques une courbe descendante. Quand la guerre d'Amérique fait monter le prix de vente de la résine de pin, les cas de pellagre diminuent des deux tiers.

Rétrospectivement, un médecin de Chalosse décrit les effets bénéfiques de ces transformations : « Mon père commença à exercer la médecine en 1835, à cette époque, on n'observait pas de pellagre ; la culture de la vigne formait la seule industrie du pays : le vin se vendait bon marché, mais vu la quantité du produit, son prix rémunérait le cultivateur. Vers 1840, nos vignes commencèrent à péricliter et la misère se faisait sentir. On observa alors des cas de

38. About 1887, 107.

pellagre ; la misère augmentant, les pellagreux devinrent plus nombreux et leur fin par pendaison était très fréquente. Cela dura quelques années. Ce fut alors que l'oïdium fit disparaître complètement nos vignes. On cultiva désormais les terres comme partout ailleurs, en variant la culture ; le maïs fut cultivé en quantité plus considérable ; pendant l'hiver jusqu'au mois de juin, on ne mangeait à la campagne que du maïs. C'est précisément à partir de cette époque que la pellagre devint plus rare [39]... »

La corrélation avec le maïs est strictement inversée par rapport à la pellagre des Lombards. En fait, que le régime alimentaire change de base ou pas, peu importe : l'essentiel est qu'il soit suffisant en quantité et assez varié pour permettre l'apport nécessaire en vitamines B. Ce seuil d'équilibre alimentaire qui permet de résister à la pellagre, les Landes l'avaient perdu dans les années 30, elles l'atteignent à nouveau trois décennies plus tard.

Les contemporains ont une tout autre perception des progrès des Landes, une interprétation où les odeurs jouent un rôle primordial. Les senteurs méphitiques des marais ont disparu, à leur place les plantations de pins gemmés exhalent des parfums balsamiques qui purifient le pays et le soulagent des maladies endémiques. Les aéristes peuvent se targuer d'avoir rendu la santé aux Landais en assainissant le pays tout entier. Les héros de la santé ne sont plus les médecins, mais les ingénieurs des ponts et chaussées. Au vrai, ils ont traité une maladie de carence alimentaire pour ce qu'elle était : une maladie de misère.

Dans le premier XIXe siècle en France, le concept d'aérisme, confronté au terrain, conforté par des expériences comme celles des abattoirs et de la pellagre, triomphe dans les idées et dans les faits, au point de reléguer et de faire oublier la prévention des risques alimentaires.

39. Lettre du Dr Degros, 1870, citée par Peyresblanques 1987, 274.

CHAPITRE 14

La sérénité bourgeoise

Juillet 1818. Un étrange phénomène se produit en Vénétie et tout particulièrement dans la campagne autour de Padoue. La polenta rougit. La polenta est depuis longtemps le plat de base qui a nourri d'innombrables générations de « vilains ». C'est une galette de farine de céréales secondaires, millet ou orge, préparée avec du lait. La polenta des Vénitiens était d'abord une polenta grise, de farine de millet ; au seuil du XIXe c'est plus généralement une polenta de maïs [1]. Ordinairement de couleur jaune, il lui arrive parfois de se couvrir de petits points ou de petites taches rouges. Mais, en cet été 1818, la polenta des familles vire subitement et complètement au rouge vif, pourpre. La *polenta porporina* est un phénomène domestique, de ceux qui en général n'attire guère l'attention publique, mais là il se généralise au point de prendre les allures d'une bouffée épidémique. Toute luminescence sur les aliments réveille le sens du merveilleux. Les paysans interprètent le paranormal comme surnaturel, soit en bonne part – comme une sorte de version du miracle de l'hostie sanglante – ou bien en mauvaise part, comme un acte de sorcellerie perpétré à l'échelle de toute une région ou bien l'annonce de sombres prédictions [2]. La polenta rouge suscite l'émoi, l'émoi se propage par la rumeur, « un bruit qui s'enfla au point d'éveiller les soins suaves et toujours vigilants de la police », comme l'écrit ironiquement Bizio [3].

1. Camporesi 1993, 105-106.
2. Cosmacini 1996, 4.
3. Penso 1981, 276.

Bartolomeo Bizio est étudiant en pharmacie à l'université de Padoue. Il a vingt-huit ans. Il ne croit pas au miracle, ni au satanisme ; il pense que la matière pourprée est d'origine végétale, et qu'elle se développe à la surface de la polenta dans certaines conditions, qu'il cherche à déterminer. En laboratoire, il arrive à reproduire la métamorphose et à faire apparaître sur la polenta des points rouges, puis des taches coalescentes qui recouvrent peu à peu toute la surface du plat, dans une atmosphère humide et à une température de 21°. Une chaleur supérieure arrête le processus. Bizio est le premier à cultiver une bactérie et à décrire la vie en colonie. En 1823 paraît dans la *Gazetta privileggiata di Venezia* un mémoire de sa main sous forme de lettre adressée au chanoine Bellani. Bizio explique le phénomène de la polenta rouge en assurant qu'il n'est pas l'effet d'une transformation de la farine de maïs, mais d'un agent colorant, un « être végétal » appartenant à un nouveau genre qu'il appelle *serratia*[4].

Ainsi, le microscope et la recherche expérimentale peuvent expliquer beaucoup de mystères. Bizio et ses collègues ne doutent pas qu'ils vont réaliser le rêve des Lumières et arriver à percer les secrets de Dame Nature. Armé de la vaccine, du mercure, de l'électricité, des moyens de mesurer l'air et la température, l'homme est capable de dé-celer, c'est-à-dire de dévoiler au plein jour ce qui jusqu'alors était caché. Il leur semble, à ces savants, que le champ du possible, du « pensable » qui était si ouvert au temps préscientifique tend à se rétrécir, qu'il n'offre plus de larges espaces au déploiement de peurs irrationnelles. Le siècle bourgeois est fondamentalement optimiste. Il est vrai qu'en dehors de l'affaire de la polenta rouge on a peu de traces de peurs alimentaires, du moins sous la forme de crise aiguë. Entre Napoléon et Pasteur, la peur s'efface, ou bien elle ne trouve pas de relais médiatique.

Faut-il corréler le calme sur le front des peurs alimentaires à la sensible, à l'indéniable amélioration des niveaux de nourriture que connaissent les États-Unis et l'Angleterre d'abord, puis toute l'Europe, une amélioration mesurable et mesurée à l'aune de la

4. *Lettera di Bizio Bartolomeo al chiarissimo canonico Angelo Bellani sopra il fenomeno della polenta porporina*, citée par Penso 1981.

toise, qui montre que la taille moyenne du conscrit s'élève à partir de la mi-siècle ? Dans la France du Second Empire un système nourricier nouveau se met en place, plus diversifié, intégrant la pomme de terre et le sucre. Une génération plus tard, la consommation de viande, de graisse et de produits frais atteint dans les villes un chiffre *per capita* jamais atteint, si bien que la ration calorique quotidienne passe de 2 480 calories à 2 875, signe que le pays se dégage du sous-développement[5]. Sur cette transition alimentaire, il faudra revenir tant elle apparaît comme ambivalente, agissant comme un tranquillisant sur la peur de manquer, mais stimulant d'autres craintes sur la qualité de ce que l'on mange. Avant même le tournant des décennies 1850-1860, de puissants anxiolytiques travaillent les sociétés en voie d'industrialisation. L'Occidental est rassuré sur son alimentation, non par des faits matériels, mais idéels. Sa représentation de l'aliment et de la nourriture est profondément renouvelée par le mouvement des idées et des sciences. L'aérisme, sur lequel on ne reviendra pas ; la représentation de la machine humaine ; la science de la nutrition, celle de la gastronomie – dans la mesure où elle se veut une « science de gueule » – contribuent à modifier en profondeur la perception du rapport à la nourriture.

Optimisme et hypocondrie

A force d'explorer ce qu'on appelle l'économie animale – qui comprend l'homme –, la médecine et la physiologie ont modifié la représentation que l'opinion commune a du corps. Quand le gastronome Brillat-Savarin affirme que « la digestion est une opération tout à fait mécanique, et [que] l'appareil digesteur peut être considéré comme un moulin garni de ses blutoirs[6] », on peut considérer qu'on reste sur une ancienne imagerie. Certes, mais à quelques différences près, la première étant qu'on ne considère plus ce

5. Weber 1983, 203. Aymard 1997, 88.
6. Brillat-Savarin 1996, 186.

« moulin » comme le moteur essentiel. La physiologie mécaniste enseignée par Boerhaave, quelques décennies auparavant, a fini par s'imposer : le corps est une machine hydraulique dont le cœur est le piston. On entre dans l'ère de l'hégémonie cardiaque. Le médecin au chevet du patient sera plus intéressé à prendre son pouls qu'à renifler ses *excreta*, et il est admis que, si on meurt, c'est d'un arrêt du cœur. Quant à la digestion, contrairement aux vues de Brillat, on l'envisage moins comme un phénomène mécanique et plus comme une opération chimique mettant en jeu des sucs et des ferments. Surtout, elle n'est plus le phénomène central de la nouvelle physiologie. Les poumons jouent un rôle aussi important dans la machine animale, qui utilise la respiration non pour rafraîchir le sang, comme on le croyait, mais pour libérer, à partir des aliments, la force nécessaire à l'activité humaine et la chaleur indispensable à la vie. Il s'ensuit la conception implicite d'un flux d'énergie, chimique à l'entrée de l'organisme, calorifique à la sortie[7]. Le fonctionnement du corps est bien plus compliqué, bien plus souple aussi qu'on ne l'imaginait. La représentation commune reste mécaniste, mais désormais l'homme ne focalise plus sur son ventre : c'en est fini de la suprématie stomacale.

Ce savoir neuf sur le corps interne trouve son pendant dans la conception esthétique du corps. Georges Vigarello a attiré l'attention sur les transformations de la topologie de la beauté masculine à l'époque romantique. Alors que la silhouette de l'Ancien Régime finissant est dominée par le ventre, souligné par l'habit à pans évasés, la nouvelle silhouette à la mode efface l'estomac, le ventre est rentré, serré par la ceinture. En revanche, la poitrine, siège du cœur et des poumons, est mise en valeur, sanglée dans un gilet aux épaulettes avantageuses. Poitrine large, torse bombé, telle est l'image de l'homme plein de force et de santé[8].

Médecins, physiologistes, chimistes et hygiénistes fondent et propagent une nouvelle science : la nutrition. Ils analysent les aliments comme Lavoisier l'avait fait pour l'eau, en isolant les différents composants, en travaillant à la balance et au thermomètre.

7. Randoin 1927, 100 *sq.*
8. Vigarello 1993, 215-216.

Magendie expose à l'Académie des sciences le 19 août 1816 l'importance de l'étude comparative des substances alimentaires. Ses propres expériences en laboratoire l'ont convaincu que seul l'aliment azoté est indispensable ; il fournit ainsi une explication rationnelle de la préférence de l'homme occidental pour la viande et les grains, puisque les muscles des animaux et les céréales sont riches en azote [9]. Après 1840, sous l'impulsion de Justus von Liebig et de la grande école de chimie allemande, toutes les catégories nutritives sont profondément renouvelées. Sous le microscope du chercheur, l'aliment se décompose, il éclate. La conception holistique de l'aliment fait place à l'idée qu'il est une combinaison, une synthèse entre différents nutriments [10]. L'aliment en tant que tel disparaît, on apprend à connaître les protéines – qui apparaissent dans le vocabulaire scientifique en 1839, les hydrates de carbone, et le maître mot, la notion clé : la calorie. La calorie entame une carrière éblouissante à partir de 1864, quand les physiologistes empruntent à Marcellin Berthelot son principe de la thermodynamique. On peut alors mesurer les flux d'énergie qui entrent et sortent de la machine humaine en établissant des bilans énergétiques, la calorie étant l'unité de mesure universelle. A chaque aliment on assigne une valeur calorique spécifique. La notion de qualité est absorbée entièrement par la quantité de nutriments, évaluée en calories. Le « bon » aliment est l'aliment très calorique.

Finalement la théorie énergétique est facile à comprendre, du moins à se représenter : l'aliment est un combustible, et la machine animale a besoin de ces « biocarburants » au pouvoir calorique plus ou moins fort. Elle est d'autant plus facilement acceptée qu'elle propose une hiérarchie alimentaire qui reproduit à peu de chose près la hiérarchie ancienne de la qualité des aliments. La bible diététique du Second Empire, celle d'Anselme Payen, établit une pyramide où la viande, bovine surtout, les graisses sont au sommet ; tout en bas figurent les fruits et les légumes, pauvres en calories [11]. La théorie énergétique donne une base scientifique à des valeurs

9. Randoin 1927, 51-53.
10. Spiekermann 2000, 39-40.
11. Payen 1865, 279.

déjà connues, elle fournit au mangeur des raisons de persévérer dans ses habitudes et ses goûts, elle exempte le médecin de faire de la médecine alimentaire préventive [12]. Tout cela favorise un certain conservatisme.

La grande nouveauté est ailleurs : la physiologie étant la même pour tous les hommes, on admet qu'ils aient les mêmes besoins alimentaires. Il n'est plus besoin d'adapter le régime à chaque tempérament, ou de le différencier suivant le statut social. Il n'y a plus de groupes à risques. Il y a certes des populations plus vulnérables, elles sont du côté de ceux qui souffrent de pauvreté et de malnutrition. En ruinant définitivement le concept hippocratique d'idiosyncrasie, les « nutritionnistes » du XIXe siècle proclament la démocratie alimentaire.

On ne congédie pas en une décennie de vieilles représentations. Le mythe du petit incendie de la digestion subsiste, mais à petit feu. Le bourgeois se plaint volontiers de son estomac et de ses digestions difficiles. Il peut bien exhiber un visage rubicond et un torse avantageux, il vit la peur au ventre. Appelé à son chevet, le médecin le trouve concentré sur ses douleurs abdominales, nerveux et angoissé ; le phénomène est si répandu que Maret, en 1772, y voit une des deux maladies du siècle : « L'une est particulière aux femmes, et on la connaît sous le nom de passion hystérique ; l'autre nommée affection hypocondriaque, est commune aux deux sexes. » Le siècle suivant apporte quelques retouches : il reconvertit les douleurs abdominales en « maux gastriques » et en « dyspepsie », il décrète que semblable pathologie est majoritairement masculine, disant que l'hypocondrie est à l'homme ce que l'hystérie est à la femme. Tout se passe comme si la peur alimentaire, que le projet public d'hygiène a refoulée dans la sphère privée et qui ne peut plus s'exprimer ouvertement, s'intériorisait [13].

12. Randoin 1927, 33.

13. Léonard, « Le malade imaginaire, de Molière à Jules Romains » p. 275-283. H. Maret, *Mémoire dans lequel on cherche à déterminer quelles influences les Mœurs des Français ont sur leur santé*, Amiens, 1772, 90.

Volupté et santé

Le siècle se débarrasse plus facilement de cette longue tradition littéraire qui mêle l'aspect médical et l'aspect hédoniste dans la cuisine. La réconciliation entre les deux positions de volupté et de santé n'est plus à l'ordre du jour, et on congédie définitivement la philosophie du juste milieu aristotélicien. Certes, les médecins charitables ont toujours beaucoup de succès auprès d'un public populaire, et Raspail dispense en même temps que sa panacée au camphre des conseils diététiques : les haricots verts ne sont qu'une friandise, ils sont moins nutritifs que les farineux, mais les farineux sont moins nutritifs que la viande de bœuf [14]. Certes, les gastronomes écrivent des livres qui contiennent parfois, à la manière des *régimes*, des conseils médicaux, et Brillat-Savarin, dans sa *Physiologie du goût*, ponctue son discours de quelques considérations médicales, signalant des plats « restaurants » – qui restaurent les forces du mangeur – et des ingrédients aphrodisiaques, comme la truffe [15]. Les livres de cuisine ne sont pas totalement émancipés des préceptes galéniques, et un artiste culinaire comme Carême – c'est ainsi qu'il se nomme – donne une recette de blanc-manger, « parce que l'amande est propre ... à adoucir l'âcreté des humeurs ». Mais tout cela n'est que relents galéniques, restes de vieille soupe dans une cuisine portée par d'autres valeurs. Les manuels pratiques qui traitent de cuisine tournent carrément le dos à l'aimable morale diététique qui, entre plaisir et santé, conseillait de tenir le juste milieu pour adopter une tonalité franchement optimiste et célébrer les plaisirs de la table sans réticence.

Sur la scène du théâtre alimentaire, d'autres arbitres sont entrés : les critiques gastronomiques. Ils donnent le ton et le style de la nouvelle cuisine, imposent au XIXe bourgeois son discours et ses valeurs. On a cité Brillat-Savarin, et sa *Physiologie du goût*, un titre

14. Raspail 1843, 126.
15. Revel 1979, 133.

programme. En effet, à parcourir l'ensemble du discours gastronomique français du siècle (le plus abondant), on trouvera parmi les mots les plus récurrents : goût, saveur, plaisir, avec ce néologisme forgé par Brillat-Savarin, sous la Restauration, « convivialité [16] ». Les quatre mots sont appelés à former une association durable, étant entendu que les plaisirs de la table doivent être partagés et sont inséparables de l'art de recevoir. Tout en France, dit Grimod, et surtout les dîners, doit se terminer en chansons [17]. Suivre Grimod de La Reynière dans son *Itinéraire nutritif ou promenade d'un gourmand dans divers quartiers de Paris*, c'est suivre effectivement un gourmand, nous dirions un gourmet, à l'occasion un publiciste secrètement sponsorisé par le moutardier Maille, mais jamais un consommateur soucieux de la salubrité des produits. Son itinéraire épicurien rompt complètement avec ces livres de la pratique où comment faire son marché signifie d'abord comment acheter des choses fraîches et saines. Tout au plus signale-t-il les « distractions » des bouchers parisiens sur le poids, qui enchérissent le prix de la viande : c'est la seule occasion où il réclame la vigilance de la police sur les vivres [18]. Pour le reste, dit Grimod, « laissons crier les médecins [19] ».

On dira qu'il ne faut point attendre de l'écriture gourmande qu'elle abonde en considérations d'ordre utilitaire et sanitaire. Soit. Mais lisons les 673 pages, version abrégée du *Dictionnaire de cuisine* d'Alexandre Dumas. C'est un ouvrage d'une autre envergure, et d'une autre ambition, qui prétend embrasser la cuisine dans tous ses aspects. On est saisi par sa richesse de notations sur l'histoire, les goûts, les couleurs, les temps et les degrés de cuisson. Mais, sur la santé : rien, ou presque rien : une remarque sur le choix du cochon, qui doit être exempt de trichines (Dumas confond trichinose et ladrerie) ; une autre sur le vinaigre falsifié. A l'article « Huître », cette mise en garde contre ce qui « pourrait donner à ces innocents mollusques les qualités toxicologiques que contractent

16. « Un esprit général de convivialité s'est répandu dans toutes les classes de la société », Brillat-Savarin 1996, 275.

17. Grimod de la Reynière 1997, 265.

18. *Ibid.*, 183.

19. *Ibid.*, 90.

les huîtres de Venise en s'attachant aux cuivres des vaisseaux [20] ». Il faut se ranger à l'avis de Pascal Ory : sans être totalement étrangers au souci de santé, les pères fondateurs de la gastronomie bourgeoise ont tendance à minorer, c'est-à-dire à mépriser ce type de préoccupation [21].

Le siècle bourgeois se passionne pour les bons aliments, mais que cette notion de bonté ou de qualité des aliments est difficile à définir ! Le bourgeois apprend du nutritionniste que la qualité nutritive se mesure tout à fait objectivement par un instrument, le calorimètre. Il apprend du gastronome que la qualité se mesure tout à fait subjectivement par ses propres papilles et son palais, un palais raffiné et éduqué qui fait que les goûts du bourgeois ne sauraient être différents des normes émises par la critique. Le bon goût, celui qu'enseignent Grimod et consorts, étant universel, le gourmet ne saurait trouver mauvais ce qui pour Grimod est succulent. La qualité sanitaire de l'aliment est dévaluée dans le premier cas, ignorée dans l'autre.

A partir de 1800, l'alimentation est un domaine partagé entre le médecin, qui en perd le monopole, le chimiste et le gastronome. Tous trois portent sur la nourriture un regard différent, mais qui va chacun dans la même direction : vers une dévalorisation du doublon alimentation-santé. Le juste milieu aristotélicien aurait pu se muer en « compromis bourgeois ». Il n'en a rien été. Pendant un siècle, sur la qualité des aliments on fait relâche.

L'âge d'or de la falsification

En 1830, un ancien médecin militaire, Aulagnier, publie un *Dictionnaire des substances alimentaires indigènes et exotiques et de leurs propriétés*. Dans la préface, il justifie son entreprise :

« Pour pouvoir faire un choix avec discernement, on doit connaître les principaux constituants des substances qui servent à l'ali-

20. Dumas 1998, 256, 394, 630.

21. P. Ory, *Le Discours gastronomique français, des origines à nos jours*, Paris, Gallimard, « Archives », 1998, 19.

mentation, c'est-à-dire celles qui contiennent de bons ou de mauvais sucs ; celles qui sont de facile digestion ou qui sont denses, dures, pesant sur l'estomac et le fatigant ; enfin, celles qui sont visqueuses, acides, huileuses, mucilagineuses, butireuses, gélatineuses, farineuses. »

Le vocabulaire galénique pourrait faire croire à un ouvrage traditionnel, dans la lignée des *tacuins* médiévaux ou de Pisanelli. Mais, en fait, le dictionnaire est tout autant un traité des altérations et des falsifications des denrées naturelles, précurseur d'un genre promis à une bonne fortune éditoriale. La liste des mises en garde est longue. Par ordre alphabétique, Aulagnier cite : Beurre, Bière, Bonbon, Câpre, Conserve, Cornichon, Fromage, Haricots, Huile, Jambon, Lait, Limonade, Pain, Poivre, Vinaigre. Les poisons dénoncés sont souvent des contaminants. On retrouve la vieille crainte du cuivre aux articles « Câpres », « Cornichons », « Haricots », ou encore :

« Friture : ...Il faut faire attention aux vaisseaux que l'on emploie pour les fritures, car l'on voit aujourd'hui qu'une famille entière d'Henin-sur-Cujeul (Pas-de-Calais) a été empoisonnée par une omelette préparée dans une poêle mal étamée. Quatre personnes (le père, la mère, le fils, une fille) ont succombé le 24 mai dernier, après les plus horribles souffrances. »

« Huile : ...il y a un danger de l'huile verte... on la conserve dans plusieurs magasins dans des vaisseaux de plomb ou d'étain, ou bien on emploie des mesures faites avec du cuivre... elle a une couleur verdâtre, une odeur nauséabonde, des propriétés vomitives. »

Aulagnier ne se fait guère d'illusions sur la portée de ses alertes. Il éprouve d'ailleurs quelques doutes sur les motivations de ses lecteurs : feuillettent-ils son dictionnaire pour s'indigner devant les manipulations et éviter les plus graves, ou bien pour les mettre en pratique dans une petite chimie ménagère ? A l'article « Vinaigre », il renonce à parler d'adultérations, de peur, dit-il, de les apprendre à ceux qui les ignorent[22].

« Tous nos produits sont adultérés pour en faciliter l'écoulement et pour en abréger l'existence. Notre époque sera appelée l'âge d'or

22. Aulagnier 1830, II, 350.

de la falsification », dit Paul Lafargue, qui célèbre les festins pantagruéliques que Dame Nature, forcément abondante, réserve à ses enfants – ou plutôt réserverait, si on n'avait pas inventé la division capitaliste du travail [23].

La plupart des historiens acquiescent à ce jugement, tant la liste des publications sur les fraudes est nourrie, et générale. A peu près au même moment où paraît le *Dictionnaire* d'Aulagnier est publié, à Leipzig, un best-seller, *Der Chemiker für's Haus*, traduit en français sous le titre *Conseils pratiques pour la détection des falsifications ainsi que des substances toxiques dans les denrées alimentaires*, et le Royaume-Uni est secoué par les suites du procès de Frédéric Accum, accusé entre autres d'avoir vendu comme thé frais des feuilles de thé déjà infusées, séchées et recolorées avec du noir de plomb, et du fromage de Gloucester dont la couleur orangée avait été renforcée à coup de minium [24].

La falsification est courante. La manipulation est banale, normale même au sens où toute adultération, tout mélange n'est pas vu par le public d'un œil réprobateur, loin de là. Mélanger deux produits est un geste machinal, neutre, celui, biquotidien de la ménagère et du cuisinier. La plupart de ces altérations ont pour objet de colorer : faire en sorte que le vin soit bien rouge, le beurre jaune, les cornichons ou les haricots verts est couramment admis et recherché. Renforcer la couleur, c'est aller dans le sens de la nature. Le vin des Anglo-Saxons n'est pas toujours issu du raisin, on trouve en Allemagne de l'*Apfelwein*, en Angleterre du *cherry wine*. Le café des ménages est bien souvent de pois chiches torréfiés, il n'empêche : on le sert comme café [25]. Mais, à la maison, on sait ce qu'on mange. Le problème surgit quand il s'agit de produits artisanaux et industriels. D'où cette double tendance non contradictoire qu'on observe sur tout le siècle : pratiquer chez soi une petite science des mélanges. Ne pas la tolérer et essayer de dépister l'aliment adultéré par d'autres.

C'est la leçon que l'on peut tirer des livres de recettes et d'économie domestique si fréquents dans les milieux bourgeois, tenus

23. P. Lafargue, *Le Droit à la paresse*, 1880, cité par Léonard 1986, 187.
24. Vincent 1996, 20.
25. Aulagnier 1830, art. « Pois chiche ».

tantôt par la maîtresse de maison, tantôt par le maître. Recueils fort disparates au demeurant, mêlant allègrement le culinaire, le vétérinaire, le pharmaceutique, alternant recettes de cuisine, remèdes faits maison et une infinité de « trucs », de petits procédés destinés à améliorer la durée de vie ou la qualité de ce que l'on mange. Ouvrons celui de l'Arlésien Louis Mège, sous la monarchie de Juillet. Voici comment conserver le lait – « c'est le procédé de M. Appert généralement adopté en Angleterre et à peine connu en France » ; voilà comment rétablir le lait qui tourne, le « dé-tourner » au moyen du carbonate de soude ; voilà comment empêcher un vin de tourner à l'aigre. Tout cela laisse entrevoir un improbable bricolage culinaire et une arrière-cuisine abondamment pourvue de petites poudres blanches, du type bicarbonate de soude, blanc d'argent, sulfate de potassium, salpêtre, arsenic – pour chasser les rats du garde-manger, en espérant qu'il n'y ait pas de mortelles interférences. Mais, malheureusement, il y en a, aussi est-il conseillé de colorer la pâte de mort-aux-rats, faite d'arsenic et de vieux fromages, « avec du bleu de Prusse », ceci « afin d'éviter les quiproquos [26] ». Autrement dit, combattre les méfaits de la chimie domestique par plus de chimie [27]... On peut imaginer aussi sa table, sagement administrée à la façon du bourgeois balzacien qui sert en priorité le pain rassis et les fruits gâtés, puisque la bonne économie exige qu'on utilise d'abord les produits les plus avancés [28]. Sa cuisine à l'huile d'olive vaut bien mieux cependant que celle de tel petit ménage parisien, dont le fonds de cuisine se compose de beurre mélangé de graisse de lard et de volaille, résidu des cuisines bourgeoises. Pour purifier cette mixture, on la soumet à fusion et on y ajoute du sel blanc [29]. Autant Louis Mège est adepte des mélanges domestiques et des petits remèdes de « correction », autant il refuse le produit « sophistiqué » acheté en boutique et collectionne recettes,

26. *Encyclopédie médicale* 1835, II, art. « Arsenic ».

27. B.M. Arles, fonds patrimoniaux, ms. 435, *Livre de remèdes et de recettes de Louis Mège*, 253 fol.

28. P. Berthier, *La Vie quotidienne dans « La Comédie humaine » de Balzac*, Paris, Hachette, 1998, 181.

29. Aron 1973, 288.

moyens et manières de « reconnaître un aliment drogué », de « s'assurer si un vin est falsifié ».

Le *Dictionnaire* d'Aulagnier, qui emprunte beaucoup au manuel de *police judiciaire* de Remer, s'évertue à fournir au mangeur les moyens de détecter le malsain et le falsifié. La plupart des tests de dépistage proposés sont empiriques, tirés d'une somme de préjugés solidement ancrés. On remarquera pour l'anecdote le rôle dévolu aux petits animaux, chargés d'une détection que les hommes sont dans l'impossibilité de faire : si un champignon est rongé par la microfaune, c'est signe qu'il est comestible par l'homme ; pour savoir si le vinaigre n'est pas frelaté, placez-le sur le rebord de la fenêtre et s'il attire en masse les mouches à vinaigre, c'est la preuve qu'il est pur. On se demande quelle rationalité préside à ces croyances. A poursuivre dans cette logique, une viande couverte de mouches bleues et carnassières serait une viande de qualité ! Mais les rationalités anciennes ont leurs intermittences, comme les nôtres.

Pour faire « l'essai » des farines et des pains falsifiés, Aulagnier décrit différents procédés. Si de la poudre à friser a été mélangée à la fleur de farine, c'est assez facile à débusquer en versant du vinaigre : au contact du plâtre ou de la craie que contient la poudre à friser, une effervescence se produit ; découvrir si le pain contient du sulfate de cuivre passe par toute une série d'essais : mélanger, chauffer dans un creuset, décanter, filtrer. Expérience longue, et Aulagnier fait remarquer qu'elle ne peut se faire que dans le laboratoire du chimiste [30].

Tout serait si simple s'il suffisait de tremper un petit bout de papier de tournesol et de vérifier si la couleur ne vire pas [31] ! Mais dépister les falsifications avec des procédés compliqués sera de plus en plus l'affaire de chercheurs professionnels. Car les moyens de détection après 1830 vont se multipliant et se perfectionnant. Pour répondre à une question aussi simple que : l'eau est-elle potable ? les experts d'avant l'ère Lavoisier n'ont aucun appareillage à leur disposition. Et l'on voit l'abbé Tessier, enquêtant en Sologne sur l'ergot de seigle, et s'inquiétant aussi de la qualité des eaux, com-

30. Aulagnier 1830, II, 104.
31. *Ibid.*, I, 306, 325.

mencer par la goûter pour apprécier ses « qualités sensibles ». A La Ferté-Imbault, il la juge « limpide, sans goût et sans odeur ». Premier test positif. Le second consiste en deux expériences point trop techniques, lavage et cuisson. « J'ai vu que le savon se dissolvait bien, et que les légumes y cuisaient en peu de temps. » Cela lui suffit pour déclarer potable l'eau de La Ferté-Imbault. Deux générations plus tard, l'analyse des eaux est devenue un procédé complexe et coûteux, qui exige du temps, des instruments et de solides notions chimiques. Autant dire qu'il n'est plus à la portée d'un quelconque amateur, fût-il aussi brillant que l'agronome Tessier. Même si le langage de la chimie est plus lent à s'imposer pour les autres substances, un décalage va s'ouvrant, entre le profane et l'expert.

A la fin du siècle, les moyens d'investigation se sont considérablement développés avec les progrès de la microbiologie. Ils changent complètement les rapports entre l'administration et le mangeur : le mangeur n'a pas augmenté ses capacités à détecter les propriétés d'un aliment, quand l'État a – s'il le souhaite – à sa disposition des experts, munis d'outils incomparables... Le profane, qui se sent soumis à une double vulnérabilité, ne note plus guère dans ses Journaux privés les moyens domestiques de tester la fiabilité du produit et, sur ce point, s'en remet à l'État et lui demande de se charger des procédures de vérification et de mise hors du marché des aliments falsifiés. Manipulation, tromperie, fraude : les choses étaient assez confuses sous l'Ancien Régime, bloquant, autant que les « secrets » des monopoles corporatifs, tout travail législatif de contrôle. Le Code pénal a éclairci le paysage juridique en distinguant les falsifications non dangereuses, du type tromperie, et les falsifications dangereuses (art. 318, art. 475) [32]. L'État dispose donc des moyens techniques et des outils juridiques adéquats pour intervenir. Mais les moyens sont une chose, et la volonté politique une autre.

32. Vincent 1996, 27.

La fin de la sérénité

La période romantique voit fleurir les falsifications domestiques et les manipulations artisanales. Le vin est plus que jamais l'aliment à risque, surtout depuis que l'habitude s'est prise de le boire à table, en France du moins. Le gros rouge est érigé en consommation de base pour le peuple, et en accompagnement obligé de bon repas pour le bourgeois qui fait de sa cave un signe de distinction sociale. Chimistes et nutritionnistes ne condamnent pas ces nouveaux comportements, ils ont au contraire confirmé le vin dans son statut de boisson-aliment en établissant qu'un litre de vin à 10° fournit 850 calories, autant qu'une livre de pain, une livre de viande, ou un kilo de pommes de terre. En revanche, on a des doutes sur sa salubrité :

« Calculez l'effet que doit produire, le dimanche, sur l'estomac du pauvre ouvrier, buveur d'eau pendant six jours de la semaine, cet alcool de pomme de terre, que le marchand a étendu la veille avec de l'eau du puits, et qu'il a coloré à la hâte avec du [*sic*] myrtille ? Vous concevrez encore pourquoi l'ouvrier du Midi de la France n'est presque jamais ivre, et que l'ouvrier de Paris l'est toutes les fois qu'il sort du marchand de vin : dans le Midi, le vin est excellent et il est à bon marché ; nul n'en manque, et partant nul ne le fraude [33]. »

On est en 1843, et ce que dénonce ici Raspail, c'est tout un trafic du petit commerce, bref, la vieille habitude du gargotage. Tout change dans les décennies suivantes, où, suivant le mouvement économique général, le précédant même, les falsifications entrent dans une phase industrielle. Pour obtenir la couleur préférée des consommateurs, les viticulteurs du Midi français encépagent avec des variétés comme le carignan, le grenache, les Espagnols avec le teinturier, le bien nommé, qui permettent des coupages. Ailleurs, on a recours à d'autres procédés potentielle-

33. Raspail 1843,132-133.

ment plus dangereux, comme la coloration artificielle des vins. Elle est rendue quasiment obligatoire par la pratique généralisée du mouillage. Une manipulation en entraînant une autre, mouillage, sucrage et coloration deviennent trois pratiques courantes dans l'industrie du vin, qui a beau jeu de se réclamer des goûts du consommateur[34]. Entre 1870 et 1875, la fuchsine, un dérivé de goudrons de houille, connaît une faveur sans précédent, grâce à sa puissance tinctoriale et à son bon marché. Elle est en vente libre sous les noms peu compromettants de *colorine*, *cramoisine*, *scarlatine*, *purpurine*, et surtout *caramel.* Grâce aux additions d'eau et de fuchsine, on estime que le total de la production viticole en France passe alors de 65 millions d'hectolitres produits à 90 millions effectivement vendus et consommés[35]. Paul Brouardel ouvre le Congrès d'hygiène de 1889 sur ces mots : « Depuis quelques années dans tous les pays, ces adultérations ont revêtu un caractère de plus en plus général. Tous les peuples se sont aperçus en même temps que les lois qui les protégeaient étaient insuffisantes. Il ne s'agit plus du petit commerçant qui trompe et empoisonne ses quelques voisins... » D'une certaine façon, la déclaration du grand hygiéniste sonne comme l'annonce de la fin d'une longue période de sérénité affichée[36].

Dans le rôle de lanceur d'alerte sur les additifs et leurs dangers, il ne faut pas compter sur l'homme politique. C'est le rôle du chimiste. Pourtant, le chercheur est suspect. Dans la plupart des cas, il travaille dans les laboratoires des industriels. Son activité est grosse d'ambiguïté. Il s'y connaît en moyens de contrefaire la nature, et, en découvrant les colorants artificiels dérivés de la houille et du goudron, il ouvre à partir des années 70 aux trafiquants des espaces d'activité inespérés. En même temps, c'est lui qui indique comment on repère les falsifications. C'est lui qui, analysant les substances, met en garde contre les additifs toxiques et dresse la double liste des colorants toxiques et de ceux qui ne le sont pas. En fait, ce sont les chimistes qui disent le risque chimique,

34. Adrian 1994, 108.
35. Bouchardat 1878, 52.
36. Léonard 1986, 188.

et ce, dans tous les pays, l'Allemagne en tête, profitant de l'avance décisive donnée par les travaux de Liebig [37].

Les autres lanceurs d'alerte sont les hygiénistes. Ils posent la question des falsifications dans toutes les instances où ils sont représentés : les commissions sanitaires des villes d'Allemagne, les bureaux de santé des districts anglais, les comités de salubrité institués dans les départements français, les congrès surtout qui sont à la croisée des avancées scientifiques et des interrogations sanitaires. Que ces institutions mettent à leur programme à partir de 1875 en Angleterre, et à peu près partout dans la décennie suivante, le contrôle des denrées alimentaires est une innovation de taille ; car tous ces bureaux ont été institués, en général à la suite d'épisodes épidémiques, pour lutter contre les maladies infectieuses et contre les miasmes délétères censés les provoquer. Aussi toute leur activité est réquisitionnée dans la chasse aux mauvaises odeurs, et on les a vus à l'œuvre surtout du côté des égouts ou des logements insalubres [38]. Une telle conversion est à mettre au compte des nouvelles idées médicales émergentes, filles de la bactériologie qui met à mal les théories anticontagionnistes et rétablit comme un équilibre entre la sensibilité à l'air et la sensibilité à l'aliment. Brouardel découvrant que « tout ce qui tue ne pue pas et tout ce qui pue ne tue pas » annonce des temps nouveaux ; il en tire lui-même la leçon en inaugurant le Congrès d'hygiène de Paris en 1889, faisant des adultérations la question centrale.

Mais, onze ans plus tôt, un précédent Congrès international d'hygiène s'était déjà saisi de la question, pressé par l'urgence et par une opinion choquée après les révélations sur le vin « fuchsiné ». En 1878, la question des colorants est abordée dans tous ses aspects. Le Congrès débat surtout du rouge et du vert.

Peut-on ou non tolérer la fuchsine ? Il est prouvé que la fuchsine, si elle est pure, sans résidu d'arsenic, est de nature inoffensive. Pourtant, de l'avis général des congressistes, « on ne saurait tolérer la coloration des vins avec des matières étrangères, même inoffen-

37. Spierkermann 2000, 40.
38. Hudemann-Simon 2000, 156-157. Blake 1959, 206.

sives [39] ». On débouche sur cette lumineuse et ferme définition : « Le vin est le produit de la fermentation du jus de grappe. » C'est faire abstraction de la réglementation française qui autorise, sous conditions, la chaptalisation, soit l'addition de sucre dans le moût.

Pour les conserves se pose la question du procédé de reverdissage, que le Congrès examine aussi. La technique la plus généralement employée dans les conserveries consiste à plonger les légumes au moment de leur cuisson dans un bain de sulfate de cuivre très étendu ; elle s'applique à 95 % des boîtes vendues en France. C'est un usage que les chimistes ne condamnent pas. L'avancement de la recherche a montré d'une part que le cuivre existait dans l'économie animale : sa présence a été mise en évidence dans le foie de l'homme, dans un grand nombre de végétaux, dans le sang. La question se déplace : si le cuivre n'est plus un poison dans l'absolu, mais une substance nécessaire, à quelle dose devient-il toxique ? Et les chimistes français de proposer un seuil acceptable de 18 milligrammes de cuivre par kilo de légumes égouttés.

Sur tous ces points, ils seront à peu près suivis par les pouvoirs publics dans leur politique de labellisation. Le consensus cache en fait une grande confusion sur le sens à donner à la notion de « substances indésirables ». Elle est en fait à géométrie variable. Pour le vin, aucun additif n'est accepté, même s'il entre dans la composition naturelle du produit. Le mouillage et le sucrage sont interdits, alors que la nature n'emploie pour fabriquer le vin que l'eau et le sucre. Le décret français de 1907 définit le vin comme une boisson issue « exclusivement de la fermentation alcoolique du raisin frais ou du jus de raisin frais ». En même temps, la chaptalisation est tout à fait légale. Pour le beurre, contrairement au vin, les colorants inoffensifs sont tolérés. Le beurre frelaté n'est pas un beurre coloré, mais une motte farcie d'autres substances, de graisse ou de suif par exemple. Pour les conserves de légumes, on admet aussi le reverdissage, avec des produits qui ne sont pas sans danger, dans certaines limites. Ainsi la question de l'innocuité des additifs reçoit une réponse différentielle, au cas par cas.

39. Bouchardat 1878, 60.

En fait, en essayant de définir des standards de fabrication, on touche à la définition même du produit naturel, « authentique ». La conception de la nature qui émerge alors est radicalement différente de la nature telle que les médiévaux et les modernes la percevaient, qui ne faisaient pas de distinction d'essence entre corps naturels et corps artificiels. Mais l'opposition entre naturel et artifice n'est pas toujours opératoire, les hygiénistes se confrontent à un concept mou, labile, et leurs discussions montrent bien leurs hésitations, leurs retours en arrière face aux actions humaines qui pourraient relever de la nature, et de celles qui n'en relèvent pas, tout un bricolage épistémologique pour arriver à définir des normes efficaces. Ils n'ont pas réussi dans leur entreprise, coincés qu'ils étaient entre l'opinion pour qui tout ajout, toute addition est condamnable (si elle est opérée par l'industrie), et les chimistes qui distinguent bons et mauvais additifs. Le vin des hygiénistes par exemple est une sorte d'hybride, un produit de la nature (le jus de raisin) et de la surnature (la chaptalisation).

Célébrant le progrès, en 1865, Edmond About écrit :

« Tous les biens dont vous jouissez aujourd'hui, vous les devez à l'effort héroïque des hommes qui vous ont précédés en ce monde. Il n'y a pas sur terre un fruit, un légume, un condiment, un vin qui n'ait été l'objet d'un brevet d'invention, d'un brevet d'importation et de 100 000 brevets de perfection. Vous remerciez la nature quand vous vous promenez dans un jardin magnifique : c'est à l'homme qu'il faudrait rendre grâces... Les céréales de la plaine, les arbres du verger, tout ce qui paraît sortir du sein de la terre est importé, développé, perfectionné, amendé, métamorphosé par la main de l'homme [40]. »

Au moment où Edmond About célèbre le progrès et l'action de l'homme, qui est aussi une action naturelle, un religieux de Brno, Mendel, bouleverse l'idée de nature par ses recherches en biologie génétique. Dès avant Mendel, les expériences pratiques des horticulteurs avaient multiplié les hybrides. Mendel, en croisant les haricots de son potager-laboratoire et en formulant le modèle mathématique des lois de la sélection, éclaire *a posteriori* l'effica-

40. E. About, *Le Progrès*, Paris, Hachette, 1865, 24-25.

cité de l'horticulture. On pose alors le problème des hybrides dans la nature, qui est organisée en espèces ; l'hybrideur est un peu dans la même posture prométhéenne que le chimiste, capable d'inventer ou de perfectionner, voire de modifier l'œuvre du Créateur. C'est l'époque aussi où on apprend à apprivoiser les microbes, on les *cultive*, et les poisons atténués deviennent vaccins. Tout cela complique singulièrement la perception qu'on peut avoir du sain et du malsain, du naturel et de l'artificiel. Comment s'étonner, dans ces conditions, que les meilleurs des hygiénistes européens ne soient pas parvenus à donner une définition unifiée de ce qu'est un « produit naturel » ?

CHAPITRE 15

La maladie du bœuf anglais

Dans un numéro de mai 1839, le *Journal de commerce* publie, sous le titre « Une anecdote d'abattoir », l'histoire édifiante de Babet.

Une jeune fille de 15 à 16 ans, Toinette, se présente à l'abattoir de Montmartre, conduisant par une corde une « vache laitière de Paris, attaquée de pulmonie, épuisée, n'étant plus susceptible de donner du lait et, comme telle, devant être abattue pour être livrée à la consommation du public, si la viande en était jugée à peu près salubre, et, dans le cas contraire, livrée aux animaux féroces du jardin du Roi ». Cette vache s'appelle Babet, et Toinette, pauvre et illettrée, croit qu'elle la conduit là pour être soignée. Quand Babet est abattue, Toinette s'évanouit. On apprend alors que Toinette est une fille trouvée, recueillie par un éleveur qui la traite durement, la fait coucher à l'étable, que Babet était sa seule amie, presque sa mère. Émus par tant de détresse, les garçons bouchers de Montmartre se cotisent et offrent à Toinette une nouvelle Babet, faisant preuve à cette occasion, comme à d'autres, que le journaliste cite, de généreuses dispositions [1].

L'article se termine en précisant bien comment lire l'histoire, et quelle leçon en tirer : le lecteur doit se débarrasser de « ses préjugés sur une classe utile, laborieuse et véritablement si humaine », entendons les garçons d'abattoir. Que Babet soit « pulmonique » au dernier degré, c'est-à-dire tuberculeuse, que son lait, que sa viande puissent contaminer enfants et adultes – c'est un fait que le journal

1. Bizet 1847, 199-203.

ne relève pas. Voudrait-il provoquer la peur du lecteur, chercherait-il le sensationnel comme bien des feuilles volantes de son époque, il trouverait plutôt ses « canards » dans d'autres faits divers : les fléaux naturels, les catastrophes de chemin de fer, le choléra ou les crimes. Si le canard reflète bien les rêves – et les cauchemars – du peuple, alors à lire les journaux populaires imprimés entre 1810 et 1860 on se convainc que le peuple ne redoute pas le risque alimentaire[2]. Mais deux générations plus tard, les Babet et ses consœurs en tuberculose suscitent une grande hantise.

La vache ambiguë

En 1830, vendre Babet est parfaitement licite. Toutes les interdictions d'Ancien Régime concernant la viande de bêtes atteintes de ce qu'on appelle le *fy* ou la *pommelière* ont été abolies. De même, les porcs ladres sont en vente libre, et les langueyeurs quasiment au chômage ; ils ne sont plus consultés et rétribués, dans les foires, que par des éleveurs soucieux de maintenir la qualité de leur troupeau. Après examen par les bouchers experts, si la viande de Babet a révélé des lésions tuberculeuses trop profondes, on jette aux lions du zoo les morceaux « à risque ». Dans le cas où les tubercules ne seraient point trop avancés, elle a été déclarée bonne pour la vente.

De toute façon, les Babet sont rares aux abattoirs. Elles empruntent ordinairement un autre circuit pour finir en pot-au-feu familial.

« Les possesseurs d'animaux malades se gardent bien de les conduire à l'abattoir, où ils savent que la viande sera saisie ; ils les vendent, les font tuer et débiter dans les villages, où la surveillance n'existe pas ; c'est ce qui explique comment à Paris on ne rencontre pas plus de 500 vaches phtisiques par an, dont le plus grand nombre est livré à la consommation, alors que tout le monde sait que la plupart des vaches qui peuplent les étables des nourrisseurs et qui produisent une grande partie du lait consommé par les Parisiens sont fatalement vouées à la phtisie ; mais dès que la diminution du

2. Séguin 1959, 123.

lait, l'amaigrissement rapide, l'état général enfin, indiquent que la phtisie s'aggrave, les nourrisseurs s'empressent de vendre les bêtes malades aux bouchers de la banlieue, dont les tueries particulières ne sont soumises à aucune surveillance et qui débitent leurs viandes aux taux des viandes saines[3]. »

Si l'histoire de Babet émeut les lecteurs, ni la relation à l'aliment ni la relation à l'animal ne sont en cause. On n'éprouve aucune peur rétrospective à consommer de la vache tuberculeuse tout simplement parce que entre la maladie de la vache (la pulmonie) et la tuberculose humaine (la phtisie) on ne fait pas de lien. Opérer un simple rapprochement, une analogie entre les deux maladies comme l'a fait Laennec, est jugé comme une erreur, penser à une transmissibilité est une aberration. Jusqu'au milieu du siècle, les scientifiques européens n'en démordent pas, même si dans l'opinion existent des préventions latentes, venues sans doute d'une mémoire au long cours. Louis Bizet, « conservateur » des abattoirs de Montmartre et observateur intelligent et bien informé de la consommation carnée parisienne, remarque « que les vaches sont mal notées dans l'esprit du public » : on sait qu'elles arrivent à l'abattoir vieilles et épuisées, et que trop souvent « elles succomberaient par la pulmonie ou la pomeliere si elles n'étaient pas promptement livrées à la boucherie ». Il ajoute : « Nous sommes moins prudents que les Juifs... nous livrons à la consommation des vaches dont les poumons tuberculeux ont nécessairement altéré la salubrité des viandes[4]. » L'absence de rigueur sanitaire est à ses yeux une telle aberration qu'à deux reprises dans son enquête il conseille « d'imiter les Juifs ». Lui, le vétérinaire laïque et éclairé, faute de bonne police, regrette le rôle « hygiénique » des interdits religieux !

Le problème est que cet homme clairvoyant sur les dangers de la viande tuberculeuse est bien isolé. On est en 1847, et peu de savants croient à ce risque. Le problème aussi est qu'il y a sans doute une part croissante du cheptel français atteint par la tuberculose, mais on ne peut mesurer cette recrudescence puisque la mala-

3. Baudrimont 1878, 41.
4. Bizet 1847, 61.

die n'est ni déclarée obligatoirement ni enregistrée. La tuberculose bovine fait des ravages notamment dans les élevages stabulants autour des villes, ceux qui précisément ont pour but de ravitailler les villes en lait frais pour les enfants, les vieillards et les convalescents, et notamment... les phtisiques ; il est compréhensible pour nous qu'une maladie aussi contagieuse puisse se répandre en stabulation. Les vétérinaires du siècle ont d'autres explications. La plus courante est l'hypothèse aériste, hypothèse illusoire mais assortie d'une recommandation efficace aux éleveurs : nettoyez vos étables, aérez-les ! Les aéristes français proposent deux modèles en matière de propreté, la Suisse et la Bavière. Au tournant du siècle, la Suisse reste le seul exemple à suivre [5]. L'autre thèse est celle de la maladie héréditaire, que Bizet a sans doute en tête quand il affirme que ces vaches banlieusardes sont « fatalement vouées » à la phtisie. C'est une façon de voir très répandue chez ceux qui, refusant de croire à la contagion, mettent en avant des facteurs environnementaux et génétiques. On la croit aussi propagée par certaines espèces, ce qui permet de désigner un responsable. Comme la progression de la tuberculose bovine en France est synchrone avec les premiers efforts de sélection, notamment par les croisements de bétail indigène avec la race importée du Nord de l'Angleterre – la race à cornes courtes de Durham –, on appelle la tuberculose bovine la maladie du bœuf anglais. Et voilà le bœuf de Durham devenu bœuf émissaire !

Beaucoup d'autres observateurs, dont Bizet, mettent en cause la nourriture des bestiaux dans les étables périurbaines :

« Au lieu de cet animal à maturité, fini, à la viande lourde, dense, à la chair jaunâtre, jusqu'au fin gras que produisait autrefois l'engraissement soit à la pâture, soit à la poture, on n'a plus qu'un animal engraissé par des moyens artificiels, avec du seigle cuit, de la pomme de terre, des betteraves étendues de charpente, dont la capacité n'est remplie que d'une viande molle, creuse, soufflée, n'ayant que du flasque, sans pesanteur, sans corps ni âme [6]... »

5. Fodéré 1813, 366.
6. Bizet 1847, 325.

Ici, c'est la qualité gustative de la viande qui est en cause. Mais d'autres vont plus loin et établissent une corrélation positive (ou négative) entre les nouvelles nourritures artificielles et les maladies animales :

« Nos éleveurs de bestiaux ne savent plus à quoi attribuer l'énorme mortalité qui afflige leurs écuries ; il est pourtant bien facile de voir que cette calamité date de l'époque où nos économistes leur ont conseillé les marcs de distillerie, de betteraves, d'épluchures de pommes de terre, comme un succédané du foin [...] De là toutes ces fièvres putrides, en d'autres termes ces fièvres vermineuses qui se déclarent et qui emportent une belle vache laitière en si peu de temps[7]. »

La peur des nourritures « non naturelles » brouille les pistes étiologiques et égare de bons esprits comme Raspail. Elle montre bien cependant combien la nature tend à devenir une norme morale : ce qui n'est pas « naturel » est contraire à la morale, comme le serait le fait de nourrir les vaches avec autre chose que de l'herbe.

Tout change en vingt ans. En 1865-1866, Jean-Antoine Villemin, en montrant à la fois l'unicité et l'inoculabilité de la maladie, lance la grande alerte : « Il y a dans l'alimentation avec la viande des animaux phtisiques un danger permanent pour la santé publique[8]. » La publication de ses travaux suscite « une extrême émotion » dans le public : la tuberculose, si fréquente chez l'homme qu'à Paris sur 100 morts il y en a 30 qui lui sont dues, ne prendrait-elle pas source dans la consommation de viandes provenant d'animaux phtisiques[9] ? L'émotion augmente quand Chauveau démontre la transmissibilité de la tuberculose par les voies digestives. Nous rapportons ici des expériences françaises. Elles sont faites ailleurs : Gerlack, Leisering, Klebs en Allemagne, Fleming en Angleterre, Perroncito en Italie, dans un beau faisceau de recherches recoupées, de découvertes simultanées avec peu de querelles de priorité. Mais la communauté scientifique cultive le doute. Elle ne conteste pas des expériences répétées, et qui vont toutes aux mêmes conclusions.

7. Raspail 1845, 444.
8. Blancou 2000, 237. Nocard 1903, II, 4.
9. Baudrimont 1878, 26.

Simplement, elle ne comprend pas pourquoi, s'il y a transmission, la contagion n'est pas générale, pourquoi certains sont réceptifs et d'autres pas. Le blocage essentiel est là : la contagion est difficile à admettre parce qu'elle est à incubation lente, et que sa contagiosité n'est ni constante ni générale. Tous les vétérinaires français sont loin d'être convaincus par Villemin. En 1873 paraît le très sérieux et très officiel *Traité de police sanitaire des animaux domestiques*, de Reynal. Il vaut la peine d'être relu, comme la somme la plus achevée des préjuges aéristes et le travail de négation de la tuberculose le plus méticuleux. Par exemple : la tuberculose bovine ne se déclenche qu'à deux conditions : une lactation excessive et le passage brusque du chaud au froid. Pour éviter la maladie, il suffit donc d'éliminer ces deux causes prédisposantes. On ne doit rien craindre de la consommation de viande tuberculeuse, il suffit d'éviter les morceaux à risques comme les poumons [10]. En 1882, Robert Koch, découvrant le bacille qui porte son nom, établit définitivement la nature contagieuse et virale de la tuberculose.

Le problème avec la tuberculose, c'est que les mécanismes de contagion sont multiples, et on ne sait trop lequel est le plus redoutable : l'air ? la viande ? le lait [11] ? Les voies de transmission sont décidément bien impénétrables. Elles poussent le responsable politique à la prudence, entendue ici comme l'abstention. En revanche, l'homme de la rue en retient une, et concentre son angoisse sur le lait.

Une nouvelle image du lait

Il était difficile de mettre en cause la vache. La vache est laitière, maternelle, paisible dans le pré. Stabulant comme Babet dans des vacheries urbaines, loin de rebuter le voisinage, elle le satisfait en lui apportant du lait chaud et des émanations si utiles, pense-t-on,

10. Reynal 1873, 722 et 727.
11. Guillaume 1986. On admet aujourd'hui que la transmission par voie respiratoire est responsable de 90 % des cas.

pour protéger de la phtisie [12]. La vache est nourricière, et tout récemment elle a fait cadeau aux hommes d'un bienfait dont on ne saurait jamais trop la remercier : la vaccine. Donner son nom à ce qui a permis l'avance décisive en matière de prévention de la maladie est la moindre des choses, quand on sait les ravages que la variole exerçait sur les hommes, les enfants en particulier, avant que Jenner ait l'idée de se servir de la variole des vaches (ou *cowpox*) pour immuniser les hommes. Aussi, comment croire qu'elle puisse inoculer à l'homme des poisons ? C'était l'argument éculé des ennemis de la variolisation, que le Dr Sacco, initiateur de la vaccine en Italie, fustige en ces termes :

« On pourrait encore ajouter que par le moyen du lait et des chairs dont chaque jour nous faisons usage, nous devrions contracter les germes de toutes les maladies bovines... S'il y a jamais eu une semblable communauté, pourquoi la craindrait-on aujourd'hui, et pourquoi, d'après la crainte d'un mal impossible, aurait-on un motif d'abandonner un avantage réel et certain [13] ? »

Bref, ceux qui, au tournant du siècle, auraient quelques craintes à l'endroit du lait tuberculeux seraient aussi obscurantistes que ceux qui rejetaient le vaccin. L'image de la vache reste alors inentamée, comme celle des verts pâturages.

L'image du lait est complexe et oscillante ; pendant longtemps on s'est méfié du lait animal, on l'a tenu pour un pauvre aliment et un aliment de pauvre [14]. Payen, le pionnier en science alimentaire du Second Empire, hésite à le classer dans sa pyramide diététique. Il l'évoque à la rubrique *Débris et Divers Produits comestibles des animaux* comme un sous-produit de l'élevage, pas encore un produit noble et destiné à tous. Il se limite à énumérer les 23 éléments qui entrent dans sa composition, sans émettre d'opinion sur sa valeur nutritive [15]. Le lait est un bon aliment, « *superfood* » dit-on en pays anglo-saxons ; en pays latins, on le rangerait plus volontiers parmi les médicaments. Dans un cas comme dans l'autre, le lait est paré

12. Faure 1997, 560.
13. Cosmacini 1992, 283.
14. Laurioux 1994.
15. Payen 1865, 270.

de vertus immaculées. C'est l'aliment idéal pour les enfants, les débiles qu'on met volontiers au régime lacté, les pulmonaires qui consacrent l'essentiel de leur forces vitales à maintenir leur souffle et à qui on recommande le lait qui ne surcharge pas l'estomac. On leur recommande aussi le séjour dans les étables dont l'ambiance est considérée comme bénéfique pour les poumons [16].

Pour que le lait cesse de rassurer, il faut qu'il se crée une grande distance psychologique par rapport aux schémas hérités. Pour que le lait fasse peur, il faudrait que ce schéma disparaisse complètement, que les hommes cessent de croire que rien n'est plus protecteur que le sein maternel ; on n'ira pas jusque-là : seul le lait animal est en cause.

Les falsifications jettent les premiers doutes, non pas sur le lait en général, mais sur le lait venu des étables banlieusardes et distribué aux enfants des villes :

« Le lait d'abord ! ah ! le lait ! il est déjà falsifié dans le corps de la vache avant d'être trait ! car on nourrit la bête avec un tas de choses qui augmentent la production du lait, mais qui diminuent sa force et sa qualité. Et puis le paysan commence par écrémer son lait d'abord, avant de le vendre. Et d'un ! le marchand en gros est donc déjà sûr de n'avoir plus de crème, lui. Si encore le mal en restait là ! mais naturellement on baptise le lait avec de l'eau : et de deux ! pour l'empêcher de tourner, on le fait bouillir et on y ajoute ce qu'on appelle du conservateur, c'est-à-dire du carbonate de soude. En route alors pour la ville. Il va sans dire que le crémier (!) de la ville ajoute encore de l'eau à son tour pour allonger la sauce ; mais comme le lait n'a plus ni qualité ni saveur, on y ajoute pour l'épaissir un peu d'amidon ou de cervelle de cheval. Ça n'est pas un poison, comme on dit : mais ça n'est guère ragoûtant [17]. »

Le dernier trait montre les limites du soupçon : cela n'est pas ragoûtant, mais cela n'est pas non plus dangereux pour la santé. D'ailleurs, les pratiques artisanales se rapprochent des pratiques

16. Théodoridès 1991. Ducreux 1999, 170.

17. Image d'Épinal, *Les Principales Falsifications*, 1883. Reproduite dans Lebigre 1986, 124. Une enquête du journal *The Lancet* en 1850 montre que le lait est dilué avec 10 à 50 % d'eau.

familiales : mouiller, baptiser ? c'est ce qu'on fait à la maison, sur le conseil d'hygiénistes plus ou moins avisés : « Le lait des animaux étant plus crémeux que celui des femmes, on doit le couper avec de l'eau quand on le donne aux enfants [18]. » Bouillir ? c'est aussi ce que l'on a appris à faire, sur les mêmes conseils. Car le goût du naturel pousse beaucoup, dans l'Europe romantique, à consommer le lait cru. On dit alors que ce n'est pas dans la nature du lait de bouillir, et que sa tendance à s'échapper hors du pot quand il arrive à ébullition le montre bien. On dit aussi que le lait bouilli devient âcre et développe une odeur d'urine, que ses particules balsamiques les meilleures et les plus nutritives s'évaporent [19]. Quant aux additifs, le Conseil de salubrité de Paris « prouve » que ces substances ne sont pas nocives. « Il a pensé que l'autorité publique n'avait pas à intervenir, et que les marchands de mauvaise foi étaient punis par les acheteurs qui leur retiraient leur confiance [20]. » Ceci en 1829. Mais, un demi-siècle plus tard, il en va tout autrement. Le lait frelaté suscitait des réserves. Le lait tuberculeux engendre les pires appréhensions.

A la fin du siècle, l'imagerie de chacun se nourrit de ce grouillement bactérien qu'on ne voit pas, mais qu'on a appris : 9 000 bactéries dans une seule goutte de lait d'une vache malade deux heures après la traite, qui deviennent 21 000 trois heures après... Tout était réuni, dans les dernières décennies du siècle, pour créer une peur, une vraie terreur, avec ces deux ingrédients explosifs : un aliment fondamental et une maladie si répandue.

Car l'aliment est devenu fondamental depuis que le lait animal remplace le lait maternel. La mise en nourrice qui était le mode d'élevage habituel des petits citadins, toutes classes confondues, est entrée en déclin, un déclin de plus en plus net depuis le tournant du siècle. Seule la bourgeoisie peut s'offrir les services de nourrices à domicile, mais la peur de la syphilis qui pourrait passer par le lait conduit aussi les bourgeoises à recourir de plus en plus au biberon de lait de vache. A la campagne, le lait de vache supplante le lait

18. Willich 1802, 240-241.
19. Aulagnier 1830, I, 305. Willich 1802, 241.
20. Aulagnier 1830, I, 306.

de chèvre. Bref, la question du lait touche le pays dans toute sa profondeur sociale – ce qui n'est pas le cas de la viande, moins consommée dans le peuple.

Les chimistes, en même temps qu'ils fournissent la matière première de la peur, indiquent les antidotes. La prévention se décline en trois versions : ébullition ; pasteurisation ; stérilisation. Deux puissants tranquillisants sont à l'œuvre, l'un du côté de l'hygiène individuelle, l'autre du côté des procédés industriels. Il est reconnu que la chasse aux microbes est mieux contrôlée dans les ateliers de fabrication agro-alimentaire que dans les foyers, et que les procédés industriels sont plus sûrs que l'ébullition domestique. C'est ce qui explique sans doute le succès des laits artificiels pour la nourriture infantile, sur lequel des firmes comme Nestlé ont bâti leur fortune industrielle. Alors que, nous le verrons, la conversion aux produits industriels a été longue et difficile, paradoxalement c'est avec le produit considéré comme le plus essentiel et le plus naturel que la substitution s'est opérée le plus tôt et le plus complètement. Il fallait pour cette victoire paradoxale du lait en poudre, condensé ou concentré, de puissants moteurs émotionnels.

La pasteurisation est rendue obligatoire à Copenhague dès 1890. Les pays anglo-saxons se dotent tous, à la veille de la Grande Guerre, d'un arsenal de vigilance réglementaire face à la tuberculose bovine. La vigilance des bactériologistes croise, au tournant du siècle, le souci des médecins et des politiques de parer à la dégénérescence démographique et biologique de leur peuple. Tous les pays sont obsédés par l'idée de décadence biologique. Tous, pourtant, ne prennent pas des mesures identiques[21]. Le lait retrouve toute sa virginité avec la pasteurisation. La France fait figure d'exception. Comme nul n'est prophète en son pays, Pasteur est mieux écouté en dehors de la France, ses leçons assimilées jusque dans leurs ultimes prolongements. Les fromages pasteurisés sont exigés par le public un peu partout, sauf en pays latins où on reste attaché au lait cru. Sur le lait se bâtit une ligne blanche qui tend à séparer des cultures alimentaires nationales en voie de construction.

21. Vernon, *Milk and Dairy Products*, in Kiple 2000, 692.

L'État et le consommateur

« Si la connaissance des alimens eût été approfondie de tous tems comme elle l'est à présent, on aurait prévenu bien des maux ; mais il était réservé à notre siècle de s'en occuper spécialement [22]. »

Parmentier ne s'est pas trompé : le XIXe – un long XIXe qui s'étire jusqu'à la veille de la Première Guerre mondiale, qui découvre les calories et les premiers « indéterminés alimentaires » : les vitamines, qui instaure avec les premières la science quantitative de la nourriture et qui jette avec les seconds les bases de la science qualitative du XXe siècle – est le siècle des grandes découvertes en matière de nutrition. Mais les justes pressentiments du savant s'accompagnent de douces illusions : la connaissance ne conduit pas nécessairement à la prévention.

Le siècle est aussi celui de la très grande sérénité alimentaire des pouvoirs publics. Il faut s'interroger sur ses causes. Pourra-t-on jamais connaître ses effets ? L'intervention de l'État dans le domaine des risques alimentaires rassure-t-elle le mangeur ? Ou bien, tout à l'inverse, est-ce son abstention qui tranquillise ? Il semble bien que le libéralisme qui donne la coloration politique du siècle ait opté pour la seconde hypothèse.

« Il faut apprendre à envisager toutes choses du côté du consommateur », aurait dit l'économiste Bastiat sur son lit de mort, comme un ultime testament à l'adresse de ses émules libéraux. Certes, préserver les droits du citoyen parmi lesquels son intégrité physique et sa santé sont inscrites au programme libéral. C'est le principe qui fonde l'intervention de la puissance publique contre les fraudes. L'État doit-il aller plus loin ? Dans l'esprit des ultra-libéraux comme Bastiat, il n'est point besoin pour assurer la sécurité du consommateur de prendre d'autres mesures en sa faveur : la libre concurrence y pourvoira [23]. Dans le régime de marché idéal qu'ils

22. Parmentier cité par Aulagnier 1830, préface.
23. Gide 1911, 635.

théorisent, le producteur s'évertue « naturellement » à satisfaire les attentes du client. De sorte que le consommateur, tel un roi, n'aurait qu'à se laisser servir.

Charles Gide, professeur de droit à Montpellier et père fondateur du mouvement consommateur en France [24], est un des rares à mettre en cause le *credo* officiel. Les faits, dit-il, contredisent la théorie : l'objectif à court terme des producteurs est le profit, là réside en particulier cette inflation de falsifications alimentaires si préjudiciables au consommateur. « Le consommateur fera bien de ne pas se fier au laisser-faire du soin de garantir ses droits et de s'endormir dans un rôle de roi fainéant. Il doit défendre ses intérêts [25]. »

Avec de telles prémisses, on attendrait l'appel à l'État protecteur. Mais ce réflexe – se tourner vers l'État – n'est nullement contemporain, et ce n'est pas non plus celui de Gide. « Nous n'en sommes plus au temps où l'État distribuait gratuitement le pain et les sportules et il n'est pas à désirer que ce temps-là revienne [26]. »

Apôtre de l'économie sociale, Gide voit le salut dans les associations de consommateurs et le mouvement coopératif. Le « consumérisme » fin-de-siècle a partie liée avec certains des plus anciens cadres de surveillance des professions alimentaires, comme la boulangerie. Toutes les institutions que l'économiste cite comme exemples à suivre sont des entreprises coopératives ou municipales : boucherie municipale à Lisbonne, cantines scolaires des villes françaises, « fourneaux économiques » de Berlin, et surtout centrales d'achat et coopératives ouvrières. Pour lui, la tuberculose est maladie sociale, et pour la supprimer il faut éradiquer ses causes : logements insalubres et surpeuplés, alcoolisme. La consommation, dans le discours hygiéniste fin-de-siècle, a un sens restrictif et péjoratif : le mot désigne la boisson alcoolisée qu'on prend ou qu'on offre au bistrot, au risque, si on en abuse, de sa santé. « La phtisie se prend sur le zinc » ; haro donc sur la consommation, puisqu'on est persuadé de la relation étroite entre tuberculose et alcoolisme. Charles Gide cite comme autre cofacteur de la contagion la qualité des aliments.

24. Oncle aussi d'André.
25. Gide 1911, 635.
26. Gide 1905, 165.

Sur ce sujet il ne s'étend guère : non seulement cette voie de contamination lui apparaît comme très secondaire, mais elle ne dépend pas de l'intervention publique. Il s'étend encore moins sur la notion de protection, qui vise alors le producteur, et qui est devenue sous le nom de protectionnisme une politique d'État bien en place à l'aube du XXe siècle. Consommation, consommateur, protection : les mots fin-de-siècle ont des connotations qui ne sont point les nôtres.

Les questions des risques alimentaires sont-elles directement politiques ? Les élites politiques répondent non, sauf... sauf si ces risques relèvent du domaine reconnu et réservé à l'État.

Le principe de non-intervention ne peut être ébranlé que par une considération, un argument endogène qui prend le libéralisme au piège de sa propre logique. Les consommateurs, dit la théorie, sont « les meilleurs juges de leurs intérêts ». C'est là où le bât libéral blesse. Les nourrissons intoxiqués par un lait frelaté ou contaminés par un lait tuberculeux sont-ils vraiment « les meilleurs juges de leur intérêt » ? Et le profane, en 1900, a-t-il vraiment les moyens d'être son propre expert ?

Chacun à sa place ; l'État n'a à se substituer ni au producteur, ni au consommateur, ni au médecin ; il ne le fait que poussé par des nécessités supérieures, par exemple au nom du principe de subsidiarité. Son intervention se cantonne dans deux domaines : les falsifications et la protection de l'enfance.

Les bonbons en sont un exemple minuscule mais illustratif. Minuscule ? pas si sûr. La confiserie pose bien des problèmes qui étaient déjà ceux de l'Ancien Régime. Les confiseurs, par exemple, peuvent-ils vendre des sucreries à propriétés curatives ou préventives, ou bien ce droit est-il exclusivement celui des pharmaciens, comme ce M. Guichon, présentant à l'Exposition universelle de 1867 une pâte de fruits sucrée nutritive à la viande de bœuf, particulièrement recommandée aux convalescents ? Malgré la fin des corporations, les secrets de fabrication sont toujours bien protégés, le mystère plane sur les ateliers où le droit de se taire est reconnu aux faiseurs de douceurs [27]. Ce qui frappe, c'est la permanence du

27. Branlard 1999, 179, 19.

contentieux. Mais cela relève du tribunal. L'État, spécialement la IIIe République des années 90, s'implique fortement sur ce sujet avec d'autres motifs, et avec un objet quasi unique de vigilance : le bonbon. Ce qui paraît aux enfants doublement bon apparaît aux sphères dirigeantes comme hautement douteux. La protection de l'enfance, devenue une directive de gouvernement, épouse une opinion publique qui a toujours été sensible à la nourriture des enfants – déjà les pâtés vendus aux petits garçons dans les rues de l'Ancien Régime aiguisaient les soupçons des adultes et la vigilance de la police. Un peu partout, une réglementation sévère sur la confiserie se met en place. Il semble qu'il y ait eu quelques abus et quelques accidents. En France, 5 enfants sont empoisonnés à Épinal par des bonbons colorés au vert arsenical, c'est-à-dire, comme le souligne lourdement le *Journal de pharmacie*, du vert de Scheele ou de Schweinfurth, colorants provenant d'Allemagne. Des empoisonnements analogues sont constatés à Béziers en 1840[28].

Chaque pays prend des mesures, établit une liste de colorants et de substances prohibés, parfois plus large que la liste des substances nocives dressée par les chimistes. Ceux-ci, par exemple, ne voient pas la nécessité d'interdire des papiers d'emballage « dorés faux » comme le fait la France à partir de 1862, donnant le monopole de fait aux papiers d'argent... Ils pensent que la Suisse va trop loin en interdisant la fuchsine, ce colorant rouge qui figure dans les bonbons en quantités infimes. Les pouvoirs publics ne s'occupent pas ici de protection du consommateur : ils agissent dans les deux domaines d'action qui leur sont reconnus, l'hygiène de l'enfance et la répression des fraudes.

La connaissance inutile

La tuberculose bovine illustre bien l'ankylose de l'appareil politique dès lors qu'il s'agit d'intervenir dans un domaine – la protection du consommateur – où l'État s'interdit toute implication. Il est

28. Bouchardat 1878, 85-86.

vrai qu'avant 1882 et la découverte du bacille de Koch on n'avait aucune certitude. Même les scientifiques sont opposés à une politique de précautions. En 1878, alors que se renforcent les présomptions en faveur de la transmission de la maladie de l'animal à l'homme, les hygiénistes de tous les pays sont inquiets, mais ils ne poussent pas à prendre des mesures étatiques. Leurs arguments valent d'être entendus :

« Est-ce à dire qu'il faille, dès maintenant, proscrire d'une façon absolue l'usage des viandes provenant des animaux phtisiques ? loin de nous cette pensée ; il faut bien se rappeler, d'une part, que toutes les expériences ont été faites avec l'élément tuberculeux cru, qu'aucun fait ne prouve que le tissu musculaire non infiltré de tubercule jouit de la même propriété ; qu'alors même qu'il présenterait quelque danger, ce qui paraît improbable, la cuisson à laquelle on le soumet avant de le manger a pour conséquence nécessaire d'éteindre en lui toute activité virulente ; il ne faut pas oublier, d'autre part, que la viande est un aliment de première nécessité, dont la production actuelle ne peut déjà pas suffire aux besoins ; que la destruction d'une quantité très considérable de viandes de boucherie aurait pour effet d'en surélever le prix dans de fortes proportions et de la rendre inabordable pour la classe ouvrière qui en a le plus indispensable besoin ; qu'en présence d'un danger possible, mais à coup sûr peu grave, il convient d'examiner mûrement si, pour l'éviter, on ne tombera pas dans un pire ; qu'enfin cette mesure destinée à sauvegarder la santé publique, atteindrait un but tout à fait opposé [29]. »

C'est définir avec beaucoup de sérieux les enjeux. On peut cependant relever que l'enjeu économique, si fort dans une France largement paysanne, n'est pas évoqué – mais il s'agit dans cette instance d'élaborer un compromis scientifique, et seulement scientifique. C'est pourquoi on notera la prise en compte de la viande comme aliment de première nécessité. Cette nécessité évoquée ici est d'ordre hygiénique, elle est souhaitable, mais ce n'est pas une réalité objective. Dans le calcul balancé bénéfices/risques figure un plaidoyer pour la viande dans l'assiette ouvrière ; c'est le moment

29. Baudrimont 1878, 26-27.

où, dans les garnisons, on mesure le bon effet d'une ration de 300 grammes de viande par jour chez des recrues qui n'y sont pas habituées. Les soldats sont contents et chantent : « Chaque jour de la viande et de la soupe, sans travailler, sans travailler[30]. » Les médecins militaires constatent que sous la toise la taille des recrues augmente, et les officiers qu'ils sont enfin aptes, après quelques mois de ce régime, à subir les fatigues de l'entraînement. Les hygiénistes se demandent alors si le mot d'ordre républicain sur l'instruction obligatoire ne devrait pas s'accompagner d'une seconde devise : la viande obligatoire. Au terme de leur débat, il n'est pas sûr qu'ils restent dans leur rôle : non seulement ils disent le risque, mais ils disent nettement que le risque vaut la peine d'être couru.

En 1882, le risque de la contagion tuberculeuse est avéré et vérifié sous le microscope de Robert Koch, le moyen de dépistage est mis au point peu de temps après avec la tuberculine. Puisque le risque est devenu danger, les données de la question sont complètement déplacées. Le choix n'est plus entre une logique de précaution et une logique de familiarité – cette dernière justifiant l'absence de mesure tant que la nocivité du produit n'est pas démontrée. A vrai dire, il ne peut plus s'agir que d'une simple politique de prudence. Le choix consiste entre ce qu'on appelle une prévention obligatoire, assurée par l'État qui dépiste, écarte au besoin de la consommation la viande malsaine, ou une prévention libre qui unirait les efforts des éleveurs et ceux des industries laitières[31]. La réponse diverge suivant les États.

Celle de l'Allemagne bismarckienne est assez complète, elle peut s'appuyer sur une politique autoritaire et sur une tradition déjà longue d'inspection et de contrôle de la viande et de la bière des États allemands avant l'unité[32]. Les pays les plus libéraux, comme le Royaume-Uni, prennent des mesures au nom de la santé publique, mettent en place un réseau d'alerte et de contrôle. En France, concernant les maladies animales, le travail réglementaire s'arrête

30. Aron 1973, 259-260.
31. Nocard 1903, II, 29-33.
32. Spiekermann 2000, 40.

entre la Révolution et 1881[33]. La loi du 21 juillet 1881 oblige l'éleveur à déclarer les maladies contagieuses dont ses animaux pourraient être atteints : peste bovine, morve, clavelée, fièvre aphteuse. Les bêtes déclarées sont isolées, inspectées, et, selon le cas, soignées ou abattues. On en profite pour interdire les importations de cochons américains et allemands suspects de trichinose. Pour ce qui est de la tuberculose bovine, il y a une évidente réticence des autorités à l'inscrire dans la loi. Ainsi la grande loi sanitaire de 1881 n'en fait pas mention. Un décret réparera « l'oubli » en 1888. Dix ans après, l'abattage est rendu obligatoire. Mais le Parlement, unanime à voter la décision, ne sait pas combien d'animaux cela concerne, et d'ailleurs ne prévoit aucun dépistage systématique. En fin de compte, il fournit à la législation française un des plus beaux exemples de loi restée lettre morte[34]. Le test à la tuberculine ne sera rendu obligatoire en France qu'en ...1935, date à laquelle le Français court deux fois plus de risques de mourir tuberculeux que n'importe quel autre Européen[35].

Ailleurs en Europe où un système d'alerte et de dépistage obligatoire ou remboursé par l'État est en place dès la fin du siècle, on découvre de forts taux de contamination. En Belgique, pionnière en matière de test obligatoire, 60 % des bovins sont infectés ; en Allemagne, en Hollande, aux États-Unis, les taux oscillent entre 10 et 75 %. En France, où le test n'est pas obligatoire, on se targue de contamination plus faible. On dresse une géographie et une statistique de la contagion fondée sur les statistiques des abattoirs, qui n'ont qu'une valeur toute relative. Alors que partout la tuberculose bovine est en recrudescence entre 1850 et 1900, les estimations des pouvoirs publics vers 1900 sont rassurantes : une bête à cornes sur cent serait tuberculeuse[36]. Les vétérinaires, eux, disent qu'elle est présente sur tous les points du territoire, qu'elle atteindrait peut-être 25 % du cheptel bovin en Bretagne, 40 % dans les Vosges, 50 % dans les Pyrénées et en Beauce, autant dire une étable sur deux[37].

33. Vallat 2001, 96.
34. Nocard 1903, II, 13.
35. Darmon 1999, 480. Zeldin 1979, V, 322
36. Darmon 1999, 480.
37. Nocard 1903, II, 26. Bertin-Sans 1901, 12-13.

Pourtant, il est admis que la tuberculose sévit plus à l'étranger, qu'elle est maladie britannique, rançon de l'importation de ces bœufs de Durham achetés à prix d'or. Il est admis aussi que les troupeaux français y échappent plus facilement en restant fidèles aux méthodes extensives traditionnelles et à l'élevage en plein air. Les constats ont l'air de la vraisemblance. On ne peut mesurer dans ces statistiques la part de la sous-estimation, ni savoir dans les sous-estimations la part de politique volontaire de « rassurance » du consommateur.

La tuberculose – les deux tuberculoses, animale et humaine – est le lieu privilégié où se croisent et se nouent inextricablement deux peurs : celle de l'opinion qui fait pression sur les autorités ; celle des autorités, qui ont peur d'affoler l'opinion. Analysant les lenteurs et les atermoiements de la lutte contre la tuberculose en France, Lion Murard et Patrick Zylberman observent que la peur a étreint plus souvent les pouvoirs publics que l'opinion, et ils discernent dans la politique de la IIIe République « un nœud indémêlé de peur et d'insouciance[38] ».

Alors que l'inquiétude des experts, telle qu'elle s'exprime publiquement aux grands congrès d'hygiène, provoque prise de conscience et éthique de responsabilité, les élites dirigeantes semblent reproduire la posture stendhalienne. Stendhal, consul à Civita-Vecchia au moment où éclate la pandémie de choléra de 1832, écrit :

« Ici, nous n'avons jamais cru les journaux... Ici, petit trou de 7 500 habitants, la grippe tuait sept personnes par jour. Mais personne ne s'avisait d'avoir peur ; la presse n'avait pas frictionné les imaginations. J'ai vu pour la première fois que la liberté de la presse peut être nuisible ; Napoléon eût défendu le mot choléra[39]. »

On peut lire le retard à inscrire le mot de tuberculose dans la loi comme le souci d'éviter la panique de l'annonce officielle. C'est un mot tabou, il faudra attendre la Grande Guerre pour le voir figurer dans des textes officiels.

Nous avons déjà rencontré l'heuristique de la peur sous l'Ancien Régime dans les classes dirigeantes. Elle était soutenue par des

38. Murard 1996, 418.
39. Lettre de Stendhal à Di Fiore, citée dans Palou 1958, 104.

postulats médicaux : on devait tout mettre en œuvre pour éviter ces émotions productrices de noires humeurs qui étaient une des causes prédisposantes de la maladie. Mais le paradigme galénique s'est dissous dans les découvertes pasteuriennes, et la justification scientifique d'une telle attitude n'existe plus. Arrivée au bout de son épuisement théorique, la doctrine de la peur ne subsiste plus que dans la médecine préventive individuelle ... et comme technique politique. Les diététiciens enseignent qu'il ne saurait y avoir de bonne digestion sans un bon moral : « Évitez les préoccupations et surtout ne lisez pas les journaux politiques [40] ! » Les élites républicaines ont gardé, voire accentué une certaine vision du citoyen-mangeur : cet homme adulte, capable d'opérer un libre choix rationnel sur le marché, serait incapable de faire bon usage d'une information sur le risque. Les controverses des scientifiques, en entretenant les incertitudes, augmentent la perception de ce risque, créent une psychose. Le rôle de l'État est de ne pas alarmer, et, s'il y a alarme, de tranquilliser. Dire ce qui rassure : que la transmission se fait essentiellement par voie respiratoire – ce qui est vrai ; qu'une vache contaminée donne rarement du lait contaminé – ce qui est vrai. Le reste est affaire de protection individuelle. Ne pas cracher, faire bouillir... sont les deux mots d'ordre à diffuser dans les campagnes hygiéniques. L'essentiel de la vigilance étatique se ramène à cela : faire en sorte de ne pas jeter l'effroi parmi la population. « La peur est fille de l'ignorance », disait Lucien Febvre. Les élites dirigeantes de la République sont tout près de penser qu'elle est au contraire fille de la connaissance.

Les hommes au pouvoir semblent plus préoccupés de relations publiques que de santé publique, craignant par-dessus tout l'effet d'annonce. La maxime d'action politique suivie en France se résume-t-elle à ne pas lutter contre le risque, mais contre les effets psychologiques du risque ? L'affirmer serait peut-être trop tranché. Dans le cas du lait, il faut bien constater que Pasteur n'a pas été prophète en son pays. Dans le cas de la viande, de bonnes raisons militaient pour s'abstenir, et d'abord le fait qu'elle n'était pas denrée de consommation courante, qu'elle n'était dangereuse que par

40. Roques 1837.

exception, et que les experts scientifiques n'étaient pas favorables à la prohibition. La courbe des victimes de la tuberculose qui suit une pente ascendante, puis qui s'assagit, ne prend pas vraiment le profil d'une maladie d'origine alimentaire. Elle justifie, *a posteriori*, la large tolérance dont les muscles des bêtes tuberculeuses ont bénéficié.

Finalement, les progrès en matière de sécurité sanitaire, qui sont réels, ne suivent pas une marche uniforme et étatisée, en France comme dans les autres pays libéraux où la loi laisse une large initiative aux municipalités ou aux représentants de l'État en poste. Il n'y a nulle part des politiques nationales, mais des actions gouvernementales au coup par coup ou bien des actions isolées. On peut citer par exemple le rôle d'hommes comme Camille Leblanc, vétérinaire officiel de la préfecture de police de Paris, qui pousse à l'organisation d'un vrai service sanitaire ; après 1870, Léon Renault, le nouveau préfet de police, est le fils du directeur de l'École vétérinaire d'Alfort : il dote Paris et le département de la Seine d'un service sanitaire, en parfaite synergie avec la volonté des vétérinaires de jouer un rôle de service public. Ce sont les vétérinaires qui se chargent du contrôle des maladies animales et des abattoirs à partir de 1890, en évinçant ici les bouchers de leurs privilèges d'experts aux abattoirs[41]. Dans les départements comme le Vaucluse, il faut attendre 1892 pour que l'inspection des abattoirs publics soit obligatoirement quotidienne, 1913 pour qu'elle devienne l'activité exclusive du vétérinaire nommé[42]. Des villes comme Nice ou Arcachon s'efforcent de garantir la qualité bactériologique du lait distribué en obligeant les laitiers à apposer des plaques sur les bidons garantis[43]. A New York, toutes les vaches laitières sont soumises à l'épreuve de la tuberculine. Le *Milk and Dairies Act* interdit la vente de lait tuberculeux et donne aux autorités locales en Angleterre tout pouvoir de contrôle.

41. Hubsher 1999, 193-195.
42. Pleindoux 1925, 83.
43. Léonard 1986, 158.

Giorgio Cosmacini, historien et médecin, remarque à propos de la réforme sanitaire italienne de 1888 combien la loi retarde par rapport aux connaissances médicales [44]. Au moment de la peste de 1348, sans aucune certitude étiologique, le pape et Gui de Chauliac, en pleine improvisation thérapeutique, avaient pris des mesures assez proches des rares intuitions sur la peste pour être opératoires. Le retard entre la connaissance et le règlement était faible. Tout se passe comme si, sous le règne du paradigme galénique, la politique de prévention suive plus ou moins bien, mais plutôt bien, les injonctions des savants. Avec le nouveau paradigme pasteurien, le décalage entre le savoir académique et le pouvoir est flagrant, alors même que les connaissances sont plus positives, alors même que dans les organes de délibération démocratique comme le Sénat français les médecins sont une des professions les mieux représentées [45].

Les hommes politiques de la IIIe République partageaient avec les scientifiques – historiens compris – une vision optimiste et positive de l'histoire : propulsé par la science, le progrès déroulerait ses bienfaits inexorablement et linéairement. Ils se trompaient ; leur pratique politique face aux risques alimentaires montre bien les rapports complexes qu'entretiennent le savoir et le pouvoir. A leur époque, la distance est maximale.

44. Cosmacini 1992, 354.
45. Zeldin 1979, I, 35.

CHAPITRE 16

Les empoisonneurs de Chicago

Le consommateur fin-de-siècle

Le contrat sanitaire défini dans les villes médiévales a reçu quelques coups de canif, mais il garde toute sa pertinence. Il est entendu que si le consommateur peut compter sur la ville ou sur l'État pour le protéger des falsifications, il doit aussi se garantir. La culture hygiénique fin-de-siècle enseigne comment acheter sur les marchés, et comment bien préparer sa nourriture. Ce consommateur averti a une identité plus précise : c'est la femme, la ménagère à qui le partage des rôles domestiques a dévolu le soin et la responsabilité de la santé familiale. Ce n'est pas tout pour la femme au foyer de cuisiner, encore doit-elle bien cuisiner, avec de bons produits, puisque c'est la santé de ses enfants qui est en jeu. Sur ce point, les manuels d'hygiène et la presse féminine s'accordent totalement.

Le choix des produits frais et sains reste une préoccupation majeure, à la mesure d'un budget familial où les achats alimentaires représentent toujours plus de la moitié [1].

A quoi reconnaît-on la bonne farine de la mauvaise ? Faut-il acheter du pain blanc ou du pain bis ? Comment acheter un pâté à la viande ? Comment distinguer le chat du lapin dans une gibelotte ? Les interrogations se répètent, les réponses aussi, dans les manuels

1. En Europe, un ménage ouvrier de 5 personnes consacre en moyenne 64 % de ses revenus aux dépenses alimentaires. Aux États-Unis, 43 %. Gide 1905, 164. La valeur de ces moyennes est discutée par Léonard 1986, 185.

et les guides pratiques édités au début du siècle dernier, et qui ont pour but d'éduquer ou de rééduquer à chaque génération l'innocence du profane [2].

Le consommateur mène sur les marchés sa propre enquête sensorielle, avec pour principales antennes l'odorat et la vue. Voulez-vous savoir si le pâté est frais ? Examinez d'abord la croûte, qui doit être bien sèche, sans « ressuer » la graisse, ni fendillée ; puis flairez, repérez les éventuels relents de fade ou de moisi ; enfin, touchez. Touchez toujours, pour confirmer ou infirmer ce que l'œil ou le nez ont saisi. Passez le doigt sur les branchies du poisson, pour vous assurer qu'elles ne sont pas colorées à l'éosine, ou au rouge de cochenille, prenez-le dans la main pour tester la raideur, détachez une écaille avec l'ongle de l'index.

La meilleure garantie est d'acheter toujours au plus proche du vivant. Ainsi les escargots, dont on fait alors grand cas. Achetez-les vivants, pour être sûr que vous mangerez le mollusque. Autrement, la coquille risque d'être farcie d'autres substances : de lanières de poumon, de sel, de farine, de morceaux de foie recouverts de beurre et fortement assaisonnés [3].

L'acheteur avisé est toujours cet homme paradoxal qui régresse vers l'animal, hume, flaire et palpe. Le comportement du consommateur n'a-t-il donc point changé en quelques siècles ? Un petit bilan comparatif indique cependant quelques glissement subreptices.

Le consommateur 1900 reste zoophage, mais pour les petits animaux dépourvus de sang, voire les très petits : la volaille, les poissons, les escargots. Il sait l'anatomie comparée du chat et du lapin – du moins, il les distingue à l'omoplate, il supporte la vue d'une tête de veau non apprêtée. Il identifie les poissons entiers et peut encore comprendre la force et la portée de certaines insultes poissonnières. Dans les marchés provençaux, se faire traiter de tête de baudroie, injure superlative, a encore un sens et peut déclencher de belles bagarres féminines. Puisqu'on veut toujours pouvoir regarder la baudroie au fond des yeux pour apprécier sa fraîcheur, l'idée n'est pas venue au poissonnier de vendre une baudroie acé-

2. Marre 1911.
3. Laumonier 1911, 146. Marre 1911, 202.

phale, dépouillée de sa peau et euphémisée « en queue de lotte » anonyme.

Si le comportement devant l'étal du poissonnier reste le même, à la boucherie tout a changé. Le boucher, débarrassé des stigmates attachés au statut d'équarrisseur, est depuis 1863 en France un débitant comme les autres, un fournisseur en qui on peut avoir confiance. La confiance en son fournisseur : voilà une donnée nouvelle, un mode de relation inconnu (ou invisible) dans les siècles passés, où les statuts urbains véhiculaient une méfiance généralisée envers les professionnels de l'approvisionnement. Pour les métiers de bouche, l'ère du soupçon officiel est révolue. Le fournisseur n'est pas anonyme, il est « du coin », et cette proximité autant que son nom, qu'il étale volontiers sur sa vitrine, en précisant « maison de confiance », rassure l'acheteur. Il n'est pas interdit de voir dans cette relation interpersonnelle comme une façon d'être tranquillisé sur la provenance des produits de bouche – comme une alternative à ce contrôle direct que le consommateur zoophage exerçait sur la viande et qu'il n'exerce plus, parce que les abattoirs sont exilés loin des boutiques, parce que, devenu sarcophage, il veut savoir sans voir. Le commerçant 1900 exerce une fonction assez neuve, celle de conseiller sa clientèle.

La sarcophagie qui caractérise le consommateur fin-de-siècle est sans doute pour quelque chose dans l'acceptation de la viande chevaline. L'aversion en France est de longue durée. L'hippophagie est interdite jusqu'en 1815, puis subreptice, comme dans les bouiboui pour étudiants où la calomnie susurre que l'apparition des biftecks est liée à l'épizootie équine[4].

En France, Isidore Geoffroy Saint-Hilaire s'est fait le promoteur de la viande chevaline. A Paris, les premières boucheries hippophagiques ont ouvert en 1867 ; cette année-là, 2 152 chevaux, ânes et mulets sont abattus aux portes de la capitale, et le nombre va augmentant, avant d'atteindre le pic circonstanciel et bien connu de 1870 : pendant le siège, les Parisiens consomment plus de 65 000 chevaux. En 1878, « la viande de cheval trouve son écoulement dans la population ouvrière, qui commence à la rechercher et à

4. Balzac, *Les Illusions perdues.* Cité par P. Berthier, *op. cit.*, 218.

comprendre qu'il vaut mieux manger deux fois du cheval sain et nourrissant qu'une seule fois du bœuf de qualité inférieure ; le prix de la viande de cheval, en effet, ne dépasse pas la moitié du prix de la viande de bœuf[5] ».

Les répugnances s'effacent peu à peu, et l'apparition de l'automobile y est pour quelque chose qui rompt le vieux compagnonnage entre l'homme et le cheval. Il n'en reste pas moins que la viande chevaline n'est jamais marbrée ni persillée : on n'engraisse pas le cheval pour la boucherie, et cette qualité de viande maigre, à elle seule, suffit à en abaisser le prix. La province a suivi, mais pas l'Europe tout entière. En Allemagne, en Autriche, en Belgique, en Espagne, en Suisse, la pratique des basses boucheries s'est maintenue. Sur ces étaux francs (*Freibanke*), on vend des viandes de troisième catégorie ou reconnues malades. Le commerce se fait tout à fait légalement et sous contrôle sanitaire. Les employés des abattoirs, sous double surveillance du service vétérinaire et de la police de la ville, préparent les chairs, vendues soit crues, soit cuites dans de grands autoclaves. Les étaux libres débitent beaucoup, et à bon marché : leur clientèle est populaire. Les Français, qui ont aboli les petites boucheries, trouvent avec les boucheries hippophagiques une sorte d'équivalent aux étaux libres. Les derniers tabous ont disparu : on consomme du cheval, volontairement, du chat, involontairement. Le chat en gibelotte et le civet de matou sont un des grands thèmes des légendes urbaines, mais en se banalisant il perd de sa force : on ne craint plus l'empoisonnement[6]. Le consommateur libéré est théoriquement plus quiet.

Il bénéficie aussi d'avancées technologiques qui lui permettent de se garantir contre certaines fraudes. Le moulin à poivre, par exemple : petite innovation pratique, grands effets bénéfiques. Le dernier ingrédient qui survit à la grande vogue épicière médiévale, c'est le poivre. Pendant longtemps, on a acheté le poivre moulu, mais sans aucune garantie de pureté. A l'analyse, on relève divers additifs, que l'on classe. D'abord les matières qui n'ont pas de goût,

5. Baudrimont 1878, 39-40.

6. Civet de matou : Bizet 1847, 416 ; gibelotte de chat : Marre 1911, 113. *Larousse gastronomique*, 1938, 320.

comme le sable, la fécule de pomme de terre, les diverses farines, les balayures de magasin, les poudres de noyaux d'olives, de coques de noix, de noisettes, d'amandes, de divers bois, de tourteaux épuisés, de diverses graines oléagineuses, les débris de pain et de biscuits pulvérisés. Mais le poivre, ainsi additionné de substances insipides, n'a plus aucun goût. On le « remonte » donc avec d'autres substances qui lui donneront couleur et saveur, telles que le piment des jardins, la maniguette, le laurier, la moutarde noire [7]... Le catalogue de ces additifs fin-de-siècle a ceci de rassurant qu'il contient plutôt des substances comestibles ou neutres, au regard de ceux utilisés les siècles précédents où la suie tenait une place d'honneur. Il existe aussi un poivre artificiel, à base d'ingrédients naturels : farine de seigle, piment de Provence et farine de moutarde [8]. La petite invention, popularisée par la maison Peugeot, va permettre d'acheter désormais du poivre en grains. Le moulin à poivre est le premier appareil ménager en quelque sorte à se répandre très rapidement dans toutes les cuisines et dans tous les milieux.

Dans la lente transformation de l'identité du consommateur, il faut signaler qu'il n'utilise plus ses organes sensoriels de la même façon. Désormais, la vue est devenue essentielle, avant l'odorat. C'est que, pour s'informer, le consommateur doit lire, l'étiquetage étant de plus en plus présent sur les produits frais ou en conserve. Avec les conserves le marché s'aseptise, se désodorise, et désormais on y « mange avec les yeux » plus qu'avec le nez. Sur les étals libres des boucheries allemandes l'étiquetage est obligatoire. Il l'est aussi sur les bouteilles de vin et les boîtes de conserve, mais avec un contenu informatif si peu réglementé que l'étiquette ressortit plutôt au genre esthétique. L'étiquette est une jolie image, une chromolithographie, qui assure la « réclame » des marques. Sur une boîte de conserve figurent la marque de fabrique, et, pour les conserves françaises, la garantie « au naturel » cuite sans reverdissant, ou sans garantie. Ni la date de remplissage ni la date limite de consommation ne figurent. L'étiquette des bouteilles est censée aussi protéger le producteur, non le consommateur, et avant 1919 rien n'exige que

7. Laumonier 1911, 160.
8. Aulagnier 1830, I, 160.

le vin soit effectivement originaire de la région spécifiée sur son étiquette. C'est aux États-Unis que la technique de la publicité est la plus utilisée. Comme les Européens, les Américains sont gênés par la disparition de ce face-à-face entre le produit et le consommateur qui permettait à ce dernier d'exercer sa responsabilité en toute connaissance de cause. Les industriels l'ont d'ailleurs bien compris, qui, pour recréer un lien artificiel entre les deux, usent de la réclame à grande échelle. On peut penser la publicité comme l'instrument de choix pour susciter de nouveaux besoins de consommation, mais elle est aussi née de cette faille élargie entre producteurs et consommateurs qui rend nécessaire le recours à un nouveau moyen de communication [9]. En 1900, les marques comme Joseph Campbell, H.J. Heinz, P.D. Armour – remarquons combien elles sont personnelles et non anonymes – se font connaître à grand renfort de placards en couleurs et de petites étiquettes où le nom est accompagné souvent d'épithètes comme meilleur, superfin, aussi louangeuses que non garanties.

Ainsi, loin de régresser vers l'animalité, le consommateur opère cette lente ascension vers le sens le plus intellectuel, celui qui va faire de lui un expert en consommation traçable. Il compense la perte du contact direct avec l'aliment, la viande en particulier, par deux choses : d'abord par un nouveau mode de connaissance, qui passe par la lecture, et par un nouveau mode de relation avec le fournisseur, qui, sachant ce qu'il achète, est comme garant d'une connaissance médiatisée.

Le Nord et le Sud

Le Consommateur n'existe pas. Quand la filière d'approvisionnement s'allonge, quand la production s'industrialise, alors s'ouvre toute une gamme de comportements différenciés, de manières différentes d'assurer la sécurité de son approvisionnement quotidien. Retenons un exemple, celui du lait frais.

9. Potter 1966, 230.

Allemands et Danois sont sans doute les premiers à organiser une filière industrialisée, qui va de la ferme à la laiterie, de la laiterie au wagon et au marché urbain. En ville, le lait est distribué en boutiques, mais de plus en plus par un service assuré par des laitiers qui livrent au petit matin aux consommateurs du lait stérilisé en pot. Dans la culture urbaine anglaise, le laitier et ses tournées quotidiennes prennent une place quasi folklorique. Le consommateur anglo-saxon tient la chaîne du lait pour un système commode, quoique peu fiable. Il demande du lait stérilisé, et non plus seulement pasteurisé. Il troque son pot de lait pour des bouteilles en verre, plus hygiéniques [10].

En Europe du Sud, l'intervention de divers intermédiaires dans la chaîne du lait est jugée comme une calamité plus redoutable que toutes les bactéries réunies. On reste donc fidèle à l'ancienne garantie qui consiste à réduire la distance entre la vache et le buveur.

En 1900, Naples est animée chaque matin par d'aimables scènes de la vie animale. On voit, on entend d'abord les vaches à clochettes qui circulent en ville pour leur tournée matinale de distribution de lait frais. Puis vient le tour des chèvres urbaines. A chaque immeuble le troupeau s'arrête, se couche à terre pour se reposer, le chevrier attrape une chèvre et l'entraîne sous un porche pour la traire.

« Parfois la maîtresse de maison est méfiante, elle ne croit pas à l'honnêteté du chevrier, ni à celle de la servante ; alors le chevrier et la chèvre montent jusqu'au troisième étage, et un conseil de famille se forme sur le palier pour surveiller la traite du lait [11]. »

Dans les autres villes européennes, le lait s'achète dans des « boutiques toutes propres et blanches de marbre », mais les Napolitains préfèrent cette livraison à domicile, semblables en cela – mais en cela uniquement – aux ménages anglais.

Une autre formule est d'aller chercher le lait dans ces étables urbaines encore bien présentes un peu partout. Ainsi font les Lyonnais sous le Second Empire, qui s'approvisionnent en lait bourru dans les 38 vacheries de la ville. Le Conseil d'hygiène ne trouve rien à redire à leur présence, et, si les plus proches voisins se

10. Vernon in Kiple 2000, 699-700.
11. Serao 1898, 187.

plaignent de pollution, les autres demandent à conserver les vacheries « parce que le lait qu'ils y trouvent leur paraît plus pur et meilleur que celui venant du dehors ». A Montpellier, au début du siècle, les vachers sont attentifs à leurs animaux, ils frictionnent la mamelle et le pis de la vache avec du fumier : cela facilite la traite, disent-ils (cela facilite aussi l'infection, répondent les hygiénistes). Ensuite, ils mélangent les différents laits : cela rend bien homogène le produit livré à la consommation (mais il suffit d'un lait tuberculeux pour rendre tout le mélange dangereux, observent les hygiénistes, qui fulminent : étonnez-vous que sur dix échantillons examinés, le laboratoire municipal en trouve régulièrement trois ou quatre de virulents !) [12]. Comme le marché du lait se dilate, conquérant la nouvelle clientèle des adultes en bonne santé consommant du lait frais dans leur café du matin, le circuit court devient notoirement insuffisant. Mais il subsiste, et les Carpentrassiens à la fin du siècle vont à vêpres chercher le lait à la périphérie de la ville dans une étable à 30 vaches tenue par des Savoyards :

« Dans une pièce appelée laiterie se trouvaient des jarres pleines de lait et de mouches. Je n'en avais jamais autant vu de ma vie [s'agit-il des jarres ou des mouches ? l'auteur ne le précise pas]. Les laitiers avaient un jeune enfant au berceau à la mode savoyarde, des sangles entrecroisées l'empêchaient de bouger, et il était recouvert de mouches [13]. »

Cette attention aux mouches démontre une sensibilité nouvelle, attestée un peu partout [14]. Mais là encore le souci hygiénique est à géométrie variable.

Le cru et le cuit

La protection du mangeur passe toujours par la cuisine, après le marché. Bouillir est toujours la première des précautions. Pourtant,

12. Faure, 1997, 560. Bertin-Sans 1901, 6.
13. M.-T. Chalon, *Une vie comme un jour*, Paris, Stock, 1974, 26-27.
14. Faure 1997, 563.

le siècle s'ouvre sur une dévaluation gastronomique du bouilli avec cette déclaration catégorique de Brillat-Savarin, grand professeur de goût : « Le bouilli est une nourriture saine, qui apaise promptement la faim, se digère assez bien, mais qui seule ne restaure pas beaucoup, parce que la viande a perdu dans l'ébullition une partie des sucs animalisables. » Et de se gausser des mangeurs de bouilli, en particulier des « routiniers qui en mangent parce que leurs parents en mangeaient et qui, suivant cette pratique avec une soumission implicite, espèrent bien aussi être imités par leurs enfants [15] ».

Le bouilli est attaqué sur un second front : il subit une dévaluation hygiénique avant 1850. Ce sont les hygiénistes productivistes qui mènent l'offensive, après avoir mené les premières enquêtes sur le comportement alimentaire de certains groupes. Ils ont observé par exemple que les ouvriers anglais, employés à la construction du chemin de fer de Paris à Rouen, et nourris de viandes rôties, produisent un tiers de travail en plus que les ouvriers français soumis au régime du bouilli, de la soupe et des légumes secs. A leur fondation, les forges d'Ivry sont obligées de faire venir des ouvriers d'Angleterre pour les plus rudes travaux, jusqu'au jour où les ouvriers français, mis au même régime, sont capables d'effectuer les mêmes ouvrages [16]. De là, armés en plus de leurs nouvelles notions de nutrition et convaincus de la supériorité de la viande, ils concluent à la supériorité du régime carné anglais et des modes de préparation autres que le bouilli, qui prive le travailleur des sucs nutritifs. La mode diététique rejoint la mode gastronomique : on recommande d'éviter le bouilli, de préférer l'étuvé, de manger le rôti saignant ; si on le peut, comme le conseille le Dr Willich, « approchant la crudité ».

Leurs contemporains sont-ils routiniers ou bien innovateurs, prêts à se convertir et à cuire « vert », plus tard on dira « bleu » ? Certains restaurants huppés de Paris ou de Lyon servent du filet de bœuf cru, haché menu et assaisonné d'échalotes. Ils appellent ce mets le filet à la Hottentote. La mode venue d'Angleterre en agace

15. Brillat-Savarin 1996, 82.
16. Baudrimont 1878, 2.

plus d'un en France, tel Charles Fourier qui critique cette nouvelle façon de manger « de la viande à demi crue, avec des fourchettes courbées à rebours et impossibles à manier [17] ».

La vaste majorité des Français consomment des plats bien différents de ceux concoctés par la gastronomie parisienne. La cuisine paysanne reste fidèle à sa méthode traditionnelle de cuisson, au pot-au-feu national tel qu'on le célèbre en 1847 :

« Le pot-au-feu national, qui est en France la base de l'hygiène domestique, autour duquel vient se grouper la famille, qui la retient de l'intérieur, qui vient resserrer les liens, et qui est une source d'où découlent non seulement la vigueur et l'énergie indispensable au travail, mais encore l'ordre, l'économie, les affections légitimes et la morale des classes ouvrières [18]. »

Bizet est vétérinaire, Raspail est médecin, il renchérit sur l'utilité morale et alimentaire du pot-au-feu pour les ouvriers des grandes villes qui, sortis des prisons de leurs ateliers, ne doivent pas tomber dans « le gouffre des tavernes » :

« Que l'ouvrier sache qu'il n'est jamais si bien nourri qu'au sein de sa famille ; que vient-il faire le dimanche et le lundi à la barrière, si ce n'est y chercher des querelles et une crapuleuse indigestion ? »

On l'a compris : seul un foyer harmonieux et une bonne cuisine pourront détourner l'ouvrier des mauvaises tentations du cabaret [19]. Le pot-au-feu dans le discours hygiénique français volontiers moralisateur se trouve investi de valeurs extra-alimentaires, il est comme le symbole de ce modèle du foyer bourgeois et des rôles domestiques que l'idéologie républicaine tente de transmettre aux classes ouvrières. Accessoirement, il est le garant d'une cuisine hygiénique, qui tourne autour du pot-au-feu, de bœuf dans le Nord, de mouton dans le Sud, qu'on soumettra à lente ébullition pendant 3 à 4 heures, temps amplement suffisant pour détruire tous les germes dont la viande pourrait être infectée. Au mouton ou au bœuf on préfère le porc salé dans les campagnes françaises – la Révolution ayant

17. C. Fourier, *Le Nouveau Monde amoureux*, 235, cité par M. Onfray, *Le Ventre des philosophes. Critique de la raison diététique*, Paris, Grasset, 1989, 88. Masse 1876, 4.

18. Bizet 1847, 338.

19. Raspail 1845, 22-23.

apporté cette grande conquête qu'est la disparition de la gabelle. Dans les campagnes écossaises, on fume les jambons à la fumée du charbon, ce qui est plus risqué [20]. Mais un jambon salé est rarement mangé cru, il passe du saloir ou du fumoir à la marmite avant de figurer dans l'assiette du mangeur.

Les cultures alimentaires nationales engendrent des peurs différenciées. L'Allemagne craint la trichinose et le botulisme, deux maux – et deux mots – longtemps ignorés des Français.

La trichinose du cochon, une parasitose transmissible à l'homme, est mortelle. Quand on commence à faire l'inspection microscopique dans les abattoirs, on relève qu'à Gotha un porc sur 800 est triché, à Halle, un sur 300, à Rostock, un sur 340, à Stockholm, un sur 266. Aucune statistique de ce genre n'existe en France, où les importations de cochons d'outre-Rhin sont interdites. C'est surtout durant l'épidémie de 1865-1866 que la trichinose a été bien étudiée et bien décrite. On s'interroge sur sa fréquence relative en Allemagne du Nord, et sa rareté en France. La conclusion des experts, c'est qu'en France on mange la viande de porc très cuite, ce qui tue les parasites, alors qu'en Allemagne c'est le contraire qui est la règle : les paysans allemands ont des cochons plus roses, plus gros et mieux soignés, ils mangent la viande rosée à cœur, ou sous forme de saucisses préparées avec les intestins au pouvoir hautement infestant [21].

Il semble bien que ce soit l'arriération diététique des campagnes françaises qui les protègent de graves parasitoses. Certes, les porcs français, surtout ceux du Massif central, continuent à être infestés de cysticerques, mais le ténia ne tue pas. Et puis les larves de vers solitaires ne résistent pas non plus à la salaison, ou à la cuisson prolongée. Ce sont les citadins qui deviennent de plus en plus parasités : on découvre alors que le bœuf est aussi porteur de ténia, et que la nouvelle habitude de manger le bœuf peu cuit favorise la parasitose. A Montpellier, on soupçonne les bœufs importés des Hautes-Pyrénées d'être tous, ou presque tous, porteurs de ténias

20. Brears 1993, 241.
21. Baudrimont 1878, 34. Lederer 1986, 297.

inermes ; si au moins on les soumettait comme les cochons au langueyage ! Mais non, l'inspecteur des abattoirs, ex-maçon ou ex-agriculteur, est incapable de dépister les animaux ladres, et ils entrent dans le circuit alimentaire [22].

Les Français semblent aussi échapper au botulisme. Les premiers cas (disons : les premiers cas attestés) sont dépistés en Allemagne du Sud en 1720. Au début du XIXe, on s'aperçoit que cette intoxication paralysante est liée à la consommation de saucisses et de salaisons ; en 1895, on isole la toxine, un poison violentissime, dans un jambon cru assassin de 10 personnes [23]. *Botulus* est le nom latin de la saucisse, on appelle alors cet empoisonnement le botulisme. Le botulisme fait une entrée plus tardive en France. On découvre le mot à la lecture de la presse hygiénique, dans les années 1900 [24]. Une enquête montre que le Wurtemberg est le plus touché par le botulisme : 920 cas, et 366 morts, entre 1735 et 1874, 65 en Prusse, 688 dans le reste de l'Allemagne. En France, où on enregistre le botulisme à partir de 1875, on relève 21 cas, dont 3 seulement mortels entre 1875 et 1924 [25].

Face au danger de la trichinose, la réaction des pouvoirs publics en France est ferme et rapide. En 1878 éclate la seule épidémie connue sur le territoire national, à Crépy-en-Valois. Cette même année, les États-Unis rendent publiques des statistiques alarmantes : 8 % des porcs abattus à Chicago sont trichinés. Sans attendre, la France interdit toute importation de porcs venus d'Amérique ou d'outre-Rhin. Est-ce vraiment là une mesure de pure protection sanitaire ? S'agissant de porcs américains, les hygiénistes ont beau jeu de démontrer que l'épidémie de Crépy est bien d'origine autochtone, et que les viandes américaines n'ont jamais provoqué le moindre accident sur le Vieux Continent. Au bout de leur voyage transatlantique, les éventuelles trichines sont mortes ou presque, et bien incapables de déclencher la moindre infestation.

22. Masse 1876, 19-20.
23. Théodoridès 1991, 153.
24. Léonard 1986, 168.
25. Dack 1943, 38. Pointeau-Pouliquen 1958.

Pour les spécialistes, la vigilance face aux viandes à risque ne passe pas par des mesures étatiques, mais bien par la prophylaxie individuelle et familiale. Mieux vaut alerter la ménagère que le douanier. Leurs mises en garde répétées amène à un revirement d'opinion dans le dernier tiers du siècle. Haro sur les viandes mangées fraîches et saignantes !

Pasteur et la découverte des microbes accélèrent le retour au bouilli. Ce n'est pas un grand bond en arrière vers le Moyen Age, on dispose désormais pour bien cuire de puissants motifs et de moyens autrement plus perfectionnés. Cuisez, éliminez les parasites et les microbes, tel est le nouveau mot d'ordre[26]. Faites bouillir surtout, car tous les modes de cuisson ne se valent pas, et seule l'ébullition assure la destruction complète des germes. On ne se sert plus de marmite en cuivre suspendue à l'âtre, mais de matériaux comme le fer-blanc, et de combustibles qui offrent des possibilités inégalées aux servantes et aux ménagères de pouvoir régler la cuisson. Sommée de se protéger elle-même et sa famille, la ménagère chasse la petite bête et tue le microbe à coup de chaleur, à 75° pour la tuberculose ou le charbon du mouton, à 50° pour la trichinose ou le ténia, à 101° pour le lait, suivant les conseils des hygiénistes qui sont sûrs et rassurants[27].

Il y a quelques excès – que la découverte des vitamines dénoncera, après 1912 – et quelques illusions : on déplore que l'opinion soit très répandue dans le public que la cuisson exerce une action purificatrice sur tout ce qui est malsain, quelle que soit l'origine : putréfaction, maladie de l'animal, empoisonnement chimique[28]. D'autant que les leçons de Pasteur (mort en 1895) ne sont pas toutes assimilées, loin de là : l'asepsie à la cuisine laisse à désirer, alors que les manuels d'hygiène se sont enrichis d'un chapitre nouveau sur la propreté domestique. Si la nécessité de la cuisson s'inscrit vite dans les mentalités et les pratiques populaires – comme une autre version du mythe de l'eau lustrante et du feu purificateur –, le microbe est difficile à comprendre, les salmo-

26. Laumonier 1911, 113, 116.
27. Marre 1911, 75.
28. *Ibid.*, 80.

nelles inconnues. Les faits divers regorgent d'accidents, à l'échelle d'un individu, d'une famille : on parle d'empoisonnement, il en faut bien plus pour déclencher une enquête épidémiologique. Le repas de noce de Cholet en est un exemple parmi des centaines d'autres. En 1913, un repas de noce est servi à Cholet, avec toutes les garanties que représente une préparation familiale. Au dessert, les convives dégustent une « crème anglaise », qui malgré son nom est un grand classique des campagnes françaises et un bel exemple d'autoconsommation. La crème ne requiert que des produits de la ferme : du lait, des œufs. Mais la cuisinière était porteuse de salmonelles : au total, 40 personnes sont empoisonnées, 10 en meurent [29].

Empoisonnements et accidents domestiques sont très nombreux. Sans doute même constituent-ils la première des pathologies alimentaires. Mais, pour l'affirmer, il faudrait des chiffres. D'une part, ils sont mal comptabilisés. D'autre part, ils sont faiblement médiatisés. Des accidents sérieux qui se cachent derrière le voile de l'autoconsommation familiale on ne fera pas une affaire d'État. Quand les journaux français découvrent en 1900 le botulisme, les cas qu'ils dénoncent sont surtout dus à la vente foraine sur les marchés en plein air et en plein soleil de boudins avariés et de saucisses verdâtres [30]. La presse est ici le miroir de la sensibilité commune. La perception du risque est à géométrie variable : on craint moins les risques objectivement les plus probables (la pensée probabiliste allant contre l'intuition) que ceux qu'il est plus difficile d'objectiver mais plus facile à imaginer. Ainsi, on « choisit » d'oublier le risque que représente une conserve d'asperges familiale et, corrélativement, on exagère ceux liés à une boîte de petits pois en conserve industrielle, ou, pis, de *corned beef made in USA*... Ces illusions cognitives marquent aussi les peurs fin-de-siècle.

29. Lassablière 1950, 296.
30. Léonard 1986, 168-169.

L'industrialisation anxiogène

Si le consommateur fin-de-siècle se trouvait seulement confronté aux problèmes de choix sur le marché de sa ville et aux précautions dans sa cuisine, il resterait dans des schémas de comportement familiers. Mais l'industrie a créé un marché impersonnel, où le face-à-face avec l'aliment n'existe plus. Le consommateur perd ses repères, et sa liberté de choix grandissante se solde d'abord par la perplexité. L'image montre une dame en consultation chez son médecin de famille : « Mais en vérité, docteur, dans nos villes, aujourd'hui, on ne sait plus ce que l'on mange [31] ! »

La réflexion est courante en cette fin de siècle, et popularisée par l'imagerie d'Épinal. Mais il est d'autres interrogations qui suscitent sinon la peur, du moins une angoisse sourde.

L'anthropologue Jack Goody, analysant la révolution alimentaire industrielle, en distingue 4 composantes : l'avènement de la conserve ; la mécanisation ; le transport ; les nouvelles structures du commerce de détail. Laissons de côté les transformations du commerce de détail, qui ne sont pas opérées avant 1914, et la mécanisation, qui est « neutre » au regard des attentes du consommateur ; restent deux caractères de la révolution qui peuvent sécréter l'angoisse : la conserve et les transports.

La révolution des transports se traduit par un allongement des filières de l'approvisionnement à l'échelle du monde tout entier. Pasteur déclarait à Napoléon III combien il était regrettable de « voir la viande en Europe à un prix exorbitant alors qu'à Buenos Aires elle constitue un embarras ». Dix ans après, en 1876, le premier cargo « frigorifique » revient à Rouen avec dans ses soutes 21 000 kilos de bœuf argentin. L'inégalité est en voie de comblement grâce aux nouvelles techniques du froid. L'homme est partagé

31. Image d'Épinal, *Les Principales Falsifications*, 1883. Reproduite in Lebigre 1986, 124.

entre son admiration pour le « miracle du froid » qui permet enfin d'allonger la durée de vie et la disponibilité des réserves alimentaires, et son inquiétude face à des produits voyageurs au si long cours [32]. La filière frigorifique, comme les fabriques de conserves, allonge démesurément les circuits d'approvisionnement et organise les échanges alimentaires à l'échelle planétaire. En même temps que la filière du manger s'allonge, elle se fragmente, et le circuit qui mène du producteur au consommateur ne comprend plus un seul intermédiaire – le débitant – mais se segmente, la production elle-même se partageant entre une phase agricole et une phase de transformation industrielle. Ce marché planétaire, hyper-complexe, est un marché impersonnel auquel le consommateur participe mais sans le maîtriser ni même le comprendre.

En fin de siècle, les manuels pratiques se sont enrichis d'un chapitre inédit : comment choisir les conserves. La gamme des produits de bouche offerts au panier de la ménagère s'est considérablement élargie avec les succès de la conserve industrielle ; les héros de l'histoire alimentaire française du XIXe siècle ne s'appellent pas Parmentier ou Geoffroy Saint-Hilaire, mais Appert, Chevallier-Appert, son neveu, et Pasteur. Sous l'Empire, Nicolas Appert a mis au point chez lui à Massy, empiriquement, le procédé de conservation.

« M. Appert a trouvé l'art de fixer les saisons : chez lui, le printemps, l'été, l'automne viennent en bouteilles, semblables à ces plantes délicates que le jardinier protège sous un dôme de verre contre l'intempérie des saisons [33]. »

Le procédé d'Appert est encore très artisanal, quasi alchimique avec le chauffage au bain-marie, il se perfectionne avec deux innovations. La boîte en fer-blanc, soudée, est une invention anglaise de 1847. Les premières sont faites à la main, mais on met au point une machine capable de les fabriquer en série, et une autre pour les sertir hermétiquement. La *metal can* remplace les petites bouteilles et les bocaux de Nicolas. En 1852, Chevallier-Appert utilise l'autoclave, en surélevant la température et surtout en la contrôlant au

32. Lassablière 1950, art. « Conservation des aliments ».
33. *Le Courrier de l'Europe*, 10 février 1809.

moyen d'un manomètre. Quand du procédé artisanal on passe à la technique industrielle, dans la seconde moitié du siècle, la conserve « appertisée » entre dans l'ère industrielle. On sait qu'elle conserve sans danger, on ne sait pas pourquoi, jusqu'à Pasteur qui établit les fondements scientifiques qui permettent d'interpréter correctement la méthode d'Appert. Il fait comprendre que le rôle de la chaleur consiste non pas à chasser l'oxygène des petites boîtes métalliques, mais à détruire les germes bactériens. On change alors de vocabulaire, et on ne parle plus d'appertisation, mais de stérilisation, cette merveilleuse stérilisation qui stabilise l'aliment sans l'altérer. La conserve a été techniquement inventée pour nourrir les armées de Napoléon, sa promotion est assurée par la ruée vers l'or, et les Californiens sont les premiers à en faire un usage régulier, elle est parfaitement au point au moment de la guerre civile américaine, nourrissant en particulier le camp des vainqueurs nordistes. Ce basculement d'un continent à l'autre n'est pas insignifiant : il montre que les conserves se trouvent face à des cultures alimentaires différentes, et qui les ont plus ou moins bien intégrées.

En France, l'aliment en petite boîte cuirassée suscite beaucoup de préventions. Le terme même de conserve a du mal à pénétrer les esprits et le langage. Émile Littré dans son dictionnaire de 1877 donne trois acceptions au mot :

1. Sorte de confiture faite de substances végétales et de sucre.
2. Terme de pharmacie.
3. Substance alimentaire conservée dans des boîtes en fer-blanc ou des bouteilles privées d'air.

En parlant de conserve, Littré reste plus proche d'Olivier de Serres que d'Appert. Cette réticence est tout à fait mesurable. L'industrie de la conserve française, la première en Europe dès 1870, exporte 85 % de sa production. Et encore la conserve française trouve-t-elle sa production de choix dans la sardine à l'huile, c'est-à-dire dans un produit et une technique déjà bien connus. Alexandre Dumas reconnaît qu'on peut faire un bon bouillon à partir de l'essence de chair du baron Liebig, mais c'est là une des rares concessions que la cuisine savante française daigne faire à l'industrie alimentaire, les restaurants trouvant une nouvelle légitimité gastronomique à tourner le dos officiellement aux produits en conserve [34]. Aux États-Unis, en Allemagne ou en Suisse, les boîtes les plus vendues contiennent un produit nouveau, le lait concentré. Le marché intérieur français est bien atone. « Les mêmes boîtes, dit Capatti, qui permettent de faire avancer les légionnaires dans le désert, les explorateurs sur les glaciers ne peuvent assurer la conquête du front intérieur des consommateurs [35]. » En dehors des voyageurs, les groupes pionniers sont les soldats et les lycéens, consommateurs « captifs » des cuisines collectives. Les lycées français vont assortir à l'uniformité pédagogique la régularité diététique de leurs cantines. Le vendredi, c'est poisson et légumes en conserve. Le samedi, jour de gala, c'est bœuf rôti et légumes en conserve [36]. Le consommateur non captif semble pris entre une attirance pour ces produits de longue durée qui permettent de sauter les saisons et une répulsion parce qu'il *ne sait pas ce qu'il y a dedans*. Il a quelques doutes hygiéniques, car, alors que les savants vantent un conditionnement hygiénique remarquable, une commission est créée en 1899 pour enquêter sur les cas fréquents de « coliques sèches » à l'armée, principale utilisatrice de ces conserves, ce qui laisse supposer que la qualité sanitaire n'est peut-être pas le point fort de ces produits. Dans les manuels pratiques français, à la rubrique : comment choisir ses conserves ? la réponse est immédiate : surtout rejeter les boîtes qui flochent, celles dont le couvercle bombé annonce une possible fermentation. Pour les conserves ménagères, en revanche, on indique le mode de préparation, mais aucun conseil quant aux précautions de consommation [37]. Ce qui est remarquable, c'est que la méfiance de la conserve s'atténue, et même disparaît totalement dès qu'il s'agit de préparation domestique [38]. Cette attitude paradoxale renvoie à des thèmes psychologiques que nous avons déjà examinés : la conserve de ménage est transparente, doublement transparente puisque le verre du bocal ne cache rien du contenu, dont on sait par ailleurs d'où il vient. La conserve industrielle, on s'en méfie puisqu'on ne sait ni

34. Dumas 1998, 269.
35. Capatti, in Flandrin 1996, 803.
36. Aron 1973, 265.
37. Marre 1911, 321.
38. Jacquet 1956.

quand ni où, ni avec quoi elle a été remplie. Au fond, la conserve idéale est celle qui permet de fixer les saisons, mais avec des produits de son verger ou de son potager. On reconnaît là une autre figure du mythe de l'autoconsommation, celui qui rassure totalement le consommateur. Le critique gastronomique Curnonsky, après la guerre, analyse cette ambivalence en termes d'étiquettes politiques. La droite porte ses faveurs vers une cuisine traditionnelle au feu de bois, vers les cuissons lentes et les produits du jardin ou du marché. La gauche croit en une cuisine simple et rapide, omelette-tranche de jambon, elle n'a rien contre les boîtes de conserve et soutient volontiers que les haricots en conserve sont aussi bons que les frais[39].

Le retour à l'alimentation-santé

La conserve suscite des sentiments mitigés. Manger hors de saison était un grand rêve. Et voilà que, ce rêve à peine assouvi, il engendre un retour du refoulé. Il faut manger en saison, retourner à la nature, respecter le calendrier alimentaire, voilà le nouveau leitmotiv fin-de-siècle. L'alimentation industrialisée déclenche en retour les premières nostalgies pour un monde rural et artisanal en voie de recul. Rien ne le montre mieux que les insuccès de la margarine. La margarine est un nouveau produit lancé suivant les vieilles procédures françaises en matière de produits nouveaux comme la pomme de terre ou l'appertisation. Premier temps : l'autorité éclairée (ici Napoléon III) lance un concours sur le thème rabâché : comment fournir aux classes populaires un aliment de substitution, moins cher – il s'agit ici de remplacer le beurre. Second temps : un chimiste trouve en 1869 la formule, il s'appelle ici Hippolyte Mège-Mouriès. Mège baptise son produit *beurre économique.* Du beurre, fi donc ! L'appellation est refusée, on change le nom pour *margarine*, « comme la perle », du grec *margaritas.* Troisième temps : le public boude, et rejette même carrément ces

39. Zeldin 1979, V, 452.

« perles » que l'on veut lui donner et qu'il juge bonnes pour les cochons.

On retrouve un écho de ces préventions aux États-Unis à travers l'affaire de la *butterine*. En 1886, le Congrès des États-Unis discute du statut de la *butterine*. L'industrie des corps gras, autour de Chicago, fabrique de la butterine – qui n'est pas du beurre, mais qui en a l'apparence –, qui n'est pas non plus de la margarine, puisque le brevet est français. Dans le débat s'opposent deux lobbies, celui des producteurs laitiers soucieux de défendre les produits fermiers et le lobby industriel qui, s'appuyant sur la recherche scientifique et mobilisant à son profit un certain nombre de chimistes, entend démontrer que non seulement la butterine est aussi sûre que le beurre, mais qu'elle est sans doute de meilleure qualité, car de composition constante et soumise à de multiples contrôles. Or dans l'enceinte du Congrès les « amis du beurre » sont plus nombreux que ceux de la margarine, et ils défendent le beurre avec une batterie d'arguments qui, tous, se réfèrent au consommateur, à ses goûts et à ses préférences, à ses incapacités aussi. Le consommateur, dit-on, ne peut plus juger sur les apparences et différencier le vrai beurre de la butterine, surtout si, comme le demandent les industriels, on colore en jaune la butterine, à l'instar du beurre : « Les quatre sens dont Dieu a doté l'homme sont totalement pris en défaut », et « la table familiale n'est pas équipée de microscopes ou de réactifs pour l'analyse chimique ». L'argument, un des rares, nous l'avons vu, à ébranler le discours non interventionniste, est pleinement reçu, mais celui qui emporte la conviction des parlementaires joue sur le registre de la supériorité des choses naturelles :

« Le consommateur entend dans cette enceinte que l'on célèbre les produits d'un brevet français, mais ce qu'il veut, lui, c'est le produit des brevets de Dieu, l'eau de source, les graisses de qualité, le troupeau en liberté [40]. » Le plaidoyer conjugue deux utopies, celle des produits fermiers et celle de l'Amérique rurale, la démocratie paysanne telle que la voulait Jefferson, mais qui est un mythe enfui en 1886, où l'industrie triomphe et produit à elle seule plus que les industries anglaise et allemande réunies. On vote une taxe modérée

40. Gaudillière 2001, 15-16.

sur la vente de la margarine. Comme en France, les marchands de beurre obtiennent l'interdiction d'employer le mot beurre pour la margarine.

On peut interdire une appellation, on n'empêche pas une consommation. Les mangeurs anglo-saxons, moins néophobes que les continentaux, adoptent plus volontiers les produits issus de l'industrie agro-alimentaire, y compris la butterine. Elle séduit par son prix les classes populaires, et, au témoignage de Jack London, la tartine de margarine est, avec la tasse de thé, la base de l'alimentation des pauvres à Londres. Là où le Français voit en elle un mauvais substitut au beurre, l'Américain la juge comme un substitut à la graisse animale, avec cet avantage que la ménagère n'a plus à faire fondre la graisse chaude, corvée mangeuse de temps. Comme ce produit de synthèse, d'autres produits chimiques entrent dans les cuisines américaines : la poudre levante, le sucre vanillé, la gélatine en poudre, toutes choses fort appréciées par la ménagère américaine au nom d'une nouvelle valeur : le gain de temps. Elle n'a plus à bouillir les pieds de veau pour obtenir la gélatine, et confectionner la pâtisserie lui prend moins de temps. Aussi ne renâcle-t-elle ni devant les conserves ni devant le prêt-à-manger : les pickles, la soupe à la tomate, le ketchup[41]. Ce modernisme ménager participe à la construction de ce qu'on appelle la « nouvelle femme ».

La nouvelle femme de 1900 est américaine et appartient à la *upper middle class*, elle tend à réduire ses tâches ménagères. Elle renonce désormais à fabriquer le savon, les pickles, le fromage et la bière maison. Au même moment, dans les campagnes du Nivernais, le four familial cède la place au four du boulanger, et les femmes sont soulagées de la fabrication domestique du pain. Le gain de temps n'est cependant pas la valeur première dans le rôle de la femme tel que le conçoivent et le diffusent la presse ou la publicité. La femme reste centrée sur la sphère domestique. Pour être bonne mère, la ménagère se doit d'être une diététicienne avertie. La santé est en effet une valeur montante, en particulier dans l'Amérique fin-de-siècle.

41. Comer, in Kiple 2000, 1311-1315.

Il s'y développe une sorte de contre-culture alimentaire, fondée sur des valeurs complètement différentes des perspectives hédoniste et gastronomique du Vieux Continent. La mode est au contraire à la sobriété, voire au végétarisme. Les nouveaux modèles de consommation s'expriment sous forme de slogans : alimentation pure, produits naturels, produits de santé (*health food*). La caractéristique de cette diététique est qu'elle n'est pas prioritairement l'affaire des médecins, mais d'hygiénistes de tout poil, groupe informel où l'on trouve avant tout des moralistes, soutenus par des nutritionnistes et des spécialistes d'économie domestique. Le diététisme ambiant s'inscrit dans des programmes de réformes morales, sur fond de réveil puritain. On parle de « réformes », mais ces réformes commencent à la cuisine. On parle de « croisades » contre l'alcool ou les produits transformés, elles sont menées par des hommes qui sont à la fois des leaders d'opinion charismatiques et des hommes d'affaires avisés. Au tournant des deux siècles, le mouvement à la mode s'appelle New Nutrition. Le mot nutrition peut faire illusion : en fait, cette nutrition se veut bien plus proche de la *diaiata* grecque d'Hippocrate, elle implique derrière une façon de manger tout un style de vie. La croisade de la nouvelle nutrition vise en particulier la classe ouvrière, les immigrés qu'on entend sortir de leur condition misérable et soustraire à l'alcoolisme en leur inculquant quelques idées simples : consacrer moins d'argent à la nourriture, par exemple en apprenant les équivalences chimiques entre le haricot et la viande. Les connaissances sont faciles à acquérir à travers une grille d'équivalences caloriques, et, plus simple encore, une liste alimentaire en partie double, la liste positive des aliments bons pour la santé, la liste noire de ceux qu'il faut proscrire. Il ne semble pas qu'on ait déjà inventé la figure si visuellement parlante de la pyramide diététique. Parmi les aliments emblématiques de la santé figurent les produits naturels que sont les céréales, le lait, les épinards, parmi ceux à éviter la viande et l'alcool, le sucre. « Malheureusement, ayant gagné l'Amérique dans l'espoir de manger non pas des fayots mais du bœuf, la plupart des membres de la classe ouvrière ne mordirent pas à l'hameçon[42]. »

42. Levenstein, in Flandrin 1996, 847.

En revanche, la « nouvelle nutrition » eut un impact considérable auprès des classes moyennes. On retiendra en particulier la « croisade » en faveur des céréales, la plus aboutie puisqu'elle va changer radicalement les habitudes américaines du petit déjeuner – avant de changer aussi les habitudes matutinales des Européens. En 1863, le Dr Jackson crée les *granula*, à base de blé complet. Mais le plus grand succès est celui du « Docteur » John Harvey Kellogg, un prédicateur adventiste et un diététicien qui compte dans sa clientèle le futur président Théodore Roosevelt. Kellogg prône les aliments purs, dans une perspective idéologique très impure, puisqu'elle mélange étroitement considérations religieuses et préoccupations sanitaires. Il faut manger ce qui est sain, mais aussi ce qui est le plus proche de la création divine, et qui respecte le mieux l'œuvre du créateur. Il ne faut pas considérer l'acte de manger « comme un passe-temps, un divertissement ou un plaisir[43] ».

En 1895, le Dr Kellogg lance sur le marché des *corn flakes* prêts à manger. Il recommande d'abandonner le breakfast roboratif à base de charcuterie, d'œufs et de bière pour du lait, des céréales. Quand, en 1911, on découvrira le rôle de la vitamine C on ajoutera à cette pitance le verre de jus d'orange en conserve de Floride, parachevant le modèle du petit déjeuner idéal. On peut remplacer les *flakes* par d'autres céréales, comme le *muesli* du médecin allemand Biercher-Brenner. De l'autre côté de l'Atlantique, c'est en Allemagne en effet qu'on trouve une attention équivalente à la nutrition. Ici, la vigilance alimentaire passe par des canaux différents, déjà éprouvés. A la tête du mouvement se trouvent des médecins et des nutritionnistes qui poursuivent les travaux du grand Justus von Liebig ; on redécouvre des livres comme celui du Dr. Hufeland, le premier médecin du roi de Prusse à Berlin en 1800, *La Macrobiotique ou l'Art de prolonger la vie des hommes.* Avec la macrobiotique, on taille à la santé des habits neufs dans du vieux. La dimension santé de l'alimentation est soulignée, en cette fin de siècle, dans les deux pays qui sont, sur les deux continents, en tête du développement économique et où la corne d'abon-

43. J.H. Kellogg, *Life, its Mysteries and Miracles. A Manual of Health Principles*, 1910, cité par Skrabanek 1994, 170.

dance semble déverser ses bienfaits alimentaires. Ce n'est pas là simple coïncidence.

Est-ce pousser le paradoxe trop loin que de dire que l'attention à la santé est un des fruits de la transition alimentaire ? La révolution alimentaire a des effets bénéfiques reconnus. Les ouvriers sont mieux nourris, de légumes et de lait en conserve, de viande fraîche venue de très loin parfois, de Chicago qui, à partir des années 70 et 80, est capable de ravitailler tout les États grâce à des trains ou à des bateaux équipés de compartiments frigorifiques. Les historiens américains soulignent le rôle de l'augmentation de la ration carnée dans ce mieux-être général. Leurs homologues anglais mettent l'accent sur la consommation de sucre, qui augmente dans tous les milieux. Le sucre, bu avec le thé ou absorbé avec les confitures, fournit la source d'énergie la moins chère pour les travailleurs [44]. Le sucre raffiné des Antilles anglaises devient une part essentielle du régime des classes laborieuses britanniques. Sucre ou viande, sucre et viande, quoi qu'il en soit, les bons effets sont avérés, mesurables à l'accroissement de la stature des hommes, ou à la lutte victorieuse des organismes plus vigoureux contre les maladies infectieuses. Au moment où les vaccins deviennent de plus en plus nombreux et efficaces, la médecine épidémiologiste toute-puissante et victorieuse permet un retour au nutritionnisme. Maintenant qu'on sait vaincre la peste et le choléra, que les microbes sont en voie d'extermination et que la plupart des maladies sont classées comme infectieuses et donc « évitables », les enjeux hygiéniques se déplacent et on s'intéresse à l'alimentation comme facteur-risque essentiel [45].

Passé le seuil de satiété, les bien nourris peuvent investir soit dans l'inquiétude sanitaire, soit dans la distinction gastronomique. Une cuisinière française, Mlle Léontine, remarque en 1856 que les gens montrent beaucoup de réticences à modifier leurs habitudes alimentaires et qu'ils se satisfont simplement d'avoir le ventre plein. La plupart des gens, dit-elle, n'ont qu'une idée très approximative du sain et du malsain, c'est pourquoi « la moitié de la population

44. Nintz, cité in Kiple 2000, 1485.
45. Vigarello 1993, 256.

est malade[46] ». Le comportement d'un bourgeois rassasié n'est pas le même à Lyon, à Brême ou à Buffalo, signe que les conditions économiques ne sont pas déterminantes. Ce qui compte, c'est le climat culturel. Qui inviterons-nous à dîner ce soir ? est la question la plus fréquente dans le discours mondain français. Que mangerons-nous à dîner ce soir ? est la question de plus en plus posée dans les classes moyennes à Buffalo, ou à Hambourg. Deux logiques se font jour, qu'on appellera la loi des deux S : Sécurité – Santé dans les pays anglo-saxons, Saveur – Sociabilité ailleurs. Bien entendu, il ne faut pas durcir les choses, et croire que les logiques culturelles tyrannisent les conduites réelles. Tout mangeur est universel – je veux dire tiraillé comme tous les mangeurs entre des valeurs contradictoires. Assis à la table de sa salle à manger, le bourgeois français attend plaisirs et délices, mais sa nappe est encombrée de pilules Bland, Blancard ou Vallet, qui contiennent le fer indispensable à la fille pour sa pâleur anémique, à la mère pour ses crampes d'estomac, et au père pour son souffle au cœur[47].

La seule société à adopter le slogan « bon pour la santé » et à entrer massivement dans l'ère de l'alimentation « délibidinisée », pour reprendre l'expression d'un psychanalyste américain, est la société américaine. Mieux nourries, à meilleur compte, les classes moyennes américaines en 1900 semblent débarrassées d'un vieux souci : le pain du lendemain n'est plus une obsession, les empilements de boîtes de conserve dans les arrière-cuisines sont rutilants et rassurants. Rassasiés, rassurés sur la quantité et la régularité de leur approvisionnement, les consommateurs « fils de l'abondance » dirigent désormais leur attention et leur vigilance sur la qualité. Les États-Unis sont devenus la première puissance agro-industrielle : c'est là qu'éclate en 1906 la première crise alimentaire de type moderne.

46. Mlle Léontine, *La Cuisine hygiénique, confortable et économique, à l'usage de toutes les classes de la société*, 1856. Citée par Zeldin 1979, III, 430.
47. Zeldin 1979, V, 325.

Les empoisonneurs de Chicago

Chicago 1900: une ville-champignon de plus d'un million d'habitants, la ville des abattoirs et la ville des trusts, en particulier le *beef-trust* bâti par Philip Armour autour des produits dérivés et des conserves – le fameux *corned-beef*.

C'est là qu'Upton Sinclair conçoit *La Jungle*. Sinclair, jeune journaliste, a vingt-six ans quand le rédacteur en chef de *Mc Lure's* l'envoie enquêter sur les conditions de travail dans les abattoirs de Chicago. Sinclair est un *muckraker* (littéralement: fouilleur de boue) comme le président Théodore Roosevelt appelle ces journalistes d'investigation qui se font un devoir et un métier de dénoncer avec des accents tantôt socialistes tantôt puritains les scandales et les corruptions de l'Amérique du *big business*. En octobre 1904, Sinclair s'installe à Chicago et commence son enquête. Sept semaines plus tard, son dossier est bouclé, il prendra la forme d'un roman. C'est un roman d'apprentissage, où on suit le destin d'un héros exemplaire, Jurgis. Jurgis est émigré lituanien, il découvre l'Amérique, le monde du travail « scientifiquement organisé » suivant les principes de Taylor, et sa *jungle* : il est frappé dans sa chair en devenant invalide, il connaît le chômage, l'alcoolisme, voit sa femme prostituée, puis morte. De cette descente aux enfers s'ensuit une rédemption, quand Jurgis découvre la solidarité prolétarienne. Ce roman à thèse est d'abord un reportage, et, dénonçant les conditions de travail dans les abattoirs de Chicago et dans les grosses usines agro-industrielles qui lui sont connexes, Sinclair stigmatise aussi les conditions sanitaires de la production. Il amène d'abord le lecteur dans une visite guidée à l'intérieur de ces chaînes de démontage des carcasses de bœufs et de cochons : description froide et sans concession, propre à remuer le cœur d'un sarcophage, pimentée de considérations scientifiques de son temps sur les ptomaïnes (qui n'existent pas) et les bacilles de Koch, dont on vient de découvrir l'extrême nocivité. Chemin faisant, il signale le défaut de dépistage des maladies des bœufs, seuls les animaux destinés à l'exportation devant faire l'objet d'inspection pour répondre aux normes protectionnistes de l'Europe :

« Les gens de Chicago voyaient les inspecteurs du Gouvernement dans Packingtown ; ils croyaient par là être protégés contre la vente de viande contaminée. Ils ne comprenaient pas que les 163 inspecteurs avaient été nommés à la requête des *packers* ; qu'ils étaient payés pour certifier que toutes les viandes malades étaient conservées dans l'État de Chicago ! leur autorité n'allait pas plus loin. L'inspection de la viande destinée à être vendue dans la ville et dans l'État était confiée à trois mécaniciens de la machine politique locale. Bientôt l'un d'eux, qui était médecin, découvrit que des carcasses de bœufs reconnus tuberculeux par les inspecteurs du Gouvernement et contenant par conséquent des ptomaïnes, poisons mortels, étaient mises sur une plate-forme ouverte, puis emmenées pour être vendues en ville. Il insista pour qu'on leur fît une injection de kérosène... et reçut l'ordre de donner sa démission dans la semaine même [...].

On eût dit que les *packers* avaient des agences dans tout le pays pour y ramasser toutes les vieilles bêtes malades et estropiées, que l'on mettait en conserves. Certain bétail était nourri de malt de wiskey, un rebut de brasserie, et ils étaient couverts de furoncles. Les tuer était une besogne dégoûtante, quand le couteau plongeait en eux, ils giclaient et vous éclaboussaient de débris à la figure. Quand on a les manches et les mains pleines de sang, comment s'essuyer la figure et les yeux et voir ce que l'on fait ! C'est avec cette viande qu'on faisait le "bœuf embaumé" qui, pendant la guerre de Cuba, avait tué dix fois plus de soldats américains que les balles espagnoles. »

La description des accidents de travail constitue le clou de ce reportage : « Mais le pire sort était celui des ouvriers en engrais animal et des aides de cuisine. Les premiers n'étaient jamais montrés aux visiteurs, car l'odeur qu'ils répandaient eût fait fuir n'importe quel visiteur ordinaire qui se fût approché à moins de cent mètres d'eux. Quant à ceux qui travaillaient dans les salles de cuisson, remplies de vapeur d'eau et au milieu desquelles s'ouvraient au ras du sol de vastes chaudières, leur souci continuel était de ne pas tomber dans les chaudières, car le peu qu'on repêchait de ceux qui y tombaient ne ressemblait plus à grand-chose : il arrivait qu'on les y laissât plusieurs jours et que leur corps s'en allât tout entier, à l'exception des os, courir le monde en qualité de saindoux garanti pur, de Durham and Co[48]. »

La dénonciation commence en taylorisme et finit en cannibalisme. La méthode du lanceur d'alerte qu'est Sinclair se différencie radicalement de la démarche du scientifique. Il quitte le registre du récit objectif – ce qu'il a réellement vu – pour rapporter ce qu'on dit (« Jurgis apprit toutes ses monstruosités petit à petit, par le bavardages de ceux qui étaient obligés de les perpétrer ») ; il valide des traditions orales et leur donne une crédibilité et une dignité supérieure à la rumeur en les couchant « noir sur blanc ». La presse (ou le roman) à sensation, loin de tuer la rumeur, lui offre ici un écho sans précédent et une diffusion extemporanée. Publié en février 1906, *La Jungle* devient le best-seller de l'année. Toute cette affaire est vécue aux États-Unis comme une crise nationale, et non comme un simple fait divers. Plus tard, Sinclair se dira ravi de la réaction des lecteurs, ravi mais étonné : il voulait dénoncer l'accident de travail, le lecteur outragé a lu et perçu autre chose : les dangers à manger des produits industriels, avec en prime ce risque de cannibalisme involontaire ! « J'avais visé le cœur, et j'ai touché l'estomac de la nation. »

Comme il est immédiatement traduit en 17 langues, la portée du livre dépasse les frontières américaines. Le déploiement médiatique est sans précédent pour une crise alimentaire mettant en jeu tous les canaux de communication, de la presse au cinéma muet. Les scandales de Chicago donnent la nausée au monde entier, même si le monde entier ne mange pas de corned-beef[49]. En Allemagne, on exige l'interdiction d'importer des conserves américaines. Aux États-Unis, la vente de viande diminue de moitié, sous l'effet conjugué du dégoût et du boycott. Sinclair est reçu à la Maison-Blanche par Théodore Roosevelt. Une enquête est ordonnée, l'exactitude des critiques de Sinclair reconnue. L'année suivante est votée une loi fondatrice, le *Pure Food and Drug Act*.

48. Sinclair 1981, 95-96 et 99.
49. Gide 1911, 655.

La Jungle marque l'entrée sur la scène des peurs alimentaires de trois acteurs nouveaux : la presse, le consommateur et l'État. Pour dire mieux : trois acteurs anciens, appelés à jouer un rôle nouveau.

Vers un nouvel ordre alimentaire

1900 : loi japonaise contre les substances nocives présentes dans l'alimentation ; août 1905 : loi française sur les fraudes [50] ; décembre 1905 : loi fédérale suisse ; 1906 : loi fédérale américaine : *Pure Food and Drug Act*. 1906 : circulaire ministérielle française rendant obligatoire l'inspection sanitaire dans tous les abattoirs. Ce sont là, non les premières lois votées à l'échelle d'un pays tout entier – il y eut des précédents –, mais une vague de textes qui sont encore le socle du droit de la consommation dans les pays concernés. Ils témoignent d'un nouveau rôle de l'État, plus impliqué dans la sécurité. Les États-Unis montrent la voie. La loi de 1906, pour répondre à la crise alimentaire déclenchée par les révélations de Sinclair, prévoit une inspection vétérinaire de la viande à l'échelle fédérale, mais, bien plus largement, elle porte sur l'étiquetage. Le *labeling* est accepté comme ce « remède d'information » nécessaire, qui requiert l'intervention du législateur. Elle ne va guère au-delà. Aucun contrôle de qualité en aval n'est prévu : au consommateur, s'il constate qu'il n'y a pas conformité du produit avec son label officiel, de porter l'affaire en justice. Théoriquement, deux approches sont envisageables : une approche minimaliste, qui met l'accent sur la responsabilité des individus, et qui estime que le rôle du gouvernement est surtout de collecter, de valider et de diriger l'information correcte vis-à-vis du consommateur. Une approche interventionniste, qui se propose de contrôler non seulement l'information, mais aussi la qualité des produits en intervenant sur le marché en amont et en aval de la fabrication. En fait, c'est l'option minimaliste qui inspire la majorité de ces dispositifs législatifs. Et

50. L'article 11 de la loi de 1905 est la matrice jusqu'en 1993 de 275 lois, 17 ordonnances, 1 150 décrets, 2 220 arrêts. Vincent 1996, 52-53.

ce, pour des raisons qui sont, selon les États, scientifiques, philosophiques ou politiques. Scientifiquement, en l'absence de preuve absolue, un État rechigne à intervenir pour interdire certaines substances. Philosophiquement, le libéralisme et la croyance dans la bonté des lois du marché plaident pour maintenir le libre choix du consommateur, tout en admettant que, pour que ce choix soit rationnel, encore faut-il qu'il soit informé. Le contrôle se fait donc *a priori*, et non *a posteriori ;* la santé reste une affaire privée. Les raisons politiques sont celles des intérêts représentés dans chaque Parlement. Ce sont en général ceux des producteurs. Le contexte dans lequel le Parlement français vote la loi de 1905 est significatif : c'est celui d'une crise viticole aiguë. Le vignoble du Midi, ravagé par le phylloxera, laisse les viticulteurs sans ressources, alors même que le marché est envahi par quantité de vins frelatés, voire totalement artificiels, que l'État ne peut empêcher, faute d'outils législatifs adéquats. C'est la révolte des viticulteurs languedociens qui pousse les députés français à agir. L'article 3 de la loi permet désormais à l'État d'intervenir et de sanctionner les falsifications, pour le vin comme pour toute denrée alimentaire. Dans ce contexte, le consommateur a un statut marginal. Seul l'article 4 de la loi française le cite, en évoquant la nécessaire protection de l'hygiène publique. En défendant falsifications et adultérations, la loi défend surtout les producteurs de produits sûrs, de produits vrais. Ce ne sont là que les premiers pas législatifs, des pas hésitants vers l'État-Providence.

Le consommateur, par une petite porte, entre en scène. A vrai dire, de ses attentes à l'aube du siècle on connaît peu de chose. Est-il du type « dévot », de celui qui fait une confiance aveugle à son fournisseur, car il est dépassé par le produit ? Est-il providentialiste, attendant tout de l'État ? Une seule certitude : le rêve du circuit court est définitivement enfui ; le mangeur du XXe entre dans le règne des courts-circuits. Il s'en remet à des intermédiaires qui, en son nom et pour son bien, vont l'informer, contrôler à sa place, lui permettre de savoir sans voir.

Conclusion

La peur alimentaire est une angoisse sourde. Pour autant, elle n'est pas muette. Si les hommes des temps passés étaient dans l'incapacité d'expliquer leur sentiment d'insécurité, ils savaient l'exprimer. Cependant, il est bien malaisé de dépister les peurs avant le tournant des années 1870-1900 où elles trouvent dans la presse le relais et la caisse de résonance qui vont tout à la fois les amplifier et les généraliser. Alors, elles se manifestent sous la forme contemporaine de crises, ou de scandales. L'historien se gardera bien de dire, comme Balzac dans *Les Illusions perdues*, que « si la presse n'existait pas, il ne faudrait pas l'inventer ». Car, avant que les journaux ne s'emparent des affaires alimentaires, combien il est difficile de trouver des traces écrites autrement qu'isolées, dispersées, biaisées, à la mesure de peurs qui sont locales et sporadiques, c'est-à-dire limitées dans l'espace et le temps ! Pour les saisir, il faut sonder bien des corpus, dresser l'oreille au moindre bruit, pointer dans les actes ces « petits faits » que les historiens du passé négligeaient et laissaient de côté parce qu'ils les jugeaient insignifiants, comme cette ordonnance de la secrétairie d'État d'Avignon, datée du 7 juillet 1768... Or, elle n'est pas insignifiante, mais elle a du sens, cette ordonnance qui nous apprend qu'à chaque printemps la plupart des habitants de la légation nourrissent avec les vers morts des cocons de soie leurs cochons, canards, poules et les poissons de leurs viviers, et que le vice-légat s'en inquiète, car « cela pourrait causer des maladies graves à ceux qui mangent de la chair desdits animaux ». Et comme l'autorité politique se fait ici l'écho des préoccupations montées des consulats de plusieurs communautés rurales, on ne peut douter que l'inquiétude sur les nourritures animales soit assez partagée. En revanche, on peut douter que les expresses « inhibitions » prises à cette occasion de recycler les déchets de la sériciculture dans la nourriture des bêtes aient été suivies d'un quelconque effet. Les hommes tentent d'agir contre le risque, et en même temps ils vivent avec la peur.

Au bout d'une collecte en ordre dispersé, on obtient une histoire spasmodique, fruit d'un inventaire à titre provisoire dont on ne sait ce qu'il représente par rapport à une insaisissable réalité. C'est là une première frustration. Ce n'est pas la seule. L'autre frustration vient de ce qu'on peine à voir surgir et mourir une peur, autrement dit à saisir pleinement son historicité. Quand, comment, par qui naît une peur ? voilà une question largement irrésolue. A proprement parler, la peur ne naît pas, mais elle émerge, elle se révèle au sein de ce qu'on appelle des forum officiels : Académie, Faculté, société de médecine, congrès d'hygiène. On imagine que ces « forums officiels » prennent le relais de forums officieux, où s'exprime plus directement l'opinion. On se trompe peut-être, comme dans le cas du pain à la levure où la peur oscille constamment entre ces deux théâtres, où les différents canaux médiatiques semblent fonctionner pratiquement simultanément. A l'autre bout du mouvement, l'aboutissement est tout aussi difficile à saisir. Il est rare qu'une peur retombe brutalement, de façon explicite, à la suite d'une expérience probante ou d'un rapport d'expert. On ne tue pas la peur par décret, fût-ce un décret de la Faculté. Longtemps, la peur de la pomme de terre survivra au décret de l'Université de Paris la déclarant bonne à manger. Dans l'affaire du pain à la reine, l'autorité de la chose jugée fait retomber certes la polémique, mais elle ne la clôt pas exactement. Entre leur fin explicite et leur fin implicite, les peurs déroulent une vie étouffée, à bas bruit. Leur fin implicite survient avec la disparition de l'usage alimentaire en cause. Mais, comme les usages sont socialement et géographiquement différenciés, la même peur peut s'éteindre ici, et subsister là. On peut par exemple raisonnablement penser que la peur du pain au seigle ou du pain à la levure disparaît des villes au XIXe siècle – pour des raisons contraires –, mais qu'elle se maintient, estompée et sporadique, dans les campagnes fidèles au pain bis et au franc levain. Toute peur a un mouvement, parfois fort complexe, qu'il eût été intéressant de suivre.

Les peurs ici rapportées entretiennent entre elles de secrètes affinités. Au-delà des peurs, il y a la peur, soit ce sentiment d'insécurité alimentaire qui s'entend et s'exprime de façon parfois proche du nôtre, et souvent différemment. Chaque constellation historique étant différente, elle n'est jamais tout à fait la même, et jamais tout à fait une autre. Elle n'est ni permanente ni globale. Elle varie dans le temps en fonction de trois paramètres.

Le premier est la faim, la peur de la pénurie, autrement plus forte et plus obsédante. Les deux anxiétés coexistent, dans une configuration qui est symétrique de celle d'aujourd'hui. Actuellement, toute la capacité d'angoisse du mangeur se mobilise sur la question de la qualité sanitaire. Mais qu'une crise s'annonce, qu'une guerre se profile (Suez, le Golfe), et on voit resurgir les files d'attente pour l'approvisionnement – des lieux où la rumeur enfle et où la peur se propage. Le « syndrome de la gondole vide » observé dans ces cas est l'expression la plus contemporaine du vieux stress alimentaire. La peur de l'aliment insane s'exprimait en période d'accalmie, de beau temps alimentaire, quand la ration quotidienne de pain semblait assurée pour les saisons à venir. Dans ce long règne de Louis XIV, marqué par le retour récurrent de la disette et de la famine, les inquiétudes des gouvernants et des gouvernés relatives au pain blanc se font jour en période de bonnes récoltes céréalières. Quand surgissent la disette et son cortège de nourritures immondes, elles s'estompent. Alors on déplore les aliments ignobles, mais on les décrit comme des nourritures de nécessité. La peur qui se porte sur la quantité et celle qui touche à la qualité varient grossièrement en sens inverse, mais c'est la peur de manquer qui est première. On peut bien présenter Parmentier comme un innovateur, un pionnier dans l'introduction de la pomme de terre, lui-même se plaçait dans la lignée des chercheurs de *quid pro quo*, de ces inventeurs d'*ersatz* pour temps de famine. On peut bien présenter Augustin Escoffier, « le roi des cuisiniers et le cuisinier des rois », comme un grand chef, propageant le renom de la gastronomie française à travers l'Europe, mais il ne faut pas oublier qu'il a fondé sa gloire naissante sur la créativité de sa cuisine de pénurie, comme militaire chargé du mess des officiers français assiégés dans Metz en 1870. Pour l'un comme pour l'autre, le souci de la quantité était primordial.

Si le premier paramètre touche au temps, le deuxième met en jeu l'espace. Il s'agit du circuit alimentaire, de cette filière du manger qui mène des champs à la bouche. La donnée fondamentale, si constante qu'on peut sans doute la taxer de loi, est que plus le circuit est court, plus le consommateur est tranquille. L'autoconsommation rassure. Quand un bon bourgeois d'avant la Révolution préfère acheter une ferme plutôt que d'investir dans la boutique ou l'armement, comment ne pas voir dans cette opération si banale un besoin de sécurités entremêlées ? La sécurité d'une rente faible (guère plus de 4 à 5 %) mais certaine, d'une maison à la campagne qui soit place sûre et refuge en temps d'épidémie, d'une production qui garantisse l'autoravitaillement et la qualité des produits. On « sait » alors ce que l'on mange. On est toujours dans le domaine des représentations, pas dans celui des certitudes prouvées par la réalité de terrain. L'identification de l'origine et du parcours de tel ou tel produit ne vaut pas garantie de salubrité : combien d'accidents alimentaires ne sont-ils pas cachés sous le voile de l'autoconsommation, échappant à toute investigation rétrospective ? Et pourtant, entre la saucisse du cochon abattu à la ferme, et la saucisse industrielle issue des abattoirs de Chicago, quelle différence dans la qualité de la représentation !

La dernière clé pour tenter d'interpréter ces peurs est le statut de l'aliment. Il n'est pas un donné qui va de soi, et la notion de qualité est un des concepts les plus mous de l'histoire de l'alimentation. Qu'attend-on de l'aliment ? qu'il soit salubre et nous entretienne en bonne santé ? qu'il soit savoureux et nous donne le plaisir que l'on partage autour d'une bonne table ? ou les trois bienfaits à la fois : plaisir gustatif, convivialité, santé ? Chaque période, chaque culture met l'accent sur telle ou telle valeur. Quand l'hédonisme l'emporte, comme c'est le cas dans la France gourmande du XIXe siècle découvrant les plaisirs de la gastronomie, le rapport avec la santé est amorti et comme mis entre parenthèses. Quand le diététisme est de mise, comme dans les pays latins après la grande peste de 1348 ou dans l'Amérique de Théodore Roosevelt, le terrain est prêt à accueillir les révélations de crise alimentaire. Et à prendre des mesures pour éviter les risques.

La peur alimentaire en Occident n'est pas négative ni paralysante. Elle pousse à l'action. L'histoire des peurs alimentaires est celle des efforts des hommes pour évaluer, si possible réduire, maîtriser les risques. Elle est tissée de compromis. Compromis entre le principe de réalité et l'idéal de sécurité. Compromis entre les acteurs, l'administration et le public, plus tard la presse. Compromis entre valeurs alimentaires différentes – mais celui-ci d'une tout autre nature et d'arbitrage très difficile, voire impossible.

Marcellin Berthelot, grand chimiste et visionnaire, écrit en 1897 un livre de fiction, *L'An 2000*, où il prophétise des lendemains alimentaires lumineux, faits de pilules et de nourritures synthétiques contrôlées et parfaitement saines. Son utopie est loin d'être un nouveau rêve de Cocagne généralement partagé. Ce ne sont pas les habitudes alimentaires qui font de la résistance, mais les valeurs contradictoires qui soutiennent l'acte de manger. Car ces valeurs ne se situent pas toutes du côté du pôle santé-sécurité. S'il en était ainsi, si le besoin de se rassurer sur la qualité sanitaire des aliments primait, alors il y aurait longtemps que « le transfert de ciel à terre » du sentiment de sécurité dont parle Lucien Febvre se serait opéré [1]. Or l'alimentation est précisément un des domaines où ce transfert du besoin de sécurité s'effectue le plus tard, et le plus mal. On aboutit dans les années d'avant-guerre à un compromis fragile, largement mis en question et qui ouvre sur des perspectives bien incertaines tant les analyses sont divergentes, entre ceux pour qui l'horreur est la nourriture non contrôlée, qui fait mourir de tuberculose ou de botulisme, et ceux qui entrevoient une nouvelle horreur alimentaire faite de denrées entièrement identifiées, et donc identiques, homogénéisées

1. Febvre 1956, 246. Gutton 1994, 19-21.

et aseptisées. Entre une société que la surenchère sécuritaire conduirait à devenir agueusique et une société subissant tous les risques, faut-il vraiment choisir ? Un combat de valeurs alimentaires s'annonce, qui sera celui de notre temps et de notre culture de bien nourris.

Pernes-les-Fontaines
2 décembre 2001

Sources
et sélection bibliographique

Sources manuscrites

Les références des sources sont indiquées dans le texte en note. Les abréviations utilisées pour les principaux fonds consultés sont :

A.C. : Archives communales
A.D. : Archives départementales
A.M. : Archives municipales
B.M. : Bibliothèque municipale
S.R.M. : Archives de la Société royale de médecine, Bibliothèque de l'Académie nationale de médecine,

Ouvrages à caractère de source

About Edmond, « Maître Pierre », *Nouvelles et Souvenirs*, Paris, Hachette, 1887, p. 106-129.

Amo Pierre-Joseph, *Précis historique de l'art vétérinaire*, Montpellier, Ricard, 1810, 294 p.

Anonyme, *Lassone ou la séance de la Société royale de médecine*, comédie en trois actes, s.l., 1774, 35 p.

Anonyme, *Livre de receptes, ce 15 juin 1698 pour Madame Catherine Mey, baronne de Montricher*, V. Barras et M. Tavera (éd.), Genève, Slatkine, 1999, 629 p.

Anonyme, *Le Mesnagier de Paris*, G. Brereton et J. Ferrier (éd.), Paris, Le livre de poche, 1994, 859 p.

Anonyme, *Nouvelles Fontaines domestiques approuvées par l'Académie royale des sciences*, Paris, 1750, 60 p.

Anonyme, *Le Secret des secrets de la nature*, Avignon, Chaillot, s.d., 23 p.

Aulagnier F., *Dictionnaire des substances alimentaires indigènes et exotiques et de leurs propriétés*, Paris, Pillet aîné, 1830, t. I, 332 p., t. II, 350 p.

Barthélemi l'Anglais, *Le Livre des propriétés des choses, une encyclopédie au XIVe siècle*, présenté par B. Ribémont, Paris, Stock, « Moyen Age », 1999, 307 p.

Baudrimont, Béclard *et al.*, *Rapports sur l'hygiène alimentaire*, Congrès international d'hygiène de Paris, 1878, p. 1-86.

Berthelot Marcellin, « La chimie au Moyen Age », dans *Histoire des sciences*, Paris, Imprimerie nationale, 1893, vol. I.

Bertin-Sans Henri, *Mesures hygiéniques pour empêcher la transmission de la tuberculose par le lait de vache*, rapport devant le Comité départemental d'hygiène publique et de salubrité de l'Hérault, Montpellier, Ricard, 1901, 26 p.

Bicais Michel, *La Manière de régler la santé par ce qui nous environne, par ce que nous recevons, et par les exercices ou la gymnastique moderne. Le tout appliqué au peuple de France, et pour servir d'exemple quelquefois aux habitants de la ville d'Aix*, Aix, David, 1669, 337 p.

Bienville J.D.T. de, *Traité des erreurs populaires sur la santé*, La Haye, Gosse, 1775, 287 p.

Bizet Louis Charles, *Du commerce de la boucherie et de la charcuterie de Paris et des commerces qui en dépendent*, Paris, P. Dupont, 1847, 537 p.

Boissier de Sauvages François, *Mémoire sur la maladie des bœufs du Vivarais*, Montpellier, Rochard, 1746, 24 p.

Bouchardat et Gautier, « De la coloration artificielle des aliments et des boissons, et des dangers qui peuvent en résulter pour la santé publique », Congrès international d'hygiène de Paris, 1878, 18 p.

Bouley et Nocard, « Des produits alimentaires avariés ou falsifiés », Congrès international d'hygiène de Paris, 1878, 45 p.

Brillat-Savarin Jean Anthelme, *Physiologie du goût*, Paris, Flammarion, 1996, 399 p.

Buchan William, *Médecine domestique ou Traité complet des moyens de se conserver en santé, de guérir et de prévenir les Maladies par le régime et les remèdes simples ; ouvrage utile aux personnes de tout état, et mis à la portée de tout le monde*, traduit par J.-D. Duplanil, 3e éd., Paris, Froullé, 1783. t. I, 419 p.

Champier Jean-Bruyérin, *De re cibaria. Libri XXII Omnium ciborum genera, omnium gentium moribus, et usu probata complectentes*, Lyon, Honoré, 1560, trad. française : *L'Alimentation de tous les peuples et de tous les temps jusqu'au XVI*[e] *siècle*, Paris, ICC, 1998, 666 p.

Cheyne George, *An Essay of Health and Long Life*, Londres, 1724.

Chomel Noël, *Dictionnaire œconomique contenant divers moyens d'augmenter son bien et de conserver sa santé*, Paris, Vve Estienne, 1740, 2 t.

Clusius Carolus, *Exoticorum libri decem quibus animalium, plantatum, aromatum aliorumque peregrinorum fructuum historiae describuntur*, s.l., Plantin, 1605.

Conseil d'hygiène publique et de salubrité du département du Vaucluse, *Travaux, 1849-1858*, Avignon, Bonnet fils, 1859, 276 p.

Darluc Michel, *Histoire naturelle de la Provence, contenant ce qu'il y a de plus remarquable dans les règnes Végétal, Minéral, Animal et la partie géoponique*, Avignon, Niel, 1782, 3 t.

Delamare Nicolas, *Traité de police avec un recueil de tous les Statuts et Règlements des six corps de marchands et de toutes les communautés des Arts et Métiers* (1re éd. 1705-1722), Amsterdam, 1729, 4 vol.

Devaux Jean, *Le Médecin de soi-même ou l'Art de se conserver la santé par l'instinct*, Leyde, De Grael, 1683, 294 p.

Dictionnaire des sciences médicales, par une société de médecins et de chirurgiens, Paris, Panckoucke, 1813, 60 vol.

Ducreux Robert, *Le Médecin radoteur ou les Pots pourris et Autres Textes*, 1765, édition par Rodolphe Trouilleux et Jean-Michel Roy, Paris, H. Champion, 1999, 374 p.

Dumas Alexandre, *Mon dictionnaire de cuisine*, Paris, UGE, 1998, 674 p.

Dupuy, « Rapport de M. Dupuy sur une épizootie observée par M. Fodéré », *Mémoire de l'Académie de médecine*, 1833, vol. 3, p. 359-376.

Ficin Marsile, *Le Premier Livre de Marsille Ficin. De la vie saine, traduict de latin en françois par maistre Jehan Beaufilz advocat au chastelet de Paris, suivi du second livre La Vie longue*, Paris, 1541, 52 et 51 fol.

Fodéré François-Emmanuel, *Traité de médecine légale et d'hygiène publique ou de police de santé, adapté aux codes de l'Empire français, et aux connaissances actuelles, à l'usage des gens de l'Art, de ceux du Barreau, des jurés et des administrateurs de la santé publique, civile, militaire et de marine*, 2e éd., Paris, Mame, 1813, 3 vol.

Franck Joseph, *Pathologie médicale*, 6 vol., in *Encyclopédie des sciences médicales*, Paris, 1835-1845.

Galtier P.-V., *Traité des maladies contagieuses et de la police sanitaire des animaux domestiques*, Paris, Asselain et Houzeau, 1897, 1 280 p.

–, *Manuel de police sanitaire*, Lyon, s.d., 575 p.

Gide Charles, *Les Institutions du progrès social au début du* XX*e siècle*, Paris, Sirey, 1905, 465 p.

–, *Principes d'économie politique*, Paris, Sirey, 1911, 682 p.

Grasse Jean-Gaspard de, *Un chanoine de Cavaillon au Grand Siècle. Le livre de raison de Jean-Gaspard de Grasse (1664-1684)*, présenté par F. Meyer, Paris, Éd. du CTHS, 2002, 153 p.

Grimaud Jean-Charles, *Mémoire sur la nutrition*, Paris, 1687.

Grimod de La Reynière, *Écrits gastronomiques*, Paris, UGE, 1997, 316 p.

Joubert Laurent, *La Médecine et le Régime de santé. Des erreurs populaires et propos vulgaires*, Bordeaux, 1579, rééd. Paris, L'Harmattan, 1997, 2 t., 195 et 315 p.

Hallé Jean-Noël, « Histoire de l'hygiène », *Encyclopédie des sciences médicales*, Paris, 1835-1845, vol. 1.

–, « Aliment », in Vicq d'Azyr (dir.), *Encyclopédie méthodique*, Paris-Liège, Panckoucke, 1787.

Lancisi Joseph Marie, *Opera omnia in duos tomos distributa*, tome 1 : *Dissertatio historica de bovilla peste*, Genève, Frères de Tournes, 1748, 310 p.

Laumonier J., *Hygiène de l'alimentation dans l'état de santé et de maladie*, Paris, Alcan, 1911, 348 p.

Le Gendre Gilbert-Charles, *Traité de l'opinion ou Mémoires pour servir à l'histoire de l'esprit humain*, Paris, Briasson, 1733, 3 t., 683 p.

Lémery Louis, *Traité des aliments, où l'on trouve par ordre et séparément la différence et le choix qu'on doit faire de chacun d'eux en particulier...*, Paris, Cusson et Witte, 1702, 541 p.

Leroux des Tillets, *Dialogue entre Pasquin et Marphorio*, comédie, 1779, n.p.

Lespinasse René de et Bonnardot François, *Les Métiers et Corporations de la ville de Paris*, vol. 1, *Ordonnances générales. Métiers de l'alimentation*, Paris, Imprimerie nationale, 1886.

Lespinasse René de, *Les Métiers et Corporations de la ville de Paris,* XIII*e siècle. Le « Livre des métiers » d'Étienne Boileau*, Paris, Imprimerie nationale, 1879, 711 p.

Liébault Jean, *L'Agriculture et la Maison rustique*, Paris, 1572, 252 p.

Lieutaud Joseph, *Précis de la matière médicale, contenant les connaissances les plus utiles sur l'histoire, la nature, les vertus et les doses des médicaments*, Paris, Vincent, 1768, 2 vol.

Marre Francis, *Défendez votre estomac contre les fraudes alimentaires*, Paris, Henri Malet, 1911, 590 p.

Masse E., *Dangers du traitement par la viande crue et de l'alimentation par la viande de bœuf saignante*, Montpellier-Paris, 1876, 20 p.

Menon, *La Cuisinière bourgeoise*, Lyon, Leroy, 1783, 410 p.

Monteux Jérôme de, *Commentaire de la conservation de la santé et prolongation de la vie*, Lyon, Jean de Tournes, 1559, 280 p.

Nocard Édouard et Leclainche Emmanuel, *Les Maladies microbiennes des animaux*, Paris, Masson, 1903, 2 vol., t. 1, 668 p., t. 2, 645 p.

Paré Ambroise, *Textes choisis d'Ambroise Paré*, L. Delaruelle et M. Sendrail (éd.), Paris, Les Belles-Lettres, 1953, 292 p.

Parmentier Antoine-Augustin, *Recherche sur les végétaux nourrissans... avec de nouvelles observations sur la culture des pommes de terre*, Paris, Imprimerie royale, 1781.

Pasquier Étienne, *Les Recherches de la France*, rééd., Paris, Honoré Champion, 1996, 3 t., 2 277 p.

Pasquier Félix, *Cartulaire de Mirepoix*, Privat, Toulouse, 1921, t. 1, 184 p., t. 2, 483 p.

Patin Guy, *Lettres de Gui Patin*, éditées par J.-H Reveillé-Parise, Paris, Baillière, 1846, 3 vol., 2 064 p.

Paulet Jean-Jacques, *Recherches historiques et physiques sur les maladies épizootiques avec les moyens d'y remédier dans tous les cas*, Paris, Ruault, 1775, 2 vol., XIX-416 et 501 p.

Payen Anselme, *Précis théorique et pratique des substances alimentaires et des moyens de les améliorer, de les conserver et d'en reconnaître les altérations*, Paris, Hachette, 1865, 569 p.

Pisanelli Balthasar, *Trattato della natura del cibi e de bere nel quale le virtu e i vizi di quelli si palesano* (1re éd. 1584), trad. latine d'Arnould Freitag, *De esculentuorum potulentorum facultatibus*, Genève, 1614.

Pomet Pierre, *Histoire générale des drogues, traitant des plantes, des animaux et des minéraux*, Paris, Loyson et Pillon, 1694, 2 vol.

Raspail François-Vincent, *Histoire naturelle de la santé et de la maladie, chez les végétaux, chez les animaux en général et en particulier chez l'homme*, Paris, Levavasseur, 1843, t. 1, 496 p., t. 2, 682 p.

–, *Manuel annuaire de la santé ou Médecine et Pharmacie domestique, contenant tous les renseignements théoriques et pratiques nécessaires pour savoir préparer et employer soi-même les médicaments, se préserver ou se guérir ainsi promptement et à peu de frais*, Paris, 1845, 247 p.

–, *Le Fermier-vétérinaire ou Méthode aussi économique que facile de préserver et de guérir les animaux domestiques et même les végétaux cultivés, du plus grand nombre de leurs maladies*, Paris, 1854, 288 p.

Read, *Traité du seigle ergoté*, Metz, Collignon, 1774, 92 p.
Reynal Jean, *Traité de la Police sanitaire des animaux domestiques*, Paris, Asselin, 1873, XII-1 012 p.
Roques Joseph, *Nouveau Traité des plantes usuelles spécialement appliqué à la médecine domestique*, Paris, Dufart, 1837, 4 vol.
Rozier abbé François, *De la fermentation des vins et de la meilleure manière de faire l'eau-de-vie*, Lyon, 1770, 146 p.
–, *Cours complet d'agriculture, théorique, pratique, économique, et de médecine rurale et vétérinaire...*, Paris, Libraires associés, 1783-an X, 10 vol.
–, *Démonstrations élémentaires de botanique*, Lyon, 1787, 3 t.
Saint-André de, *Lettres de M. de Saint-André à quelques-uns de ses amis au sujet de la magie, des maléfices et des sorciers*, Paris, Mauduit, 1725, 455 p.
Savary des Bruslons Jacques, *Dictionnaire universel de commerce*, n^lle^ éd., Paris, Vve Estienne, 1741, 2 t.
Serao Mario, *Le Ventre de Naples*, Paris, Plon, 1898, 187 p.
Serres Olivier de, *Le Théâtre d'agriculture et mesnage des champs*, Paris, 1600, rééd. Aix-en-Provence, Actes Sud, 1997, 1 464 p.
Sinclair Upton, *The Jungle*, New York, Bentham Books, 1981, 349 p.
Smith Adam, *Recherche sur la Nature et les Causes de la Richesse des nations*, livres I et II, P. Jaudel trad., Paris, Economica, 2000, 389 p.
Thomassin Jean-François, *Dissertation sur le charbon malin de la Bourgogne ou pustule maligne*, Bâle, 1782.
Tissot Samuel, *De la santé des gens de lettres*, Lausanne, Grasset, 1768.
–, *Avis au peuple sur sa santé*, Lausanne, Grasset, 1785.
Tourtelle E., « Éléments d'hygiène », *Encyclopédie des sciences médicales, ou Traité général, méthodique et complet des diverses branches de l'art de guérir*, Paris, 1837.
Venel Gabriel, *Précis de matière médicale*, Paris, Caille et Gravier, an IX, 2 t., 414 et 480 p.
Vicq d'Azyr (dir.), *Encyclopédie méthodique*, Paris-Liège, Panckoucke, 1787.
Waton et Guérin J., *Essais de médecine et d'histoire naturelle*, Carpentras, Vve Raphel, an VI, 347 p.
Willich, *Hygiène domestique ou l'Art de conserver la santé et de prolonger la vie, mis à la portée des gens du monde*, trad. française par E.M. Itard, Paris, Ducauroy-Deterville, an XI, 2 t., 590 p.
Zimmermann Johann, *Traité de l'expérience en général, et en particulier dans l'art de guérir*, trad. Le Fevre, Paris, Vincent, 1774, 3 t.

Sélection bibliographique

On a donné pour chaque ouvrage la date de l'édition dans laquelle ils ont été consultés.

Abad Reynald, *Le Grand Marché. L'Approvisionnement de Paris sous l'Ancien Régime*, Paris, Fayard, 2002, 1056 p.

Adrian Jean, *Les Pionniers français de la science alimentaire. Leur vie, leurs découvertes*, Paris, Lavoisier Tec/Doc, 1994, 323 p.

Agulhon Maurice, « Le sang des bêtes, le problème de la protection des animaux en France au XIXe siècle », *Romantisme*, n° 31, 1981, p. 81-109.

Allendy René, *Paracelse, le médecin maudit*, Paris, Deruy, 1987, 199 p.

Antonioli Roland, *Rabelais et la médecine*, Genève, Droz, 1976, 392 p.

Apfelbaum Marian (dir.), *Risques et Peurs alimentaires*, Paris, Odile Jacob, 1998, 284 p.

Aron Jean-Paul, « Histoire et biologie : alimentation et épidémies au XIXe siècle », *Bulletin de la Société d'histoire moderne*, 13e série, n° 1, 1965, p. 3-9.

–, « Sur les consommations avariées à Paris dans le seconde moitié du XIXe siècle », *Annales E.S.C.*, 1975, p. 553-561.

Aymard Maurice, « L'approvisionnement des villes de la Méditerranée occidentale (XVIe-XVIIIe siècle) », *L'Approvisionnement des villes de l'Europe occidentale du Moyen Age aux Temps modernes*, Colloque de Flaran, 5, Auch, 1983, p. 165-188.

–, « Les pratiques de l'alimentation carnée en France », *Le Mangeur et l'Animal. Mutations de l'élevage et de la consommation, Autrement*, 1997, p. 87-102.

Bach-Lijour Béatrice, « Vicq d'Azyr et l'épizootie de 1774 dans le Sud-Ouest de la France », *L'Homme, l'Animal domestique et l'Environnement du Moyen Age au XVIIIe siècle*, Nantes, Ouest-Éditions, 1993, p. 235-242.

Bachelard Gaston, *La Formation de l'esprit scientifique*, Paris, Vrin, 1996, 256 p.

Baillet Lina, « Au XVIe siècle à Colmar : cuisine et santé, le recueil d'Anna Wecker », *Annuaire d'histoire et d'archéologie*, 1982, p. 41-53.

Baratay Éric, *L'Église et l'Animal. France, XVIIe-XXe siècle*, Paris, Cerf, 1996, 382 p.

Bardet J.-Pierre, Bourdelais Patrice, Guillaume Pierre, Lebrun François et Quétel Claude, *Peurs et Terreurs face à la Contagion. Choléra, tuberculose, syphilis, XIXe-XXe siècle*, Paris, Fayard, 1988, 440 p.

Barrau Jacques, *Les Hommes et leurs Aliments*, Paris, Messidor-Temps Actuels, 1983, 378 p.

Beaujouan Guy, Poulle-Drieux Yvonne et Dureau-Lapeyssonie Jeanne-Marie, *Médecine humaine et vétérinaire à la fin du Moyen Age*, Genève-Paris, Droz, 1966, 416 p.

Bellinazzi Anna, « Malnutrizione cerebrale et ipoalimentazione da povertà : dati e ipotesi (secoli XVII-XVIII) », *Timore e carità. I poveri nell' Italia moderna*, Actes du colloque *Pauperismo e assistenza negli antichi stati italiani*, Cremona, 1982, p. 375-391.

Bercé Yves-Marie, *Le Chaudron et la Lancette : croyances populaires et médecine préventive, 1798-1830*, Paris, Presses de la Renaissance, 1984, 335 p.

Bériac Françoise, « Le vocabulaire de la lèpre dans l'Ouest des pays de langue d'oc », *Annales du Midi*, n° 168, oct.-décembre 1984, p. 331-353.

–, « Connaissances médicales sur la lèpre et protection contre cette maladie au Moyen Age, *Maladies et Société*, Actes du Colloque de Bielefeld, 1986, Paris, Éd. du CNRS, 1989, p. 145-164.

–, *Histoire des lépreux au Moyen Age. Une société d'exclus*, Paris, Imago, 1988, 278 p.

–, *Des lépreux aux cagots. Recherches sur les sociétés marginales en Aquitaine médiévale*, Bordeaux, Fédération historique du Sud-Ouest, 1990, 530 p.

Bianchi-Bensimon Nella, « Alimentation et mélancolie dans le *De vita libri tres* de Marsile Ficin », *La Table et ses dessous. Culture, alimentation et convivialité en Italie (XIVe-XVIe siècle)*, Cahiers de la Renaissance italienne, Paris, Presses de la Sorbonne Nouvelle, 1999, p. 55-72.

Bigwood Édouard Jean et Gérard Alain, *Objectifs et Principes fondamentaux d'un droit comparé de l'alimentation*, Bâle-Munich-Paris, S. Karger, 1967-1971, 369 p.

Biraben Jean-Noël, *Les Hommes et la Peste en France et dans les pays européens et méditerranéens*, Paris-La Haye, Mouton, 1976, 416 et 451 p.

Blake John Ballard, *Public Health in the Town of Boston, 1630-1822*, Cambridge, Harvard University Press, 1959, 215 p.

Blancou Jean, *Histoire de la surveillance et du contrôle des maladies animales transmissibles*, Paris, Office international des épizooties, 2000, 366 p.

Bobis Laurence, *Le Chat. Histoire et légendes*, Paris, Fayard, 2000, 352 p. Réédition sous le titre *Une histoire du chat. De l'Antiquité à nos jours*, Paris, Seuil, 2006, 352 p.

Bodson Liliane, « Le vocabulaire latin des maladies pestilentielles et épizootiques », *Le Latin médical. La constitution d'un langage scientifique*, Publications de l'université de Saint-Étienne, 1991, p. 215-243.

Bonnassie Pierre, « Consommation d'aliments immondes et cannibalisme de survie dans l'Occident du haut Moyen Age », *Les Sociétés de l'an mil. Un monde entre deux âges*, Bruxelles, De Boeck Université, 2001, p. 143-169.

Bouchon Marianne, « Latin de cuisine », *Archivium latinatis Medii Aevi*, XXII, 1952, p. 63-76.

Bourde André, *Agronomie et Agronomes en France au XVIII*e *siècle*, Paris, SEVPEN, 1967, t. 1, 595 p.

Bourges Michel, *Essai sur l'histoire de la lèpre. Du concept lépreux à la microscopie électronique*, thèse de médecine dact., Clermont-Ferrand, 1968, 230 p.

Bourguinat Nicolas, *Les Grains du désordre. L'État face aux violences frumentaires dans la première moitié du XIX*e *siècle*, Paris, Éd. de l'EHESS, 2002, 542 p.

Brabant Henri, *Médecins, Malades et Maladies de la Renaissance*, s.l., La Renaissance du livre, 1966, 294 p.

Branlard Jean-Paul, *Droit et Gastronomie. Aspect juridique de l'alimentation et des produits gourmands*, Paris, Gualino, 1999, 295 p.

Braudel Fernand, *Civilisation matérielle et Capitalisme*, Paris, Armand Colin, 1967, 463 p.

Brears Peter, *A Taste of History. 10,000 Years of Food in Britain*, Londres, British Museum Press, 1993, 351 p.

Brockliss Laurence et Colin Jones, *The Medical World of Early Modern France*, Oxford, Clarendon Press, 1997, 960 p.

Bulst Neithard et Delort Robert (éd.), *Maladies et Sociétés : XII*e*-XVII*e *siècle*, Actes du Colloque de Bielefeld, 1986, Paris, Éd. du CNRS, 1989, 416 p.

Cahen Léon, « L'approvisionnement en pain de Paris au XVIIIe siècle et la question de la boulangerie », Paris, Rivière, s.d., p. 1-15.

Campion-Vincent Véronique, « La véritable histoire de l'os de rat », *Manger magique*, *Autrement*, n° 149, 1994, p. 85-91.

Camporesi Piero, *Le Pain sauvage. L'imaginaire de la faim, de la Renaissance au XVIII*e *siècle*, Paris, Le Chemin vert, 1981, 253 p.

–, *La Terre et la Lune. Aliment, folklore, société*, Paris, Aubier, 1993, 247 p.

–, *Les Effluves du temps jadis*, Paris, Plon, 1995, 330 p.

Candolle Alphonse de, *Origine des plantes cultivées*, Paris, Alcan, 1886, 385 p.

Capatti Alberto et Montanari Massino, *La Cuisine italienne. Histoire d'une culture*, Paris, Seuil, 2002, 424 p.

Castellazi Laura, « Legislazione sanitaria per l'alimentazione a Verona in epoca veneta », *Archivi per la storia dell'alimentazione*, Rome, 1995, vol. 2, p. 879-893.

Cazes-Valette Geneviève, « La vache folle », *Cultures, Nourritures, Internationale de l'imaginaire*, n° 7, 1997.

Céard Jean, Fontaine Marie-Madeleine et Margolin Jean-Claude (éd.), *Le Corps à la Renaissance*, Paris, Aux amateurs de livres, 1990, 502 p.

Céard Jean, « La diététique dans la médecine de la Renaissance », *Pratiques et Discours alimentaires à la Renaissance*, Actes du colloque de Tours, 1979, Jean-Claude Margolin et Robert Sauzet (éd.), Paris, Maisonneuve et Larose, 1982, p. 21-36.

Chateauraynaud Francis et Torny Didier, *Les Sombres Précurseurs. Une sociologie pragmatique de l'alerte et du risque*, Paris, Éd. de l'ÉHESS, 1994, 465 p.

Chaumartin Henry, *Le Mal des Ardents et le Feu saint Antoine ; étude historique, médicale, hagiographique et légendaire*, Vienne, chez l'auteur, 1946, 203 p.

Chaunu Pierre, *Les Amériques, XVIe, XVIIe, XVIIIe siècles*, Paris, Armand Colin, 1976, 270 p.

Chevalier Bernard, « L'alimentation carnée à la fin du XVe siècle : réalité et symbole », *Pratiques et Discours alimentaires à la Renaissance*, Actes du colloque de Tours, 1979, Paris, Maisonneuve et Larose, 1982, p. 193-200.

Coleman William, « Health and Hygiene in the *Encyclopédie* : A Medical Doctrine for the Bourgeoisie », *Journal of the History of Medicine*, 29, 1974, p. 399-421.

–, « The People's Health : Medical Themes in Eighteen-Century Popular Medicine », *Bulletin for the History of Medicine*, n° 51, 1977, p. 55-74.

Comet Georges, « L'iconographie des "plantes nouvelles", ou une approche des débuts de la botanique moderne », *Campagnes médiévales. L'Homme et son espace. Études offertes à Robert Fossier*, Paris, Publications de la Sorbonne, 1995, p. 45-53.

Corbin Alain, *Le Miasme et la Jonquille. L'odorat et l'imaginaire social. XVIIIe-XIXe siècle*, Paris, Flammarion, « Champs », 1986, 336 p.

Cosmacini Giorgio, *Soigner et Réformer. Médecine et santé en Italie, de la Grande Peste à la Première Guerre mondiale*, Paris, Payot, 1992, 491 p.

–, *Medici nella storia d'Italia. Per una tipologia della professione*, Rome, Laterza, 1996, 220 p.

Cougoul Jacques, *La Lèpre dans l'Ancienne France*, thèse de médecine dact., Bordeaux, Delmas, 1943.

Coulet Noël, « "Juif intouchable" et interdits alimentaires », *Sénéfiance*, 1978, vol. V, p. 209-221.

Dack G.M., *Food Poisoning*, Chicago, The University of Chicago Press, 1943, 138 p.

Dandrey Patrick, *Le « Cas » Argan. Molière et la maladie imaginaire*, Paris, Klincksieck, 1993, 449 p.

Darmon Pierre, *L'Homme et les Microbes. XVIIe-XXe siècle*, Paris, Fayard, 1999, 592 p.

Daston Lorraine, *Classical Probability in the Enlightenment*, Princeton, Princeton University Press, 1988, 423 p.

Debouzy Marianne, *Le Capitalisme « sauvage » aux États-Unis, 1860-1900*, Paris, Seuil, 1972, 238 p.

Debus A.G., *The French Paracelsians : The Chemical Challenge to Medical and Scientific Tradition in Early Modern France,* Cambridge, University Press of Cambridge, 1991, 247 p.

Delaunay Paul, *La Vie médicale aux XVIe, XVIIe, XVIIIe siècles*, Paris, 1935, 558 p. ; rééd. Genève, Slatkine Reprints, 2001, 558 p.

Delort Robert, *Les animaux ont une histoire*, Paris, Seuil, 1984, 391 p.

–, (éd.), *Maladies et Sociétés : XIIe-XVIIe siècle*, Colloque de Bielefeld, 1986, Paris, 1989.

Delsalle Paul, « Façons de vendre, façons d'acheter, sur les marchés au cœur de l'Europe (XVIe siècle et première moitié du XVIIe siècle) », *Fiere e mercati nella integrazione delle economie europee secc. XIII-XVIII,* Istituto internazionale di storia economica F. Datini, Prato, Florence, Le Monnier, 2001, p. 335-357.

Delumeau Jean, *La Peur en Occident (XIVe-XVIIIe siècle), une cité assiégée*, Paris, Fayard, 1978.

Deramaix Robert, *L'Hygiène et les Consuls lyonnais : le bureau de santé*, thèse de médecine, Lyon, Audin, 1932, 150 p.

Deroux Carl, « La digestion dans la *Diététique* d'Anthimus : langage, mythe et réalités », *Le Latin médical : la constitution d'un langage scientifique*, Actes du colloque de Saint-Étienne, 1989, G. Sabbah (éd.), Publications de l'université de Saint-Étienne, 1991, p. 33-38.

Desaive Jean-Paul et Goubert Jean-Pierre, *Médecins, Climat et Épidémies à la fin du XVIIIe siècle*, Paris-La Haye, Mouton, 1972, 252 p.

Desportes Françoise, *Le Pain au Moyen Age*, Paris, Olivier Orban, 1987, 228 p.

Di Munno Malavasi Carla, « L'azione del Magistrato ordinario, del Magistrato della sanità et des Consiglio di governo in materia di alimentazione nello stato di Milano nei secoli XVI-XVIII », *Archivi per la storia dell'alimentazione*, Rome, 1995, vol. 1, p. 551-567.

Douglas Mary, *De la souillure. Essai sur les notions de pollution et de tabou*, Paris, Maspero, « Bibliothèque d'anthropologie », 1981, 196 p.

Duby Georges, « L'urbanisation dans l'Histoire », *Études rurales*, nos 49-50, 1973, p. 10-14.

Dupèbe Jean, « La diététique et l'alimentation des pauvres selon Sylvius », *Pratiques et Discours alimentaires à la Renaissance*, Actes du colloque de Tours, 1979, Jean-Claude Margolin et Robert Sauzet (éd.), Paris, Maisonneuve et Larose, 1982, p. 41-56.

Durand Robert (éd.), *L'Homme, l'Animal domestique et l'Environnement du Moyen Age au XVIIIe siècle*, Actes du colloque de Nantes, 1992, Nantes, Ouest-Éditions, 1993, 387 p.

Élias Norbert, *La Civilisation des mœurs*, Paris, Calmann-Lévy, 1973, 342 p.

Fabre-Vassas Claudine, *La Bête singulière. Les juifs, les chrétiens et le cochon*, Paris, Gallimard, 1994, 418 p.

Farb Peter et Armelagos George, *Anthropologie des coutumes alimentaires*, Paris, Denoël, 1980, 267 p.

Faure Olivier, « Le bétail dans la ville au XIXe siècle : exclusion ou enfermement ? », *Cahiers d'histoire*, t. XLII, 1997, nos 3-4, p. 555-574.

Febvre Lucien, « Pour l'histoire d'un sentiment : le besoin de sécurité », *Annales ESC*, no 2, avr.-juin 1956, p. 244-246.

–, *Philippe II et la Franche-Comté. Étude d'histoire politique, religieuse et sociale*, Paris, Flammarion, 1970, 538 p.

Feillet Alphonse, *La Misère au temps de la Fronde et saint Vincent de Paul ou un chapitre de l'histoire du paupérisme en France*, Paris, Perrin, 1886, 572 p.

Ferrières Madeleine, « Une rivalité hygiénique : les abattoirs dans les villes méridionales », *Assainissement et salubrité publique en Europe méridionale (fin du moyen-âge, époque moderne), Siècles*, no 14, Clermont-Ferrand, Publications de l'université de Clermont-Ferrand, 2001, p. 51-62.

–, « Les confitures et l'économie domestique d'Olivier de Serres », *Autour d'Olivier de Serres. Pratiques agricoles et pensée agronomique du néolithique aux enjeux actuels*, actes du colloque du Pradel, (27-29 septembre 2000), Alain Belmont dir., Rennes, Association d'histoire des sociétés rurales, 2002, p. 359-370.

–, « De l'épizootie à l'épidémie : perception et gestion d'un risque dans l'Ancien Régime », *Cahiers de nutrition et de diététique*, vol. 39, n° 5, novembre 2004, p. 334-340.

–, *Le Bien des pauvres. La consommation populaire en Avignon (1600-1800)*, Seyssel, Champ Vallon, 2004, 276 p.

–, « Le cochon, la lèpre et l'homme », *Les Animaux malades en Europe occidentale (VIe-XIXe siècle)*, actes des 25e journées internationales d'histoire de l'Abbaye de Flaran, M. Mousnier éd., n° 25, Toulouse, Presses universitaires du Mirail, 2005, p. 87-102.

–, « Normes et pratiques avant Pasteur », *Des aliments et des hommes. Entre science et idéologie, définir ses propres repères*, Paris, Institut français de Nutrition, 2005, p. 147-156.

–, « Risque alimentaire et conférence du consensus : l'expérience de 1669 » *Risques et crises alimentaires,* Paris, Lavoisier-Tec et Doc, 2005, p. 3-19.

–, « La mise en risque du plomb dans la France des lumières », *Catastrophes and Health : The Perception of Risk between History and Actuality*, actes du colloque de l'Institut d'histoire de la médecine et de la santé, Genève, janvier 2005.

Figeac Michel, *La Douceur des Lumières. Noblesse et art de vivre en Guyenne au XVIIe siècle*, Bordeaux, Mollat, 2001, 311 p.

Fischler Claude, *L'Homnivore ; le goût, la cuisine et le corps*, Paris, Odile Jacob, 1993, 440 p.

– (dir.), *Manger magique. Aliments sorciers, croyances comestibles, Autrement*, n° 149, 1994.

Flandrin Jean-Louis et Montanari Massimo (dir.), *Histoire de l'alimentation*, Paris, Fayard, 1996, 915 p.

Flandrin Jean-Louis, « Médecine et habitudes alimentaires anciennes », *Pratiques et Discours alimentaires à la Renaissance*, Paris, Maisonneuve et Larose, 1982, p. 85-96.

–, « Risques et angoisses alimentaires avant le XIXe siècle », in Apfelbaum M. (dir.), *Risques et Peurs alimentaires*, Paris, Odile Jacob, 1998, p. 113-125.

Foisil Madeleine, *Le Sire de Gouberville. Un gentilhomme normand au XVIe siècle*, Paris, Flammarion, 1986, 284 p.

Fontenay Élizabeth de, *Le Silence des bêtes. La philosophie à l'épreuve de l'animalité*, Paris, Fayard, 1998, 784 p.

Fossat Jean-Louis, *La Formation du vocabulaire gascon de la boucherie et de la charcuterie. Étude de lexicologie historique et descriptive*, Toulouse-I, Ménard, 1971, 387 p.

Foucault Michel, *Surveiller et Punir. Naissance de la clinique*, Paris, PUF, 1963, 212 p.

Fourgoux Jean-Claude et Jumel Georges, *Traité de droit alimentaire*, Paris, FRANTEL, 1968, 215 p.

Fournier Patrick, *Eaux claires, Eaux troubles dans le Comtat venaissin (XVIIe-XVIIIe siècle)*, Perpignan, Presses universitaires de Perpignan/CHEC, 1999, 552 p.

Garnot Benoît, *Vivre en Bourgogne au XVIIIe siècle*, Dijon, PUB, 1996, 352 p.

Garrier Gilbert, *Histoire sociale et culturelle du vin*, Paris, Bordas, 1996, 366 p.

Gaudillière Jean-Paul, « Échos d'une crise centenaire », *La Recherche*, n° 339, février 2001, p. 14-18.

Gerbaud Olivier, « Le besoin de vétérinaires et la création d'écoles vétérinaires secondaires dans la France rurale à la fin du XVIIIe siècle », *L'Homme, l'Animal domestique et l'Environnement du Moyen Age au XVIIIe siècle*, Nantes, Ouest-Éditions, 1993, p. 219-233.

Giacomo Mathée, « L'or des épices, la chair de l'autre, le langage du même », *La Table et ses dessous. Culture, alimentation et convivialité en Italie (XIVe-XVIe siècle)*, Cahiers de la Renaissance italienne, Paris, Presses de la Sorbonne Nouvelle, 1999, p. 251-278.

Gil-Sotres Pedro, « Les régimes de santé », *Histoire de la pensée médicale en Occident*, I. *Antiquité et Moyen Age*, Paris, Seuil, 1995, p. 257-281.

Godard Misette, *Le Goût de l'aigre. Essai de gastronomie historique*, Paris, Quai Voltaire, « Histoire », 1991, 336 p.

Goubert Jean-Pierre (éd.), *La Médicalisation de la société française, 1770-1830*, University of Waterloo (Canada), 1982.

–, « Épidémie, médecine et État en France à la fin de l'Ancien Régime », in Bulst Nithard et Delort Robert (éd.), *Maladies et Sociétés : XIIe-XVIIe siècle*, Actes du colloque de Bielefeld, 1986, Paris, Éd. du CNRS, 1989, p. 393-401.

Gourevitch Danielle (éd.), *Malades et Maladies, histoire et conceptualisation. Mélanges en l'honneur de M.D. Grmek*, Genève, Droz, 1992, 470 p.

Gouron André, *La Réglementation des métiers en Languedoc au Moyen Age*, Paris, Minard, 1958, 439 p.

Grmek Mirko, *Les Maladies à l'aube de la civilisation occidentale*, Paris, Payot, 1983, 527 p.

– (dir.), *Histoire de la pensée médicale en Occident*, Paris, Seuil, 1997, t. 1, *Antiquité et Moyen Age*, 382 p., t. 2, *De la Renaissance aux Lumières*, Paris, Seuil, 1995, 376 p.

–, « Les débuts de la quarantaine maritime », in Buchet Christian (éd.), *L'Homme, la Santé et la Mer*, Paris, Honoré Champion, 1997, p. 39-59.

Guéneau Lucien, « La cabale des bouchers de Lyon en 1714 », *Mémoires et Documents pour servir à l'histoire du commerce et de l'industrie en France*, Paris, Hachette, 1922, p. 243-267.

Guillaume Pierre, *Du désespoir au salut; les tuberculeux aux XIXe et XXe siècles*, Paris, Aubier, 1986, 376 p.

–, *Le Rôle social du médecin depuis deux siècles (1800-1945)*, Paris, Comité d'histoire de la sécurité sociale, 1996, 319 p.

Gusdorf Georges, *Les Sciences humaines et la Pensée occidentale*. V. *Dieu, la nature, l'homme au siècle des Lumières*, Paris, Payot, 1972, 535 p.

Gutton Jean-Pierre, *Guide du chercheur en histoire de la protection sociale*, vol. 1, *Fin du Moyen Age-1789*, Paris, Association pour l'étude de l'histoire de la sécurité sociale, 1994, 212 p.

Hamraoui Éric, « L'œuvre d'Hippocrate revisitée par la pensée médicale des Lumières : l'exemple des traités médicaux de G.M. Lancisi (1654-1720) », in *Hellénisme et Hippocratisme dans l'Europe méditerranéenne : autour de D. Coray*, Actes du colloque de 1998, Henri Michel (éd.), Montpellier, Université Paul-Valéry, 2000, p. 101-112.

Hannaway Caroline, « Veterinary Medicine and Rural Health Care in Pre-Revolutionary France », *Bulletin of the History of Medicine*, 51, 1977, p. 431-447.

Herzlich Claudine, *Santé et Maladie : analyse d'une représentation sociale*, Paris, Éd. de l'EHESS, 1984, 210 p.

Hildesheimer Françoise, *Le Bureau de santé de Marseille sous l'Ancien Régime. Le renfermement de la contagion*, Marseille, Fédération historique de Provence, 1980, 256 p.

Hubscher Ronald, *Les Maîtres des bêtes. Les vétérinaires dans la société française (XVIIIe-XXe siècle)*, Paris, Odile Jacob, 1999, 443 p.

Hudemann-Simon Calixte, *La Conquête de la santé en Europe. 1750-1900*, Paris-Francfort, Belin-De Boeck, 2000, 174 p.

Huriet Claude, « Les conditions du renforcement de la veille sanitaire et du contrôle de la sécurité sanitaire des produits destinés à l'homme en France », Commission des affaires sociales du Sénat, Rapport d'information n° 196, 1997.

Ingrand H., *Le Comité de salubrité de l'Assemblée nationale constituante (1790-1791)*, thèse de médecine, Paris, 1934.

Jacquart Danielle, *Le Milieu médical en France du XIIe au XVe siècle*, Genève, Droz, 1981, 487 p.

–, *La Médecine médiévale dans le cadre parisien, XIVe-XVe siècle*, Paris, Fayard, 1998, 587 p.

Jacquart Danielle et Nicoud Marylin, « Les régimes de santé au XIIIe siècle », *Comprendre le XIIIe siècle. Études offertes à Marie-Thérèse Lorcin*, P. Guichard et D. Alexandre-Bidon (éd.), Presses universitaires de Lyon, 1995, p. 201-214.

Jacquet R., Claudian J. et Trémolières J., « Les conserves dans l'alimentation de l'homme. Leur rôle en diététique et thérapeutique », *Revue de pathologie générale et comparée*, 1956, p. 80-87.

Kaplan Steven Laurence, *Le Meilleur Pain du monde. Les boulangers de Paris au XVIIIe siècle*, Paris, Fayard, 1996, 766 p.

–, « Beetween Habit and Necessity : the "Ersatz" Question in Eighteenth Century France », *L'Histoire grande ouverte. Hommages à Emmanuel Le Roy Ladurie*, Paris, Fayard, 1997, p. 379-393.

–, *Les Ventres de Paris : pouvoir et approvisionnement dans la France d'Ancien Régime*, Paris, Fayard, 1998, 702 p.

Kiener Michel Christophe et Peyronnet Jean-Claude, *Quand Turgot régnait en Limousin. Un tremplin vers le pouvoir*, Paris, Fayard, 1979, 332 p.

Kiple F. Kenneth et Ornelas Kriemhild Coneè (éd.), *The Cambridge World History of Food*, Cambridge, Cambridge University Press, 2000, 2 vol., 2 153 p.

Koninckx Christian, « L'alimentation et la pathologie des déficiences alimentaires dans la navigation au long cours au XVIIe siècle », *Revue d'histoire moderne et contemporaine*, 1983, 1, p. 109-138.

Kourilsky Philippe et Viney Geneviève, *Le Principe de précaution. Rapport au Premier ministre*, Paris, Odile Jacob/La Documentation française, 2000, 405 p.

Koyré Alexandre, *Mystiques, Spirituels et Alchimistes du XVIe siècle allemand*, Cahiers des Annales n° 10, Paris, Armand Colin, 1955, 116 p.

Kriegel Maurice, « Un trait de psychologie sociale dans les pays méditerranéens du bas Moyen Age : le juif comme intouchable », *Annales ESC*, 1976, n° 2, p. 326-330.

Lachiver Marcel, *Les Années de misère. La famine au temps du Grand Roi*, 1680-1720, Paris, Fayard, 1991, 575 p.

Lalande Emmanuel, *La Vie et les Œuvres de maître Arnaud de Villeneuve*, Paris, Chamuel, 1896, 193 p.

Larguier Gilbert, « Viandes et espaces urbains à l'époque moderne. Le cas de Narbonne », *De l'herbe à la table. La viande dans la France méridionale à l'époque moderne*, A. Blanchard, H. Michel et E. Pélaquier (éd.), Presses universitaires de Montpellier, 1994, p. 197-210.

La Roncière Charles de, « L'approvisionnement des villes italiennes au Moyen Age (XIVe-XVe siècle), *L'Approvisionnement des villes de l'Europe occidentale du Moyen Age aux Temps modernes*, Colloque de Flaran, 5, Auch, 1983, p. 33-52.

Lassablière Pierre *et al.*, *Encyclopédie de l'alimentation. Scientifique-médicale-hygiénique-gastronomique*, Paris, Maloine, 1950, 2 vol., 1 007 et 672 p.

Latour Bruno, *Nous n'avons jamais été modernes*, Paris, La Découverte, 1991, 206 p.

Launay Henry de, *L'Hygiène publique à travers les âges*, Paris, Vigot, 1906.

Laurioux Bruno, « La cuisine des médecins à la fin du Moyen-Age », dans *Maladie, Médecines et Sociétés. Approches historiques pour le présent*, Paris, L'Harmattan, 1993, t. II, p. 136-148.

–, « Du rejet à l'intégration », *Mémoires lactées. Blanc, bu, biblique : le lait du monde*, *Autrement*, n° 143, 1994, p. 30-43.

–, « Cuisines médiévales (XIVe et XVe siècles) », *Histoire de l'alimentation*, Paris, Fayard, 1996, p. 459-477.

–, *Le Règne de Taillevent. Livres et pratiques culinaires à la fin du Moyen Age*, Paris, Publications de la Sorbonne, 1997, 410 p.

Lazard Sylviane, « L'institution alimentaire dans le *Reggimento e costumi di donna* de Francesco da Barberino », *La Table et ses dessous. Culture, alimentation et convivialité en Italie (XIVe-XVIe siècle)*, Cahiers de la Renaissance italienne, Paris, Presses de la Sorbonne Nouvelle, 1999, p 13-38.

Lebigre Arlette, « Haro sur les "aliments indignes" ! », *L'Histoire*, n° 85, 1986, p. 124-127.

Le Breton David, *Passions du risque*, Paris, Métailié, 2000, 190 p.

Lebrun François, *Les Hommes et la Mort en Anjou aux XVIIe et XVIIIe siècles. Essai de démographie et de psychologie historique*, Paris-La Haye, Mouton, 1971, 562 p.

–, « L'intervention des autorités en matière de santé publique en France aux XVIIe et XVIIIe siècles », *Histoire des sciences médicales*, t. XVII, 1982, 347 p.

–, *Se soigner autrefois : médecins, saints et sorciers aux XVIIe et XVIIIe siècles*, Paris, Temps actuels, 1983, 206 p.

–, *Croyances et Cultures dans la France d'Ancien Régime*, Seuil, 2001, 304 p.

Leclainche Emmanuel, *Histoire de la médecine vétérinaire*, Toulouse, Office du livre, 1936, XV-812 p.

Lecuyer B.P., « Démographie, statistique et hygiène publique sous la monarchie censitaire », *Annales de démographie historique*, 1977, p. 215-249.

Lederer Jean, *Encyclopédie moderne de l'hygiène alimentaire*, Paris-Bruxelles, Maloine, 1986, t. 2, 485 p.

Leguay Jean-Pierre, *La Pollution au Moyen Age dans le royaume de France et dans les grands fiefs*, Paris, J.-P. Gisserot, 1999, 127 p.

Lenardon Dante, *Index du Journal de Trévoux, 1701-1767*, Genève, Slatkine, 1986, 389 p.

Léonard Jacques, *Archives du corps. La santé au XIXe siècle*, Rennes, Ouest-France, 1986, 330 p.

Le Roy Ladurie Emmanuel, *Montaillou, village occitan, de 1294 à 1324*, Paris, Gallimard, 1975, 642 p.

Lesage Claire, « Le savoir alimentaire féminin dans *Il merito delle donne* de Moderata Fonte », *La Table et ses dessous. Culture, alimentation et convivialité en Italie (XIVe-XVIe siècle)*, Cahiers de la Renaissance italienne, Paris, Presses de la Sorbonne Nouvelle, 1999, p. 223-234.

Levenstein Harvey A., « Diététique contre gastronomie : traditions culinaires, sainteté et santé dans les modèles de vie américains », *Histoire de l'alimentation*, J.-Louis Flandrin (dir.), Paris, Fayard, 1996, p. 843-858.

Lévi-Strauss Claude, *La Pensée sauvage*, Paris, Plon, 1962, 389 p.

Leyral Guy et Vierling Élisabeth, *Microbiologie et Toxicologie des aliments. Hygiène et sécurité alimentaire*, Vélizy, Doin, 1996, 266 p.

Linden David E.J., « Gabriele Zerbi's *De cautelis medicorum* and the Tradition of Medical Prudence », *Bulletin of the History of Medicine*, 1999, n° 1, p. 19-29.

Loux Françoise et Richard Philippe, *Sagesse du corps. La santé et la maladie dans les proverbes français*, Paris, Maisonneuve et Larose, 1978.

Lunel Pierre, « Pouvoir royal et santé publique à la veille de la Révolution : l'exemple du Roussillon », *Annales du Midi*, oct.-décembre 1974, t. 86, n° 119, p. 345-380.

Mc Neill William H., *Le Temps de la peste. Essai sur les épidémies dans l'Histoire*, Paris, Hachette Littérature, 1978, 301 p.

Malassis Louis, *Les Trois Ages de l'alimentaire. Essai sur une histoire sociale de l'alimentation et de l'agriculture*, t. 1 : *L'Age pré-agricole et l'Age industriel*, t. 2 : *L'Age agro-industriel*, Paris, Cujas, 1997, 329 et 367 p.

Maleissye Jean de, *Histoire du poison*, Paris, F. Bourin, 1991, 415 p.

Mammerickx Henri, « Les anciennes méthodes de prophylaxie des maladies animales en Belgique », *Revue scientifique et technique de l'Office international des épizooties*, 1994, n° 13 (2), p. 487-498.

Mandrou Robert, *Introduction à la France moderne, 1500-1640. Essai de psychologie historique*, Paris, Albin Michel, 1974, 412 p.

–, *Magistrats et Sorciers en France au XVIIe siècle. Une analyse de psychologie historique*, Paris, Seuil, 1980, 576 p.

Maragi Mario, « La santé publique dans les anciens statuts de la ville de Bologne, 1245-1288 », *Histoire des sciences médicales*, t. XVII, 1982, 347 p.

Marcet-Juncosa Alice, « Malades et maladies en Roussillon à l'époque moderne », *Du Roussillon et d'ailleurs. Images des Temps modernes*, Perpignan, PUP-CREPF, 1993, p. 175-187.

Maurizio A., *Histoire de l'alimentation végétale depuis la Préhistoire jusqu'à nos jours*, Paris, Payot, 1932, 663 p.

Méchin Colette, *Bêtes à manger. Usages alimentaires des Français*, Presses universitaires de Nancy, 1992, 270 p.

Metzger Henri, *La Chimie. Histoire du monde*, Paris, De Boccard, 1930, t. 13, 168 p.

Meyer Jean, « Une enquête de l'Académie de médecine sur les épidémies, 1774-1794 », *Annales ESC*, 1966, p. 729-749.

–, *Histoire du sucre*, Paris, Desjonquères, 1989, 335 p.

Michel Henri (dir.), *Hellénisme et Hippocratisme dans l'Europe moderne : autour de D. Coray*, Actes du colloque de Montpellier, 1998, Presses universitaires de Montpellier, 2000.

Miller A.R., « Slaughterhouse or Abattoir », *Encyclopedia britannica*, Chicago, W. Benton, 1962, vol. 20, p. 771-773.

Monner Raoul, *Le Commerce et l'Inspection des viandes sous l'Ancien Régime*, thèse vétérinaire, Lyon, Bosc et Riou, 1941, 121 p.

Montanari Massimo, *La Faim et l'Abondance. Histoire de l'alimentation en Europe*, Paris, Seuil, 1995, 289 p.

Moriceau Jean-Marc, *L'Élevage sous l'Ancien Régime (XVIe-XVIIIe siècle)*, Paris, SEDES, 1999, 256 p.

Morineau Michel, « Cendrillon devenue fée, la pomme de terre au XVIIe siècle », *Pour une histoire économique vraie*, Presses universitaires de Lille, 1985, p. 121-133.

Muchembled Robert, *Culture populaire et Culture des élites dans la France moderne (XVe-XVIIIe siècle)*, Paris, Flammarion, 1978, 398 p.

Murard Lion et Zylberman Patrick, *L'Hygiène de la République : la santé publique en France, ou l'utopie contrariée (1870-1918)*, Paris, Fayard, 1996, 805 p.

Muratori-Philip Anne, *Parmentier*, Paris, Plon, 1994, 399 p.

Nada Patrone Anna Maria, « Gli statuti comunali come fonte per la storia dell'alimentazione », *Gli archivi per la storia dell' alimentazione*, Rome, 1995, p. 637-647.

Nicoud Marylin et Jacquart Danielle, « Les régimes de santé au XIIIe siècle », *Comprendre le XIIIe siècle. Études offertes à Marie-Thérèse Lorcin*, Presses universitaires de Lyon, 1995, p. 201-214.

Nicoud Marylin, « L'adaptation du discours diététique aux pratiques alimentaires : l'exemple de Barnabas de Reggio », *Mélanges de l'École française de Rome*, 107, 1995, p. 207-231.

–, *Aux origines d'une médecine préventive. Les traités de diététique en Italie et en France (XIIe-XVe siècle)*, Paris, EPHE, IVe section, 1998, 2 vol., 566 p.

Oldoni Massimo, « I Regimina Sanitatis », *Archivi per la storia dell'alimentazione*, Rome, 1995, vol. 2, p. 1 790-1 800.

O.M.S., *Maladies d'origine alimentaires : méthodes d'échantillonnage et d'examen dans les programmes de surveillance*, rapport technique n° 543, Genève, 1974, 54 p.

Palou Jean, *La Peur dans l'histoire*, Paris, Éditions ouvrières, 1958, 127 p.

Paravicini Bagliani Agostino, *Le Corps du pape*, Paris, Seuil, 1997, 391 p.

Pastoureau Michel, *Dictionnaire des couleurs de notre temps. Symbolique et société*, Paris, Bonneton, 1992, 231 p.

Pastoureau Michel, Verroust Jacques et Buren Raymond, *Le Cochon. Histoire, symbolique, cuisine*, Paris, Sang de la terre, 1987, 219 p.

Paupert Anne, *Les Fileuses et le Clerc. Une étude des Évangiles des quenouilles*, Paris, Honoré Champion, 1990, 340 p.

Peeters Alice, « Tuer le cochon à Brantes dans le Vaucluse », *Ethnologie française*, n° 10, 1980, p. 247-256.

Pelosse Valentin, « Imaginaire social et protection de l'animal. Des amis des bêtes de l'an X au législateur de 1850 », *L'Homme*, XXI (4), p. 5-33, XXII (1), p. 33-51.

Penso Giuseppe, *La Conquête du monde invisible. Parasites et microbes à travers les siècles*, Paris, Dacosta, 1981, 379 p.

Peter Jean-Pierre, « Malades et maladies à la fin du XVIIIe siècle », *Annales ESC*, 1967, p. 711-751.

–, « Les mots et les objets de la maladie. Remarques sur les épidémies et la médecine dans la société française de la fin du XVIIIe siècle », *Revue historique*, 499, 1971, p. 13-38.

Peyresblanques Jean, « La pellagre et les Landes », *Revue d'histoire des sciences médicales*, n° 1, 1985, p. 77-90.

–, « Mal de la rosa espagnol, mal d'arrouzes landais et pellagre landaise », *Revue de Pau et de Béarn*, 1987, p. 269-278.

Pleindoux Auguste, *Les Maîtres de victuailles et le Commerce de la boucherie en Avignon sous la domination des Papes*, Avignon, Rullière, 1924, 177 p.

–, *Le Commerce de la Boucherie et l'Inspection des viandes dans le département de Vaucluse, autrefois et aujourd'hui*, Avignon, 1925, 131 p.

Ploux François, « L'imaginaire social et politique de la rumeur dans la France du XIXe siècle (1815-1870) », *Revue historique*, 614, avr.-juin 2000, p. 395-433.

Pointeau-Pouliquen Marie-Antoinette, *Les Causes des intoxications alimentaires en France depuis 1920*, Paris, Arnette, 1958, 69 p.

Poitou Christian, « Ergotisme, ergot de seigle et épidémies en Sologne au XVIIIe siècle », *Revue d'histoire moderne et contemporaine*, 23, 1976, p. 354-368.

Porter Roy, *Disease, Medicine and Society in England 1550-1860*, Cambridge, Cambridge University Press, 1995.

Potter David Morris, *Les Fils de l'abondance ou le Caractère national américain*, Paris, Seghers, « Vents d'ouest », 1966, 287 p.

Pouchelle Marie-Christine, « Une parole médicale prise dans l'imaginaire : alimentation et digestion chez un maître-chirurgien du XIVe siècle », Actes du colloque de Tours : *Pratiques et Discours alimentaires à la Renaissance*, Paris, Maisonneuve et Larose, 1982, 305 p.

Poussou Jean-Pierre, *La Terre et les Paysans en France et en Grande-Bretagne aux XVIIe et XVIIIe siècles*, Paris, SEDES, 1999, 607 p.

Prost Michel, « Données trophiques en Haut-Dauphiné (XVIe-XVIIe siècle) : panorama de l'alimentation carnée en Briançonnais et Embrunais », *De l'herbe à la table. La viande dans la France méridionale à l'époque moderne*, A. Blanchard, H. Michel et E. Pélaquier (éd.), Presses universitaires de Montpellier, 1994, p. 197-210.

Radeff Anne, *Du café dans le chaudron. Économie globale d'Ancien Régime. Suisse occidentale, Franche-Comté et Savoie*, Lausanne, Société d'histoire de la Suisse romande, 1996, 559 p.

Raimondi Giulio, « Commercio e consumo dei generi alimentari nel regno di Napoli : provvedimenti amministrativi e consuetudini locali nelle università di Monterano, Piedimonte e Novi », *Archivi per la storia dell'alimentazione*, Rome, 1995, vol. 1, p. 680-690.

Randoin Lucie et Simonnet Henri, *Les Données et les Inconnues des problèmes alimentaires*, t. 1 : *Le Problème de l'alimentation*, Paris, PUF, 1927, 344 p.

Raymond Jean-François de, *La Querelle de l'inoculation ou la Préhistoire de la vaccination*, Paris, Vrin, 1982, 124 p.

Raynaud Maurice, *Les Médecins au temps de Molière. Mœurs, institutions, doctrines*, Paris, Didier, 1863, 463 p.

Rebora Giovanni, *La civiltà della forchetta. Storie di cibi e di cucina*, Rome, Laterza, 1998, 212 p.

Redon Odile et Sabban Françoise, *La Gastronomie au Moyen Age. 150 recettes de France et d'Italie*, Paris, Stock, 1995, 333 p.

Revel Jean-François, *Un festin en paroles. Histoire littéraire de la sensibilité gastronomique de l'Antiquité à nos jours*, Paris, Pluriel, 1979, 277 p.

Rey Roselyne, « La vulgarisation médicale au XVIIIe siècle : le cas des dictionnaires portatifs de santé », *Revue d'histoire des sciences*, 44, 1991, p. 413-433.

–, « Anamorphoses d'Hippocrate au XVIIIe siècle », *Malades et Maladies. Histoire et conceptualisation. Mélanges en l'honneur de Mirko Grmek*, D. Gourévitch (éd.), Genève, Droz, 1992, p. 257-276.

Rigaudière Albert, *Gouverner la ville au Moyen Age*, Paris, Anthropos, 1993, 536 p.

Roche Daniel, « Cuisine et alimentation populaire à Paris », *Aliments et Cuisine, Dix-huitième siècle*, 1983, p. 7-18.

–, *Histoire des choses banales. Naissance de la consommation, XVIIe-XVIIIe siècle*, Paris, Fayard, 1997, 325 p.

Roe Daphné A., « Pellagra », *The Cambridge World History of Food*, Cambridge, Cambridge University Press, 2000, 2 vol., vol. 1, p. 960-967.

Roze Ernest, *Histoire de la pomme de terre, traitée aux points de vue historique, biologique, pathologique, culturel et utilitaire*, Paris, J. Rothschild, 1898, 463 p.

Sabbah Guy (éd.), *Le Latin médical : la constitution d'un langage scien-*

tifique. Réalités et langage de la médecine dans le monde romain, Actes du IIIe colloque international sur les textes médicaux latins antiques, 1989, Saint-Étienne, Presses de l'Université, 1991, 424 p.

Sabban Françoise, « Le savoir-cuire ou l'art des potages dans *Le Ménagier* de Paris et *Le Viandier* de Taillevent », *Manger et Boire au Moyen Age*, Actes du colloque de Nice, 1982 (D. Menjot dir.), Paris, Les Belles-Lettres, 1984, 465 p., t. 2, p. 161-172.

Schwartz Jean, *Réflexions sur l'histoire de la médecine*, Presses universitaires de Strasbourg, 2000, 309 p.

Sébillot Paul, *Légendes et Curiosités des métiers*, Paris, Flammarion, 1895, 640 p.

Séguin J.-P., *Nouvelles à sensation. Canards du XIXe siècle*, Paris, Armand Colin, 1959.

Seince Franck, *Parmentier et l'hygiène alimentaire*, thèse de médecine, Bordeaux, Delmas, 1935, 113 p.

Sendrail Marcel (dir.), *Histoire culturelle de la maladie*, Toulouse, Privat, 1980, 454 p.

Skrabanek Petr, « L'alimentation entre enfer et salut », C. Fischler (dir.), *Aliments sorciers, Croyances comestibles*, *Autrement*, n° 149, 1994, p. 169-179.

Sournia Jean-Charles, « Discipline du diagnostic rétrospectif », *Maladies et Sociétés : XIIe-XVIIe siècle*, Actes du colloque de Bielefeld, 1986, Paris, Éd. du CNRS, 1989, p. 57-64.

Spiekermann Uwe, « Food Quality in a Changing Social Environment : A Historical Perspective », L.H. Grimme et S. Dumontet (éd.), *Food Quality, Nutrition and Health*, Berlin-Heidelberg, Springer, 2000, p. 37-48.

Stankiewicz Georges de, *Contribution à l'étude de la levure de bière dans l'alimentation humaine*, thèse de médecine, Paris, 1933.

Stouff Louis, *Ravitaillement et Alimentation en Provence aux XIVe et XVe siècles*, Paris-La Haye, Mouton, 1970, 507 p.

–, *La Table provençale. Boire et manger en Provence à la fin du Moyen Age*, Avignon, Barthélemy, 1996, 236 p.

Théodoridès Jean, *Des miasmes aux virus. Histoire des maladies infectieuses*, Paris, Louis Pariente, 1991, 368 p.

Thomas Keith, *Dans le jardin de la nature. La mutation des sensibilités en Angleterre à l'époque moderne (1500-1800)*, Paris, Gallimard, 1985, 401 p.

Thuillier Guy, *Pour une histoire du quotidien au XIXe siècle en Nivernais*, Paris-La Haye, Mouton, 1977, 490 p.

Touati François-Olivier, *Maladie et Société au Moyen Age. La lèpre, les lépreux et les léproseries dans la province ecclésiastique de Sens jusqu'au milieu du XIVe siècle*, Paris-Bruxelles, De Boeck Université, 1998, 866 p.

Valentin Michel, « Lavoisier urbaniste, hygiéniste, précurseur de l'ergonomie », *Il y a 200 ans Lavoisier*, Actes du colloque organisé à l'occasion du bicentenaire de la mort d'Antoine Laurent Lavoisier, Christiane Demeulenaere-Douyère (éd.), Paris, Lavoisier Tec-Doc, 1995, p 141-150.

Vallat François, « Les épizooties en France de 1700 à 1850. Inventaire clinique chez les bovins et les ovins », *Histoire et Sociétés rurales*, n° 15, 2001, p. 67-104.

Verdier Yvonne, *Façons de dire, Façons de faire. La laveuse, la couturière, la cuisinière*, Paris, NRF Gallimard, 1979, 347 p.

Vialles Noélie, *Le Sang et la Chair. Les abattoirs des pays de l'Adour*, Paris, Maison des sciences de l'Homme, 1987, 157 p.

Vigarello Georges, *Le Propre et le Sale. L'hygiène du corps depuis le Moyen Age*, Paris, Seuil, 1985, 283 p.

–, *Le Sain et le Malsain. Santé et mieux-être depuis le Moyen Age*, Paris, Seuil, 1993, 400 p.

Vilfan Sergij, « L'approvisionnement des villes dans les confins germano-italo-slaves du XIVe au XVIIe siècle, *L'Approvisionnement des villes de l'Europe occidentale du Moyen Age aux Temps modernes*, Colloque de Flaran, 5, Auch, 1983, p. 53-74.

Vincent Jean-Christophe, « La mise à mort des animaux de boucherie : un révélateur des sensibilités à l'égard des bêtes à l'époque contemporaine », *Cahiers d'histoire*, t. XLII, 1997, n°s 3-4, p. 613-638.

Vincent Pierre-Marie, *Le Droit de l'alimentation*, Paris, PUF, 1996, 127 p.

Weber Eugen, *La Fin des terroirs. La modernisation de la France rurale, 1870-1914*, Paris, Fayard, 1983, 839 p.

Weiss-Amer Melitta, « The Role of Medieval Physicians in the Diffusion of Culinary Recipes and Cooking Practices », *Du manuscrit à la table. Essais sur la cuisine au Moyen Age et répertoire des manuscrits médiévaux contenant des recettes culinaires*, C. Lambert (dir.), Paris-Montréal, Champion-Slatkine, Presses universitaires de Montréal, 1992, p. 69-80.

Wickersheimer Charles, *La Médecine et les Médecins en France à l'époque de la Renaissance*, Paris, Maloine, 1905, 575 p.

Wickersheimer Émile, *Dictionnaire biographique des médecins en France au Moyen Age*, Paris, 1931, 2 vol.

Wolff Philippe, « Les bouchers de Toulouse du XIIe au XVe siècle », *Annales du Midi*, t. 65, n° 23, juillet 1953, p. 375-393.

Yvorel Jean-Yves, *Les Poisons de l'esprit. Drogues et drogués au XIXe siècle*, Paris, Quai Voltaire, « Histoire », 1992, 320 p.

Zeldin Théodore, *Histoire des passions françaises, 1848-1945*, Paris, Encres, 1979, vol. 3 : *Goût et Corruption*, 465 p.

Zeller Olivier, « L'animal dans la ville d'Ancien Régime : quelques réflexions », *Cahiers d'histoire*, t. XLII, 1997, n°s 3-4, p. 543-554.

Ziegler Joseph, « *Ut Dicunt Medici :* Medical Knowledge and Theological Debates in the Second Half of the Thirteen Century », *Bulletin of the History of Medicine*, vol. 73, n° 2, 1999, p. 208-237.

Index nominum

Remerciements

À l'origine de cet ouvrage se trouvent les réflexions et les interrogations agitées par des spécialistes de l'agroalimentaire confrontés aux peurs de notre temps. Ils ont bien voulu me les faire partager, et me stimuler dans cette enquête de longue haleine sur les consommateurs d'hier. Je leur dois beaucoup, et en particulier à Jacques Mus, du Critt agro-alimentaire et à Marc Chazaux, directeur du site d'Agroparc à Avignon. C'est à eux que va ma reconnaissance.

Table

RÉALISATION IGS - CHARENTE PHOTOGRAVURE À L'ISLE-D'ESPAGNAC
IMPRESSION : NORMANDIE ROTO S.A.S. À LONRAI, 61250
DÉPÔT LÉGAL : AVRIL 2006. N° 78851-5 (112559)
IMPRIMÉ EN FRANCE